TRAUNER VERLAG
BILDUNG

Getränke- und Menükunde

HEINZ LENGER
RENÉ LENGER
WILHELM GUTMAYER
HANS STICKLER
WOLFRAM BALDAUF
RUDI WOLFSCHLUCKNER

UNTER MITARBEIT VON
RÜDIGER ZANGER

BS

Wir weisen darauf hin, dass das Kopieren zum Schulgebrauch aus diesem Buch verboten ist – § 42 Absatz (3) der Urheberrechtsgesetznovelle 1996: „Die Befugnis zur Vervielfältigung zum eigenen Schulgebrauch gilt nicht für Werke, die ihrer Beschaffenheit und Bezeichnung nach zum Schul- oder Unterrichtsgebrauch bestimmt sind."

Dieses Buch wurde auf umweltfreundlichem Papier gedruckt: 100 % chlorfrei gebleicht

PEFC
Mit PEFC wird garantiert, dass die eingesetzten Rohstoffe für die Papierproduktion aus nachweislich nachhaltiger Waldwirtschaft stammen.
www.pefc.at

© 1999
TRAUNER Verlag + Buchservice GmbH
Köglstraße 14, 4021 Linz
Alle Rechte vorbehalten.

Nachdruck und sonstige Vervielfältigung, auch auszugsweise, nur mit ausdrücklicher Genehmigung des Verlages.

Lektorat: Mag. Flora Stickler
Layout: Kiska GmbH
Titelgestaltung: Bettina Victor
Umbruch: Christoph Sicher, Medientechnik Mayrhofer & Partner OEG
Schulbuchvergütung/Bildrechte:
© VBK/Wien
Gesamtherstellung:
TRAUNER Druck GmbH & Co KG, Linz

ISBN 978-3-85499-688-0
Schulbuch-Nr. 3.689
www.trauner.at

Impressum

Lenger ua, Getränke- und Menükunde
10. Auflage 2010
Schulbuch-Nr. 3.689
TRAUNER Verlag, Linz

Die Autoren

HEINZ LENGER
Wien

RENÉ LENGER
Las Vegas

WILHELM GUTMAYER
Höhere Lehranstalt für Tourismus Krems

HANS STICKLER
Höhere Lehranstalt für wirtschaftliche Berufe Baden

WOLFRAM BALDAUF
Landesberufsschule für das Gastgewerbe Lochau

RUDI WOLFSCHLUCKNER
Berufsschule für Lehrlinge aus dem Tourismus in Altmünster

Approbiert für den Unterrichtsgebrauch
- an Berufsschulen für den Lehrberuf Restaurantfachmann/-frau im Unterrichtsgegenstand Getränke- und Menükunde; Bundesministerium für Unterricht und kulturelle Angelegenheiten, GZ 40.536/1–III/D/13/98.
- an Berufsschulen für den Lehrberuf Gastronomiefachmann/Gastronomiefachfrau im Unterrichtsgegenstand Getränkekunde; Bundesministerium für Bildung, Wissenschaft und Kultur, GZ 5.048/0039–V/9/2005

Dieses Schulbuch wurde auf der Grundlage eines Rahmenlehrplans erstellt; die Auswahl und die Gewichtung der Inhalte erfolgen durch die Lehrerinnen und Lehrer.

Liebe Schülerin, lieber Schüler,
Sie bekommen dieses Schulbuch von der Republik Österreich für Ihre Ausbildung. Bücher helfen nicht nur beim Lernen, sondern sind auch Freunde fürs Leben.

Einleitung

Das Hauptkriterium für die Auswahl der Inhalte war die Anwendbarkeit in der Berufspraxis. Besonders wichtig ist es uns, das erlernte Wissen über Getränke im Verkaufsgespräch umsetzen zu können.

Bei der Erarbeitung dieses Buches setzten wir folgende Schwerpunkte:
- Herkunft und Herstellung der einzelnen Getränke sowie deren Zusammensetzung
- Arten, Sorten und gängige Marken
- Einkauf
- Fachgerechte Lagerung
- Ausschank und Service
- Hinweise zur Gästebetreuung
- Harmonie von Speisen und Getränken
- Auswirkung der Getränke auf die Gesundheit
- Trends am Getränkemarkt

Folgende Piktogramme wurden für die verschiedenen Bereiche gewählt:

- unsere Ziele
- interessante Informationen
- Diskussionsaufgaben
- zum selbstständigen Denken
- Fragen und Arbeitsaufgaben
- Verweise auf andere Schulbücher
- Schreibaufgaben
- Download

Für die vielen Ideen und Anregungen bedanken wir uns besonders bei Herrn **BOL Christian Rußbacher** von der Berufsschule für das Gastgewerbe in Wien und Herrn **KM Günter Walder** von der Berufsschule in Oberwollanig.
Frau **Mag. Aloisia Ritter** von der Berufsschule in Oberwollanig danken wir für die Übungsbeispiele im Kapitel Fachrechnen.

Vielen Dank möchten wir all jenen Firmen sagen, die uns Fotos und Unterlagen zur Verfügung gestellt haben:

Brau Union Österreich AG, Linz
Coca-Cola, Wien
Pfanner, Lauterach
Pago, Klagenfurt
Fairtrade, Wien
Römerquelle, Wien
Österreichische Weinmarketing
   Serviceges.m.b.H., Wien
Gmundner Milch, Gmunden
Dir. Leopold Josef Edelbauer, Wien
Kaffee- und Teeverband, Wien
Nespresso, Wien

Eduscho, Wien
Lavazza, Wien, Herr Alexander
   Großschopf
Teekanne, Salzburg
Meinl, Wien
Wein & Co., Wien
Schlumberger, Wien
Ing. Andreas Ennser,
   Ref. Obstbau NÖ-LWK
David Ecobichon, Cognac-Büro,
   Alain Fion GmbH, Reutlingen

Wir wünschen Ihnen ein intensives Arbeiten, spannende Übungen und Diskussionen und viel Erfolg beim praktischen Umsetzen.

Ihr Autorenteam

Inhaltsverzeichnis

Getränkekunde

Einführung 7

1. Einteilung der Getränke — 8
2. Verträglichkeit und Wirkung von Alkohol — 8

Wässer 10

1. Zusammensetzung — 11
2. Trinkwasserarten — 11
   - 2.1 Trinkwasser — 11
   - 2.2 Sodawasser — 11
   - 2.3 Natürliches Mineralwasser — 11
   - 2.4 Tafelwasser — 13
   - 2.5 Heilwasser — 13
3. Einkauf und Lagerung — 13
4. Service — 14
5. Gesundheit und Wirkung — 14

Frucht- und Gemüsegetränke 16

1. Herstellung — 17
2. Arten von Frucht- und Gemüsegetränken — 17
   - 2.1 Fruchtgetränke — 17
   - 2.2 Sirupe — 18
   - 2.3 Gemüsegetränke — 18
   - 2.4 Bekannte Frucht- und Gemüsegetränkemarken — 18
3. Einkauf und Lagerung — 19
4. Service — 19
5. Gesundheit und Wirkung — 20

Erfrischungsgetränke 21

1. Arten von Erfrischungsgetränken — 22
   - 1.1 Fruchtsaftlimonaden — 22
   - 1.2 Limonaden — 22
   - 1.3 Kracherln — 23
   - 1.4 Isotonische Getränke — 23
   - 1.5 Energy- oder Powerdrinks — 23
   - 1.6 Wellnessdrinks — 23
2. Einkauf und Lagerung — 23
3. Service — 24
4. Ausschankanlagen — 25
5. Gesundheit und Wirkung — 26

Milch und Milchmischgetränke 27

1. Verarbeitung von Milch — 28
2. Milchsorten und Milchprodukte — 28
3. Milchmischgetränke — 28
4. Einkauf und Lagerung — 29
5. Service — 29
6. Gesundheit und Wirkung — 29

Kaffee 30

1. Herkunft — 31
2. Aufbereitung — 31
3. Rösten — 32
4. Kaffeearten — 32
5. Einkauf und Lagerung — 33
6. Zubereitung — 34
7. Service — 37
8. Gesundheit und Wirkung — 37

Kakao 39

1. Herkunft — 40
2. Aufbereitung — 40
3. Kakao, Kakaogranulate und Trinkschokolade — 40
4. Lagerung — 40
5. Zubereitung — 41
6. Service — 41
7. Gesundheit und Wirkung — 41

Tee 42

1. Herkunft — 43
2. Teearten und ihre Aufbereitung — 44
   - 2.1 Fermentierter oder schwarzer Tee — 44
   - 2.2 Schwarzteemischungen (Blends) — 45
   - 2.3 Spezialtees — 45
   - 2.4 Speziell behandelte Tees — 46
   - 2.5 Teeähnliche Erzeugnisse — 46
3. Einkauf und Lagerung — 46
4. Zubereitung — 47
5. Service — 47
6. Gesundheit und Wirkung — 48

Bier 49

1. Herstellung — 50
   - 1.1 Mälzen — 50
   - 1.2 Maischen und Läutern — 50
   - 1.3 Brauen — 50
   - 1.4 Gären — 51
   - 1.5 Lagern — 51
   - 1.6 Abfüllen — 51
2. Bierarten — 51
   - 2.1 Gerstenbier — 51
   - 2.2 Weizenbier (Weißbier) — 51
   - 2.3 Roggen- und Dinkelbier — 51
   - 2.4 Helles Bier — 51
   - 2.5 Dunkles Bier — 51
   - 2.6 Untergäriges Bier — 52
   - 2.7 Obergäriges Bier — 52
   - 2.8 Alkoholfreies Bier — 52
   - 2.9 Alkoholreduziertes Bier — 52
   - 2.10 Leichtbier — 52

2.11	Schankbier	52	
2.12	Vollbier	52	
2.13	Stark- bzw. Bockbier	52	

3 Bierspezialitäten — 53
- 3.1 Altbier — 53
- 3.2 Berliner Weiße — 53
- 3.3 Doppelbock — 53
- 3.4 Kölsch — 53
- 3.5 Rauchbier — 53
- 3.6 Zwickelbier (Kellerbier) — 53

4 Bekannte Biermarken — 53
5 Einkauf und Lagerung — 55
6 Ausschank von Bier — 55
7 Service — 55
8 Gesundheit und Wirkung — 56

Wein — 58

1 Weinbau — 59
- 1.1 Weinrebe — 59
- 1.2 Rebsorten — 60
- 1.3 Voraussetzungen für den Weinbau — 60

2 Weinlese — 60
3 Weinerzeugung — 61
4 Einkauf und Lagerung — 65
5 Service und Ausschank — 65
6 Weinfachausdrücke — 66
7 Weinfehler und Weinkrankheiten — 67
8 Weinbeurteilung — 68
- 8.1 Aussehen — 68
- 8.2 Geruch — 69
- 8.3 Geschmack — 69

9 Gesundheit und Wirkung — 70

Weinbau in Österreich — 72

1 Das Österreichische Weingesetz — 73
- 1.1 Bezeichnungsvorschriften — 73
- 1.2 Weingüteklassen — 74

2 Österreichische Qualitätsrebsorten — 75
3 Weinbauregionen und -gebiete in Österreich — 77
- 3.1 Niederösterreich — 78
- 3.2 Burgenland — 81
- 3.3 Steirerland (Steiermark) — 83
- 3.4 Wien — 84

Weinbau in Deutschland — 86

1 Weingüteklassen — 87
2 Weinauszeichnungen — 88
3 Rebsorten — 88
4 Weinbaugebiete in Deutschland — 88
- 4.1 Mittelrhein — 88
- 4.2 Rheingau — 89
- 4.3 Rheinhessen — 89
- 4.4 Nahe — 90
- 4.5 Pfalz — 90
- 4.6 Ahr — 90
- 4.7 Mosel — 90
- 4.8 Baden — 91
- 4.9 Württemberg — 91
- 4.10 Hessische Bergstraße — 91
- 4.11 Franken — 91
- 4.12 Saale-Unstrut — 92
- 4.13 Sachsen — 92
- 4.14 Stargarder Land — 92

Weinbau in Frankreich — 93

1 Weingüteklassen in Frankreich — 94
2 Weinbauregionen und -gebiete in Frankreich — 94
- 2.1 Bordeaux (Bordelais) — 95
- 2.2 Südwesten (Sud-Ouest) — 96
- 2.3 Languedoc-Roussillon (Midi) — 97
- 2.4 Provence — 97
- 2.5 Rhonetal (Rhône) — 97
- 2.6 Burgund (Bourgogne) — 97
- 2.7 Elsass (Alsace) — 99
- 2.8 Loiretal (Val de Loire) — 99

Weinbau in Italien — 101

1 Weingüteklassen — 102
2 Rebsorten — 103
3 Weinbauregionen und -gebiete in Italien — 103
- 3.1 Südtirol (Alto Adige) — 103
- 3.2 Trentin (Trentino) — 104
- 3.3 Piemont (Piemonte) — 104
- 3.4 Lombardei (Lombardia) — 105
- 3.5 Friaul (Friuli) – Julisch Venetien (Venezia Giulia) — 105
- 3.6 Ligurien (Liguria) — 105
- 3.7 Venetien (Veneto) — 105
- 3.8 Emilien (Emilia-Romagna) — 106
- 3.9 Toskana (Toscana) — 106
- 3.10 Marken (Marche) — 106
- 3.11 Umbrien (Umbria) — 106
- 3.12 Latium (Lazio) — 106
- 3.13 Kampanien (Campania) — 106
- 3.14 Apulien (Puglia) — 107
- 3.15 Sardinien (Sardegna) — 107
- 3.16 Sizilien (Sicilia) — 107

Weitere Weinbauländer — 108

1. Spanien — 109
2. Portugal — 111
3. Schweiz — 112
4. Ungarn — 113
5. Slowenien — 113
6. Griechenland — 114
7. Kalifornien — 114
8. Chile — 115
9. Argentinien — 115
10. Südafrika — 116
11. Australien — 116
12. Neuseeland — 117

Inhaltsverzeichnis

Most (Obstwein) — 118
1. Herkunft — 119
2. Mostherstellung — 119
3. Einkauf und Lagerung — 119
4. Service und Ausschank — 120
5. Gesundheit und Wirkung — 120

Schaumweine — 121
1. Champagner — 122
   - 1.1 Champagnergebiet — 122
   - 1.2 Champagnererzeugung (Méthode champenoise) — 122
   - 1.3 Bekannte Champagnerfirmen — 124
2. Schaumwein aus erster Gärung — 124
3. Sekt/Qualitätsschaumwein — 125
4. Einkauf und Lagerung — 126
5. Service und Ausschank — 126

Versetzte Weine — 128
1. Sherry — 129
2. Portwein — 130
3. Madeira — 132
4. Samos, Mavrodaphne — 132
5. Marsala — 132
6. Málaga — 133
7. Tokajer — 133
8. Wermut — 133

Spirituosen — 135
1. Herstellung — 136
   - 1.1 Maischen und Gären — 136
   - 1.2 Destillation — 136
   - 1.3 Lagern und Reifen — 136
   - 1.4 Verschneiden — 136
   - 1.5 Abfüllen — 136
2. Qualitätsbezeichnungen — 137
3. Weindestillate — 138
   - 3.1 Cognac — 138
   - 3.2 Armagnac — 139
   - 3.3 Eau de Vie de Vin — 139
   - 3.4 Acquavite d'Uva — 139
   - 3.5 Weinbrand — 139
   - 3.6 Brandy — 140
   - 3.7 Weinhefebranntweine — 140
   - 3.8 Tresterbrände — 140
   - 3.9 Einkauf und Lagerung — 140
   - 3.10 Service und Ausschank — 140
4. Getreidedestillate — 141
   - 4.1 Whisky & Whiskey — 141
   - 4.2 Genever — 143
   - 4.3 Gin — 143
   - 4.4 Aquavit — 143
   - 4.5 Wodka — 143
   - 4.6 Korn & Kümmel — 143
   - 4.7 Service und Ausschank — 144
5. Rum — 144
6. Tequila — 145
7. Anisées — 145
8. Bitters — 145
9. Obstdestillate — 146
10. Liköre — 148

Bargetränke — 153
1. Barstock — 154
2. Methoden der Zubereitung von Bargetränken — 154

Menükunde

Speisen- und Menükunde — 155
Speisen- und Menükunde — 155
1. Garmethoden — 156
   - 1.1 Klassische Garmethoden — 156
   - 1.2 Schonende Garmethoden — 157
   - 1.3 Garstufen — 157
2. Menüreihenfolge — 158
   - 2.1 Klassischer französischer Menüaufbau — 158
   - 2.2 Zeitgemäßer Menüaufbau — 158
3. Speisengruppen — 159
   - 3.1 Gaumenfreuden — 159
   - 3.2 Kalte Vorspeisen — 159
   - 3.3 Suppen — 161
   - 3.4 Warme Vorspeisen — 162
   - 3.5 Fische und Meeresfrüchte — 164
   - 3.6 Eisgetränke — 165
   - 3.7 Hauptgerichte, Saucen, Gemüse-, Sättigungs- und Salatbeilagen — 165
   - 3.8 Käse — 171
   - 3.9 Süßspeisen — 172
4. Die Welt der Küchen — 173
   - 4.1 Die klassische europäische Küche — 173
   - 4.2 Trends — 174
   - 4.3 Nationalküchen der Welt — 175
5. Grundsätze der Menüerstellung — 177
6. Menüarten — 178
7. Gestaltung von Speisen- und Menükarten — 180
8. Gestaltung von Getränkekarten — 182
9. Grundregeln für die Getränkeempfehlung — 186
10. Speisen zur Erstellung von Speisenkarten — 187

Fachliches Rechnen — 191
1. Maße und Gewichte — 192
2. Kalkulation von Getränken — 196
3. Nährwertberechnungen — 199

Stichwortverzeichnis — 201
Literaturverzeichnis — 206
Bildnachweis — 207

GETRÄNKEKUNDE

Einführung

Als engagierter Servicemitarbeiter sind Sie gefordert, Ihr Wissen immer wieder zu aktualisieren. Neben der Herkunft und den gesetzlichen Bestimmungen sind die Herstellung und die jeweilige Zusammensetzung wichtig. Über Einkauf und Lagerung sollten Sie ebenfalls Bescheid wissen. Die Gäste sind jedoch erst dann zufrieden, wenn die Getränke auch richtig serviert werden. Also immer daran denken: Nur zufriedene Gäste kommen wieder!

Seit es Wein gibt, wird er zum Essen getrunken. Das Image des Bieres ist in den letzten Jahren beachtlich gestiegen, sodass einzelne Biersorten zu allen Gängen der gehobenen Restaurantküche empfohlen werden. Durch den allgemeinen Trend zu weniger Alkohol, vor allem durch ein gesteigertes Gesundheitsbewusstsein, ist der Vormarsch der Gruppe der alkoholfreien Getränke ungebrochen. Wenn Sie Ihre Gäste im Restaurant über diese und alle anderen Getränkegruppen gut beraten wollen, ist ein Basiswissen der Getränkekunde unerlässlich, wobei die Produktpalette der Getränkeindustrie ständig wächst.

Unsere Ziele

Nach Bearbeitung dieses Kapitels werden Sie
- die Getränkegruppen nennen können,
- die Verträglichkeit und die Wirkung von Alkohol erklären können.

1 Einteilung der Getränke

Die Getränkekunde unterscheidet alkoholfreie Getränke und solche, die Alkohol enthalten.

1.1 Alkoholfreie Getränke

Unter alkoholfreien Getränken versteht man alle Getränke, die weniger als 5 ml Alkohol pro Liter (0,5 Vol.-%) enthalten. Seit die Promillegrenze bei Alkohol am Steuer auf 0,5 Promille (‰) gesenkt wurde, sind viele Autofahrer auf alkoholfreie Getränke umgestiegen.

Wir brauchen zwei bis drei Liter Flüssigkeit, vorzugsweise Wasser, am Tag. Ein bis eineinhalb Liter müssen wir trinken. Den Rest nehmen wir mit Lebensmitteln auf. Fast alle Lebensmittel (außer Zucker und Öl) enthalten Wasser. Der Anteil liegt zwischen 10 Prozent (Walnüsse, Haselnüsse) und 95 Prozent (Salate, Gemüse, Obst). Wasser ist das einzige notwendige Getränk und es liefert keine einzige Kalorie.

Alkoholfreie Getränke sind:
- Wasser
- Frucht- und Gemüsegetränke
- Limonaden und Erfrischungsgetränke
- Milch und Milchmischgetränke

Zu den alkoholfreien Getränken zählen auch die alkaloidhaltigen Aufgussgetränke Kaffee, Tee und Kakao. Alkaloide (Koffein im Kaffee, Tein im Tee) sind verantwortlich für die anregende Wirkung dieser Getränke.
- Kaffee und Kaffeegetränke
- Kakao
- Tee

1.2 Alkoholische Getränke

Unter alkoholischen Getränken versteht man all jene Getränke, die mehr als 5 ml Alkohol (= 0,5 Vol.-%) pro Liter enthalten.
Bei Bier und Wein entsteht Alkohol durch Vergärung. Bei den Spirituosen wird durch Destillation (Brennvorgang) dem Alkohol Wasser entzogen. Der Alkohol wird in Volumprozenten (Vol.-%) gemessen und ist auf den Flaschenetiketten angegeben.

Alkoholische Getränke sind:
- Bier
- Wein, Obstweine, Schaumweine, versetzte Weine
- Spirituosen

2 Verträglichkeit und Wirkung von Alkohol

Die Verträglichkeit von Alkohol ist abhängig vom generellen Gesundheitszustand eines Menschen, vom Körpergewicht, vom Alter (der Körper eines jungen Menschen baut den Alkohol schneller ab), vom Geschlecht (Frauen vertragen um zirka zwei Drittel weniger als Männer) sowie von der Tagesverfassung (nie bei Ärger, Aufregung, Sorgen oder Müdigkeit trinken). Ebenso kommt es darauf an, wie viel man gegessen hat (bei nüchternem Magen geht der Alkohol direkt ins Blut über) und wie schnell man trinkt. In zirka zwölf Stunden wird 1 ‰ Blutalkohol im Körper abgebaut.

Der durch Alkohol verursachte Rauschzustand ist in seiner Intensität von der Dosis abhängig. Bei 0,5–1,2 ‰ kommt es bei den meisten Menschen zu einer Enthemmung, einem verminderten Verantwortungsgefühl, einer Unterschätzung von Gefahren sowie einer Überschätzung der eigenen Fähigkeiten.

Besuchen Sie die Internetseite:
http://de.wikipedia.org/wiki/hauptseite und geben Sie unter „Suche" eine Getränkegruppe oder einen Getränkenamen ein.

Wussten Sie, dass …
Irrig ist die Ansicht, dass Kaffee den Abbau von Alkohol beschleunigt. Gerade das Gegenteil ist der Fall. Kaffee regt den Blutkreislauf enorm an.

Minuten	ohne Kaffee	mit Kaffee
nach 90	0,71 ‰	0,83 ‰
nach 135	0,84 ‰	0,93 ‰
nach 180	0,60 ‰	0,81 ‰

Bei einem Blutspiegel von 1,3–3 Promille Alkohol wird die Berauschung auch äußerlich deutlich sichtbar. Die Bewegungen werden unpräzise und unkoordiniert. Die eigene Reaktionsfähigkeit und die Aufmerksamkeit sinken rapide ab. Doppeltsehen tritt auf. Steigt der Blutspiegel auf über 3 ‰, kommt es allmählich zur Lähmung des Nervensystems (Alkoholvergiftung). Über 4 ‰ Alkohol im Blut können zum Tod führen.

Alkoholmissbrauch

In vielen Ländern ist der Alkoholmissbrauch ein schweres gesellschaftliches Problem. Ungehemmter Alkoholgenuss zerstört die körperliche und geistige Gesundheit sowie die Würde des Menschen. Auch in Österreich ist das Problem Alkohol ein trauriges Kapitel. Immerhin sind eine Viertelmillion Österreicher Alkoholiker, weitere 600.000 sind gefährdet, Alkoholiker zu werden. Besonders unter den Jugendlichen nimmt der vermehrte Konsum von Alkohol in erschreckender Weise zu.

Bei einem über einen langen Zeitraum und regelmäßig durchgeführten Konsum von mehr als 60 Gramm reinen Alkohols pro Tag kommt es bereits zu einer Schädigung des Organismus. Diese Menge Alkohol ist in etwa zwei Flaschen Bier, zwei Vierteln Wein oder zwei großen Schnäpsen enthalten.

Jugendliche und Alkohol

Jugendliche und Kinder sind durch Alkohol besonders gefährdet, da ihr Körper wesentlich empfindlicher darauf reagiert.

Die Bereitschaft, alkoholische Getränke zu trinken, wird durch das „Vorbild" der Erwachsenen oft noch gefördert. Alkoholkonsum gilt für viele als Inbegriff für Erwachsensein. Er erzeugt ein trügerisches Wir-Gefühl. Besonders in jungen Jahren kann dies leicht zur Sucht führen.

Was sind Alcopops?

Die bei Jugendlichen absolut angesagten Mischungen aus Limonade und Alkohol haben Namen wie White Kiss, Free Climber oder Sex on the Beach. Ein 15-jähriger sagt: „Geil, der knallrote Breezer ist nicht so herb wie ein Bier und nicht so scharf wie Schnaps. Er ist cooler als jede Cola."

Was er nicht weiß ist, dass die meisten Alcopops 12 bis 13 Gramm reinen Alkohol enthalten und nach dem Gesetz (siehe Spalte) nur an Erwachsene ab 18 Jahren verkauft werden dürfen. Durch den hohen Anteil an Zucker und Aromen wird der Alkohol überdeckt und man schmeckt ihn kaum.

Bei dem oben erwähnter Jugendlichen (er hat ein Körpergewicht von 48 Kilogramm) wurde nach dem Verzehr von zwei Flaschen Alcopops ein Blutalkoholwert von 0,9 Promille nachgewiesen.

Verkehrsteilnehmer

Für Verkehrsteilnehmer sind Kenntnisse über die Verträglichkeit von Alkohol besonders wichtig. Die Reaktionsfähigkeit wird nach dem Konsum von Alkohol stark vermindert. Auch die Aufmerksamkeit, die Sehfähigkeit, das Geschwindigkeitsgefühl und alle Gleichgewichtsempfindungen verschlechtern sich.

In den meisten Staaten liegt die Promillegrenze zwischen 0,0 und 0,8. In Österreich ist die Grenze mit 0,5 Promille festgelegt.

Wie entsteht Alkohol?

Hefe „frisst" Zucker.
Es entstehen Alkohol und Kohlensäure.
Die Hefe stirbt ab.

In Österreich ist der Konsum von alkoholischen Getränken durch Kinder und Jugendliche in den Jugendschutzgesetzen der Bundesländer geregelt:
Der **öffentliche** Konsum von **Spirituosen** ist vor dem vollendeten 18. Lebensjahr verboten. Der **öffentliche** Konsum von **anderen alkoholischen Getränken** ist vor dem vollendeten 16. Lebensjahr verboten.

www.promille.at

If you drink don't drive –
if you drive don't drink.
www.dont-drink-and-drive.de

❓ Fragen und Arbeitsaufgaben

1. Nennen Sie die alkoholfreien Getränkegruppen.
2. Ab welchem Alkoholgehalt spricht man von alkoholischen Getränken?
3. Welche Getränke zählen zu den alkoholischen Getränken
4. Wie entsteht der Alkohol?
5. Wie wirkt sich Alkoholismus im Straßenverkehr aus?
6. In welchen Grenzen ist der Konsum von alkoholischen Getränken durch Kinder und Jugendliche geregelt? Was besagen diese Gesetze?

Wässer

Der Mensch kann wochenlang ohne Nahrung überleben, aber nur wenige Tage ohne Wasser (verliert man 12 Prozent seiner Körperflüssigkeit, tritt der Tod ein!). Der Tagesbedarf an Flüssigkeit hängt von mehreren Faktoren ab, liegt aber durchschnittlich bei zwei bis drei Litern. Gesteigerte Leistungsanforderung und hohe Tagestemperaturen sind zwei dieser Faktoren.

Bis vor kurzem wurde Wasser – da vermeintlich unbegrenzt verfügbar – als sogenanntes freies Wirtschaftsgut gering geschätzt. Durch die Verschmutzung unserer Umwelt ist sauberes Wasser zu einem der kostbarsten Elemente (neben Luft und Erde) geworden. Wasser ist die Lebensgrundlage für den ganzen Planeten. Ca. 70 % der Erde sind mit Wasser bedeckt, davon zählen nur 3 % zu den Trinkwasserreserven.

In Österreich hat der Konsum von Trinkwasser, das ist Wasser aus privaten und kommunalen Versorgungsanlagen (Wasserleitung, Brunnen, Quelle), stark an Bedeutung verloren. Dies obwohl unser Trinkwasser im internationalen Vergleich einen Spitzenplatz einnimmt. Deutlich an Bedeutung dazugewonnen haben die natürlichen Mineralwässer. Der Pro-Kopf-Verbrauch steigt ständig an.

Unsere Ziele

Nach Bearbeitung dieses Kapitels werden Sie

- die unterschiedlichen Wässer erklären können,
- die Zusammensetzung von Mineralwasser sowie bekannte Marken nennen können,
- den Einkauf und die Lagerung der Wässer erläutern können,
- wissen, wie die Wässer zu servieren sind,
- über Gesundheit und Wirkung sowie über die Trends auf dem Mineralwassermarkt Auskunft geben können.

1 Zusammensetzung

Wasser ist eine Flüssigkeit, die hauptsächlich aus Wasserstoff (H) und Sauerstoff (O) besteht. Je nach Kalkgehalt und gelösten Stoffen (Salzen) unterscheidet man zwischen hartem und weichem Wasser. Hartes Wasser ist zB Kalkgesteinswasser, weiches Wasser ist zB Urgesteins- und Moorwasser. **Weiches Wasser** ist schal im Geschmack, hat große Lösungskraft und eignet sich gut zum Kochen. **Hartes Wasser** ist frisch im Geschmack und daher gut geeignet zum Trinken. Durch den erhöhten Kalkgehalt bilden sich Ablagerungen in Gefäßen, Rohren und Kesseln.

Eine Mineralwasserquelle entsteht, indem Regenwasser Hunderte Meter durch verschiedene Gesteinsschichten absickert. Während dieses Verlaufes wird es mit Mineralstoffen, Spurenelementen und CO_2 (Bestandteil der Kohlensäure) angereichert und nebenbei auch filtriert.

Mineralstoffe sind für die Erhaltung der Gesundheit und Leistungsfähigkeit sehr wichtig.

CO_2 in Verbindung mit Wasser ergibt Kohlensäure.

2 Trinkwasserarten

Trinkwasser	Sodawasser	Natürliches Mineralwasser	Tafelwasser	Heilwasser
Abgefülltes Trinkwasser		Säuerling oder Sprudel Stilles, mildes und sanftes Mineralwasser Natürliches Mineralwasser ohne Kohlensäure Aromatisiertes Wasser		

2.1 Trinkwasser

Trinkwasser ist bei uns in erster Linie Quell- und Grundwasser. Es soll einen angenehmen und erfrischenden Geschmack haben, farb- und geruchlos sein. Es darf keine Krankheitskeime, ekelerregenden Stoffe und giftigen Bestandteile enthalten. Trinkwasser aus eigenen Brunnen oder aus Quellen, das für die Zubereitung von Speisen und Getränken sowie für die Geschirrreinigung verwendet wird, muss von den Gesundheitsbehörden überprüft werden. **Abgefülltes Trinkwasser** ist industriell abgefülltes Wasser, das aufbereitet werden darf. **Natürliches Quellwasser** muss aus einem unterirdischen Vorkommen stammen und unterliegt denselben Richtlinien, die für natürliches Mineralwasser gelten. Es ist kein ernährungsphysiologisches Gutachten erforderlich.

Trinkwasser wird gerne zum Mischen von alkoholfreien Getränken bestellt. In vielen Betrieben wird gekühltes Trinkwasser von der Thekenzapfanlage angeboten.

2.2 Sodawasser

Sodawasser ist Trinkwasser, das mit Kohlensäure (mind. 4 Gramm pro Liter) versetzt wird und in Plastikflaschen und Containern, luftdicht abgefüllt, in den Handel kommt. Man verwendet Sodawasser zum Mischen mit alkoholfreien und alkoholischen Getränken, zB zur Herstellung von Soda-Zitrone, Gspritztem, Whisky-Soda, Campari-Soda.
Für die Gastronomie ist Sodawasser von Bedeutung, da es an Ort und Stelle mit Thekenzapfgeräten hergestellt werden kann. Sodawasser ist ein für Österreich spezifisches Getränk.

2.3 Natürliches Mineralwasser

Mineralwasser ist Quellwasser von ursprünglicher Reinheit, das am Quellort oder in unmittelbarer Nähe abgefüllt wird und einem behördlichen Anerkennungsverfahren unterzogen wurde. Die Bezeichnung „natürlich" sagt es schon aus: Das Wasser darf nicht mehr behandelt werden. Es darf lediglich Kohlensäure zugesetzt und Eisen entfernt werden.

Der Anteil der Mineralstoffe ist meist auf dem Etikett angegeben:

bis 50 mg/l: sehr geringer Gehalt an Mineralien

bis 500 mg/l: geringer Gehalt an Mineralien

ab 1.500 mg/l: hoher Gehalt an Mineralien

Wässer

Natürliches Mineralwasser muss den strengen Bestimmungen des Lebensmittelcodex entsprechen und mindestens
- 1.000 mg (1 g) gelöste feste Stoffe pro Liter oder
- mindestens 250 mg natürliches Kohlendioxid enthalten oder
- entsprechende ernährungsphysiologische Eigenschaften aufweisen, die durch ein Gutachten belegt sind.

Bezeichnung für natürliche Mineralwässer	
Säuerling oder Sprudel	Ein Säuerling ist ein natürliches Mineralwasser, das nur eigene Quellkohlensäure enthält. Es wird keine Kohlensäure zugesetzt. Als Sprudel können Säuerlinge bezeichnet werden, die unter natürlichem Gasdruck hervortreten („hervorsprudeln").
Stilles, mildes und sanftes Wasser (kohlensäurearmes Wasser)	Wässer mit weniger Kohlensäurezusatz, üblicherweise 1,5 – 2,5 g CO_2/l.
Natürliches Mineralwasser ohne Kohlensäure	Mit wenig quelleigener Kohlensäure versetzt.
Aromatisiertes Wasser (Flavoured Water)	Mineralwasser, mit Auszügen von Früchten oder Kräutern aromatisiert.

Aromatisierte Wässer, auch als Near-Water-Getränke bezeichnet, zählen zu den Erfrischungsgetränken, zB Römerquelle Emotion, Vöslauer Balance und Gasteiner Elements; in verschiedenen Sorten.

1 Alpquell (Münster)
2 Frankenmarkter (Frankenmarkt)
3 Gasteiner (Badgastein)
4 Gleichenberger Johannisbrunnen (Bad Gleichenberg)
5 Güssinger (Sulz bei Güssing)
6 Juvina (Deutschkreutz)
7 Long Life, Sicheldorfer Josefsquelle (Bad Radkersburg)
8 Markusquelle (Pöttsching)
9 Montes (Reith)
10 Peterquelle (Deutsch-Goritz)
11 Preblauer (Prebl)
12 Römerquelle (Edelstal)
13 Silberquelle (Brixlegg)
14 Severinquelle (Gerersdorf bei Güssing)
15 Sulzegger (St. Nikolai ob Drassling)
16 Vöslauer (Bad Vöslau)
17 Waldquelle (Kobersdorf)

www.roemerquelle.at
www.voeslauer.com
www.juvina.at
www.gasteiner.at
www.montes.at
www.forum-mineralwasser.at

Bekannte Mineralwassermarken

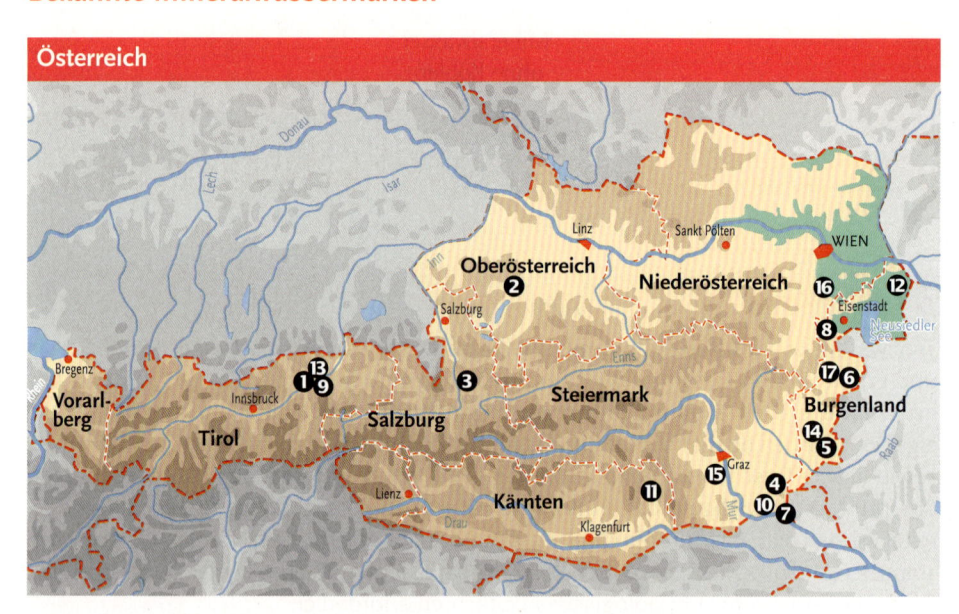

Österreich

Andere Länder	
Deutschland	Apollinaris, Staatlich Fachingen, Gerolsteiner, Selters, Taunusquelle, Überkinger etc.
Frankreich	Badoit, Contrexéville, Evian, Perrier, Vittel, Vichy etc.
Schweiz	Eptinger, Henniez, Passugger, Valser etc.
Italien	Plose (Südtirol), Fabia, San Benedetto, San Pellegrino, Panna etc.
Belgien	Spa etc.
Slowenien	Radenska, Rogaska etc.
Ungarn	Parady etc.
Tschechien	Karlsbader etc.
Großbritannien	Malvern, Hildon, Ty Nant etc.

2.4 Tafelwasser

Tafelwasser ist Wasser, das aufbereitet und nachträglich behandelt werden darf (zB durch Zusatz von Mineralstoffen). Basis für Tafelwässer können Trink- oder Mineralwässer sein, die mit Kohlensäure versetzt oder in ihrer natürlichen Beschaffenheit abgefüllt werden. Früher wurden sie als künstliche Mineralwässer bezeichnet.

2.5 Heilwasser

Heilwasser ist ein Mineral- oder Thermalwasser mit nachgewiesener Heilwirkung. Thermalwasser muss beim Austritt aus der Erde eine Temperatur von mindestens 20 °C aufweisen. Es wird bei 16 bis 18 °C getrunken. Der Handel bleibt Apotheken und Drogerien vorbehalten und unterliegt der Arzneimittelverordnung.

Staatlich Fachingen ist ein bekanntes deutsches Heilwasser, das in der deutschen Gastronomie häufig angeboten wird.

3 Einkauf und Lagerung

Im Sortiment sollte man sowohl kohlensäurehaltige als auch stille Mineralwässer haben. Heimischen Produkten ist aufgrund ihrer Qualität (außergewöhnlichen Reinheit, ihres hohen Mineralstoffgehalts) der Vorzug zu geben. Die bekanntesten Marken sind überregional erhältlich, es gibt jedoch auch Wässer von regionaler Bedeutung.

Österreichische Mineralwässer für die Gastronomie sind in folgenden Flaschengrößen erhältlich: 0,2 l – 0,25 l – 0,33 l – 0,5 l – 0,75 l – 1 l.

In unangebrochenen Flaschen ist Mineralwasser über einen längeren Zeitraum (siehe Ablaufdatum) haltbar. Man lagert es am besten kühl und dunkel. In angebrochenen Flaschen wird Mineralwasser mit der Zeit schal.

Etikettensprache

Das Etikett kann Informationen über das Getränk geben und sowohl beim Einkauf als auch beim Verkauf behilflich sein.

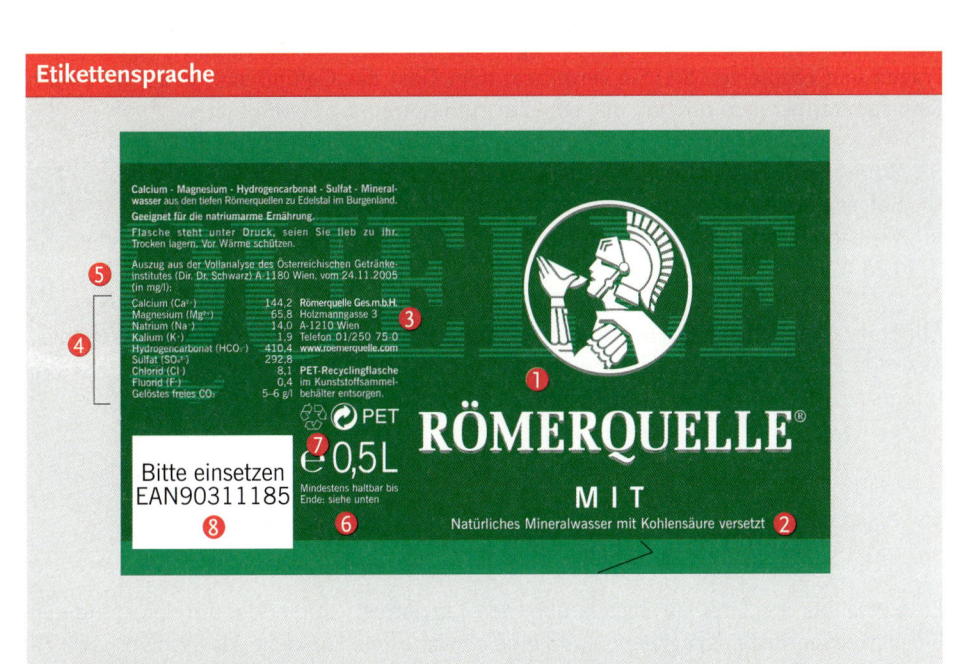

❶ Markenname: Quell-, Orts- bzw. Fantasiename

❷ Art/Sorte

❸ Firma, Herkunft: Name, Standort

❹ Analysenauszug: Name und Menge der gelösten Stoffe, Hinweis auf entzogene Stoffe (zB enteisent)

❺ Analyseinstitut: Name, Ort, Analysedatum

❻ Mindesthaltbarkeitsdatum

❼ Füllmenge: e = EU-Norm

❽ EAN-Code (europäischer Artikelnummerncode): ist eine computerlesbare Aneinanderreihung von Strichen; verschlüsselt sind darin das Herstellungsland, der Herstellungsbetrieb, sowie die Artikelnummer

Wässer

> 💡 Je mineralhältiger ein Wasser ist, desto geschmacksintensiver ist es. Zum Mischen eignen sich stark mineralhältige Wässer schlecht, da Farb- und Geschmacksveränderungen möglich sind. Mineralwässer, die sich wegen ihrer hohen Mineralisierung kaum als Speisenbegleiter eignen, dürfen nicht als mindere Qualität angesehen werden.

➡ **Servieren und Gästeberatung**

4 Service

Service, Gläser, Verwendung	
Service	▪ Ideale Trinktemperatur 8 °C ▪ Eiswürfel und Zitrone nur auf Wunsch des Gastes (Eis verwässert, Zitrone überdeckt den Eigengeschmack)
Gläser	Gläser mit Firmenaufdruck, Wasserglas (1), Stielwasserglas (2), mittlerer Tumbler (3), großer Tumbler (4)
Verwendung	▪ Als Durstlöscher ▪ Als zusätzliche Aufmerksamkeit im Hotelzimmer ▪ Als Diätgetränk ▪ Zu Kaffee- und Teezubereitung, zur Speisenzubereitung sowie begleitend zu Kaffeegetränken ▪ Zum Mischen mit alkoholfreien und alkoholischen Getränken ▪ Zur Neutralisierung des Geschmackes, zB bei Weinwechsel ▪ Idealer Begleiter zu jeder Speise

Hinweise zur Gästebetreuung

Mineralwasser ist das deckungsbeitragsstärkste Segment in der Gastronomie und liegt diesbezüglich noch vor Tee und Kaffee. Immerhin braucht man für das Service von Mineralwasser keine Maschinen und keine zeitaufwendigen und arbeitsintensiven Vorbereitungen.
Fragen und empfehlen Sie. Sie vermitteln dem Gast das Gefühl, dass er es mit einem Servicemitarbeiter zu tun hat, der um eine gute Betreuung bemüht ist.

- „Wünschen Sie ein Mineralwasser mit oder ohne Kohlensäure?"
- „Soll es gekühlt oder ungekühlt sein?"
- „Welche Flaschengröße darf ich Ihnen bringen – eine kleine (0,25 l) oder ein große (0,75 l) Flasche?"

Mineralwasser-Spezialitätenkarten können in Zeiten, in denen Begriffe wie Wellness, gesunde Ernährung, Kalorienbewusstsein etc. in aller Munde sind, eine wachsende Interessentengruppe ansprechen.

Was ist der Deckungsbeitrag?

Verkaufspreis
- gesetzliche Zuschläge (Umsatzsteuer, Bedienungsentgelt usw.)
- Wareneinsatz

Deckungsbeitrag

Wellness = Wohlbefinden

5 Gesundheit und Wirkung

Etwa zwei bis drei Liter Flüssigkeit, über den Tag verteilt, sind nötig, um den ständigen Flüssigkeitsverlust auszugleichen und eine einwandfreie Funktion des Stoffwechsels zu gewährleisten. Diese zwei bis drei Liter werden dem Körper in Form von Getränken und Nahrungsmitteln zugeführt. Der Wasseranteil der Lebensmittel ist jedoch unterschiedlich hoch und liegt zwischen 10 und 95 Prozent. Brot enthält zB 40 bis 50 % Wasser, in Fleisch und Fisch sind 50 bis 80 % Wasser enthalten.
Mineralwässer sind die gesündesten Durstlöscher, haben keine Kalorien und sind ideale Mineralstofflieferanten. Auch für Diäten eignen sie sich vorzüglich. In Kuranstalten werden Trinkkuren angeboten. Kohlensäurearme Mineralwässer sind bekömmlicher, da die Kohlensäure in großen Mengen blähend wirken kann und den Magen übersäuert. Die Kohlensäure fördert darüber hinaus die Alkoholaufnahme ins Blut. Als Begleiter, zB zum Wein, empfiehlt sich daher ein kohlensäurearmes Wasser. Eine Ausnahme sind Mischungen. Sie sollen ja spritzig sein. Verwenden Sie daher für einen Gspritzten ein kohlensäurereiches Wasser oder ein Sodawasser.

> 💡 Wie viel trinken Sie pro Tag?

Trends

In Österreich hat der Konsum von natürlichen Mineralwässern deutlich zugenommen. Neue Impulse geben die 0,75-l-Flasche in der Gastronomie sowie die Auswahl an Wässern mit unterschiedlichem Kohlensäuregehalt (ohne Kohlensäure, mit wenig Kohlensäure, mit Kohlensäure).

Mit eleganten und originellen Flaschenformen und Etiketten wird dem Konsumenten die hohe und edle Qualität des Produktes vermittelt. Ein ganz bestimmter Lifestyle wird von den Herstellern geschaffen bzw. angesprochen. Nicht zuletzt durch ein gesteigertes Gesundheitsbewusstsein ist eine neue Wasserkultur entstanden.

Die Mineralwasserfirmen unterstützen die Betriebe in Form von Mitarbeiterschulungen beim aktiven Verkauf.

Arbeitsaufgaben

1. Erklären Sie den Unterschied zwischen Trinkwasser, Sodawasser, natürlichem Mineralwasser und Heilwasser.
2. Beschreiben Sie die Zusammensetzung von Mineralwasser und nennen Sie fünf nationale und fünf internationale Mineralwassermarken.
3. Worauf soll man beim Einkauf und bei der Lagerung von Mineralwasser achten?
4. Sammeln Sie Etiketten und besprechen Sie diese mit Ihrem Banknachbarn/Ihrer Banknachbarin.
   Welche Wirkung haben die einzelnen Mineralstoffe auf den menschlichen Körper? Nehmen Sie die Unterlagen aus Ernährungslehre oder ein Lexikon zu Hilfe.
5. Wie wird Mineralwasser serviert? Welche Gläser werden verwendet?
6. Wie viel Flüssigkeit sollte der Mensch täglich zu sich nehmen?

Wie viel Einfluss hat die Werbung auf die neue „Wasserkultur"? Denken Sie an Werbeplakate, Flaschenetiketten etc.

Frucht- und Gemüsegetränke

Das „flüssige Obst und Gemüse" ist gesund. Sein süßer Geschmack ist gleichermaßen bei Kindern und Jugendlichen als auch bei Erwachsenen beliebt. Süßes wird jedoch oftmals nur mit schlechtem Gewissen verzehrt. Neue Forschungen der Ernährungswissenschaftler haben ergeben, dass für gesunde Menschen der natürliche Fruchtzucker keinesfalls ein Gesundheitsrisiko darstellt.

Frucht- und Gemüsegetränke werden aus frisch gepressten Säften bzw. aus Saftkonzentraten hergestellt. Sie haben in der Ernährung einen hohen Stellenwert, da sie wichtige Stoffe für den menschlichen Organismus und seinen Stoffwechsel liefern. Die unvergorenen Säfte enthalten neben dem Hauptbestandteil Wasser auch große Mengen an Zucker, lebenswichtigen Vitaminen, Mineralstoffen und natürlichen Fruchtsäuren. Wurde Zucker in der Vergangenheit ernährungsphysiologisch eher negativ beurteilt, so weiß man heute, dass er über positive Eigenschaften verfügt, wie eine Steigerung der Leistungsfähigkeit sowie eine positive Wirkung auf die Regeneration nach intensiver körperlicher Belastung.

Unsere Ziele

Nach Bearbeitung dieses Kapitels werden Sie

- die Herstellung sowie die verschiedenen Konservierungsmethoden von Frucht- und Gemüsegetränken erklären können,
- den Unterschied zwischen Fruchtsäften, Fruchtnektaren und Sirupen sowie von Gemüsesäften, Gemüsetrunken und Gemüsenektaren erläutern können,
- bekannte Frucht- und Gemüsegetränkemarken nennen können,
- wissen, wie man Frucht- und Gemüsegetränke lagert und serviert,
- die Auswirkungen der Frucht- und Gemüsegetränke auf die Gesundheit veranschaulichen können.

Herstellung • Arten

1 Herstellung

Fruchtsäfte sind frisch gepresst am wertvollsten. Die Produktionsschritte sind:
- Waschen und Zerkleinern der Früchte
- Pressen der Fruchtstücke
- Filtrieren bzw. Klären des gewonnenen Saftes

Bei der gewerbsmäßigen Produktion, die auf eine Haltbarkeit der Säfte angewiesen ist, durchläuft die Erzeugung noch folgende Schritte:
- Konservieren
- Abfüllen in Flaschen, Dosen oder Getränkekartons (Tetrapaks)

Die Konservierung erfolgt u.a. durch:	
Pasteurisieren	Der Saft wird einige Sekunden auf 85 °C erhitzt und dann abgekühlt.
Eindicken (Konzentrat)	Dem Saft wird im Vakuumverdampfer bei 10 bis 20 °C Wasser entzogen. Bei der Herstellung des Saftes wird das entstandene Konzentrat wieder mit Wasser versetzt. Man spart Lager- und Transportkosten.
Direktsaft	ist ein Saft, der nicht aus einem Konzentrat hergestellt wird.

2 Arten von Frucht- und Gemüsegetränken

Fruchtgetränke	Sirupe	Gemüsegetränke
Fruchtsaft Fruchtsaft aus Fruchtsaft- und Fruchtaromakonzentrat Fruchtnektar Fruchtsaftgetränke		Gemüsesaft Gemüsetrunk Gemüsenektar

2.1 Fruchtgetränke

Fruchtsaft	Ein Fruchtsaft ist das gärfähige, jedoch nicht gegorene, aus gesunden und reifen Früchten einer oder mehrerer Fruchtarten gewonnene Erzeugnis. Farbe, Aroma und Geschmack müssen die für die verwendete Fruchtart charakteristischen Eigenschaften aufweisen; 100 % Saftanteil.
Fruchtsaft aus Fruchtsaft- und Fruchtaromakonzentrat	Ist ein Fruchtsaft, dem das bei der Konzentrierung entzogene Wasser wieder zugefügt wird.
Fruchtnektar	Ein Fruchtnektar ist ein Fruchtsaft (mit einem Anteil von mindestens 25 %, meist jedoch einem viel höheren), dem Wasser und Zucker und/oder Honig (bis höchstens 20 % des Gesamtgewichtes) zugesetzt wurden. Der Fruchtgehalt ist deutlich sichtbar in der Sachbezeichnung anzugeben.
Fruchtsaftgetränk	Fruchtsaftgetränke haben einen Fruchtsaftanteil von mindestens 30 % bei Kernobst oder Trauben, von mindesten 6 % bei Zitrusfrüchten und von mindestens 10 % bei anderen Früchten. Die restlichen Zutaten sind Wasser, Zucker, Süßstoffe und weitere Lebensmittelzusatzstoffe, wie Aromastoffe und Säuerungsmittel.

Allen Fruchtgetränken können Vitamine und Mineralstoffe sowie Kohlensäure zugesetzt werden.

Frucht- und Gemüsegetränke

> Sirupe werden für alkoholfreie und alkoholische Mischgetränke und für Milchmischgetränke verwendet.

➡ **Servieren und Gästeberatung**

2.2 Sirupe

Sirupe sind Dicksäfte mit hohem Zuckergehalt, die durch Verdünnen mit Wasser trinkfähig gemacht werden. Sie können Fruchtanteile, naturidentische Aromastoffe oder künstliche Aromen enthalten. Der Verdünnungsfaktor muss angegeben werden (zB 1:6, dh, ein Teil Sirup wird mit sechs Teilen Wasser verdünnt).

2.3 Gemüsegetränke

Gemüsesaft	Ist ein zum unmittelbaren Genuss bestimmtes unvergorenes oder milchsauer vergorenes Erzeugnis aus Gemüse. Er wird aus Gemüserohsäften erzeugt. In der Regel müssen 100 Prozent des betreffenden Gemüses enthalten sein. Gemüsesäfte können auch aus konzentrierten Gemüserohsäften durch Rückverdünnen mit Trinkwasser hergestellt werden.
Gemüsemischsaft	Er besteht aus mindestens zwei Gemüsesäften. Gegebenenfalls können zur geschmacklichen Abrundung höchstens 10 % Gemüsemark oder Fruchtsäfte und Fruchtmark zugefügt werden.
Gemüsesaftcocktail	Er besteht aus mindestens drei Gemüsesäften.
Gemüsetrunk, Gemüsenektar	Mit Trinkwasser verdünnte Zubereitung aus mindestens 40 Prozent Gemüsesaft oder Gemüsemark. Vorwiegend werden Karotten-, Tomaten-, Sauerkraut-, Weißkraut-, Sellerie- und Rote-Rüben-Säfte sowie Mischungen angeboten.

2.4 Bekannte Frucht- und Gemüsegetränkemarken

Österreich
Cappy (gehört zur Coca-Cola-Gruppe)
Pfanner (Gourmet) – Lauterach (Vorarlberg)
Rauch (Happy Day, Bravo, 100 Pro) – Rankweil (Vorarlberg)
Pago (Pago) – Klagenfurt (Kärnten)
Biodiät – Klagenfurt (Kärnten)
Mautner Markhof (Sirupe) – Wien
Ybbstaler Obstverwertung (YO, Obi, Hohes C) – Kröllendorf (Niederösterreich)
Spitz (Sirupe) – Attnang-Puchheim (Oberösterreich)
Darbo (Sirupe) – Stans (Tirol)

Deutschland
Valensina, Punica, Riemerschmid (Sirupe), Diäta, Schneekoppe, Granini, Niehoffs, Vaihinger, Burkhard

Schweiz
Biotta

Italien
Zuegg (die Säfte heißen Skipper), Fabbri (Sirupe)

Frankreich
Monin (Sirupe)

www.pfanner.com
www.pago.cc
www.eckes-granini.at

3 Einkauf und Lagerung

Frucht- und Gemüsegetränke werden heute in verschiedenen Qualitäten in allen Betrieben angeboten. Sie sind in den verschiedensten Handelsformen erhältlich. In der Gastronomie werden sie jedoch, wenn sie nicht frisch gepresst sind, normalerweise in Flaschen serviert. Teilweise sind Postmixanlagen, PET-Flaschen und Tetrapaks in Verwendung. Man lagert Frucht- und Gemüsesäfte am besten kühl und dunkel. In angebrochenen Gebinden gären sie in kurzer Zeit.

Etikettensprache

Kleines ABC der Etikettensprache

Ascorbinsäure: Vitamin C

Fructose: Zuckerart mit einer sehr hohen Süßkraft

Saccharose: Zuckerart, die sehr häufig von der Getränkeindustrie verwendet wird

Multivitaminsaft: Saftmischung aus 10 bis 12 Fruchtsorten

„Reich an Vitamin C": Vitamin-C-Gehalt von mindestens 250 mg pro Liter Saft

„Vitamin-C-haltig": Vitamin-C-Gehalt von mindestens 150 mg pro Liter Saft

„ohne Zuckerzusatz": nicht zwingend ein zuckerfreies Getränk; es wird zwar kein Zucker zugesetzt, enthält jedoch in der Regel fruchteigenen Zucker.

4 Service

Service, Gläser, Verwendung	
Service	■ Ideale Trinktemperatur 8–12 °C. ■ In der Orginalflasche mit Glas (mit Firmenaufdruck) serviert. ■ Gemüsegetränke im Glas auf Untertasse mit Serviette und Kaffeelöffel. ■ Bei Gemüsegetränken evtl. Menagen einstellen. Zu Karottensaft wird oft etwas Olivenöl gereicht bzw. beigemischt, da es die Aufnahme des enthaltenen Provitamins A steigert. Es wird im Körper in Vitamin A umgewandelt. ■ Fruchtsatz vor dem Ausschenken aufschütteln bzw. aufrühren. ■ Eis auf Wunsch des Gastes.
Gläser	Stielwasserglas (1), mittlerer Tumbler (2), großer Tumbler (3)
Verwendung	■ Als Aperitif. ■ Zum Frühstück. ■ Als Erfrischungsgetränk. ■ Als Fitness- bzw. Wellnessgetränk. ■ Begleitend zu Baby-, Kranken- und Schonkost sowie vegetarischen Gerichten und Vollwertkost.

☞ **Wussten Sie, dass …**

schäumende Fruchtsäfte oder Säfte, die Alkoholgeruch verströmen, bereits in Gärung übergegangen sind? Sie dürfen auf keinen Fall serviert werden!

➡ **Servieren und Gästeberatung**

Hinweise zur Gästebetreuung

Bieten Sie als Aperitif frisch gepressten Orangensaft an. Bei gespritzten Säften wird immer häufiger nach Leitungswasser anstelle von Mineral- oder Sodawasser verlangt.

Frucht- und Gemüsegetränke

👉 **Wussten Sie, dass ...**

ein Viertelliter Orangensaft den Tagesbedarf eines Erwachsenen an Vitamin C decken kann?

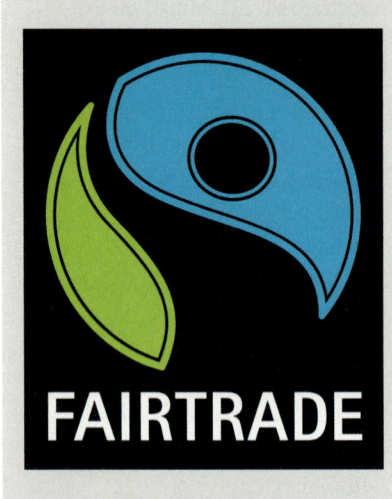

5 Gesundheit und Wirkung

Eine gesunde Ernährung ist ohne Obst und Gemüse undenkbar. Dies gilt auch für die Getränke, die aus ihnen hergestellt werden. Der Fruchtzucker geht rasch ins Blut über, daher sind diese Getränke kräftigend und nahrhaft. Durch Vitamine kann Erkältungskrankheiten vorgebeugt werden. Ein Großteil der für die Entschlackung, den Stoffwechsel und die Blutbildung notwendigen Mineralstoffe ist in ihnen enthalten. Die natürlichen Fruchtsäuren wirken ebenfalls entschlackend und durststillend. Die meisten Fruchtsäfte haben allerdings einen hohen Kaloriengehalt.

Trends

Durch die Tendenz zu weniger Alkohol (0,5 Promille bei Autofahrern), aber vor allem durch ein erhöhtes Gesundheitsbewusstsein erfreuen sich Frucht- und Gemüsesäfte wachsender Beliebtheit. Die Angebotspalette wird durch neue Kreationen ständig erweitert. Einer Studie zufolge bevorzugen die Konsumenten Apfel- und Orangensaft vor allen anderen Sorten. Sortenreine, meist naturtrübe Apfelsäfte sowie Mischsäfte, wie Apfel-Birne, werden verstärkt in den Gastronomiebetrieben angeboten. Auf dem Markt sind auch Frucht- und Gemüsesaftkombinationen, wie z. B. Orangen-Karotten-Zitrone. Gut etabliert haben sich die „ACE-Getränke". Darunter versteht man Frucht- und Gemüsegetränke, denen zusätzlich die Vitamine A, C und E zusammen mit Mineralstoffen beigefügt werden (zB Pago ACE). Nicht zuletzt durch die gestiegene Nachfrage nach Bioerzeugnissen werden immer mehr Säfte aus biologischen Produkten hergestellt, die z. B. im Fall von Orangen, durch Fairtrade vertrieben werden.

Im Trend sind die sogenannten Smoothies, deren Basis ein Fruchtpüree ist, das je nach Rezept mit Säften gemischt wird, um eine fein-cremige Konsistenz zu erhalten.

❓ Arbeitsaufgaben

1. Erklären Sie die Herstellung von Frucht- und Gemüsesäften. Wie können sie haltbar gemacht werden?
2. Wo liegt der Unterschied zwischen Fruchtsaft und Fruchtnektar?
3. Wo finden Sirupe in der Gastronomie Verwendung?
4. Aus welchen Sorten werden vorwiegend Gemüsesäfte hergestellt?
5. Nennen Sie einige bekannte Frucht- und Gemüsegetränkemarken.
6. Wie lagert man Frucht- und Gemüsegetränke?
7. Was ist beim Service von Frucht- und Gemüsesäften zu beachten?
8. Nennen Sie einige Verwendungszwecke von Frucht- und Gemüsesäften.

Erfrischungsgetränke

Die alkoholischen „Verwandten" sind die Alcopops (zirka 4 Vol.-%, mit intensivem Fruchtgeschmack) und die Spirituosendrinks, die einen höheren Alkoholgehalt aufweisen.
Bekannte Alcopops sind zB Two Dogs, Hooch, Go!, Puschkin Red Tank und K'atú. Zu den Spirituosendrinks zählen zB Pepito (Tequila-Zitrone) und cyBer Red (Limettenlikör mit Guarana).

Erfrischungsgetränke sind trinkfertige Erzeugnisse, die aus Wasser oder Mineralwasser mit oder ohne Zusatz von Kohlensäure, geruchs-, geschmacks- und farbgebenden Zusätzen sowie süßenden Stoffen hergestellt werden und nicht mehr als 0,5 Prozent Alkohol pro Liter enthalten. Außerdem können Mineralsalze, Vitamine, Molke und Malzextrakte zugesetzt werden. Als süßende Stoffe können Zucker und Süßungsmittel verwendet werden.
Zu den Erfrischungsgetränken zählen auch die aromatisierten Mineralwässer (siehe Seite 12) und der Eistee (siehe Seite 46).

Unsere Ziele

Nach Bearbeitung dieses Kapitels werden Sie

- die Zusammensetzung von Fruchtsaftlimonaden und Limonaden (in ihren unterschiedlichen Formen) erläutern können,
- einen Überblick über die bekanntesten Limonadenmarken geben können,
- die Begriffe Brausen, Kracherln, isotonische Getränke, Mineralstoffgetränke, Energy- oder Powerdrinks sowie Wellnessdrinks erklären können,
- erläutern können, worauf es beim Einkauf und bei der Lagerung sowie beim Service von Erfrischungsgetränken ankommt,
- die unterschiedlichen Ausschankanlagen erklären können,
- über die Wirkung der einzelnen Erfrischungsgetränke Ihre Meinung abgeben können.

Erfrischungsgetränke

Als natürliche Limonade wird ein Getränk bezeichnet, das aus dem frisch gepressten Saft von Zitrusfrüchten mit Wasser, Mineralwasser, Zucker oder Süßstoff zubereitet wird.

Es gibt auch alkoholische Erfrischungsgetränke (Alcopops, Spirituosendrinks, vgl. Seite 9).

👉 **Wussten Sie, dass ...** größere Mengen von Coffein und Zucker dem Körper Wasser entziehen?

1 Arten von Erfrischungsgetränken

Fruchtsaft-limonaden	Limonaden	Kracherln	Isotonische Getränke	Energy- oder Powerdrinks	Wellness-drinks
	Kräuter Cola Ingwer Bitter Malz Molke				

1.1 Fruchtsaftlimonaden
(Fruchtsaftgetränk, Fruchtsaft-Erfrischungsgetränk, Erfrischungsgetränk mit Fruchtsaft)

Sie enthalten einen Saftanteil von mindestens 6 Prozent der namengebenden Frucht, bei Kernobst-, Ananas- und Traubensaft von mindestens 30 Prozent. Außerdem können natürliche Aromen und Fruchtfleisch zugesetzt werden.
Bekannte Produkte: Frucade, Orangina, Sinalco.

1.2 Limonaden

Sie werden unter Verwendung von Fruchtsaft (weniger als 6 Prozent) oder Kräuterauszügen oder Aromen und Trinkwasser mit oder ohne Zugabe von süßenden Stoffen hergestellt.
Bekannte Produkte: Sprite, Fanta, Keli, Schartner, Seven up.

Kräuterlimonaden
Sie beziehen ihren Geschmack aus Kräuterauszügen.
Bekanntes Produkt: Almdudler.

Colalimonaden
Sie stellen eine eigene Limonadengattung dar und orientieren sich in Aussehen und Geschmack am weltweiten Vorbild Coca-Cola. Sie enthalten Phosphorsäure (Säuerungsmittel) und Coffein (65 bis 250 mg/l). Coffein kommt in Kaffeebohnen, Teeblättern, Kolanüssen, Mateblättern (Stechpalmenart) und Guaranasamen vor und hat eine anregende Wirkung.
Bekannte Produkte: Coca-Cola, Pepsi-Cola.

Ingwerlimonaden
Der Geschmack ist auf Auszüge der Ingwerwurzel zurückzuführen.
Bekanntes Produkt: Ginger ale.

Bitterlimonaden
Sie enthalten Bitterstoffe, zB Chinin (max. 85 mg/l) und werden als Tonic bezeichnet, wenn sie mindestens 15 mg Chinin enthalten. Chinin wird aus der Rinde des Chinabaumes gewonnen.
Bekannte Produkte: Schweppes Tonic Water, Schweppes Bitter Lemon und Bitter Orange, Kinley Tonic, Fever Tree Tonic.

Malzlimonaden
Sie sind besser bekannt unter der Bezeichnung „alkoholfreies Bier". Der Begriff „alkoholfrei" ist missverständlich, da sie bis zu 0,5 Vol.-% Alkohol enthalten dürfen.
Bekannte Produkte: Schloßgold, Null Komma Josef, Birell, Clausthaler.

Molkelimonaden
Wird bei alkoholfreien Erfrischungsgetränken in hervorhebender Weise auf einen Molkezusatz hingewiesen, muss er mindestens 40 Prozent betragen.
Bekannte Produkte: Lattella, Sportella.

1.3 Kracherln

Sie können naturidentische und künstliche Aromen oder Farbstoffe enthalten.

1.4 Isotonische Getränke

Die **Mineralstoffgetränke** sind so zusammengesetzt, dass sie den durch Schwitzen verursachten Wasser- und Mineralstoffverlust durch Mineralsalze ausgleichen können. Üblicherweise enthalten sie vor allem Wasser, Zucker, Mineralstoffe, Vitamine (B, C, Biotin, E), Aroma- und Farbstoffe.
Folgende Bezeichnungen sind möglich: Mineralsalzgetränk, Mineralstoffgetränk, Mineralgetränk, Mineraldrink.
Bekannte Produkte: Isostar, Isostar Light, Isotonic, Iso-Fresh, Mega Basic, Vita-Malz, Gatorade, Esprit.

1.5 Energy- oder Powerdrinks

Sie sind stark coffeinhaltig (ca. 320 mg/l – eine Tasse Filterkaffe enthält 80–100 mg Coffein) und haben daher eine anregende Wirkung. Sie enthalten Wasser, Zucker, Zitronensäure, Coffein (auch aus der Guaranapflanze), verschiedene B-Vitamine sowie Hilfs- und Zusatzstoffe. Das österreichische Lebensmittelrecht kennt den Begriff Energiegetränk nicht. Für „alkoholfreie Getränke mit geschmacksgebenden Zusätzen" ist allerdings die Beigabe von Coffein begrenzt. Die Angleichung an die EU-Bestimmungen zwang zu einer Hinaufsetzung von 150 auf 250 mg pro Liter. Die meisten Energydrinks überschreiten diesen Wert und vermeiden daher die Bezeichnung Limonade oder Erfrischungsgetränk.
Bekannte Produkte: Red Bull, Burn, Taurus, Flying Horse, Dynamite, Shark, Mystery, Dark Dog, Blinde Kuh, Boss!, Full Speed, Guarana, Warp 4, Power Bull, Schartner Clue.

1.6 Wellnessdrinks

Wellness bedeutet Wohlbefinden. Diese Kategorie umfasst also Getränke, die das Wohlbefinden erhöhen sollen. Sie wenden sich an Menschen, die dem Trend nach bewussterer Ernährung anhängen. Dazu zählen zB Fruchtgetränke, die mit Vitaminen und Mineralstoffen angereichert wurden, oder das Getränk Kombucha, eine gesüßte Teemischung, vergoren mit Hefe, Milchsäurebakterien und dem Kombuchapilz. Zu erwähnen ist auch das Grünteegetränk Nativa.
Die Near-Water-Getränke Römerquelle Emotion und Vöslauer Balance sowie Gasteiner Elements zählen ebenfalls zu dieser Gruppe. Die Mineralwässer enthalten Aromen und Extrakte (Frucht- und Kräuterextrakte), Fructose und künstliche Süßungsmittel.

2 Einkauf und Lagerung

Es sind verschiedene Handelsformen üblich (Verkauf in Flaschen, Containern). Man sollte schon beim Einkauf aus Umweltschutzgründen auf die Gebindeform achten. Erfrischungsgetränke lagert man am besten kühl und dunkel. Kohlensäurehältige Limonaden werden in angebrochenen Flaschen schnell schal.

Geschickte Vermarktungsstrategie: Die Markennamen und Werbeaussagen greifen bewusst das Vokabular der Drogenszene (Flash, Speed, XTC für Ekstase) oder der Weltraumserien (Star Trek) auf.

Erfrischungsgetränke

Zuckerarm	Der Gehalt an Zucker darf höchstens 4 % betragen.
Nur mit frucht-eigenem Zucker	kein Zusatz von süßenden Stoffen.
Kalorienreduziert, kalorienarm, energiearm, brennwertvermindert, „Lights"	Der Zucker wird durch Süßstoffe ersetzt. Der Brennwert ist, verglichen mit dem Standardprodukt, um mindestens 30 % reduziert.
Kalorienfrei, energiefrei	Maximal 1 kcal bzw. 4,2 kJ pro 100 ml.

Brennwert = Energiemenge, die beim Abbau der Nahrung im Körper frei wird.

Kleines ABC der Etikettensprache

Antioxidantien: Konservierungsmittel.

Guarana: Aus den Samen einer brasilianischen Schlingpflanze gewonnene Substanz, die den drei- bis vierfachen Coffeingehalt einer Kaffeebohne besitzt.

Ginseng: Ostasiatische Pflanze, deren Wurzel lebensverlängernde Kraft zugesprochen wird.

Maltose: Zuckerart, die häufig bei der Erzeugung von Sport- und Wellnessgetränken verwendet wird.

Taurin: Geschmacksverstärker. Es ist eine normale Aminosäure, die auch vom menschlichen Körper produziert wird. Taurin ist im Stierhoden enthalten, was die Werbung mit dem Stier erklärt. Die Wirkung von Taurin ist jedoch stark umstritten. Einige Länder haben ein Einfuhrverbot für Getränke verhängt, die Taurin enthalten.

Zuckercouleur: Gebrannter Zucker zum Färben von Lebensmitteln und Getränken.

Etikettensprache

Was trinken Sie, wenn Sie in Ihrer Freizeit unterwegs sind?

Servieren und Gästeberatung

3 Service

Service, Gläser, Verwendung	
Service	■ Ideale Serviertemperatur 8–10 °C (Ausnahme Cola-limonaden: 4–6 °C). ■ Bei den Fruchtsaftlimonaden vor dem Ausschenken den Fruchtsatz aufschütteln. ■ Häufig in der Originalflasche mit Glas (mit Firmenaufdruck) serviert. ■ Eiswürfel nur auf Wunsch des Gastes.
Gläser	Tumbler (1), Limonadenglas (2), Originalglas (mit Firmenaufdruck)
Verwendung	■ Für Autofahrer, für Kinder (ausgenommen Energydrinks). ■ Für Mischungen, zB Radler (Bier mit Zitronen- oder Kräuterlimonade), Spezi (Orangen-Cola-Limonade). ■ Für Longdrinks, zB Gin-Tonic, Whisky-Cola, Wodka-Bitter-Lemon. ■ Als Begleiter zum Essen ungeeignet, da sie durch ihren Geschmack den Geschmack jeder Speise übertönen. Speziell Kinder und Jugendliche konsumieren dennoch gerne Limonaden zum Essen.

4 Ausschankanlagen

In der Gastronomie erfolgt der Ausschank von alkoholfreien Getränken häufig mit Schankanlagen.

Voraussetzungen dafür sind:
- Erstklassig gewartete und hygienisch einwandfreie Anlagen mit hohem technischem Standard.
- Qualitativ hochwertige Produkte.
- Fachgerechte Behandlung der Container (zB Einhaltung der empfohlenen Lagerbedingungen, Aufbrauchfristen).

Der Ausschank über Thekenzapfgeräte hat Vorteile, wie geringen Lagerraumbedarf und automatische Kühlung, sowie Nachteile, wie die Notwendigkeit, sie täglich zu reinigen.

Grundsätzlich werden zwei Typen von Schankanlagen unterschieden, und zwar Premixanlagen und Postmixanlagen.

> **Schankanlagenverordnung**
> Im Sinne der Einhaltung der Hygienevorschriften lt. HACCP ist besonders auf die Sauberkeit der Zapfhähne von Schankanlagen zu achten.

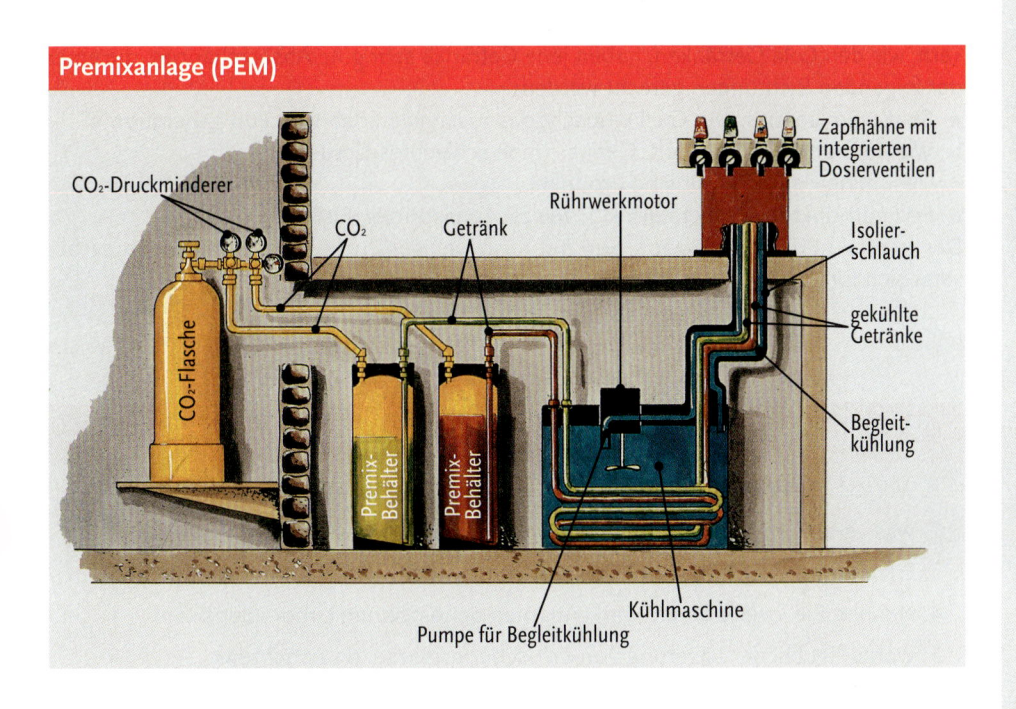

Premixanlage (PEM)

Premixanlage (PEM): Das fertige Originalgetränk in zylindrischen Containern mit Steckanschluss wird an die Schankanlage angeschlossen und kann dort mit CO_2-Druck portionsweise entnommen werden.

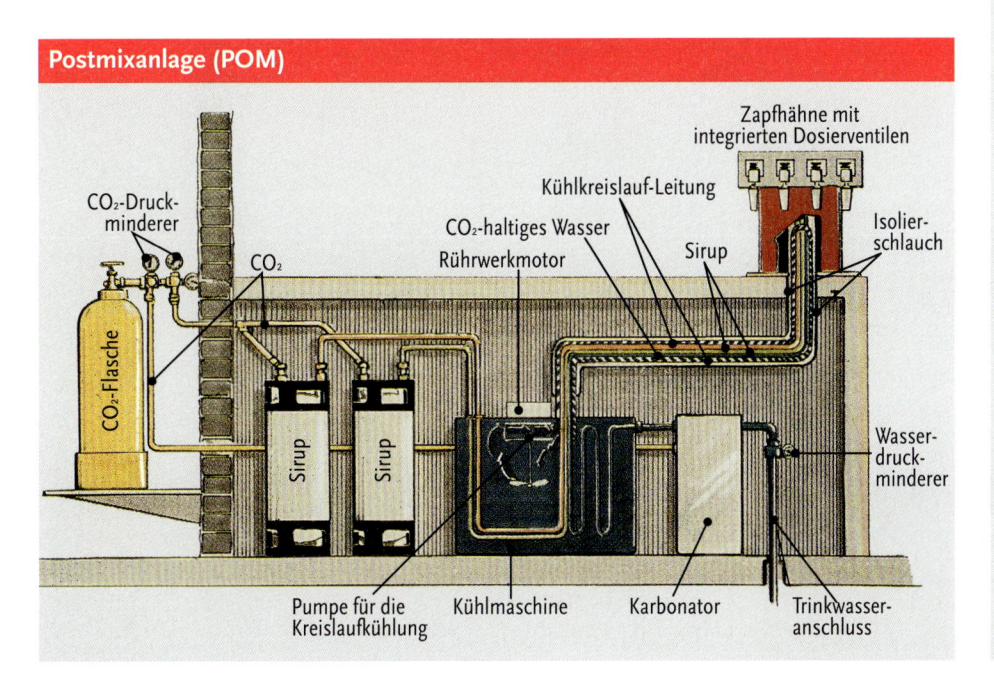

Postmixanlage (POM)

Postmixanlage (POM): Hier wird nicht das Fertiggetränk, sondern Sirup im Container an das Zapfgerät angeschlossen. Wird der Zapfhahn betätigt, so wird der Sirup mit Treibgas zum Zapfhahn befördert und an Ort und Stelle mit vorgekühltem, CO_2-versetztem Wasser vermischt. Postmixanlagen eignen sich für Betriebe mit einem Verkaufspotenzial von über 60 Portionen (0,25 l) pro Öffnungstag (bei 310 Öffnungstagen pro Jahr).

Erfrischungsgetränke

👉 **Wussten Sie, dass ...**

in größeren Mengen konsumierte Süßstoffe Durchfall verursachen?

💬 Denken Sie an das letzte Rave, Clubbing etc. Haben Sie Erfrischungsgetränke konsumiert? Waren sie wirklich erfrischend?

5 Gesundheit und Wirkung

Limonaden und Erfrischungsgetränke enthalten verschiedene Zuckerarten in unterschiedlichen Mengen, so enthält zB ein Glas Coca-Cola mit 0,2 Litern 22 Gramm Zucker. Ausnahmen sind die Lightversionen, die mit Süßstoffen gesüßt werden. Durch den hohen Zuckeranteil bewirken sie ein rasch erneuertes Durstgefühl.

Coffeinhaltige und chininhaltige Limonaden besitzen eine anregende Wirkung. In sehr großen Mengen haben beide jedoch einen starken Gewöhnungscharakter. Ohne ausreichende Nahrungsaufnahme kann es zu Nervosität, Kopfschmerzen, Schlaflosigkeit, Muskelzittern und Herzrhythmusstörungen kommen.

Vorsicht bei den Energydrinks. Der gelegentliche Konsum ist nicht schädlich, die Menge macht die Wirkung. Von der Verwendung als Aufputschgetränk ist abzuraten. In Verbindung mit Alkohol werden die Energydrinks als gesundheitlich äußerst bedenklich eingestuft. Isotonische Getränke führen dem Körper bei Leistungabfall schnell verwertbare Energie zu. Ein Zuviel an Mineralstoffen kann jedoch die Nierentätigkeit beeinträchtigen.

Trends

Noch nie war die Produktvielfalt der Erfrischungsgetränke so groß. Neben den Klassikern, wie den Cola-Getränken, haben jene Getränke sehr gute Absatzchancen, die einer der folgenden Richtungen gerecht werden:
- Spaß und Genuss: Der Gast wünscht das maximale Erlebnis („Fun generation").
- Wellness und Natürlichkeit: Genuss ohne schlechtes Gewissen; Gesundheit durch natürliche Produkte.
- Fertigprodukte („ready to drink"), wie zB Apfelspritzer, Eistee, Radler.

Der Trend zu Erfrischungsgetränken mit noch weniger Zucker- und Kohlensäurezusatz setzt sich fort.

❓ Arbeitsaufgaben

1. Woraus setzen sich die Limonaden und die Fruchtsaftlimonaden zusammen?
2. Was versteht man unter isotonischen Getränken, was sind Wellnessdrinks?
3. Erklären Sie die Energydrinks? Nehmen Sie auch kritisch dazu Stellung.
4. Nennen Sie jeweils einen Markennamen der einzelnen Limonadenarten.
5. Worauf ist bei der Lagerung von Erfrischungsgetränken zu achten?
6. In welchen Gläsern werden Erfrischungsgetränke serviert?
7. Welche Wirkung können die Erfrischungsgetränke auf den Körper haben?

Milch und Milchmischgetränke

Milch ist eines der ältesten, wenn nicht – neben dem Wasser – das älteste Getränk der Menschheit. Der Wert dieses Nahrungsmittels war schon vor Jahrtausenden bekannt, nicht umsonst wird im Alten Testament das Gelobte Land als Land beschrieben, in dem Milch und Honig fließen.
Unter Milch als Handelsware versteht man im Allgemeinen Kuhmilch. Sie wird vor allem wegen ihrer idealen Nährstoffzusammensetzung und der leichten Verdaulichkeit sehr geschätzt.
Auch vom volkswirtschaftlichen Standpunkt aus gesehen nimmt die Milch einen bedeutenden Platz ein, stellt sie doch eines der wichtigsten Produkte der Landwirtschaft dar.

🎯 Unsere Ziele

Nach Bearbeitung dieses Kapitels werden Sie
- die wesentlichen Arbeitsgänge bei der Milchverarbeitung erklären können,
- einen Überblick über die im Handel erhältlichen Milchprodukte haben,
- die Rezepturen der Milchmischgetränke nennen können,
- Lagerung, Verwendungsmöglichkeiten und Service der Milchprodukte erläutern können,
- über die Rolle, die Milch in der Ernährung einnimmt, Bescheid geben können.

Milch ist ein wertvolles Nahrungsmittel, in dem alle wichtigen Nährstoffe in einem ausgewogenen Verhältnis vorliegen.

Ca. 1 % Mineralstoffe und Vitamine
3,5 % Milcheiweiß
Ca. 4 % Milchfett
4,8 % Milchzucker
86,7 % Wasser

➡ Servieren und Gästeberatung

Milch und Milchmischgetränke

1 Verarbeitung von Milch

Die Milch wird in Molkereien verarbeitet. Die wesentlichen Arbeitsgänge sind:
- **Prüfen** der Rohmilch.
- **Separieren:** Trennung von Rahm und Magermilch.
- **Standardisieren:** Trennung von Voll- und Magermilch durch Bestimmen des Fettgehaltes.
- **Homogenisieren:** Milch wird unter hohem Druck durch Düsen gepresst, wobei die größeren Fettkügelchen zertrümmert werden.
Die Milch rahmt dadurch nicht mehr. Sie wird leichter verdaulich und im Geschmack vollmundiger.
- **Wärmebehandlung** zur Abtötung von Keimen und zur Verlängerung der Haltbarkeit, wobei **Pasteurisieren** die häufigste Methode ist. Dabei wird die Milch so schonend erhitzt, dass bis zu 99,9 % der Keime vernichtet werden, die Nähr- und Wirkstoffe jedoch erhalten bleiben.
- **Abfüllen** in Flaschen oder Tetrapaks.

nicht homogenisierte Milch
Große Fett-Tröpfchen rahmen auf.

homogenisierte Milch
Kleine Fett-Tröpfchen bleiben fein verteilt.

2 Milchsorten und Milchprodukte

Es sind jene Milchprodukte angeführt, die in der Gastronomie von Bedeutung sind.

Trinkmilch	Sauermilch-produkte	Rahmprodukte	Dauermilch
Rohmilch	Sauermilch (3,6 % Fett)	Schlagobers (36 % Fett)	Haltbarmilch
Kinderfrischmilch	Buttermilch (1 % Fett)	Kaffeeobers (15 % Fett)	Sterilmilch
Vollmilch (3,6 % Fett)	Acidophilusmilch	Haltbarobers	Instantmilch
Leichtmilch (1 % Fett)	Joghurt (1–5 % Fett)		
Magermilch (max. 0,3 % Fett)	Kefir		
Milch mit Zusätzen			

3 Milchmischgetränke

Die Milchmischgetränke lassen sich in kalte und warme sowie in alkoholfreie und alkoholhältige Getränke einteilen.

Shakes	Kalte Milchmischgetränke, mit oder ohne Alkohol. Grundrezept: 1/8 l Milch, 3 Eiswürfel, 2 Esslöffel beliebiger Sirup, Zubereitung im Aufsatzmixer oder Shaker.
Frappés	Kalte Milchmischgetränke mit Speiseeis. Sie werden mit oder ohne Alkohol im Aufsatzmixer zubereitet. Grundrezept: 1/8 l Milch, 2 Kugeln Speiseeis, mit einem Esslöffel dazupassenden Sirup gut vermischen und mit Schlagobers und/oder Früchten garnieren.
Milchpunsche	Warme Milchmischgetränke mit Alkohol. Rezept: 2 Barlöffel Zucker mit 4 cl Punschessenz, Rum oder Arrak erhitzen, in ein vorgewärmtes Punschglas geben und mit heißer Milch auffüllen.

Service • Gesundheit und Wirkung

4 Einkauf und Lagerung

Qualitativ gute Milch ist weiß bis gelblich, fast geruchlos, undurchsichtig und schmeckt leicht süßlich. Milch und Milcherzeugnisse sind Frischprodukte, dh, sie sind nur begrenzt haltbar.

Milch muss lichtgeschützt, verschlossen und gekühlt bei 4 bis 6 °C aufbewahrt werden.

www.noem.at
www.milch.com
www.gmundner-milch.at

5 Service

Service, Gläser, Verwendung	
Service	■ Kalt oder warm ■ Mischgetränke im Tumbler mit Trinkhalm ■ Werden als Garnitur Schlagobers oder Früchte gereicht, serviert man das Glas mit einem Limonadenlöffel auf einem Unterteller mit Serviette
Gläser	Milchglas, Tumbler
Verwendung	■ Als Kinder- und Jugendgetränk ■ Als Gesundheitsgetränk ■ Zum Mischen (siehe Milchmischgetränke)

In Milch steckt eine Menge Kalzium, das für die Bildung von Knochen und Zähnen benötigt wird. Dennoch trinkt Österreichs Jugend zu wenig Milch. Wo liegen Ihrer Meinung nach die Gründe für dieses Verhalten? Trinken Sie Milch? Wenn nein, warum nicht?

→ Servieren und Gästeberatung

Hinweise zur Gästebetreuung
Frische, Natürlichkeit, aber auch die österreichische Herkunft sind wichtige Argumente beim Verkauf. Die Rückverfolgbarkeit von Lebensmitteln zum Erzeuger wird für viele Gäste immer wichtiger. Falls Sie in einem Betrieb arbeiten, der Milch vom eigenen Hof anbietet oder von einem bestimmten Hof bezieht, scheuen Sie sich nicht, dies zu erwähnen. Beispiel: „Möchten Sie ein Glas frische Milch trinken, unsere Milch beziehen wir von ..."

Vor allem bei ausländischen Gästen wird Österreich als Land mit einer intakten Umwelt (Berge, kristallklare Bäche, grüne Wiesen etc.) wahrgenommen – hier ist eine Bemerkung über die Herkunft (Milch frisch vom Hof) sicher angebracht.

6 Gesundheit und Wirkung

Milch spielt in der Ernährung von Kindern wie auch von Erwachsenen eine wesentliche Rolle. Sie wird vor allem wegen ihrer idealen Nährstoffzusammensetzung und der leichten Verdaulichkeit sehr geschätzt. Milch und Milchprodukte sind die wichtigste Kalziumquelle für den Menschen. Die Aufnahme von einem Liter Milch deckt beim Erwachsenen den ganzen Tagesbedarf an Kalzium, Kalium und Phosphor sowie die Hälfte des täglichen Bedarfs an Eiweiß und Fett. Dies ist vor allem für Kinder und Jugendliche von großer Bedeutung.

Trends
Obwohl bei Frischmilch ein leichter Rückgang zu verzeichnen ist, gilt Österreich als das Frischmilchland. Die Konsumenten greifen vermehrt zu Produkten aus der bunten Palette der Frucht- und Trinkjoghurts.
Milch mit verlängerter Haltbarkeit, sogenannte extended-shelf-life-Milch, wird angeboten.

? Arbeitsaufgaben

1. Welche Verarbeitungsschritte durchläuft Milch, bevor sie in ein Glas gefüllt wird?
2. Welche Milchmischgetränke kennen Sie und wie werden sie zubereitet?
3. Wie kann man qualitativ gute Milch beschreiben? Wie wird sie richtig gelagert?
4. Welche Rolle spielt Milch in der Ernährung?

Kaffee

Kaffeehäuser entstanden bereits 1530 in den syrischen Städten Damaskus und Aleppo. Das erste Kaffeehaus auf europäischem Boden wurde 1554 in Konstantinopel errichtet, 1645 in Venedig, 1652 in London und in weiterer Folge in den Städten Amsterdam, New York, Paris, Hamburg, usw. Das erste Wiener Kaffeehaus „Zur blauen Flasche" von Franz Georg Kolschitzky soll nach der Türkenbelagerung 1683 entstanden sein.
Im 19. Jahrhundert breitete sich dieser Kaffeehaustyp weiter aus, sodass aus dem Wiener Kaffeehaus eine österreichische Institution wurde.

➡ **Servieren und Gästeberatung**

Um die Geburtsstunde des Kaffees ranken sich viele Geschichten. Die ursprüngliche Heimat des Kaffees ist aller Wahrscheinlichkeit nach die Provinz Kaffa in Südwestäthiopien (Abessinien), wo noch heute der wild wachsende Kaffeebaum zu finden ist. Der Anbau und der Genuss von Kaffee sind auf die Araber zurückzuführen. Ursprünglich stammt der Name vom arabischen Wort „gahwah", das für Wein gebraucht wurde und wahrscheinlich übertragen worden ist.

Die europäische Kaffeetradition ist eng verbunden mit den Türkenbelagerungen. Im 17. und 18. Jahrhundert begann durch die Kolonialisierung der plantagenmäßige Kaffeeanbau in den klassischen Kaffeeanbauländern. Brasilien ist heute der weltgrößte Kaffeelieferant, gefolgt von Vietnam und Kolumbien. Heute gibt es mehr als 60 Anbauländer, ca. 15 Milliarden Kaffeebäume, die Kaffee für etwa 2,25 Milliarden Tassen liefern, die weltweit täglich getrunken werden.

🎯 Unsere Ziele

Nach Bearbeitung dieses Kapitels werden Sie

- über die Herkunft bzw. die Kaffeeanbaugebiete Bescheid geben können,
- die Verfahren für die Kaffeeaufbereitung nennen können,
- über das Rösten von Kaffee berichten können,
- über die verschiedenen Kaffeearten informieren können,
- beschreiben können, worauf beim Einkauf und bei der Lagerung zu achten ist,
- die verschiedenen Zubereitungsverfahren erläutern können,
- die verschiedenen Kaffeespezialitäten mit und ohne Alkohol erklären können,
- beschreiben können, wie Kaffee serviert wird.

1 Herkunft

Unter Kaffee verstehen wir ein Aufgussgetränk aus den aufbereiteten, gemahlenen Samen der Kaffeekirsche, die auf Sträuchern wächst. Die Kaffeesträucher werden in Plantagen angebaut und werden auf eine Höhe von ca. 3 Meter beschnitten, um eine rationelle Bearbeitung und Ernte der Früchte zu gewährleisten.

Die Kaffeepflanze

Der Kaffeebaum ist eine tropische Pflanze und wächst in Gebieten nördlich und südlich des Äquators, bis jeweils zum 25. Breitengrad. Von den zahlreichen „Coffea-Arten" sind nur zwei Sorten für den weltweiten Anbau und Handel von Bedeutung. Dies sind **Coffea arabica** (ca. 2/3 der Weltproduktion) und **Coffea canephora** auch **Robusta** genannt (ca 1/3 der Weltproduktion).

Reife Kaffeekirschen sind dunkelrot und gelb, die Blüte ähnelt nicht nur dem Jasmin, sondern duftet auch so.

💡 Bereits 1770 wurde die erste Kaffeeplantage in Brasilien angepflanzt.

Anbaugebiete

Hochlandkaffee: Coffea arabica bevorzugt Höhenlagen zwischen 600 und 2000 Meter. Die Früchte wachsen langsamer und der Ertrag ist geringer. Im Vergleich zu Robusta bringt die Sorte Arabica höherwertigen, aromaintensiven Kaffee mit feiner Säure und Duft sowie geringerem Koffeingehalt hervor. Hochlandkaffee ist begehrter und teurer.

Tieflandkaffee: Robusta bevorzugt Höhenlagen zwischen dem Meeresspiegel und 600 Metern. Sie verträgt feucht-warmes Klima, Temperaturen von über 30° C und ist, wie der Name sagt, robust, widerstandsfähiger gegen Krankheiten und Schädlinge sowie anspruchslos in Bezug auf die Bodenverhältnisse. Da sie mehrmals im Jahr blüht, schneller wächst und mehr Früchte produziert, ist der Ertrag höher als bei Arabicas. Robusta ist durch den höheren Gehalt an Koffein, Gerbstoffen und Chlorogensäure rauer im Geschmack, was von vielen Konsumenten als bitter, holzig und adstringierend empfunden wird.

Die größten Erzeuger- und Ausfuhrländer

In Südamerika: Brasilien, Venezuela, Ecuador, Kolumbien
In Mittelamerika: Mexiko, Guatemala, El Salvador, Costa Rica, Honduras
In Afrika: Elfenbeinküste, Uganda, Angola, Kongo, Äthiopien, Kenia, Tansania
In Asien: Vietnam, Indonesien, Indien, Hainan (chinesische Insel)
In Australien: im Norden des Kontinents
Weitere Gebiete siehe Karte.

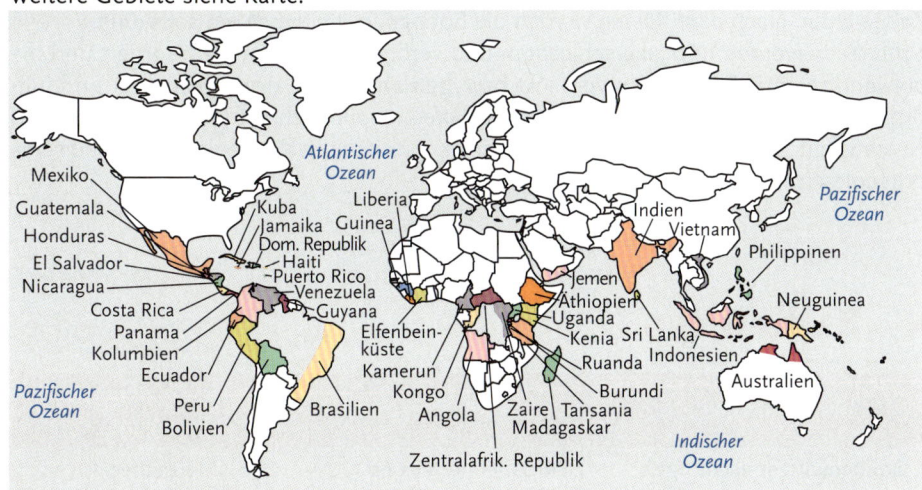

Kaffee aus Mittelamerika (außer Mexiko) und die Sorten aus Kenia zählen zu den qualitativ- besten Kaffees.

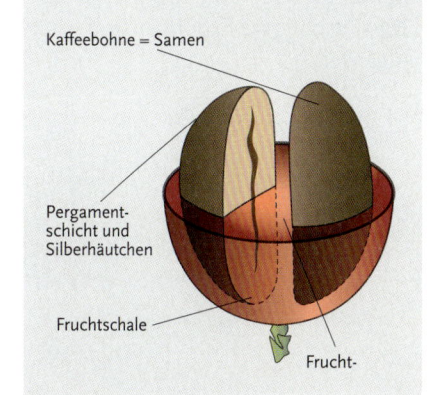

2 Aufbereitung

Die Kaffeekirschen enthalten im Allgemeinen zwei Samenkerne (Bohnen). Sie werden meist von Hand geerntet. Danach erfolgt die Aufbereitung (nass oder trocken), um lagerfähige Kaffeebohnen zu erhalten.

Kaffee

Fermentieren = Angären (Umwandlung der Säuren in ätherische Öle)

2.1 Nasse Aufbereitung (gewaschener Kaffee)

- **Waschen** und Quellen der Kaffeekirschen im Schwemmkanal.
- **Zerquetschen** der Kirschen im sogenannten Pulper. Das Fruchtfleisch wird mit Wasser weggeschwemmt.
- **Fermentieren** in Fermentationstanks (1 bis 2 Tage).
- **Waschen** der Bohnen und Entfernen des restlichen Fruchtfleisches.
- **Trocknen** der Bohnen (erfolgt künstlich oder in der Sonne).
- **Entfernen der Pergamentschicht** und des Silberhäutchens in Schäl- und Poliermaschinen.
- **Sortieren** der Bohnen nach ihrer Größe. Entfernen von unreifen oder beschädigten Bohnen sowie Verunreinigungen (zB Steinchen). Fast alle Arabicas werden nass aufbereitet.

2.2 Trockene Aufbereitung (ungewaschener Kaffee)

- **Reinigen** des Erntegutes (meist im Schwemmkanal)
- **Trocknen** der Früchte in der Sonne. Das Fruchtfleisch wird spröde.
- **Aufbrechen** der trockenen Kirschen durch Walzen in der Brechmaschine.
- **Entfernen des Fruchtfleisches,** der Pergamentschicht und des Silberhäutchens.
- **Sortieren** und Reinigen (vgl. nasses Verfahren). Fast alle Robustas werden trocken aufbereitet.

Der fertig aufbereitete Rohkaffee wird in Jutesäcke zu 60 kg (15 %) und zu 85 % in klimatisierte Lebensmittelcontainer verpackt und in die Verbraucherländer exportiert.
Blue Mountain Kaffee aus Jamaika wird noch in Holzfässern exportiert.

Trocknen

3 Rösten

Beim Rösten entwickelt der Kaffee sein typisches Aroma, seinen Duft und seine Farbe. Der Rohkaffee wird in Rösttrommeln bei 180–250 °C geröstet (abhängig davon, ob er als Filter- oder als Espressokaffee eingesetzt wird). Dabei verdampft das Wasser in den Bohnen und sie vergrößern sich. Gut gerösteter Kaffee hat eine gleichmäßige Färbung (Kastanienfarbe). Zu schnell und zu hell gerösteter Kaffee schmeckt sauer, zu dunkel gerösteter Kaffee bitter. Nach dem Rösten werden die Bohnen im Kaltluftstrom abgekühlt.
Schließlich werden noch die schlechten und verbrannten Bohnen aussortiert und die einwandfreien Kaffeebohnen verpackt bzw. gemahlen und aromageschützt und luftdicht verpackt. Nach dem Rösten reagiert Kaffee empfindlich auf Licht, Sauerstoff und Feuchtigkeit. Die rasche Abpackung ist wichtig, damit der Kaffee haltbar bleibt und seine organoleptischen Eigenschaften bewahrt.

Poliermaschine

4 Kaffeearten

Kaffee ist nach dem Erdöl der zweitwichtigste Exportrohstoff der Welt.

Bohnenkaffee	Besondere Kaffeesorten	Kaffee-Ersatzmittel (Surrogate)
Bohnenkaffeemischungen Sortenreine Bohnenkaffees	Entcoffeinierter und coffeinarmer Kaffee Säurearmer (reizarmer) Kaffee Instantkaffee (Löskaffee) Aromatisierte Kaffeemischungen	Malzkaffee Feigenkaffee Zichorienkaffee

4.1 Bohnenkaffee

Bohnenkaffeemischungen
Kaffee wird fast nur als Mischung angeboten, da in einer Sorte alleine selten Aroma, Säure und Fülle optimal harmonieren. Verschiedene Kaffeesorten werden daher gemischt, um eine bestimmte Geschmacksrichtung zu erzielen.

Sortenreine Bohnenkaffees
Wie der Name schon sagt, handelt es sich um unvermischten Kaffee aus einer bestimmten Region oder Plantage. Sehr teuer ist der auch bei uns erhältliche Jamaika Blue Mountain Coffee.

4.2 Besondere Kaffeesorten

Entcoffeinierter und coffeinarmer Kaffee
Das Coffein wird entweder mit Wasserdampf, Kohlendioxid oder mit chemischen Lösungsmitteln aus den rohen Kaffeebohnen fast ganz oder teilweise herausgelöst. Erst dann werden die Bohnen geröstet. Der Coffeingehalt beträgt höchstens 0,08 %, bei coffeinarmem Kaffee höchstens 0,2 %.
Entcoffeinierter Kaffee ist für herzkranke Gäste und Gäste mit Kreislaufbeschwerden um vieles bekömmlicher.

Säurearmer (reizarmer) Kaffee (Schonkaffee)
Um den Kaffee für Menschen mit empfindlichem Magen verträglich zu machen, wird aus den Bohnen mit Wasserdampf ein Teil der Gerbsäure entfernt. Das Coffein bleibt dabei erhalten. Es gibt auch Schonkaffee ohne Koffein.

Instantkaffee (Löskaffee)
Dem Kaffeeaufguss wird durch Sprüh- oder Gefriertrocknung das Wasser entzogen. Zurück bleibt Kaffeepulver, das sich beim Aufgießen mit Wasser vollständig auflöst.

Aromatisierte Kaffeemischungen
Unmittelbar nach dem Rösten werden die Bohnen mit natürlichen oder naturidentischen Aromen besprüht. Die geschmacklichen Qualitäten des Basiskaffees bleiben dadurch voll spürbar, die zusätzlichen Aromen (Vanille, Haselnuss, Amaretto, Schokolade etc.) runden den Kaffeegeschmack ab.

4.3 Kaffee-Ersatzmittel (Surrogate)

Das sind Röstprodukte aus anderen Pflanzen, wie Gerstenmalz, Feigen oder Zichorie (Malzkaffee, Feigenkaffee, Zichorienkaffee).

5 Einkauf und Lagerung

Kaffee ist in unterschiedlichen Preis- und Qualitätsstufen erhältlich. Beim Einkauf sollte nicht der möglichst niedrige Preis, sondern die Qualität maßgebend sein.

Gerösteter Kaffee verliert sehr rasch sein Aroma. Er ist deshalb nur kurze Zeit lagerfähig. In geöffnetem Zustand sollte Bohnenkaffee nicht länger als zwei Wochen, gemahlener Kaffee nicht länger als eine Woche gelagert werden. Kaffee muss kühl, trocken, lichtgeschützt in luftdicht abschließenden Gefäßen aufbewahrt werden. Vakuumverpackter, ungeöffneter Kaffee behält seine Röstfrische über einen längeren Zeitraum. Eine Mindesthaltbarkeit ist auf der Verpackung angegeben.

Für 20 Kg Röstkaffee benötigt man 100 Kg reife Kaffeefrüchte.

Wussten Sie, dass ...
der Coffeingehalt bei Arabica-Kaffee 1–1,5 % und bei Robusta-Kaffee 2–2,5 %, beträgt (bei herkömmlicher Herstellung)?

Sprüh- oder Gefriertrocknung = modernste Methode, bei der das Aroma geschont wird.

Wird Kaffee in der Gastronomie auf der Karte als solcher bezeichnet, muss er aus Bohnenkaffee hergestellt sein.

www.kaffeeverband.at
www.jacobs.at

Welche Kaffeesorten werden in Ihrem Betrieb verwendet oder in dem Betrieb, in dem Sie Ihr Praktikum absolviert haben?

Kaffee

Bekannte Kaffeehandelshäuser
Arabia, Alvorada, Columbia, Heißenberger, Hornig, Illy, Jacobs, Lavazza, Meinl, Naber Kaffee, Nestlé (Nespresso), Sachers, Santora, Segafredo, Stambulia, Tchibo-Eduscho, Wedl, Zumtobel.

6 Zubereitung

Die Qualität des Kaffeegetränks hängt von vielen Faktoren ab:
- Qualität des Rohkaffees.
- Mischung der Rohkaffeesorten.
- Röstung.
- Verpackung und Lagerung.
- Wasserqualität (hartes Wasser laugt den Kaffee nicht so gut aus wie weiches).
- Zubereitung: Es kommt auf die Zubereitungsart an, wie der Kaffee zu mahlen ist. Filterkaffee wird mittelfein gemahlen, der Kaffee für Espressi noch feiner. Je feiner der Kaffee gemahlen ist, desto besser wird er ausgelaugt, desto stärker werden die Extrakte und der Geschmack, aber auch die Bitterstoffe betont.
- Reinigung: Sorgfältige Reinigung der Kaffeemaschine, der Mahlscheiben und des Bohnenbehälters.

6.1 Zubereitungsverfahren in der Gastronomie

Filtermaschine (Melitta-Methode)
In einen Papier- oder Metallfilter wird mittelfein gemahlener Kaffee gegeben und mit frischem, ca. 90 Grad heißem Wasser aufgegossen. Diese Methode wird vor allem für Frühstückskaffee angewendet. Der Kaffee ist schnell zubereitet und völlig satzfrei. Für einen Liter Wasser rechnet man 50 bis 60 g nicht zu fein gemahlenen Kaffee.

Expressbrühung mit Dampf- oder Pumpendruck (Siebträgermaschine oder halbautomatische Kaffeemaschine)
Das ist die Zubereitung in Espressomaschinen (wie zB von Faema, Gaggia, San Marco, La Cimbali, Schärf). Der Espresso hat, von Italien ausgehend, fast die ganze Welt erobert. Er ist stark konzentriert und wird unter Druck zubereitet. Die Bitterstoffe werden ebenfalls ausgepresst und geben dem Kaffee den besonderen Geschmack.

Türkische Methode
Türkischer Kaffee ist stark, dicklich und wird nur schwarz getrunken. Die Zubereitung erfolgt im sogenannten Çesve (türkische Kaffeekanne). Der Kaffee wird mehlfein gemahlen – pro Tasse rechnet man einen gehäuften Kaffeelöffel – und mit frischem kaltem Wasser und eventuell Zucker zum Kochen gebracht. Nach dem Aufwallen vom Feuer nehmen, die Schaumkrone darf nicht zerkochen. Sobald sich der Kaffee gesetzt hat, wird er in Mokkagläser oder Mokkatassen gefüllt, dazu kann Rahat oder Lokumi gereicht werden. Je nach Zuckerzugabe bei der Zubereitung unterscheidet man: Sade – ohne Zucker, Utra – wenig Zucker, Sekerli – viel Zucker.

Vollautomatische Kaffeemaschine
Die in den letzten Jahren immer weiterentwickelten Maschinen garantieren eine hohe und gleichbleibende Qualität des Kaffees (genaue Einstellung des Mahlgrades, der Pulvermenge, Wassermenge, Brühtemperatur etc.).
Eine Neuentwicklung stellen die Nespresso-Maschinen dar. Der gemahlene Kaffee wird in Einzelportionen (in verschiedenfärbigen Kapseln) gelagert. Der große Vorteil ist die Frische des Kaffees zum Zeitpunkt der Zubereitung. In der Gastronomie kann die Maschine zB im Seminar- und Tagungsbereich eingesetzt werden. Die Gäste können sich ganz unkompliziert selbst bedienen.

💡 Gut zubereiteter Espresso hat immer eine Creme (Schaumkrone). Ist die Creme zu dunkel und grobporig, war die Temperatur zu hoch und der Kaffee schmeckt verbrannt. Bei zu geringer Temperatur ist die Creme flach und zu hell.

Überhaupt liefert die „Crema" wichtige Hinweise auf die korrekte Einstellung sowie Abstimmung von Kaffeemühle (Menge und Mahlgrad), Kaffeemischung und Kaffeemaschine (Brühtemperatur und Druck).

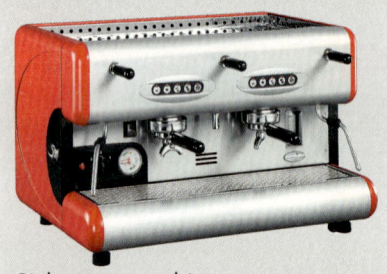

Siebträgermaschine

Vollautomatische Kaffeemaschine

6.2 Kaffeegetränke und Kaffeespezialitäten

Auf Grund der langen Kaffeehaustradition hat sich im Laufe der Zeit eine breite Palette verschiedener Kaffeegetränke entwickelt.

Wiener-Kaffeehaus-Klassiker	
Kleiner Mokka	Kleiner Espresso, kleiner Schwarzer oder Piccolo.
Kleiner Brauner	Kleiner Espresso mit Obers oder Milch.
Einspänner	Kleiner Espresso mit Schlagobershaube und Staubzucker bestreut, im Glas serviert.
Kapuziner	Kleiner Espresso mit kleiner Menge Obers (dunkelbraun).
Wiener Melange	Kleiner Espresso, etwas verlängert, mit Milch und Milchschaum.
Franziskaner	Sehr helle Melange mit Schlagobershaube.
Verlängerter Schwarzer	Kleiner Espresso, mit heißem Wasser verlängert.
Verlängerter Brauner	Kleiner Espresso, mit heißem Wasser verlängert, mit Milch oder Obers serviert.
Großer Schwarzer	Doppelter Espresso.
Großer Brauner	Großer Espresso, mit Milch oder Obers serviert.
Türkischer	Im Kupferkännchen (Çesve) zubereitet; bei der Bestellung fragen: ohne Zucker, mit wenig Zucker oder mit viel Zucker.

Wiener-Kaffeehaus-Spezialitäten	
Konsul	Großer Espresso mit einem Schuss Obers (dunkelbraun).
Schale Nuss	Kleiner Espresso in der sogenannten Nusstasse (sehr kleine Espressotasse) mit etwas Obers.
Schale Gold	Kleiner Espresso, 2/3 Kaffee, 1/3 Obers.
Kaffee, verkehrt	1/3 Kaffee (Espresso), 2/3 Milch.
Obermayer	Großer Espresso, auf dem eine dünne Schicht kaltes, ungeschlagenes Obers schwimmt; nach einem Wiener Philharmoniker benannte Kaffeehausspezialität.
Kaisermelange	Verlängerter kleiner Espresso, mit geschlagenem Eidotter und Honig, auf Wunsch auch Zucker, verquirlt; heute wird auch Eierlikör als Alternative verwendet.
Wiener Eiskaffee	Vanilleeis mit Kaffee und Schlagobers. In dickwandigem Laufglas oder Eiskaffeeglas mit Limonadenlöffel und evtl. Trinkhalm serviert. Staubzuckerstreuer dazugeben.
Berliner Eiskaffee	Wie Wiener Eiskaffee, aber mit Kaffeeeis zubereitet.

Wiener-Kaffeehaus-Spezialitäten mit Alkohol	
Mokka, gespritzt	Kleiner oder großer Espresso mit 2 cl Cognac, Weinbrand oder Rum.
Fiaker	Kleiner Espresso im Glas mit 2 cl Rum (original mit Kirschrum), Cognac oder Weinbrand und Schlagobershaube.
Maria Theresia	Kleiner Espresso mit Orangenlikör und Weinbrand (zu gleichen Teilen), 2 Kaffeelöffel Rohrzucker, Schlagobershaube mit buntem Streuselzucker; im Laufglas serviert.
Pharisäer	Verlängerter kleiner Espresso in der großen Tasse, mit 2 Kaffeelöffeln Zucker und 2 cl Rum vermischt, mit Schlagobershaube; auch im Glas serviert.
Mazagran	Gesüßter, mit Eiswürfeln gekühlter kleiner Espresso im Glas mit 2 cl Maraschino; auch mit Maraschino und Rum.

Mengenverhältnisse

1 kleiner Mokka:
6 bis 8 g gemahlener Kaffee
(= 1 1/2 bis 2 Kaffeelöffel)

1 großer Mokka:
12 bis 16 g gemahlener Kaffee

Kleiner Brauner und **großer Brauner** werden in Westösterreich oft mit einem kleinen Kännchen Obers separat serviert.

Wussten Sie, dass ... zu starkes Auslaugen des Kaffeepulvers die Konzentration der Schadstoffe erhöht? Eine bekömmlichere Alternative ist es daher zu einem kleinen Espresso in der Doppelmokkaschale ein Kännchen heißes Wasser dazu zu servieren. Der Gast verlängert seinen Kaffee nach Belieben.

Da der gemahlene Kaffee schnell an Qualität verliert, sollte Kaffee erst unmittelbar vor der Zubereitung gemahlen werden. Moderne Mühlen mahlen jede Portion einzeln.

Kaffee

💡 In vielen österreichischen Betrieben wird ein Cappuccino anstatt mit Milchschaum mit Schlagobers serviert und mit Kakaopulver bestreut. Manchmal wird die doppelte Kaffeepulvermenge verwendet.

Alle Kaffeegetränke gibt es auch entcoffeiniert (decaffèinato).

Irish Coffee kann auch flambiert werden, das entspricht aber nicht dem Originalrezept. Flambierter Irish Coffee enthält weniger Alkohol, da dieser verbrennt und nur die Extraktstoffe zurückbleiben.

Kaffeeklassiker aus Italien	
Espresso	Kleiner Espresso schwarz, ca. 30 ml.
Ristretto	Kleiner Espresso schwarz, kurz (also mit wenig Wasser).
Espresso macchiato	Kleiner Espresso mit Milch (macchiato = gefleckt).
Cappuccino	Kleiner Espresso in der großen Tasse mit cremigem Milchschaum.
Espresso doppio con latte	Großer Espresso mit Milch.
Latte macchiato	Besteht aus drei Schichten; die unterste Schicht ist heiße Milch, die oberste Schicht ist geschäumte Milch; die mittlere Schicht ist ein Espresso, der durch den Milchschaum hindurchgegossen wird.
Caffè latte	Kleiner Espresso mit viel heißer Milch und Milchschaum, in einer großen Schale (oder einem Glas) serviert.

Kaffeespezialitäten aus Italien	
Trend-Cappuccinos	Cappuccinos mit Vanillesirup (vaniglia), Karamellsirup (caramella), Minzesirup (menta), Kokosnusssirup (cocco) und Haselnusssirup (nocciola); diese Geschmacksrichtungen sind auch bei Latte macchiato erhältlich.
Caffè freddo	Kalter Kaffee.
Caffè shakerato	Kleiner kalter Espresso mit Zucker im Shaker kalt geschüttelt und im Cocktailglas serviert.
Iced Cappuccino	Geeister Cappuccino.
Caffè milanese	Eiskaffee mit 2 Kugeln Schokoladeeis und Schlagobershaube, Schokosplitter.

Kaffeespezialitäten aus Italien mit Alkohol	
Caffè Corretto con Grappa	Kleiner Espresso schwarz mit 2 cl Grappa.
Caffè Corretto con Amaretto (Mandellikör)	Kleiner Espresso schwarz mit 2 cl Amaretto di Saronno.
Caffè Pucci	Großer Espresso mit braunem Zucker, 2 cl braunem Rum und 2 cl Amaretto, Schlagobershaube.

Internationale Kaffeespezialitäten mit Alkohol	
Irish Coffee	2 Kaffeelöffel Rohzucker und 4 cl Irish Whiskey mit Kaffee aufgießen, leicht geschlagenes Obers vorsichtig über einen warmen Löffel in den Kaffee laufen lassen. Evtl. mit einer Prise fein gemahlenem Kaffee bestreuen.
Rüdesheimer Kaffee	In eine vorgewärmte Rüdesheimer Spezialtasse 3 bis 4 Stück Würfelzucker und 4 cl erwärmten Asbach Uralt (Weinbrand) geben und mit einem (langen) Streichholz anzünden. Dann entweder die Schale drehen oder mit einem langen Barlöffel umrühren, bis sich der Zucker gelöst hat und der Alkohol verbrannt ist. Mit Kaffee (Espresso) aufgießen, mit Vanillezucker gesüßtes Schlagobers daraufgeben und mit Schokoladenstreusel bestreuen.
Café brûlot	1 Stück Würfelzucker mit Weinbrand tränken und in der vorgewärmten Tasse entzünden, mit einem kleinen Espresso ablöschen; auch mit kleiner Schlagobershaube serviert.

7 Service

Service, Tassen und Gläser, Verwendung	
Service	■ Ausschließlich in vorgewärmten Kaffeeschalen und Kaffeekannen. ■ Zucker und Süßstoff einstellen. ■ Frisches Obers bzw. frische Milch ist eine Selbstverständlichkeit. ■ In Wiener Kaffeehäusern wird immer ein Glas Wasser zur Neutralisierung des Geschmackes zum Kaffee serviert.
Tassen und Gläser	Mokkaschale (1), Melangeschale (2), Doppelmokkaschale (3), Rüdesheimer Set (4), Irish-Coffee-Glas (5), Einspännerglas (6), Eiskaffee- bzw. Laufglas (7)
Verwendung	■ Frühstücks- und Jausengetränk. ■ Zum Abschluss eines Essens, allein oder zusammen mit einem Digestif (zB Cognac, Weinbrand, Likör, Obstdestillat). ■ Als warmes oder kaltes Kaffeegetränk mit oder ohne Alkohol. ■ Zutat für Süßspeisen (zB Mokkatorte, Tiramisu).

Zuckersets zum Anbieten mehrerer Zuckeraten werden von Gästen sehr geschätzt.

➡ **Servieren und Gästeberatung**

Hinweise zur Gästebetreuung

Kaffee ist der klassische Abschluss eines Menüs. Vergessen Sie daher nicht auf diesen Zusatzverkauf. Bieten Sie zum Kaffee auch einen Digestif an. Seit einiger Zeit findet man vollautomatische Kaffeemaschinen auch als Teil des Frühstücksbuffets (anstelle des Filterkaffees).

8 Gesundheit und Wirkung

Coffein, der wichtigste Bestandteil des Kaffees, wirkt kreislauf- und verdauungsanregend, stimmungsverändernd und führt zu einer kurzfristigen Steigerung der Leistungsfähigkeit. Zu große Mengen an starkem Kaffee führen jedoch zu körperlichen Beschwerden wie Zittern, Unruhe, Schlaflosigkeit, Herzklopfen, Schweißausbruch und Sodbrennen.
Das Absinken der Leistungsfähigkeit durch Alkoholgenuss kann durch Kaffeetrinken nicht ausgeglichen werden. Im Gegenteil: Kaffee konserviert den Alkohol im Blut.

Trends

Kaffee ist ein sehr beliebtes Getränk in Österreich. Allgemein lassen sich mit dem Kaffeeumsatz gute Deckungsbeiträge erzielen. Im Trend liegen Marken aus Italien, zB Illy, Lavazza und Segafredo. Bohnenkaffeemischungen sind nach wie vor vorherrschend, nicht zuletzt deshalb, weil sortenreine Plantagenkaffees sehr teuer sind. Aromatisierte Kaffeemischungen werden angeboten. Manche Betriebe offerieren neben der Standardkaffeemischung weitere spezielle Röstungen. Eine Verkaufsmaßnahme der besonderen Art ist der Kaffeesommelierwagen. Der Kaffeesommelier berät die Gäste über Kaffeesorten und die Zubereitung des Kaffees, die beim Tisch des Gastes stattfindet. Verschiedene Kaffeefirmen bieten Ausbildungen und Schulungen für die Gastronomie zum Kaffeefachmann, dem sogenannten **Barista**, an. Neben den bekannten Kaffeehandelshäusern haben sich in den letzten Jahren kleine Kaffeeröstereien etabliert, die verschiedene Kaffeesorten röstfrisch anbieten.

Die **Karlsbader Kanne** besteht aus einer Porzellan-Kaffeekanne, dem Porzellanfilter mit Siebboden und dem Wasserverteiler mit Deckel. Die Zubereitung ist sehr zeitaufwendig – ergibt aber, nach Expertenmeinung, einen besonders bekömmlichen Kaffee.

Kaffee

Latte Art

Latte Art ist die Bezeichnung für kunstvolle Milchschaumverzierungen auf einem Kaffee bzw. Espresso. Ein guter Milchschaum ist unverzichtbar.
Die Voraussetzungen für einen perfekten Milchschaum sind ein hoher Eiweißgehalt der Milch und die richtige Temperatur, denn erst bei 65 °C bindet sich das Milcheiweiß.

- Die Tasse mit dem heißen Espresso mit Milchschaum auffüllen.
- Kurz bevor die Tasse voll ist, das Kännchen absenken und über die Tassenmitte nach vorne fahren.
- So entsteht ein Herz (siehe Foto).

? Arbeitsaufgaben

1. Nach den Anbaugebieten unterscheidet man zwei Kaffeearten. Erklären Sie die Eigenschaften der beiden.
2. Nennen Sie die zwei wichtigsten Kaffeesorten und die größten Erzeugerländer.
3. Erklären Sie den Unterschied zwischen nassem und trockenem Verfahren zur Aufbereitung von Kaffee.
4. Was passiert beim Rösten?
5. Sie bedienen einen ausländischen Gast, der mit fragendem Gesichtsausdruck vor der Kaffeekarte sitzt. Erklären Sie ihm folgende Kaffeegetränke: Piccolo, Verlängerter, Melange, Einspänner, großer Brauner, Wiener Eiskaffee.
6. Worauf ist beim Einkauf und bei der Lagerung von Kaffee zu achten?
7. Welche Tassen und Gläser werden für das Servieren von Kaffee und Kaffeegetränken verwendet?
8. Welche Zubereitungsverfahren für Kaffee kennen Sie? Beschreiben Sie zwei näher.
9. Wie wirkt sich Kaffee auf den menschlichen Körper aus?
10. Wie viel Coffein ist zu viel? Die empfohlene Maximalmenge pro Tag für Jugendliche unter 18 Jahren beträgt 100 mg. In den Getränken ist unterschiedlich viel Coffein enthalten. Die Tabelle zeigt die Coffeinmenge in 360 ml bzw. in Schokolade.

Getränk	Coffeinmenge in 360 ml
Cappuccino	130 mg
Red Bull	95 mg
Eistee	55 mg
Cola Light	45 mg
Pepsi	38 mg
Coca-Cola	34 mg
Schokomilch	7,5 mg
Milchschokolade	6 mg
7-Up	0 mg

Kakao

Zur Kakaoaufbereitung werden die Früchte aufgeschlagen und die Samen ausgelöst.

Unter Kakao versteht man ein Aufgussgetränk aus den aufbereiteten Samen der Kakaofrucht (Theobroma cacao).
Das Ursprungsland des Kakaos ist Mexico. Die Azteken bereiteten ein würziges Getränk aus Wasser, Pfeffer und gemahlenen Kakaobohnen und nannten es „Xocolatl". Der schwedische Biologe Linnäus nannte den Kakao „Theobroma", weil die Frucht den Rohstoff für ein gutes, gesundes und nahrhaftes Getränk lieferte. Er setzte den Namen aus zwei griechischen Wörtern zusammen, und zwar Teos (Gott) und Broma (Speise), also Götterspeise. Nach der Entdeckung Amerikas gelangte das sogenannte „braune Gold" nach Spanien, von wo sich der Handel mit Kakao in ganz Europa ausbreitete.

Unsere Ziele

Nach Bearbeitung dieses Kapitels werden Sie
- die Herkunft und die Aufbereitung von Kakao erklären können,
- den Unterschied zwischen Kakao und Kakaogranulat nennen können,
- die verschiedenen Zubereitungsarten von Kakao erläutern können,
- die Lagerbedingungen und die Besonderheiten im Service nennen können,
- über die Wirkung von Kakao auf den menschlichen Organismus Bescheid geben können.

Kakao

Kakaobäume = der bekannteste Kakaobaum ist der **Forastero** (auch eine Kakaosorte), weiters **Criollo** und **Trinitario**.

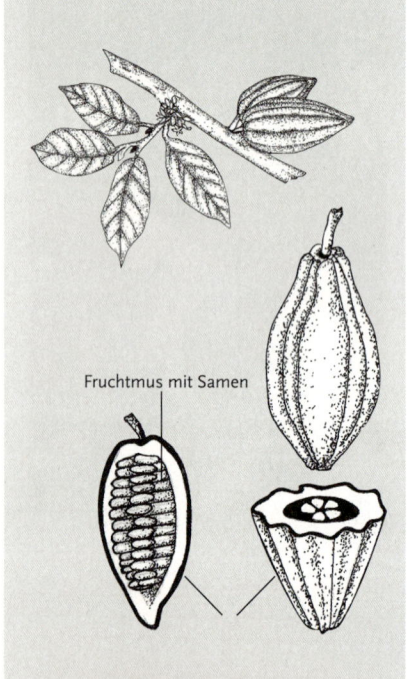

Fruchtmus mit Samen

Presskuchen

1 Herkunft

Die Kakaobäume werden in Plantagen gezüchtet und erreichen eine Höhe von zwei bis fünf Metern. Sie blühen ganzjährig und bilden in einem Jahr bis zu 10.000 Blüten. Die Früchte sind gurken- oder melonenähnlich. In ihnen liegen 25 bis 50 Kakaobohnen. Die ungerösteten Kakaobohnen enthalten Kohlenhydrate (Zucker), Fett, Eiweiß, Wasser, Mineralstoffe und in kleiner Menge das Alkaloid Theobromin sowie geringe Spuren von Koffein.

Die **Hauptanbaugebiete** des Kakaos sind heute vor allem Westafrika (Ghana, Nigeria, Elfenbeinküste, Kamerun), aber auch Südamerika (Brasilien, Venezuela, Ecuador, Kolumbien), Mittelamerika, die Westindischen Inseln, Java und Sri Lanka (Ceylon). Weitere Gebiete siehe Karte.

2 Aufbereitung

- Aufschlagen der Früchte und Auslösen der Samen.
- Fermentierung der Samen. Sie geschieht durch mehrtägige Gärung oder „Rottung" in Erdgruben, betonierten Gruben oder Fermentierungshäusern. Dadurch wird Folgendes erreicht:
- Lösung der Fruchtfleischreste.
- Anreicherung von Fett.
- Aroma- und Farbbildung (Kakaorot).
- Abbau der Gerbsäure. Die Gerbsäure ist verantwortlich für den bitteren Geschmack.
- Entfernung der Fruchtfleischreste durch Waschen.
- Trocknen und Einsacken der Bohnen.

In den Verbraucherländern werden die Bohnen gereinigt, sortiert, geröstet, gebrochen (zerkleinert) und gemahlen. Es entsteht die dünnbreiige, dunkelbraune Kakaomasse (Ausgangsprodukt für Kakaopulver und Schokoladenerzeugung), die aufgeschlossen wird, dh sie wird bei 120 °C gerührt. Anschließend wird die Kakaobutter abgepresst. Zum Schluss wird der Presskuchen noch gemahlen (pulverisiert).

3 Kakao, Kakaogranulate und Trinkschokolade

Kakao
Kakao ist schwach entöltes Kakaopulver mit 20 bis 22 Prozent Kakaobutteranteil. Er ist dunkel, mild, sehr nahrhaft und grob gemahlen. Der **Magerkakao** ist stark entöltes Kakaopulver mit 8 bis 20 Prozent Kakaobutteranteil. Er ist sehr fein gemahlen, hell und herb im Geschmack. Bekannte Marken: Suchard, Pompadour, Van Houten.

Kakaogranulate
Sie bestehen aus Eiweiß, Zucker, Fett, Kakaoanteilen und Vitaminen. Kakaogranulate werden mit kalter oder heißer Milch aufgegossen, nicht gesüßt und können auf Wunsch mit Obers verfeinert werden. Bekannte Marken: Ovomaltine, Benco, Siggi, Nesquick.

Trinkschokolade
Trinkschokolade besteht aus bis zu 80 Prozent Schokoladenpulver sowie aus Zucker, Voll- und Magermilchprodukten, Kakaobutter, Kakaoaroma, Speisesalz, Soja und Vanillin. Sie ist meist als fertiges Pulver, aber auch in Form von Tafeln, Flocken, Kugeln oder Pastillen erhältlich.

4 Lagerung

Kakao und Trinkschokolade sollen kühl, trocken, geruchsfrei, dunkel und verschlossen (aromageschützt) gelagert werden. Durch Fremdgerüche (Gewürze) und Feuchtigkeit leidet das Aroma des Kakaos. Kakao und Trinkschokolade werden in verschiedenen Packungsgrößen im Handel angeboten. Die Mindesthaltbarkeit ist auf der Verpackung angegeben.

5 Zubereitung

Für **Kakao** benötigt man pro Portion etwa 20 Gramm. Da sich Kakaopulver in einer Flüssigkeit nur schwer auflöst, ist es ratsam, das Kakaopulver mit Zucker und etwas heißem Wasser in einer Schale anzurühren. Erst dann kann man es gut in heißes Wasser oder heiße Milch einrühren.

Für die Zubereitung einer Tasse **Trinkschokolade** wird ca. 25 Gramm Pulver mit heißer Milch aufgegossen und eventuell mit Schlagobers vollendet. Sie muss nicht mehr gesüßt werden.
Trinkschokolade kann auch aus zerlassener Kochschokolade unter Zugabe von Zucker und Milch zubereitet und ebenfalls mit Schlagobers serviert werden.

Für **Wiener Schokolade** werden zwei gehäufte Kaffeelöffel fertige Schokoladencreme (als „Wiener Schokolade" im Handel erhältlich) mit heißer Milch verrührt, ein Schuss Weinbrand wird beigegeben und das Getränk mit einer Schlagobershaube gekrönt.
Dickflüssige Schokoladen werden in unterschiedlichen Geschmacksrichtungen angeboten, wie z. B. Nuss-Nougat, Orange-Zimt.

> Das Kakaogetränk ist dunkler und bitterer als das Schokoladengetränk.
> Vor allem in Italien wird heiße Schokolade sehr dickflüssig und häufig in Verbindung mit Süßgebäck serviert.
>
> ➡ Servieren und Gästeberatung

6 Service

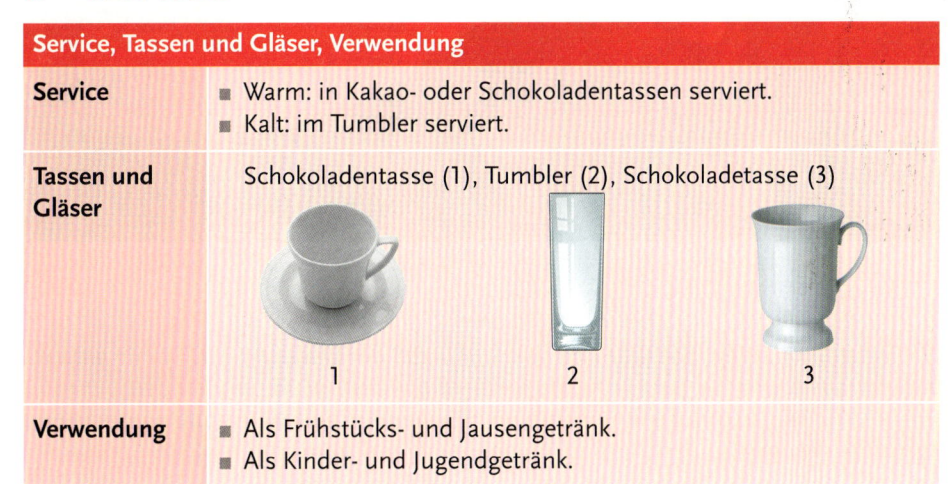

Service, Tassen und Gläser, Verwendung	
Service	▪ Warm: in Kakao- oder Schokoladentassen serviert. ▪ Kalt: im Tumbler serviert.
Tassen und Gläser	Schokoladentasse (1), Tumbler (2), Schokoladetasse (3)
Verwendung	▪ Als Frühstücks- und Jausengetränk. ▪ Als Kinder- und Jugendgetränk.

Service im Wiener Kaffeehaus

Hinweise zur Gästebetreuung

Kakao hat als Getränk in der Gastronomie eine geringe Bedeutung. Lediglich im Kaffeehaus und in der Kaffeekonditorei spielt er eine gewisse Rolle. Mit Kakao lässt sich aber auch gut mixen. Es gibt Rezepte mit und ohne Alkohol.
Orangenschokolade: Trinkschokolade, mit Orangensaft und Grand Marnier abgeschmeckt.
Irische Schokolade: Trinkschokolade, mit irischem Whiskey und Bienenhonig verfeinert und mit Schlagobers und geraspelter Schokolade garniert.
Kakao Vital: Kakao mit 4 cl Orangensaft.

7 Gesundheit und Wirkung

Das im Kakao enthaltene Theobromin wirkt wie Coffein anregend auf das Nervensystem, ohne jedoch Herz und Kreislauf zu belasten. Kakao kann deshalb auch von Kindern getrunken werden. Kakao ist leicht verdaulich, Magerkakao hat allerdings durch den höheren Gerbstoffgehalt eine leicht stopfende Wirkung. Trinkschokoladen und Kakaogranulate weisen einen hohen Zuckergehalt auf.

Trends

Es werden auch dickflüssige Trinkschokoladen in vielen Geschmacksrichtungen angeboten, z.B. Nuss-Nougat, Bourbon-Vanille, Orange-Zimt, Honig-Zimt. Die erhältlichen Sorten werden mit heißer Milch schaumig geschlagen (Milchschäumer) und in einer Tasse serviert.

> **? Arbeitsaufgaben**
>
> 1. Woraus wird Kakao gewonnen und wo wird er hauptsächlich angebaut?
> 2. Erklären Sie die einzelnen Schritte der Kakaoaufbereitung.
> 3. Wo liegen die Unterschiede zwischen Kakao und Kakaogranulat?
> 4. Wie lagert man Kakao richtig? Wie wird er serviert?
> 5. Erklären Sie die Zubereitung von Kakao, Trinkschokolade und Wiener Schokolade.

Tee

Der Teestrauch ist eine der ältesten Kulturpflanzen der Welt, fast 5.000 Jahre alt, und stammt aus China. In Europa wurde er allerdings erst im 16. Jahrhundert bekannt. England ist der traditionelle Hauptimporteur von Tee mit vielen alteingesessenen Teehandelshäusern.
Tee bietet eine große Geschmacks- und Aromavielfalt, kann heiß oder mit Eis getrunken werden und passt zu jeder Tages- und Jahreszeit.

Unsere Ziele

Nach Bearbeitung dieses Kapitels werden Sie

- die wichtigsten Teeanbaugebiete nennen sowie die Unterschiede zwischen Hochland-, Tiefland- und Mittellandtee erklären können,
- die Teearten und ihre Aufbereitung erläutern können,
- die Teesortierungen und Teebezeichnungen nennen können,
- die Unterschiede von Oolong-Tee, grünem Tee, weißem Tee, Rauchtee und aromatisiertem Tee erklären können,
- die Früchte- und Kräutertees nennen können,
- Einkauf und Lagerung sowie Zubereitung und Service der einzelnen Teearten beschreiben können,
- die Wirkung von Tee und teeähnlichen Erzeugnissen erklären können.

In den Qualitätsplantagen wird ausschließlich mit der Hand gepflückt.

1 Herkunft

Tee ist ein Aufgussgetränk aus den aufbereiteten Blättern des Teestrauches. Alle modernen Zuchtformen des Teestrauches stammen von Kreuzungen der Teepflanzen Camellia sinensis und Camellia assamica, die erst 1823 im indischen Assamgebiet entdeckt wurde.

Tee enthält das Alkaloid Coffein (Tein), außerdem die beruhigende Gerbsäure Tannin, ätherische Öle, Vitamin B1 und B2 sowie Mangan und Fluor.

Die wichtigsten Teeanbaugebiete

Indien (Darjeeling, Assam), Ceylon (Sri Lanka), China, Japan, Indonesien (Sumatra, Java), viele Länder Afrikas (Kenia) und Georgien. Weitere Gebiete siehe Karte.

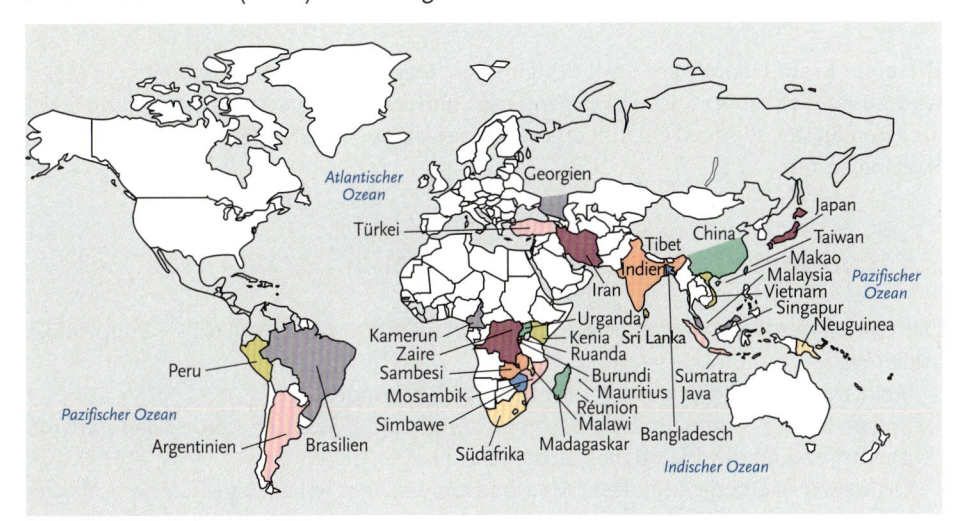

Indien produziert mit 870 Millionen Kilogramm rund ein Drittel der Welternte.

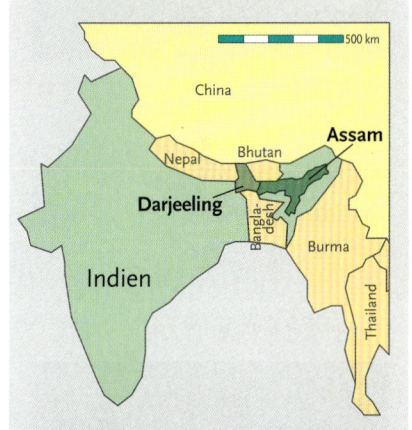

Wie beim Kaffee spielen auch für die Charakteristik des Tees nicht nur die Pflanze, sondern das Anbaugebiet, dh Klima, Bodenbeschaffenheit und Lage, eine große Rolle. Je jünger die Blätter und Knospen sind und je langsamer sie wachsen, desto wertvoller fällt die Teequalität aus. Man unterscheidet Hochland-, Mittelland- und Tieflandtee. Die feinsten Tees stammen aus hoch gelegenen Teekulturen.

Die Teepflanze wächst zwischen dem 43° nördlicher und dem 30° südlicher Breite.

1.1 Hochlandtee

Zart duftender Tee mit feinem Aroma. Der bekannteste und beste Hochlandtee kommt aus **Darjeeling** am Fuße des Himalaja im Norden Indiens (1.200 bis 3.000 Meter Seehöhe) sowie aus **Assam,** dem größten Teeanbaugebiet der Welt, in dem vorwiegend Hochlandtee geerntet wird. Assamtees sind kräftig und würzig. Sie sind Hauptbestandteil vieler Teemischungen. Weiters wird in den Gebieten **Uva, Nuwary Eliya** und **Dimbula** auf **Ceylon (Sri Lanka)** hervorragender Hochlandtee erzeugt.

1.2 Mittellandtee

Er wächst auf 300 bis 1.200 Metern Seehöhe und weist ein etwas stärkeres Aroma und einen kräftigeren Geschmack auf. Südlich von Darjeeling, aber nur wenige 100 Meter hoch, liegen die Teeanbaugebiete Terai und Dooars.

1.3 Tieflandtee

Kräftig und herb im Geschmack. Im Tiefland wächst der Tee sehr rasch, mehrere Ernten sind daher möglich. Tieflandtee wird meist für Teemischungen und aromatisierte Tees verwendet.

Teeplantage

Tee

2 Teearten und ihre Aufbereitung

Fermentierter oder schwarzer Tee	Schwarztee-mischungen (Blends)	Spezialtees	Speziell behandelte Tees	Teeähnliche Erzeugnisse
		Oolongtee Grüner Tee Weißer Tee Aromatisierter Tee Rauchtee	Entcoffeinierter Tee Tee-Extrakte Instant-teeprodukte Eistee	Früchte- und Kräutertees

Die erste Ernte beginnt am etwa fünfjährigen Teestrauch. In den Qualitätsplantagen wird ausschließlich mit der Hand gepflückt, und zwar die Blattknospen und die zwei jüngsten Blätter. Wird auf Quantität gesetzt, werden auch ältere Blätter (bis zum fünften Blatt) geerntet.

2.1 Fermentierter oder schwarzer Tee

Die Blätter werden in Teefabriken in den Anbauländern bis zum fertigen Endprodukt aufbereitet:

- **Welken** des Blattgutes nach der Ernte bis zu 24 Stunden.
- **Rollen:** Blätter werden in Rollmaschinen gerollt, die Blattzellen werden dadurch aufgebrochen und das Blatt dabei zerkleinert.
  Orthodoxe Methode: Mit dieser Methode können Tees in beliebiger Größenordnung hergestellt werden.
  CTC-Methode: Mischmethode von Rollen und Zerreißen in Maschinen mit gedornten Walzen. Mit dieser Methode werden vorwiegend Broken Teas erzeugt.
- **Fermentieren:** Der beim Rollen austretende Zellsaft oxydiert durch das Zusammentreffen mit dem Sauerstoff der Luft. Es bildet sich das Aroma und die Gerbsäure wird abgebaut. Die Teeblätter färben sich zunächst kupferrot.
- **Trocknen:** Die fermentierten Blätter werden mit Heißluft getrocknet, erst hier kommt es zur charakteristischen Schwarzfärbung der Teeblätter. Dieser Vorgang ist wichtig für die Haltbarkeit des Tees.
- **Reinigen und Sortieren:** Reinigen und Sortieren gehen Hand in Hand. Das unsortierte Teematerial wird durch Stufensiebe in verschiedene Größen (Blatt-Tee, Broken Tea, Fannings, Dust) sortiert.
- **Verpacken:** In Sperrholzkisten, die mit Metallfolie ausgekleidet sind (gegen den Aromaverlust).

Teesortierungen und Teebezeichnungen

In früheren Zeiten konnte man aus den Teebezeichnungen die Stellung des gepflückten Blattes und so die Qualität ableiten. Heute bedient sich der weltweite Teehandel zwar der traditionellen Größenbezeichnungen, man kann jedoch keinen Rückschluss auf die Qualität ziehen. Die Teequalität hat nichts mit der Blattgröße zu tun. Die tatsächliche Qualität kann nur durch Verkostung festgestellt werden.

Blatt-Tee

Die Blätter werden bei der Aufbereitung nur geringfügig gebrochen. Das Wasser kann die Teeblätter nur wenig auslaugen. Blatt-Tees sind deshalb leicht und aromatisch.

Flowery Orange Pekoe (FOP)	Nur die jüngsten Blätter des Zweiges werden verwendet.
Orange Pekoe (OP)	Lange, drahtige Blätter, größer als beim FOP.
Pekoe (P)	Der Begriff Pekoe wird als Blattgradbezeichnung verwendet.
Souchong (S)	Gröbste Blattsortierung, schwaches Aroma, schwacher Aufguss.

Rollmaschine

Crushing = Zermahlen
Tearing = Zerreißen
Curling = Rollen

Fermentation

Blatt-Tees umfassen nur zirka zwei Prozent der Weltproduktion.

Flowery = Blumig, der Tee hat ein sehr „blumiges" Aroma.

Orange = wird unterschiedlich erklärt; die Chinesen tranken einen mit Orangenblüten parfümierten Tee; das holländische „oranje" bedeutet „königlich"; im Malayischen steht „orang" für „groß".

Pekoe = chinesisches Wort für „weißer Flaum"; gemeint sind die jungen, noch zarten Blätter.

Teearten und ihre Aufbereitung

Golden Flowery Orange Pekoe (GFOP)	Im Tee sind goldbraune Blätter enthalten; es werden junge, zarte Blattknospen verwendet.
Tippy Golden Flowery Orange Pekoe (TGFOP)	Nur Darjeeling-Tees werden verarbeitet.

Tippy = ist kein besonderes Qualitätsmerkmal; Tee mit einem großen Anteil an Blattspitzen junger, zarter Teeblätter, die weniger Zellsaft haben und sich beim Fermentieren nicht dunkel färben.

Broken Tea
Tee, dessen Blätter mehrmals gebrochen werden. Broken Teas haben einen kräftigeren Aufguss, da aufgrund der größeren Oberfläche mehr Geschmacks- und Aromastoffe im Teewasser gelöst werden können. Broken Teas werden durch ein zusätzliches **B** gekennzeichnet, wie etwa bei **FBOP** (Flowery **Broken** Orange Pekoe).

Fannings
Kleine Blattteilchen, die beim Sieben größerer Sortierungen abfallen. Sie färben den Aufguss sehr rasch und kräftig und werden daher beigemischt oder für Teebeutel verwendet.

Dust
Kleinstblättriger Tee, der hauptsächlich in die Teebeutelproduktion fließt.

Es wäre falsch, Dust in diesem Zusammenhang mit Staub zu übersetzen. Der tatsächliche Staub, der bei der Teeerzeugung entsteht, heißt „fluff" und kommt nicht in den Handel.

2.2 Schwarzteemischungen (Blends)

Bis auf einige Spitzentees sind fast alle im Handel befindlichen Sorten Mischungen. Tees werden gemischt, um einen gleichbleibenden Geschmack zu erzielen und saisonale Qualitäts- und Preisschwankungen (zB durch unterschiedliche Pflückzeiten) auszugleichen.

Darjeeling-Himalaja: Schwarzteemischung aus den besten Hochlandtees.
Englische Teemischung: Auswahl von Spitzentees aus Darjeeling, Assam und Ceylon.
Ostfriesenmischung: kräftige Schwarzteemischung, die sich aus Assam-, Java- und Sumatratees zusammensetzt.

2.3 Spezialtees

Oolongtee
Die Fermentation kann sich nicht voll entfalten, da sie unterbrochen wird. Halb fermentierter Tee ist etwas milder im Geschmack.

Grüner Tee
Die Blätter werden vor dem Rollen gedämpft, getrocknet und nicht fermentiert, dadurch behalten sie ihre grüne Farbe. In China werden die frisch gepflückten Teeblätter in kleinen, elektrisch beheizten Kesseln bei zirka 100 °C getrocknet. Die Kessel werden vorher mit Teebaumöl ausgeschmiert, zirka ein halbes Kilogramm der Teeblätter wird mit einem Handschuh so lange gewendet, bis die Blätter trocken sind. Die kleinblättrige Thea sinensis wird bevorzugt für die Grünteeproduktion verwendet. Grüner Tee hat ein feines Aroma, schmeckt aber durch den hohen Gerbsäuregehalt etwas bitter. Die bekanntesten Grünteesorten sind Chun Mee (kleines, geschnittenes Blatt), Gunpowder (kugeliger grüner Tee) und Silver Dragon. Auch aromatisierte grüne Tees sind im Handel erhältlich. Pu-erh-Tee ist ein speziell fermentierter Tee mit erdigem Geschmack.

Weißer Tee
Weißer Tee ist eine südchinesische Spezialität und wurde ursprünglich nur in Fujian erzeugt. Die Blätter werden an der Luft getrocknet. Weißer Tee wird weder fermentiert noch gedämpft und ausschließlich aus weiß-silbrigen, feinbehaarten Blattknospen und den ersten beiden nachstehenden Blättchen gewonnen.

Rauchtee
Für den chinesischen Rauchtee (Lapsang Souchong) werden große Blätter (Souchong) über harzreichen Hölzern geröstet. Dadurch erhält er sein markantes rauchiges Aroma.

Die Phasen der Teeaufbereitung sind durcheinander geraten. Nummerieren Sie richtig und erklären Sie, was bei den einzelnen Arbeitsschritten passiert.

☐ Sortieren
☐ Rollen
☐ Fermentieren
☐ Welken
☐ Verpacken
☐ Trocknen

Junge Blattspitzen, die bei der Fermentation bzw. beim Trocknen weiß bleiben, werden auch als weißer Tee bezeichnet.

Tee

Beispiele für aromatisierte Tees: Earl Grey (Bergamotteöl), Pfirsich-, Jasmin-, Mangoblütentee, Orange-Blossom-Tee (Orangenaroma).

Aromatisierte Tees

Schwarze oder grüne Tees, denen ein zusätzliches Aroma durch Beigabe von naturidentischen oder natürlichen Aromastoffen wie getrockneten Schalen, Blüten oder Gewürzen gegeben wird. Die Auswahl ist sehr groß, wird aber immer weniger nachgefragt.

2.4 Speziell behandelte Tees

Zu dieser Gruppe zählen entcoffeinierter Tee, Teeextrakte, Instantteeprodukte und der Eistee. Eistee ist ein Erfrischungsgetränk und wird mit Extrakten aus Tee bzw. direkt mit Tee hergestellt. Die im Handel angebotenen Eistees müssen mindestens 0,12 Prozent Teeextrakt enthalten. Eistees können auch mit Fruchtsaft, zB Pfirsich- oder Zitronensaft, vermischt sein. Bekannte Marken: Rauch-Eistee, Pfanner-Eistee, Lipton Ice Tea

2.5 Teeähnliche Erzeugnisse (Früchte- und Kräutertees)

Das sind Aufgüsse von getrockneten, stark aromatischen Pflanzenteilen, wie Früchten, Blüten, Blättern, aber auch Wurzeln. Sie werden ähnlich wie echter Tee zubereitet. Viele von ihnen haben eine beruhigende oder gar heilende Wirkung. Oft werden Mischungen zusammengestellt.

💡 Früchte- und Kräutertees sind sehr bekömmlich. Sie enthalten kein Coffein und haben einen hohen Vitamingehalt. Früchteteesorten eignen sich besonders zur Herstellung von Eistee und Punsch.

Im Trend ist der aus Südafrika stammende Rooibos („roter Busch"). Der Tee wirkt beruhigend auf das Zentralnervensystem. Im Gegensatz zu schwarzem oder grünem Tee enthält er kein Koffein und wenig Gerbstoffe.

Baldriantee	Aus dem Wurzelstock der Baldrianpflanze; wirkt beruhigend.
Fencheltee	Aus dem Samen des Fenchels; ist blähungshemmend, gegen Erkrankungen der Atmungsorgane.
Hagebuttentee	Aus den Früchten der wilden Heckenrose, zart duftend mit einem ausgeprägt fruchtigen, leicht süßlichen Geschmack; wirkt entzündungshemmend sowie verdauungsfördernd und harntreibend.
Hibiskustee (auch Malve genannt)	Kirschroter Tee aus den Kelchblättern der Hibiskusblüte mit einem ausgeprägten, leicht bitteren Geschmack; wirkt entzündungshemmend.
Kamillentee	Aus den Blüten der römischen Kamille, fein duftend mit einem leicht bitteren Geschmack; wirkt entzündungshemmend.
Lindenblütentee	Aus getrockneten Lindenblüten; wirkt schweißtreibend und krampflösend.
Matetee	Aus den Blättern des brasilianischen Matestrauches mit kräftigem, rauchigem Geschmack; hat eine stark anregende Wirkung.
Orangenblütentee	Aus den Blüten des Orangenbaumes; duftender Tee mit feinem Aroma.
Pfefferminztee	Aus den Blättern der Pfefferminze mit kräftigem Aroma und frischem Geschmack; wirkt schmerzstillend und krampflösend, speziell bei Magen- und Darmbeschwerden.

Getrocknete Teeblätter

3 Einkauf und Lagerung

Achten Sie beim Einkauf (Teebeutel oder offen) auf die Qualität. Tee kann gut auf Vorrat eingekauft werden, er muss jedoch luftdicht und trocken gelagert werden. Tee, der einmal Feuchtigkeit aufgenommen hat, ist nicht mehr verwendbar. Schwarztees bzw. Früchte- und Kräutertees müssen getrennt gelagert werden, da Schwarztee leicht Fremdgerüche annimmt. Das eigene Aroma wird dann überlagert.

Bekannte Teehandelshäuser
Demmer, Tee Gschwendner, Haas und Haas, Heißenberger, Jäger, Kotany, Lipton, Lyon's, Meinl, Meßmer, Milford, Ronnefeldt, Schönbichler, Teekanne (Sir Winston, Pompadour), Twinings.

4 Zubereitung

Früchtetee und Schwarztee

- Für Früchtetee benötigt man pro Tasse 3 bis 5 g Tee, für Schwarztee 1 bis 2 g, für Eistee 4 g. Zwei Gramm entsprechen einem Teelöffel.
- Der Tee wird in eine vorgewärmte Ton-, Porzellan- oder Glaskanne gegeben und mit kochend heißem Wasser aufgegossen.
- Die Stärke des Tees bestimmt man einzig und allein durch die verwendete Menge, seine Wirkung durch die Dauer des Ziehenlassens. Lässt man ihn kurz ziehen, wirkt er belebend, lässt man ihn länger ziehen, wirkt er beruhigend auf Magen und Darm.

Grüntee

- Zirka 2 g Tee pro Tasse.
- Kochendes Wasser wird vor dem Aufguss auf zirka 75 °C abgekühlt. Dadurch bleiben wertvolle Vitamine erhalten.
- Tee mit Wasser aufgießen und ein bis zwei Minuten ziehen lassen.
- Mit grünem Tee können bis zu vier Aufgüsse gemacht werden. Teeexperten kennen die feinen geschmacklichen Unterschiede.
- Grüner Tee sollte pur und ungesüßt getrunken werden, um sein Aroma nicht zu beeinträchtigen.

Man kann grünen Tee auch wie Schwarztee zubereiten oder man macht mit 100 °C heißem Wasser einen ersten Aufguss, der sofort abgegossen wird.

Früchte- und Kräutertees werden mit kochendem Wasser aufgegossen, Ziehdauer: 10 Minuten.

Ziehdauer bei Grüntee:
Chinesischer   2 – 3 Minuten
Japanischer   1 – 1,5 Minuten
Aromatisierter 1 – 1,5 Minuten

Ziehdauer bei weißem Tee:
5 – 7 Minuten

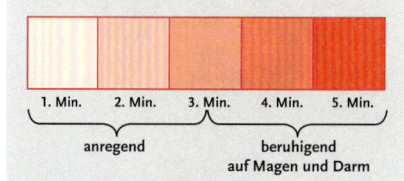

1. Min. 2. Min. 3. Min. 4. Min. 5. Min.
anregend   beruhigend auf Magen und Darm

Schwarztee sollte nicht länger als fünf Minuten ziehen, da er sonst bitter schmeckt.

5 Service

Service, Tassen und Gläser, Verwendung	
Service	■ Schwarztee wird mit frischer kalter Milch (keine Kondensmilch) oder Obers oder Rum und einer Auswahl an Zucker serviert. ■ In manchen Betrieben wird ein Kännchen heißes Wasser zum Nachgießen dazu serviert. ■ Besonders eindrucksvoll ist die Zubereitung direkt beim Tisch des Gastes auf einem Wagen oder am sogenannten Teebuffet. ■ Teegefäße immer vorwärmen (Tee verliert bei jeder Abkühlung an Aroma).
Tassen und Gläser	Teetasse (1), Tumbler für Eistee (2)
Verwendung	■ Early Morning Tea ■ Frühstücksgetränk. ■ Jausen- und Erfrischungsgetränk (zB Eistee). ■ Für Punsch. ■ Für Afternoon Tea ■ Für medizinische Zwecke.

Hinweise zur Gästebetreuung

Auf Zitrone sollte man bei Schwarztee verzichten, da sie das Aroma völlig verändert (außer der Gast wünscht sie).

Legen Sie eine Teespezialitätenkarte auf. Neben der Angebotsinformation besteht die Möglichkeit, die Karte mit Anekdoten, Geschichten und „Philosophischem" über Tee für den Gast attraktiv zu gestalten.

Teekenner trinken Tee am liebsten aus einer dünnwandigen Porzellantasse

Early Morning Tea = Tradition in Großbritannien. Der Tee wird mit Biskuits noch vor dem eigentlichen Frühstück auf das Gästezimmer serviert.

Afternoon Tea = Tradition in Großbritannien zwischen 15.00 und 17.00 Uhr. Zum Tee werden Sandwiches, Kuchen und Kekse angeboten.

➡ **Servieren und Gästeberatung**

www.demmer.at
www.teeverband.at
www.teeschnabel.at

Samowar

6 Gesundheit und Wirkung

Tee enthält neben Coffein (Tein) auch Mineralstoffe, Vitamine, Polyphenole (Gerbstoffe) und ätherische Öle. Beim Tee wirkt das Coffein nicht über das Herz und den Kreislauf, sondern direkt auf das Gehirn und das zentrale Nervensystem. Tee enthält etwa so viel Coffein wie Kaffee, es ist aber an die Polyphenole gebunden.
Die Polyphenole sind für die verzögerte Wirkung des Coffeins verantwortlich – die belebende Wirkung setzt langsam ein, hält aber auch länger an und klingt ebenso langsam wieder ab.
Tee enthält auch Fluorid, das karieshemmend wirkt. Der Blutzuckerspiegel kann durch den Genuss von Tee gesenkt werden.

Trends

In Europa werden hauptsächlich kräftige, aromatische Tees (zB aus Indien, Sri Lanka) getrunken. Tee aus China wird meist als zu weich und zu rauchig empfunden. Der Konsum von grünem Tee, dem eine gesundheitsfördernde Wirkung nachgesagt wird, sowie von Eistee, ist in den letzten Jahren stark gestiegen. Ebenfalls im Trend sind die Teegetränke Kombucha (Kombuchapilz) sowie Nativa (mit Grüntee). Kräuter- und „Wohlfühl"-tees werden immer beliebter.

? Fragen und Arbeitsaufgaben

1. Nennen Sie die wichtigsten Teeanbaugebiete.
2. Wo liegen die Unterschiede zwischen Hochland-, Tiefland- und Mittellandtee?
3. Wie wird schwarzer Tee aufbereitet? Nennen Sie die einzelnen Schritte.
4. Was wird unter Blatt-Tee, Broken Tea, Fannings und Dust verstanden?
5. Warum kommen Schwarztees meist als Mischungen auf den Markt?
6. Erklären Sie Oolong-Tee, grünen Tee, weißen Tee und Rauchtee.
7. Was versteht man unter aromatisiertem Tee?
8. Nennen Sie fünf Früchte- bzw. Kräutertees.
9. Erklären Sie die Zubereitung von schwarzem Tee und grünem Tee. Wie serviert man Tee korrekt?
10. Welche Trends sind auf dem Teemarkt zu beobachten?

Bier

Bereits bei einem der ältesten Kulturvölker – den Sumerern – wurde Bier gebraut. Dies wurde bereits 6000 vor Christus urkundlich erwähnt. Auch die Babylonier und Ägypter waren bestens mit der Biererzeugung vertraut. So ist bekannt, dass sie bereits zwanzig verschiedene Biersorten brauten. Schon zu dieser Zeit war Bier keineswegs ein Luxusartikel, sondern ein allgemein übliches Volksnahrungsmittel. Im Mittelalter sorgen vor allem die Klöster für die Verbreitung des Bieres in Europa. 1841 entstand in Österreich in Klein-Schwechat bei Wien das Lagerbier nach Wiener Art, als dessen Erfinder Anton Dreher gilt.

Neben den großen traditionellen Braustätten haben sich sogenannte Gasthausbrauereien etabliert, die dem gestiegenen Erlebnisbedürfnis der Gäste Rechnung tragen. Im Restaurantbereich sitzend, blickt man auf die großen Kupferkessel und genießt die hausgebrauten Bierspezialitäten.

🎯 Unsere Ziele

Nach Bearbeitung dieses Kapitels werden Sie

- die Bierherstellung erklären können,
- die Bierarten unterscheiden und ihre Charakteristik beschreiben können,
- die Bierspezialitäten nennen können,
- bekannte Biere und Brauereien aus dem In- und Ausland nennen können,
- erläutern können, was beim Einkauf zu beachten ist und wie Bier fachgerecht gelagert wird,
- über den Bierausschank mit Pression und die Premixanlagen berichten können,
- beschreiben können, wie Bier richtig gezapft und serviert wird,
- Empfehlungen über die Korrespondenz von Bier und Speisen abgeben können.

Bier

Gerste

Hopfen (man unterscheidet aromareiche und bitterstoffreiche Arten)

Reinzuchthefe = winziger Pilz, der die Umwandlung vom Malzzucker in Alkohol und Kohlendioxid bewirkt.

Sudpfanne

1 Herstellung

Bier ist ein alkoholisches und kohlensäurehaltiges Getränk, das hauptsächlich aus folgenden Grundmaterialien besteht.

Braugerste	Das sogenannte „deutsche Reinheitsgebot" aus dem Jahre 1516 besagte, dass Bier nur aus Gerste, Wasser und Hopfen gebraut werden durfte. Durch die EU wurde dieses Gebot aufgehoben. Die Zugabe von Weizen, Roggen, Reis, Mais, Dinkel und Hafer ist in kleinen Mengen erlaubt.
Brauwasser	Die Qualität des Wassers ist entscheidend für den Biergeschmack. Es stammt entweder aus speziellen Brunnen oder es wird vor dem Brauen aufbereitet, und zwar bis zu einem bestimmten Härtegrad.
Hopfen	Die weiblichen Blütendolden des Hopfens verleihen dem Bier den zartbitteren Geschmack, fördern die Schaumbildung und die Haltbarkeit des Bieres. Man spricht vom Würzstoff bzw. von der „Seele" des Bieres.
Reinzuchthefe	Sie bewirkt die Gärung. Man unterscheidet untergärige und obergärige Bierhefe. Mit untergäriger Hefe werden alle Lagerbiertypen, wie Pilsner, Münchner, Dortmunder, Märzen- und Bockbiere, hergestellt. Obergärige Hefen werden ua zur Herstellung von Weizen-, Alt- und Malzbier verwendet.

1.1 Mälzen

Bei diesem Vorgang wird Malz gewonnen.
- **Einweichen** der Gerste in Wasser.
- **Keimen** der Gerste im Keimkasten zu **Grünmalz**. Dabei beginnt die Stärke sich in vergärbaren Zucker umzuwandeln.
- **Darren** (Heißlufttrocknen) des Grünmalzes, es entsteht das Darrmalz. Je dunkler das Bier sein soll, desto höher sind die Darrtemperaturen. Nach Entfernen der Wurzelkeime ist das Malz braufertig. Eine Besonderheit ist das Darren über offenem Feuer. Dabei wird das Malz kräftig mit Rauch durchzogen. Es wird für die Erzeugung von Rauchbier verwendet.

1.2 Maischen und Läutern

- **Zerkleinern** des Malzes in Schrotmühlen.
- **Versetzen** des Malzschrots mit Brauwasser im Maischebottich.
- **Erhitzen** des Maischbreies auf zirka 70 °C. Die Stärke wird in vergärbaren Malzzucker umgewandelt.
- **Läutern** der Maische. Die Würze und nicht lösliche Malzbestandteile werden getrennt. Die gefilterte Flüssigkeit nennt man ungehopfte Würze.

1.3 Brauen

Die Hauptaufgabe ist es, dem Bier den Geschmack zu geben.
- **Kochen** der noch ungehopften Würze zusammen mit dem Hopfen in der Sudpfanne. Durch das Kochen lösen sich die Aromastoffe des Hopfens und die Würze wird keimfrei.
- **Entfernen der Hopfendolden** nach etwa zweistündigem Kochen.
- **Abkühlung** der gehopften Würze **(Stammwürze)** mit Kühlapparaten.
- **Weiterleiten** der Stammwürze in Gärzylinder.
  Beim Maischen und Brauen wird der Stammwürzegehalt (Extrakt- bzw. Zuckergehalt) fixiert, der auch entscheidend für die Alkoholstärke des Bieres ist.

1.4 Gären

Darunter wird die Umwandlung des Zuckers durch die Hefe in Alkohol und Kohlensäure verstanden. Man versetzt die abgekühlte Würze in den Gärtanks oder im Gärkeller (in Gärbottichen) mit Reinzuchthefe (ober- oder untergäriger Hefe). Es entsteht das **Jungbier**.

1.5 Lagern

Nach der Hauptgärung wird das Jungbier zur Nachgärung (stillen Gärung), Reifung und geschmacklichen Abrundung in Lagerkellern bei etwa 0 °C eingelagert. Dabei klärt sich das Bier und baut Kohlensäure ab.
Nach etwa zwei- bis dreimonatiger Lagerung ist das Bier ausgereift. Einfache Biere lagern nur sechs bis acht Wochen, Stark- und Spezialbiere bis zu vier Monate und länger.
Das Bier wird abschließend filtriert.

1.6 Abfüllen

Nach sorgfältiger Filtrierung wird das Bier in Flaschen, Fässer, Container oder Dosen abgefüllt.

Während der Gärung entsteht eine dicke Schaumschicht

2 Bierarten

Biere können nach folgenden Kriterien unterschieden werden:

Nach der Getreideart	Nach der Farbe	Nach der Gärart	Nach dem Alkohol- und Stammwürzegehalt
Gerstenbier Weizenbier Roggen- und Dinkelbier	Helles Bier Dunkles Bier	Untergäriges Bier Obergäriges Bier	Alkoholfreies Bier Alkoholreduziertes Bier Leichtbier Schankbier Vollbier Stark- bzw. Bockbier

2.1 Gerstenbier

Österreichische Biere werden meist aus Gerstenmalz hergestellt und haben einen geringfügigen Reisanteil. Es gibt auch reine Gerstenmalzbiere.

2.2 Weizenbier (Weißbier)

Es wird aus mindestens 50 Prozent Weizenmalz hergestellt, der Rest ist Gerste. Aber auch Weizenbiere aus 100 Prozent Weizen sind auf dem Markt. Es gibt helles und dunkles Weizenbier. Entweder wird es kristallklar (filtriert) und hefetrüb als **Kristall-Weizenbier** bzw. naturtrüb (unfiltriert) als **Hefeweizenbier** angeboten. Es ist erfrischend, spritzig und kohlensäurereich. Der Alkoholgehalt beträgt rund 5,5 Vol.-%. Auch alkoholfreie Weizenbiere sind in der Gastronomie vertreten.

2.3 Roggen- und Dinkelbier

Es wird aus mindestens 50 Prozent Malz der betreffenden Art gebraut.

2.4 Helles Bier

Das Malz wird bei 70 bis 85 °C gedarrt. Es ist hellgelb bis gelb bzw. kräftig bernsteinfarben bis kupferfarben.

2.5 Dunkles Bier

Das Malz wird bei 90 bis 110 °C gedarrt. Die dunkle Farbe kann auch durch Zusatz von Farbmalz (Darren bei 150 bis 200 °C) erreicht werden. Man spricht von **Malzbier**.

Zählen Sie die Schritte der Bierherstellung auf:

1.
2.
3.
4.
5.
6.

2.6 Untergäriges Bier

Es wird mit einer untergärigen Hefe bei 6 bis 12 °C vergoren. Die Gärdauer ist länger als bei obergärigem Bier (zirka 5 bis 10 Tage). Dabei setzt sich die Hefe am Boden des Gärbottichs ab. Untergärige Biere sind länger haltbar als obergärige.

2.7 Obergäriges Bier

Die obergärige Hefe bewirkt bei 12 bis 24 °C eine schnellere Hauptgärung (zirka 3 bis 5 Tage). Sie sammelt sich durch die starke Kohlensäureentwicklung an der Oberfläche des Gärgutes an. Obergärige Biere haben eine geringere Haltbarkeit.

> Der Alkoholgehalt ergibt sich aus dem Stammwürzegehalt. Darunter versteht man den Extrakt- bzw. den Zuckergehalt der Würze vor der Gärung (1 Grad Stammwürzegehalt = 1 Gramm Extrakt in 100 Gramm unvergorener Würze). Der Alkoholgehalt kann aus den Extraktgraden mit Hilfe der folgenden Formel errechnet werden.
>
> Extraktgrade : 2,5 = ca. Alkoholgehalt
> zB: 12 : 2,5 = ca. 5 Vol.-% Alkohol

2.8 Alkoholfreies Bier

Es ist ein sehr helles Bier mit einem Alkoholgehalt von höchstens 0,5 Vol.-%.

2.9 Alkoholreduziertes Bier

Ein sehr helles, extrem leichtes und mildes Bier mit wenig Charakter. Der Stammwürzegehalt liegt unter 10°. Der Alkoholgehalt beträgt 3 Vol.-%.

2.10 Leichtbier

Ein sehr helles Bier mit wenig Kalorien und einem Stammwürzegehalt unter 9°. Der Alkoholgehalt liegt bei höchstens 3,7 Vol.-%.

2.11 Schankbier

Ein hellgelbes, leichtes, mild hopfenbitter schmeckendes Bier mit einem Stammwürzegehalt von 9 bis 11°. Der Alkoholgehalt liegt unter 4,5 Vol.-%.

2.12 Vollbier

Es ist intensiv gelb, harmonisch, ausgewogen malzig und mild hopfenbitter. Der Stammwürzegehalt liegt bei mindestens 11°, der Alkoholgehalt bei 5 bis 5,9 Vol.-%.

2.13 Stark- bzw. Bockbier

Ist ein bernsteinfarbenes, starkes, vollmundiges, würziges und alkoholreiches Bier. Im Allgemeinen zu Weihnachten, Ostern und zum 1. Mai (Maibock) gebraut. Der Stammwürzegehalt liegt bei mindestens 16°, der Alkoholgehalt bei rund 7 Vol.-%.

Untergärige Biere (kalte Gärung 6°–12 °C)
Hefe setzt sich am Ende der Gärzeit am Bottichboden ab.

Obergärige Biere (warme Gärung 12°–24 °C)
Hefe sammelt sich während der Gärzeit an der Oberfläche.

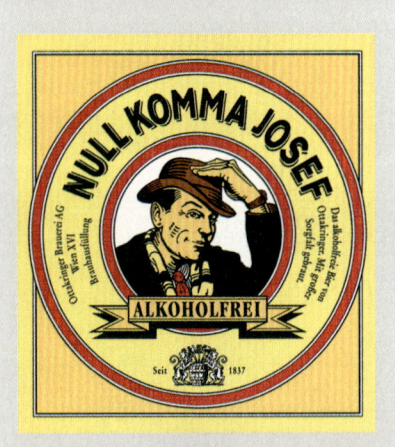

Fantasiebezeichnungen, zB **Export**, **Fest** oder **Jubiläum**, sind neben der entsprechenden Sachbezeichnung möglich. **Premiumbier** wird von den Brauereien als Zusatzbezeichnung für bevorzugtes Bier verwendet.

Typenbezeichnungen

Wiener Lager
Hellgelbes Vollbier, ausgewogen malzig, mild hopfenbitter. Mindestens 11° Stammwürze, zirka 5 Vol.-% Alkohol.

Pilsbier, Pils(e)ner
Hellgelbes Vollbier, stärker gehopft. 11–12° Stammwürze, 4–5 Vol.-% Alkohol.

Spezialbier
Hellgelbes Vollbier, vollmundig, fein gehopft. Mindestens 12,5° Stammwürze, über 5 Vol.-% Alkohol.

3 Bierspezialitäten

3.1 Altbier
Obergäriges, kupferfarbenes, herbes Bier aus Deutschland. Es wird hauptsächlich in der Gegend um Düsseldorf erzeugt.

3.2 Berliner Weiße
Das klassische Berliner Weizenbier. Es ist obergärig und leicht hefetrüb, alkoholarm (zirka 2,8 Vol.-%) und wird mit einem Schuss Himbeersirup serviert.

3.3 Doppelbock
Extra starkes Bier, das meist für einen begrenzten Zeitraum, oft als Festbier, erzeugt wird. Es hat mindestens 18° Stammwürzegehalt.

3.4 Kölsch
Obergäriges, goldfarbenes Bier mit hopfenbitterem, aromatischem Geschmack; aus dem Kölner Raum.

3.5 Rauchbier
Dunkles, untergäriges Bier mit Rauchduft und -geschmack. Das verwendete Malz wird im Rauch von Holzspänen gedarrt.

3.6 Zwicklbier (Kellerbier)
Naturtrübes (unfiltriertes), untergäriges Bier. Der Name stammt vom Zwickelhahn, an welchem der Braumeister eine Probe entnahm, um die Qualität des Bieres zu prüfen.

Viele Brauereien taufen ihre Doppelbockbiere auf Namen, die auf -ator enden, zB Salvator, Paulator, Kulminator

Die bayerische Brauerei Kulmbacher erzeugt einen besonders starken Doppelbock mit 11 Vol.-%

4 Bekannte Biermarken

4.1 Österreichische Biere und Brauereien

Standort	Brauerei	Produkt
Wien	Ottakringer Brauerei	Goldfassl, Null Komma Josef
Oberösterreich	Braucommune Freistadt	Freistädter
	Brauerei Zipf (in die Brau Union Österreich AG eingegliedert)	Zipfer
	Schloss Eggenberg	Eggenberg, Hopfenkönig
	Brauerei Grieskirchen	Grieskirchner
	Brauerei Ried	Rieder
	Kapsreiter Brau AG	Kapsreiter
	Stiftsbrauerei Schlägl	Schlägl, Universitätsbräu, Gold Roggen
Niederösterreich	Brauerei Schwechat (Brau Union Österreich AG)	Schwechater, Schlossgold
	Brauerei Zwettl	Zwettler, eine Spezialität ist das Zwettler Zwicklbier
	Brauerei Wieselburg (Brau Union Österreich AG)	Wieselburger, Kaiser
	Hubertus Brauerei	Hubertusbräu, Herren Pils
	Privatbrauerei Fritz Egger	Egger
	Privatbrauerei Karl Theodor Trojan	Schremser

www.stiegl.at
www.bier.at
www.kaiserbier.at
www.villacher.com
www.bierserver.at

Bier

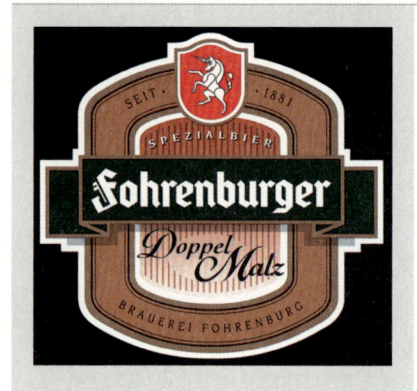

In Österreich gibt es eine Reihe von Gasthausbrauereien, zB das Haydn-Bräu in Eisenstadt, das Fischer-Bräu und das Salm-Bräu in Wien, das Brauhäusl bei Graz, die Theresienbrauerei in Innsbruck oder das Stadtbräu Josef in Linz.

Standort	Brauerei	Produkt
Salzburg	Hofbräu Kaltenhausen (Brau Union Österreich AG)	Kaiser, Edelweiß-Weißbier
	Stiegl-Brauerei	Stiegl
	Privatbrauerei Josef Sigl	Trumer, Sigls Beer-Bop-Collection
Steiermark	Brauerei Puntigam (Brau Union Österreich AG)	Puntigamer, Reininghaus
	Brauerei Göss (Brau Union Österreich AG)	Gösser, Stiftsbräu
Kärnten	Vereinigte Kärntner Brauereien AG	Villacher, Schleppe
	Brauerei Hirt	Hirter
Tirol	Zillertaler Brauerei	Zillertal-Bier
	Familienbrauerei Huber	Huberbräu
	Brauerei Schloss Starkenberg	Starkenberger
Vorarlberg	Mohrenbrauerei	Mohrenbräu
	Brauerei Fohrenburg	Fohrenburger

4.2 Ausländische Biere und Brauereien

Standort	Brauerei
Deutschland	Beck's Bier, Dortmunder Actien-Bräu, Henninger, Erdinger, Hofbräu (HB), Paulaner, Hacker-Pschorr, Spaten, Löwenbräu, Kulmbacher, Holsten, Warsteiner, Binding, Bitburger
Schweiz	Feldschlösschen-Hürlimann (mit den Marken Schloßgold, Birell, Cardinal, Hürlimann, Feldschlösschen, Warteck)
Tschechien	Budvar (Budweiser Bier), Pizeňsky Prazdroj (Pilsner Urquell)
Italien	Dreher, Forst, Moretti, Wührer, Wunster
Holland	Amstel, Grolsch, Heineken, Oranjeboom
Frankreich	Kronenbourg
England	In England werden die obergärigen Biere Ale und Stout erzeugt. Bekannt sind va die Brauereien Guinness, Bass, Allied Lyons, Mansfield, Whitbread und Worthington.
Irland	Die bekannteste Brauerei ist Guinness. Das Guinness Stout ist tiefdunkel, fast schwarz.
Dänemark	Carlsberg A/S (mit den Marken Carlsberg und Tuborg)
Türkei	Efes Pils
USA	Anheuser-Busch (mit den Marken Budweiser, Michelob), Miller (Miller lite), Coors, Schlitz
Belgien	In Belgien werden die Bierspezialitäten Lambic, Krieken-Lambic (mit Kirschen), Framboise-Lambic (mit Himbeeren), Gueuze und Faro erzeugt. Bekannte Brauereien sind Interbrew (mit der bekannten Marke Stella Artois), Timmermans und Rodenbach; darüber hinaus ist Belgien für seine **Klosterbrauereien** bekannt, die die sogenannten Trappistenbiere herstellen.
Australien	Foster's
Mexiko	Corona, Sol

Ale = hell, geringer CO_2-Gehalt.

Stout = sehr dunkel und stark (durch Zusatz von geröstetem Malz).

Budweiser = Das amerikanische Bud ist nicht zu verwechseln mit dem Budweiser aus Tschechien.

Lambic = Weizenbier, Gärung erfolgt mit Wildhefe.

Gueuze = Mischung aus jungen und alten Lambics.

Faro = Lambic, mit Kandiszucker gesüßt.

Einkauf und Lagerung • Ausschank von Bier • Service

5 Einkauf und Lagerung

Bier wird in folgenden Gebinden angeboten: Flaschen (0,33 und 0,5 Liter Inhalt; bei speziellen Sorten auch kleinere), Fässer (meist Aluminiumfässer; die sogenannten KEGs oder Container haben einen Inhalt von 12, 30 und 50 Liter) und Dosen. Biertanks werden nur in Betrieben mit entsprechendem Bierabsatz eingesetzt.

Der Einkauf muss sich nach dem Geschäftsgang richten, dafür sollte für Fassbier eine Ruhezeit von mindestens zwei Tagen vor dem Anzapfen einkalkuliert werden.
Ein eigener Bierlagerraum ist für Fassbier, aber auch für Flaschenbier (lichtgeschützt) empfehlenswert. Die Lagertemperatur sollte konstant zwischen 6 und 8 °C betragen und nicht unter 5 °C fallen, da sonst das Bier trüb wird (Eiweißausflockung, die bei richtiger Temperatur wieder verschwindet). Bier sollte binnen drei Monaten getrunken werden. Pasteurisiertes Bier sollte nach einem halben Jahr aufgebraucht werden. Bierflaschen enthalten auf den Etiketten das Ablaufdatum. Fassbier sollte innerhalb von 5 Tagen nach dem Anzapfen ausgeschenkt sein.

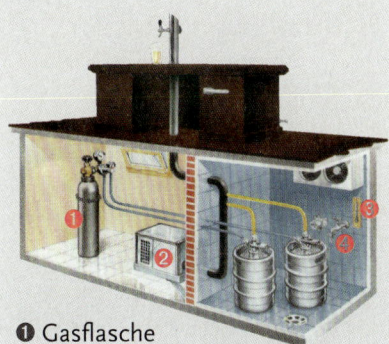

❶ Gasflasche
❷ Pythonkühler mit Begleitkühlung
❸ Thermometer
❹ Reinigungsadapter

6 Ausschank von Bier

Beim **Bierausschank mit Pression** wird mit Kohlendioxid das Bier zur Zapfsäule gefördert. Die Bierleitung dorthin sollte möglichst kurz sein, das schont das Bier und erleichtert das Zapfen.

Beim **Bierausschank mit Premixanlagen** befindet sich das Bier in Containern (KEGs), die mit Gegendruck abgefüllt wurden, dh, der Container hat so viel Druck, dass das Bier herausgepresst wird, wenn man den Zapfhahn betätigt.

Das richtige Einschenken
- Das Bierglas gründlich mit der Gläserdusche spülen.
- Das Bier auf drei Mal zapfen: Das schräg gehaltene Glas zügig soweit befüllen, bis der Schaum etwa zur Hälfte im Glas steht. Anschließend nachzapfen. Beim dritten Mal die Schaumkrone aufsetzen. Rasch servieren.
- Die Zapfdauer nicht übertreiben, ideal sind 3–4 Minuten. Zapft man zu lange, landet ein Großteil der Kohlensäure im Schaum und das Bier wird schal.
- Das erste Glas des Tages, das sogenannte Leitungsbier, darf dem Gast nicht zugemutet werden.

Wenn das Bier zu stark schäumt, ist das Bier zu warm, der Druck zu hoch, das Glas zu warm oder das Bier wurde nicht ruhig gelagert bzw. zu rasch gezapft.

Wenn das Bier zu wenig Schaum hat, ist das Bier zu kalt, der Druck zu schwach, die Leitung unrein oder das Glas nicht rein.

Für den offenen Bierausschank gibt es folgende Maße:					
Pfiff	= 0,125 l	Seidel		Krügel (Halbe,	
Stange	= 0,2 l	(kleines Bier)	= 0,3 l	großes Bier)	= 0,5 l
		„Eurokrügel"	= 0,4 l	Maß	= 1,0 l

7 Service

Service, Gläser, Verwendung	
Service	▪ Ideale Trinktemperatur ca. 8 °C. ▪ Alkoholfreies Bier schmeckt am besten gut gekühlt. ▪ Zitronenscheibe bei Weizenbier nur auf Wunsch des Gastes (schadet dem Schaum und verfälscht den Geschmack). ▪ Service von Hefeweizenbier in Flaschen: die Hefe soll mit ins Glas kommen. Halten Sie einen letzten Schluck zurück, schwenken Sie die Flasche, um die Hefe aufzuwirbeln, und gießen Sie das Ganze in das Glas (Flaschenhals nicht in den Schaum halten!).

Ein Bier ohne Schaum ist in Mitteleuropa undenkbar

Bier

Für alle Biere gilt, dass Gläser verwendet werden sollen, die nach oben hin nicht allzu breit werden. Sonst zerfließt der Schaum und ein wesentlicher Teil des Biergenusses geht verloren.

➡ **Servieren und Gästeberatung**

Radler = Bier mit Limonade.

Gläser	Damit sich Bukett und Aroma richtig entwickeln können, verlangen die verschiedenen Biertypen nach unterschiedlichen Gläsern. ■ Leichtbier: dünnwandige Pokale ■ Pils: dünnwandige Pokale, die nach unten eng zulaufen, um die Schaumhaltbarkeit zu unterstützen ■ Bock- und Doppelbockbier: Bierschwenker; ist das Bockbier stark gehopft, eignet sich auch ein Bierpokal ■ Weizenbier: Weizenbierglas Stange (1), Bierbecher oder -stutzen (2), Henkelbierglas (3), Maß (4), Bierpokal (5), Biertulpe (6), Bierschwenker (7), Weizenbierglas (8), Bierschale für Berliner Weiße (9)
Verwendung	■ Als Aperitif: Pils, Weizenbier. ■ Als Getränk zum Essen.
Korrespondenz von Bier und Speisen	**Vorspeisen:** Pils, Leichtbier **Stark gewürzte Speisen (zB mit Curry):** Schankbier, Märzenbier **Fisch und Schalentiere:** Weizenbier hell, Pils, Stout, Rauchbier zu Räucherfisch **Geflügel, Kalb, Kaninchen:** Pils, Spezial- und Weizenbier **Gebratenes, Gegrilltes:** Spezialbier, Bockbier (bei Rind, Wild) **Deftige Gerichte:** Spezialbier, Märzenbier **Käse:** Bockbier, Märzenbier, Hefeweizen **Dessert:** Doppelbock, Bockbier, dunkles Bier ■ Zum Mischen: zB Radler

Hinweise zur Gästebetreuung

Das Image von Bier hat in den letzten Jahren einen beachtlichen Anstieg erfahren. Immer mehr Gäste bevorzugen zu einem guten Essen ein Bier. Einzelne Biersorten korrespondieren auch sehr gut mit verschiedenen Speisen. Eine fachlich korrekte Bierberatung kann somit bei Bierfreunden großen Anklang finden.
Bier sollte immer vor Wein getrunken werden.

8 Gesundheit und Wirkung

Bier enthält neben bestem Wasser auch wichtige Kohlenhydrate, Mineralstoffe und Vitamine, vor allem die der B-Gruppe. Bier regt die Nierentätigkeit an und wirkt stimmungshebend, selbstverständlich nur bei vernünftigem Genuss.
Die Aussage, Bier mache dick, ist nicht korrekt. Bier wirkt jedoch appetitanregend, weshalb nach Biergenuss häufig mehr gegessen wird. Dies führt zwangsläufig zu einer Gewichtszunahme.

Trends

Bedingt durch die Herabsetzung der Promillegrenze, ist auch der Bierkonsum rückläufig. Der Trend zu Bierspezialitäten aus der breiten Bierpalette ist jedoch unaufhaltsam.

Die Verbraucher halten Ausschau nach dem besonderen Erlebnis. Die Brauereien haben diese Entwicklung rechtzeitig erkannt und bringen laufend neue Produkte auf den Markt. Dunkle Biere erleben seit einiger Zeit einen steigenden Zuspruch. Auch sogenannte Schnittbiere sowie dunkle Weizenbiere kommen gut an. Überhaupt hat Weizenbier in der Gastronomie einen Marktanteil von 35 Prozent.

Schnitt = Mischung zwischen hellem und dunklem Bier.

Viele Bierspezialitäten werden eigens für die Gastronomie entworfen. Manche Biere sind Nischenprodukte, die nur in ausgewählten Lokalen angeboten werden. Auch die Produktnamen sowie das Flaschen- und Gläserdesign sind, je nach Abnehmer, elegant oder witzig-originell.

Bier-Mischgetränke dürfen heute als das am stärksten wachsende Segment im Biersektor angesehen werden. Beliebt sind vor allem der **Radler** in allen Variationen sowie **Mischungen mit Spirituosen**.

? Fragen und Arbeitsaufgaben

1. Aus welchen Grundmaterialien wird Bier hergestellt?
2. Beschreiben Sie die einzelnen Schritte der Bierherstellung.
3. Nennen Sie mindestens fünf Bierarten und beschreiben Sie ihre Charakteristik.
4. Was versteht man unter alkoholfreiem Bier?
5. Zählen Sie fünf Bierspezialitäten auf.
6. Nennen Sie zehn österreichische Brauereien und ihre Marken.
7. Nennen Sie Brauereien in folgenden Ländern: England, Irland, Belgien, Dänemark, USA, Tschechien, Holland. Welche Biere und Marken bringen diese Brauereien auf den Markt?
8. Worauf ist beim Einkauf und bei der Lagerung von Bier zu achten?
9. Erläutern Sie die beiden Formen des Bierausschanks.
10. Wie wird ein Bier richtig gezapft? Welche Besonderheiten sind im Service zu beachten?
11. Sie zapfen Bier, der Schaum fällt jedoch kläglich aus. Was könnten die Ursachen dafür sein?
12. Welche Biere empfehlen Sie zu folgenden Speisen: Fisch, Kalb, Geflügel, deftigen Speisen, Käse.

Wein

Neben den Weinen aus den klassischen europäischen Anbauländern (Italien, Frankreich, Spanien) begegnen wir heute einer Vielzahl von ausgezeichneten Weinen aus Übersee.

Als Heimat der Weinrebe vermutet man den Landstrich von Damaskus über Mesopotamien bis zur Schwarzmeerküste.
Die ersten brauchbaren Quellen über den Weinbau und die Weinerzeugung wurden uns von den Griechen um zirka 1.000 vor Christus geliefert. Über das Römische Reich, wo die Weinrebe auf Bäumen gezogen wurde – was übrigens heute noch in Teilen Süditaliens und Spaniens anzutreffen ist – kam die Weinrebe nach Gallien (Frankreich) und von dort in die übrigen europäischen Länder.

🎯 Unsere Ziele

Nach Bearbeitung dieses Kapitels werden Sie

- über den Weinanbau und seine Voraussetzungen sowie über die Weinlese Bescheid geben können,
- die Erzeugung von Weiß-, Rosé- und Rotwein erklären können,
- die Erzeugung von Obstweinen sowie einige Produkte nennen können,
- die wichtigsten Kriterien für den Einkauf und die Lagerung von Wein erläutern können,
- die idealen Trinktemperaturen der unterschiedlichen Weine und die dafür geeigneten Weinglasformen nennen können,
- die klassischen Grundregeln für die Korrespondenz von Wein und Speisen bei der Gästeberatung einsetzen können,
- die Weinfachausdrücke sowie die Weinfehler und die Weinkrankheiten erklären können,
- Bescheid geben können, nach welchen Kriterien die Weinbeurteilung erfolgt.

Nicht nur Wein wird aus der Weintraube gewonnen, sondern eine ganze Menge weiterer Produkte, wie die nachfolgende Übersicht zeigt.

Traubensäfte	Stillweine	Schaumweine	Versetzte Weine	Weinedestillate
Traubensüß-most	Jungwein	Champagner	Sherry	Cognac
Traubennektar	(Staubiger,	Sekt und Qualitäts-	Portwein	Armagnac
Traubensaft-limonade	Heuriger)	schaumwein	Madeira	Eau de Vie de Vin
	Weißwein	Schaumwein	Samos	Acquavite d'Uva
	Roséwein	aus erster Gärung	Mavrodaphne	
	Rotwein	Vin mousseux	Marsala	Weinbrand
		Spumante	Malaga	Brandy
		Prosecco	Wermut	Pisco
		Cava		Tresterbrand
		Sparkling wine		Weinhefebrand
		Perlwein – Frizzante		

Im Anschluss beschreiben wir die Weiß-, Rosé- und Rotweine. Alle anderen Produkte sind in folgenden Kapiteln beschrieben: Schaumweine siehe Seite 121 ff., versetzte Weine siehe Seite 128 ff. und Weindestillate siehe Seite 138 ff.

Sturm: Zwischenstufe zwischen Traubensüßmost und Jungwein

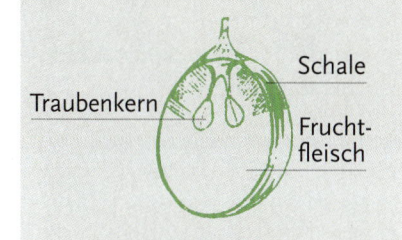

Traubenkern — Schale — Fruchtfleisch

1 Weinbau

Heute werden Weinbau und Weinerzeugung weltweit in der gemäßigten Zone betrieben, und zwar zwischen dem 30. und dem 53. Breitengrad auf der nördlichen Halbkugel und dem 30. und dem 40. Breitengrad auf der südlichen Halbkugel.

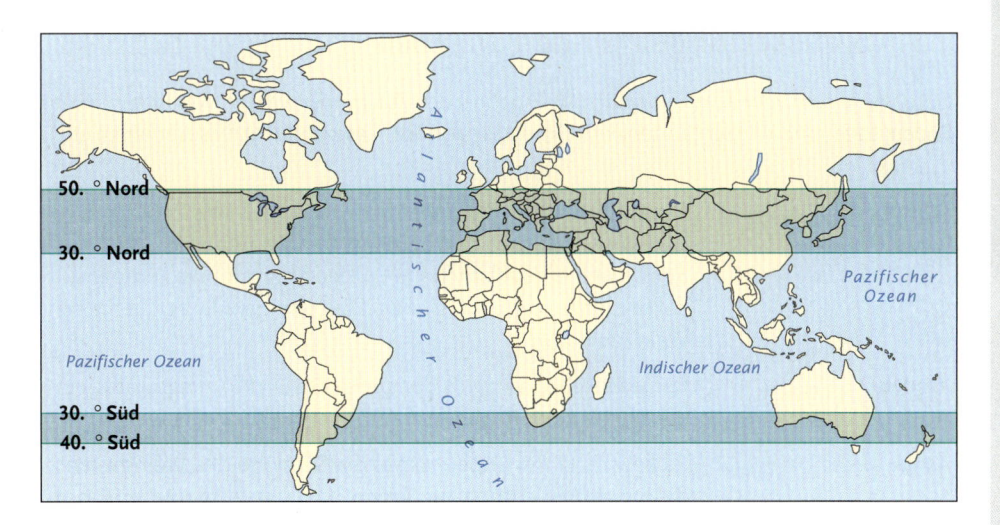

Wussten Sie, dass ... die Wissenschaft vom Wein **Önologie** heißt?

1.1 Weinrebe

Wein ist ein alkoholisches Getränk, das aus dem Saft von frischen Weintrauben hergestellt wird. Die Trauben sind die Früchte der Weinrebe (auch Weinstock, Rebstock oder Traubenstock). Sie bestehen aus dem Kamm oder Stiel und den Weinbeeren. Die Kämme und Stiele enthalten das sogenannte **Tannin** (Gerbsäure). Die Beere setzt sich aus der Schale (gerb- und farbstoffhaltig), dem Fruchtfleisch und den Kernen (fett- und gerbstoffhaltig) zusammen.

Die Weinrebe kann auf verschiedene Arten kultiviert (formiert) werden. Man spricht von den **Erziehungsformen** des Weinstockes.

Pfahlerziehung oder Stockkultur

Ist eine alte Erziehungsform und wird auf steilen, unwegsamen Lagen angewandt. Das Fruchtholz wird in Bodennähe gehalten.

Pfahlerziehung

Hochkultur

Pergolasystem

Lyrasystem
Die Lyra ist ein altgriechisches Saiteninstrument

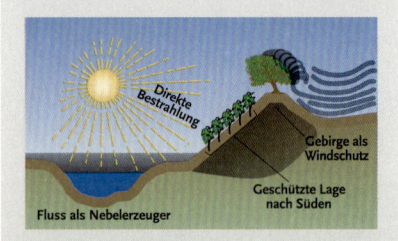

Drahtrahmenerziehung

Die Reben werden auf Pfählen und gespannten Drähten formiert. Der Weingarten ist in Zeilen angeordnet, dazwischen liegen breite Gassen, die eine mechanische Bearbeitung ermöglichen. Bei der **Hochkultur** (von Dr. h. c. Lenz Moser entwickelt) bewirken die Stammhöhe von 1,20 bis 1,40 Metern sowie der große Reihenabstand eine bessere Belichtung und Belüftung und ermöglichen eine noch bessere maschinelle Bewirtschaftung.

Pergolasystem

Es ist vorwiegend in Südtirol verbreitet. Das Pergolasystem bildet dachartige Formationen. Großteils sind es Holzkonstruktionen, an denen die Weinreben formiert werden.

Lyrasystem

Dabei werden die Triebe in zwei nach oben aufgebundene Gruppen aufgeteilt. Durch den günstigeren Sonneneinstrahlungswinkel erhöhen sich die Erträge und die Traubenqualität. Hauptsächlich in den Weinbauländern der Neuen Welt, in Australien, Neuseeland, Chile und Argentinien, verwendet. Unabhängig von der Erziehungsart müssen etwa drei bis vier Jahre vergehen, bis ein Rebstock die ersten Trauben ansetzt, nach etwa fünf Jahren trägt er voll, nach 25 Jahren beginnen Wachstum und Erträge nachzulassen.

1.2 Rebsorten

Im Laufe der Entstehungsgeschichte des Weinbaues hat sich eine Vielzahl von Rebsorten entwickelt. Man unterscheidet **früh** reifende (Lese zirka Mitte September), **mittel** reifende (Lese bis Mitte Oktober) und **spät** reifende Trauben (Lese ab Mitte Oktober). Neben internationalen Rebsorten gibt es bei uns spezifisch österreichische Rebsorten wie Grünen Veltliner, Neuburger, Zierfandler, Rotgipfler, Zweigelt und Blauen Wildbacher.

1.3 Voraussetzungen für den Weinbau

Gute Weine sind kein Zufall, sondern das Ergebnis des Zusammenwirkens von Natur (Klima, Boden, Lage) und Winzer (Sortenwahl, Erziehungsformen, Lesezeitpunkt, Leseverfahren etc.).

Klima	Die Wachstumszeit der Weinrebe ist mit 180 bis 240 Tagen relativ lang. In dieser Zeit benötigt die Weinrebe viel Licht, viel Sonne und eine relativ hohe Luftfeuchtigkeit. Die Temperatur sollte nicht unter 10 °C sinken. Ein sonniger Herbst ist für den Wein ideal.
Boden	Für jede Rebsorte muss der geeignete Boden ausgewählt werden. Jeder Boden gibt dem Wein seinen Charakter.
Lage	Es kommt unter anderem auf die Seehöhe des Weingartens, die Neigungsrichtung zur Sonne (am besten ist eine vor Nordwind geschützte Lage mit direkter Sonnenbestrahlung), den Neigungswinkel des Weinberges, den Reihenabstand zwischen den Weinstöcken, die Nähe zu Flüssen oder Seen als Feuchtigkeitsspender und Nebelerzeuger (Schutz vor Frosteinfall) und das Vorhandensein eines Waldes an.

2 Weinlese

Der Zeitpunkt der Weinlese (Ernte) richtet sich nach dem Reifegrad der Trauben und den Wetterverhältnissen zur Lesezeit. Er liegt je nach Region und Sorte zwischen Mitte August und Mitte November. Es kann auch einen offiziell festgelegten Lesetermin geben. Vollreife Trauben erkennt man an den verholzten Traubenstielen. Außerdem kontrolliert der Winzer mit Hilfe eines Handrefraktometers den Zuckergehalt der Trauben. Mit zunehmender Reife nimmt der Säuregehalt der Trauben ab, der Zuckergehalt zu.

Die Traubenernte wird großteils händisch durchgeführt. Selten kommen bei uns Erntemaschinen zum Einsatz. Die Beeren dürfen bei der Lese nicht beschädigt werden. Eine rasche Weiterverarbeitung hilft, eine Oxidation zu unterbinden.

Vorlese	Traubenkrankheiten und Witterungseinflüsse (zB Frühfröste) können eine vorzeitige Lese erzwingen und die Qualität dadurch erheblich vermindern.
Hauptlese	Spätestens mit dem Eintreten der Bukett- bzw. der Vollreife setzt die Hauptlese ein.
Spätlese	Die Trauben werden bei besonders günstigen Wetterbedingungen (milder, sonniger Herbst) über die normale Lesezeit hinaus am Stock gelassen. Die daraus hergestellten Weine werden als Prädikatsweine (Spätlese, Auslese, Eiswein, Beerenauslese, Ausbruch, Trockenbeerenauslese) bezeichnet.

3 Weinerzeugung

3.1 Weißweinerzeugung

Rebeln
Die Beeren werden in einem Rebler von den Stielen getrennt, weil sie gerbstoffreich sind und dem Wein einen leicht bitteren Geschmack geben können.
Zur Erzeugung der frischen, fruchtigen, reduktiv ausgebauten Weißweine wird heute jedoch häufig die Ganztraubenpressung vorgenommen. Dabei werden die Trauben nicht gerebelt, die Maische wird nicht stehen gelassen.

Maischen
Die Beeren werden durch Walzen zerquetscht. Die Maische wird entweder sofort in Pressen oder zum Auslaugen der Aroma- und Extraktstoffe in Abseihbehälter gepumpt. Der ohne Druck aus diesen Behältern abfließende Saft (Most) wird als **Seihmost** bezeichnet.

Schwefeln
Um die Maische vor Lufteinwirkung (Braunfärbung) und schädlichen Mikroorganismen zu schützen, kann evtl. Schwefeldioxid beigegeben werden.

Pressen und Keltern
Von den Abseihbehältern kommt die vorentsaftete Maische in die Presse und der Saft (Most) wird von den festen Bestandteilen **(Trestern)** getrennt. Man unterscheidet zwei Mostarten:
- **Pressmost:** Wird beim ersten Pressvorgang gewonnen.
- **Scheitermost:** Wird durch nochmaliges Pressen des Presskuchens (Scheitern) gewonnen.

Vorklären des Mostes
Der Most enthält noch verschiedene Unreinheiten, sogenannte Trubteilchen, die man in gut ausgestatteten Betrieben mit Separatoren oder Zentrifugen entfernt. Derselbe Vorgang kann auch durch Absetzenlassen des trüben Mostes erzielt werden. In der Fachsprache nennt man diesen Vorgang auch entschleimen.

Mostaufbessern und Mostentsäuern
Enthält der Most zu wenig Zucker, kann reiner Kristallzucker beigefügt werden. Die Menge ist gesetzlich geregelt. Der Fachmann nennt dies **Aufbessern** oder Verbessern. Man bestimmt zuerst den natürlichen Zuckergehalt des Mostes in **Klosterneuburger Graden** und berechnet dann die erforderliche Zuckermenge.
Bei zu hohem Säuregehalt wird der Most mit reinem kohlensaurem Kalk **entsäuert**. Eine weitere Möglichkeit zur Säureverringerung ist der biologische Säureabbau. Er ist bei Weißweinen nicht so verbreitet, siehe Rotweinerzeugung.

Wie funktioniert ein Handrefraktometer?
An einigen Tropfen Traubensaft wird bestimmt, wie viel Gramm Zucker in 100 Gramm Most enthalten sind.

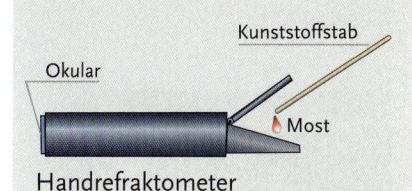

Handrefraktometer

Separatoren = Geräte zur Trennung verschiedener Bestandteile von Stoffgemischen, in diesem Fall von Most und Trubteilchen.

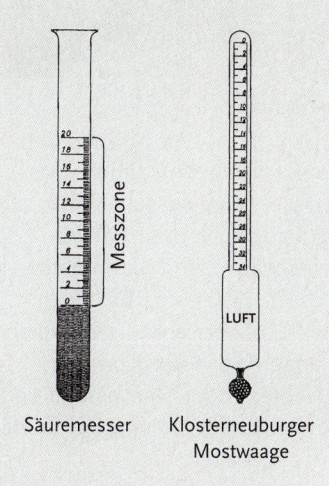

Säuremesser   Klosterneuburger Mostwaage

KMW = Klosterneuburger Mostwaage
1° KMW = 1 kg (1 %) Zucker in 100 kg Most. Um eine Erhöhung des Mostgewichtes um 1° KMW zu erreichen, sind 1,3 kg Zucker nötig.

moussierend = perlend

👉 **Wussten Sie, dass ...**
man in Deutschland Sturm als Federweißen oder Sauser bezeichnet?

Kieselgurfilter

Stahltanks

Bis auf wenige Ausnahmen werden die Weine ausschließlich steril abgefüllt, das heißt frei von weinschädlichen Mikroorganismen wie Hefen und Bakterien. Durch die Verwendung von feinen Filterschichten (Entkeimungsschichten) oder Membranfiltern werden Trubstoffe und Bakterien zurückgehalten.

Gären
Der Most wird in Fässer, Zisternen oder Tanks gefüllt und die Gärung eingeleitet. Durch Hefepilze wird Zucker in Alkohol und Kohlensäure umgewandelt. Die **Hauptgärung (stürmische Gärung)** erkennt man daran, dass Kohlendioxid unter starkem Schäumen und Brausen entweicht. Der Most bekommt eine lehmfarbige, milchige Trübung. Das entstandene moussierende süßliche Getränk heißt **Sturm**.

Nach Abschluss der stürmischen Gärung beginnt die ruhigere Phase, sie dauert zirka fünf Wochen. Diese **stille Gärung** endet, wenn der Zuckervorrat im Most zu Ende geht (trockener Wein) oder die Hefezellen durch die wachsende Konzentration des Alkohols absterben (bei 13 bis 14 Vol.-% Alkohol). Der noch unvergorene Zucker bleibt als Restzucker im Wein (zB Prädikatsweine).

Abziehen vom Geläger
Nach der Gärung ist der Most zum **Jungwein** geworden. Die abgestorbene Hefe und die Trubstoffe setzen sich als Bodensatz (Geläger) ab. Der fast klare Jungwein wird vom Gärbehälter in einen Lagerbehälter gepumpt. Meist wird dabei der Wein auch filtriert. Eine Entsäuerung kann auch beim Jungwein vorgenommen werden. Um die Oxidation zu vermeiden, werden die Fässer immer wieder mit Jungwein möglichst gleicher Herkunft, Rebsorte, Qualitätsstufe und gleichen Jahrgangs aufgefüllt. Weiters wird der Jungwein geschwefelt. Eine Schwefelung des Weines erfolgt weltweit, da der Wein sonst nicht haltbar wäre und sein charakteristisches Bukett nicht entfalten könnte.

Lagern und Reifen des Jungweines
Nach der Klärung des Jungweines erfolgt die Reifung in Holzfässern, Kunststofftanks oder gasdichten Behältern wie Stahltanks oder Betonzisternen. Diese Ruheperiode dauert je nach Sorte, Reifegrad, Herkunft und Jahrgang verschieden lang. Dabei wird das Bukett des Weines ausgebaut, die Inhaltsstoffe und Geschmackskomponenten verbinden sich harmonisch. Die Säure des Weines wird abgebaut.

Stabilisieren
Durch Zusatz bestimmter Stoffe werden die letzten Trubstoffe entfernt. Dadurch wird erreicht, dass sich der Wein nicht mehr nachteilig in Aussehen, Geruch und Geschmack verändert. Durch die Stabilisierung können auch verschiedene Weinfehler und Weinkrankheiten behoben werden.

Verschneiden
Verschneiden ist das Vermischen von zwei oder mehreren Weinen (Cuvée), um dem Endprodukt eine bestimmte Geschmacksrichtung zu geben. Das Endprodukt ist von höherer Qualität als die Summe der einzelnen Komponenten. In Italien und Frankreich ist vom Gesetz her auch ein Mostverschnitt erlaubt.

Abfüllen
Der Wein wird in Flaschen und andere Gebinde (Fässer, Bag in Box) gefüllt, wenn er das optimale Ausbaustadium erreicht hat. Dieser Zeitpunkt ist von der Sorte und der Herkunft abhängig. Die Flasche wird je nach Wein mit Naturkork, Presskork, Kronenkork, Kunststoffstopfen oder Schraub- bzw. Glasverschluss verschlossen. Nach der Flaschenfüllung soll der Wein ebenfalls lagern.

3.2 Roséweinerzeugung

Die gerebelte Maische aus blauen Trauben wird zum Auslaugen der Farbstoffe, die sich in den Beerenschalen befinden, einige Stunden stehen gelassen und anschließend abgepresst. Die weitere Behandlung des Weines erfolgt wie bei Weißwein.

3.3 Rotweinerzeugung

Die Farbgewinnung steht bei der Rotweinerzeugung im Mittelpunkt. Nachfolgende Verfahren dienen der Qualitätsverbesserung der Rotweine.

Maischegärung

Die verbreitetste Methode der Rotweinbereitung ist die Maischegärung. Blaue Trauben werden gerebelt (von den Stielen befreit) und gemaischt. Die Maische wird in Gärbehälter gepumpt und die Fermentation eingeleitet. Wenn eine Aufbesserung vorzunehmen ist, hat sie zu diesem Zeitpunkt zu erfolgen. Eine schnellere Farbausbeute kann durch Rühren oder Umpumpen erzielt werden. In modern ausgestatteten Kellereien wird die Maische temperaturgesteuert vergoren. Die Dauer der Gärung ist von der Traubensorte und der Erntequalität abhängig.

Rebelmaschine

Kellertechnik

Maischeerwärmung (thermisches Verfahren)
Die gerebelte Maische wird auf 55–65 °C erwärmt und einige Stunden stehen gelassen, dadurch wird eine rasche Farbausbeute erzielt.

Konzentration
Dabei lässt man in einer ganz frühen Phase der Gärung einen Teil des Saftes der Rotweinmaische ablaufen. Dadurch wird die verbleibende Maische konzentriert und der abgeleitete Saft wird zu Roséwein bereitet.

Umkehrosmose
Eine Filterung des Mostes wird vorgenommen, um zB Wasser zu entfernen und den Most vor der Gärung zu konzentrieren. Maximal 20 % Wasser dürfen dem Most entzogen werden. Der Alkoholgehalt des Weines darf dadurch höchstens um 2 Vol.-% erhöht werden.

Verdampfungsverfahren
Bei der Mostkonzentration durch Kälte werden die Trauben 12–24 Stunden bei mindestens minus 3 °Celsius gefroren und dann abgepresst. Diese künstliche Eisweinbereitung ergibt stärkere Aromen.

Sobald die Gärung beendet ist, wird der junge Rotwein vom Gärbehälter in Fässer gepumpt und die ausgelaugte Maische unter sanftem Druck gepresst. Wird kein biologischer Säureabbau durchgeführt, kann die Jungweinbehandlung in ähnlicher Form wie bei Weißwein durchgeführt werden.

Biologischer Säureabbau: Unmittelbar nach der Gärung, entweder nach dem ersten Abstich oder noch im Gärbehälter mit dem Bodensatz (Geläger), ist der Zeitpunkt, die **malolaktische Gärung** durchzuführen. Dabei handelt es sich um Bakterien, die sich von der Apfelsäure im Wein ernähren und in Milchsäure umwandeln. Es wird Kohlensäure freigesetzt und die Säure verringert.

Mehrfaches Umziehen – zweiter und dritter Abstich
Zur Schonung bester Rotweinqualitäten wird anstelle der strapaziösen Prozedur der Filtration von Fass zu Fass, wenn möglich, ohne Pumpe umgezogen. Durch den Verzicht auf die Filtration bleibt die Geschmacksfülle erhalten, mehrmaliges Klären und Belüften des Weines alle drei bis vier Monate wirkt sich günstig auf den Ausbau aus.

Ausbau, Reifung des Weines

Der Ausbau bzw. die Reifung der Weine kann auf zwei unterschiedliche Arten erfolgen. Unter **Barrique** versteht man ein kleines Holzfass mit einem Fassungsvermögen von 225–270 Litern. Das Eichenholz der Fässer (zB Limosin) enthält viele Aromakomponenten, die dem Wein einen ganz bestimmten Geschmackston verleihen. Durch die Verwendung von Eichenfässern mit einem sogenannten **Toasting** (geschieht durch das Ausbrennen der Fässer) können Weine mit besonderen Geschmacksrichtungen (zB Vanille, Karamell, Bitterschokolade) erzeugt werden.

Die weitere Behandlung des Rotweines ähnelt, von kleinen Unterschieden abgesehen, der des Weißweines.

Barrique-Keller

👉 Wussten Sie, dass …

zur Erzeugung von Weinen mit Barrique-Charakter Holzspäne, Holzchips bzw. Holzextrakt verwendet werden? Dazu ist anzumerken, dass die Beigabe von zB. Holzchips während der Gärung des Weines bzw. einem Wein, der im Stahltank lagert, diesem zwar ein Eichenaroma verleiht, die Qualität aber nicht verbessert.

Seit 1. Oktober 2006 sind Holzprodukte durch eine Verordnung der EU-Kommission offiziell erlaubt. Angaben über die Verwendung sind am Etikett anzuführen.

Wein

> 👉 **Wussten Sie, dass ...**
> Weintrauben nicht zum Beerenobst zählen?

3.4 Obstweinerzeugung

Obstwein ist nach dem österreichischen Weingesetz ein Getränk, das durch begonnene oder vollendete alkoholische Gärung des Saftes oder der Maische von folgenden Obstsorten hergestellt wird:

- **Kernobst:** zB Apfelwein und/oder Birnenwein (in Österreich als Most bezeichnet)
- **Steinobst:** zB Marillenwein
- **Beeren:** zB Ribisel-, Erdbeer-, Himbeerwein

Daneben gibt es auch **Obstschaumweine,** wie Marillen-, Ribisel-, Erdbeer-, Weichsel-, Pfirsich- und Birnenschaumwein, und **Obstdessertweine.**

Die Übersichtstabelle fasst nochmals die Schritte der Weinerzeugung für Weiß-, Rosé- und Rotwein zusammen

Weißwein	Roséwein	Rotwein
Weiße, rote und blaue Trauben	**Blaue Trauben**	**Blaue Trauben**
Traubenverarbeitung	**Traubenverarbeitung**	**Traubenverarbeitung**
Rebeln Maischen	Rebeln Maischen	Rebeln Maischen
evtl. Auslaugen der Maische und Schwefeln	kurzes Angären (Auslaugen der Farbstoffe) evtl. Schwefeln	evtl. Aufbessern evtl. Schwefeln
Traubenmostgewinnung	**Traubenmostgewinnung**	**Farbgewinnung**
Pressen/Keltern oder Ganztraubenpressung	Pressen/Keltern	Maischegärung / Maischeerwärmung / Konzentration / Umkehrosmose
Seihmost Pressmost Scheitermost	Seihmost Pressmost Scheitermost	**Pressen/Keltern**
Mostbehandlung	**Mostbehandlung**	Abpressen der ausgelaugten, vergorenen Maische Restliche Vergärung des Zuckers
Vorklären des Mostes evtl. Aufbessern, Entsäuern,...	Vorklären des Mostes evtl. Aufbessern, Entsäuern, ...	**Jungweinbehandlung**
Vergärung des Mostes	**Vergärung des Mostes**	Schwefeln evtl. Entsäuerung bzw. Malolaktischer Säureabbau Abziehen vom Geläger (Abstich)
Vergärung des Zuckers in Alkohol und Kohlendioxyd	Vergärung des Zuckers in Alkohol und Kohlendioxyd	
Stürmische Gärung (Sturm, Federweißer) → Stille Gärung Jungwein	Stürmische Gärung (Sturm, Federweißer) → Stille Gärung Jungwein	Jungwein
Jungweinbehandlung	**Jungweinbehandlung**	**Weinstabilisierung**
Abziehen vom Geläger (Erster Abstich) evtl. Jungweinfiltration (Kieselgur-/Schichtenfilter) Schwefeln evtl. Entsäuerung bzw. Malolaktischer Säureabbau	Abziehen vom Geläger (Erster Abstich) evtl. Jungweinfiltration (Kieselgur-/Schichtenfilter) Schwefeln evtl. Entsäuerung bzw. Malolaktischer Säureabbau	Schönung des Weines Klären und Belüften des Weines Schwefeln
Ausbau/Reifung	**Ausbau/Reifung**	**Ausbau/Reifung**
Weinstabilisierung Schönung evtl. Verschneiden (Cuvéebereitung)	Weinstabilisierung Schönung evtl. Verschneiden (Cuvéebereitung)	Reifung im Fass bzw. im Edelstahltank Verschneiden (Cuvéebereitung)
Abfüllen, Filtration	**Abfüllen, Filtration**	**Abfüllen**
Schichten-/Membranfilter (Sterilfüllung in Flaschen und andere Gebinde)	Schichten-/Membranfilter (Sterilfüllung in Flaschen und andere Gebinde)	mit Filtration (Sterilfüllung) / ohne Filtration
Nachreifung in Flaschen	**Nachreifung in Flaschen**	**Nachreifung in Flaschen**

4 Einkauf und Lagerung

Die Kriterien für den Weineinkauf sind abhängig von der Betriebsart und Betriebsgröße, vom Verkauf, vom Gästekreis und vom Einkaufspreis. Weiters sollen folgende Punkte berücksichtigt werden:
- Das Warenangebot sollte zum Speisenangebot passen.
- Das Sortiment sollte die einzelnen Qualitätsstufen umfassen.
- Gebindeformen: 0,25 l, 0,375 l, 0,5 l, 0,75 l, 1 l, 1,5 l, 2 l, diverse Großflaschenformen, verschiedene Fassgrößen für Schankanlagen.

Wein lagert man zur Vorratshaltung. Ein weiterer Punkt sind die Kosten. Junge Rotweine sind günstiger im Einkauf.

Faktoren der Haltbarkeit eines Weines
- Alkohol-, Extrakt- und Restzuckergehalt.
- Säuregehalt: Weine mit einem höheren bzw. einem nicht zu schnell abgebauten Säuregehalt weisen eine längere Haltbarkeit auf.
- Reifungsperiode der Rebsorten: Spät reifende Trauben weisen im Durchschnitt eine längere Reifungsdauer auf. Frische, spritzige, säurereiche Weine sollten in den ersten zwei Jahren konsumiert werden, da sie nach längerer Lagerung diese Eigenschaften verlieren und einen unerwünschten Altersgeschmack bekommen.
- Zeitpunkt der Weinlese: Weine der Vor- und Hauptlese haben im Durchschnitt eine kürzere Haltbarkeit (Tafelweine). Die Lagerfähigkeit bei Qualitäts- und Prädikatsweinen ist umso höher, je höher das Mostgewicht ist.

Weine benötigen nach dem Transport zwei bis drei Wochen zur Beruhigung. Sie werden **immer liegend mit dem Etikett nach oben** aufbewahrt, denn der Korken trocknet aus und verliert seine Elastizität, wenn er nicht ständig mit Wein benetzt wird. Bei allen anderen Verschlüssen als Naturkorken, verliert diese Praxis ihre Wirkung. Der Lagerraum soll völlig **dunkel**, **erschütterungs- und geruchsfrei** sein und eine Frischluftzufuhr haben. Ideal ist eine gleichbleibende Temperatur **zwischen 8 und 12 °C**. Die Luftfeuchtigkeit sollte um 70 Prozent liegen, der Lagerraum darf jedoch keine nassen Wände aufweisen.

Lebenslauf des Weines

www.weinausoesterreich.at/weinabenteuer

5 Service und Ausschank

Klassische Grundregeln für die Korrespondenz von Wein und Speisen

Welcher Wein mit welcher Speise wirklich gut harmoniert, ist ein heikles Thema. Da jedoch jeder Wein besondere Eigenschaften hat, die den Geschmack gewisser Speisen ergänzen, haben sich einige grundsätzliche Regeln entwickelt, die die Weinauswahl erleichtern sollen (siehe auch Seite 186):
- Zu leichten Speisen leichte Weine, zu schweren Speisen schwere Weine.
- Weißweine vor Rosé- und Rotweinen, Rotweine vor Süß- und Dessertweinen.
- Bei mehrgängigen Menüs bestimmt entweder die Speisenfolge die Weinauswahl oder es kommt zu folgender Reihung: leichte vor schweren, junge vor alten, trockene vor süßen, einfache vor qualitativ höherwertigen, körperarme vor körperreichen, säurearme vor säurereichen Weinen.
- Weißwein zu hellem Fleisch.
- Ein mit Wein zubereitetes Gericht verlangt nach dem gleichen Wein.
- Wein verstärkt den Geschmack von scharf gewürzten Speisen. Scharfe Gerichte harmonieren besser mit Bier.
- Weißwein zu Fisch und Meeresfrüchten.
- Rotwein zu dunklem Fleisch.

Abweichungen zu den allgemeinen Regeln:
Zu hellem Fleisch mit einer kräftigen Sauce passt meist ein leichter Rosé- oder Rotwein.
In südlichen Ländern werden neben Weißweinen auch leichte, frische Rotweine zu Fisch und Meeresfrüchten serviert.
Zu gekochtem Rindfleisch harmoniert ein trockener Weißwein (zB Tafelspitz und Grüner Veltliner).

Hinweise zur Gästebetreuung

Über all diesen Regeln darf eines nicht vergessen werden: Der Gast ist König und erlaubt ist, was dem Gast schmeckt. Auch werden die klassischen Grundregeln auf Grund von neuen Erkenntnissen manchmal gebrochen.
Weisen Sie den Gast auf Weinraritäten und Weinspezialitäten hin.

Der persönliche Geschmack und der Wunsch eines Gastes haben immer Vorrang vor jeglichen Grundsätzen.

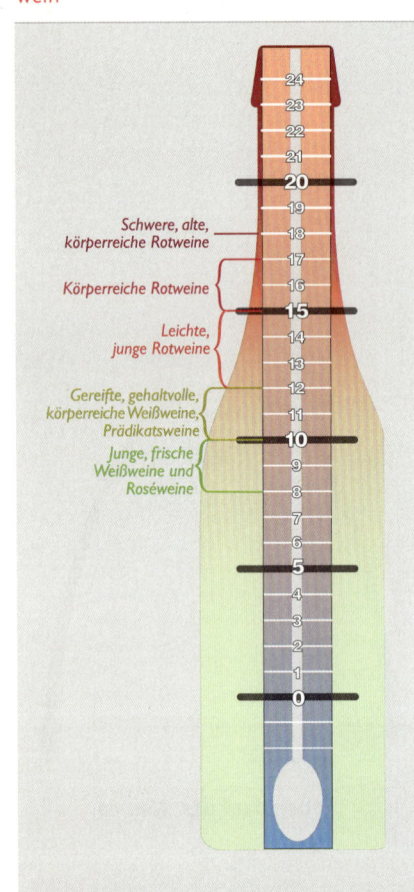

Wein

Schwere, alte, körperreiche Rotweine
Körperreiche Rotweine
Leichte, junge Rotweine
Gereifte, gehaltvolle, körperreiche Weißweine, Prädikatsweine
Junge, frische Weißweine und Roséweine

➡ **Servieren und Gästeberatung**

Botrytis cinerea

Service, Gläser, Verwendung	
Service	**Ideale Trinktemperaturen** ▪ Junge, frische Weiß- und Roséweine: 8–10 °C ▪ Gereifte Weißweine und Prädikatsweine: 10–12 °C ▪ Leichte, junge Rotweine: 12–15 °C ▪ Körperreiche Rotweine: 15–17 °C ▪ Schwere, alte, körperreiche Rotweine: 18 °C **Ausschankmaße für Wein** ▪ Im Glas: $^1/_{16}$ l, 0,1 l, 0,125 l ($^1/_8$ l), 0,25 ($^1/_4$ l) ▪ In der Karaffe: 0,125 l, 0,25 l, 0,5 l, 1 l
Gläser	Für einen optimalen Trinkgenuss ist auch die Glasform von großer Bedeutung. Bordeauxweinglas (1), Burgunderweinglas (2), Glas für ältere Weißweine (3), Glas für junge Weißweine (4), Roséweinglas (5), Glas für Prädikatsweine (6) 
Verwendung	▪ Als Aperitif (trockene leichte Weine sowie Prädikatsweine im trockenen bis halbtrockenen Bereich). ▪ Als klassischer Speisenbegleiter. ▪ Zum Mischen mit Soda (Gspritzter). ▪ Für Bowlen, Punsch etc.

6 Weinfachausdrücke

Abgang: Eindruck, den der Wein beim und nach dem Schlucken hinterlässt (Nachgeschmack). Ein langer Abgang ist immer ein gutes Qualitätsmerkmal. Auch Nachhall genannt.
Adstringierend: zusammenziehend (bei Rotwein).
Aroma: Duft des Weines.
Assemblage: Vorgang des Verschneidens verschiedener Weine oder Vermischen verschiedener Traubensorten.
Ausbau: Reifung des Weines.
Avinieren: Ausschwenken des Glases mit Wein; vor dem Verkosten.
Barrique: Traditionelles französisches Fassmaß von 225–270 Litern. Das Wort Barrique ist für den Ausbau von Wein in ungebrauchten Eichenfässern (Barriqueausbau) gebräuchlich; auch als kleines Holzfass bezeichnet.
Belüften: Umfüllen; zur besseren Entwicklung des Weines.
Blank: klar.
Blumig: an Blüten erinnernd.
Bukett: es setzt sich aus verschiedenen Aromakomponenten zusammen. Man unterscheidet Sorten-, Gär-, Lager- und Edelfäulebukett.
Cru: französische Bezeichnung für Wein, der aus einer genau abgegrenzten Lage stammt.
Cuvée (die): Fertiger Verschnitt.
Dekantieren: Vorsichtiges Umgießen des Weines aus der Flasche in eine Dekantierkaraffe.
Depot: Bei Rotweinen und Portweinen setzen sich mit der Alterung verschiedene Farbstoffe am Flaschenboden ab.
Dichte: Konzentration von Duft, Aroma und Extraktstoffen.
Duftig: Wein mit eleganter, leichter Blume.
Edelfäule: Der Befall reifer Beeren durch den Edelfäulepilz Botrytis cinerea.
Elegant: Vollkommen harmonische, meist leichtere, spritzige und nicht zu milde Weine.

Extrakt: Mineralsalze, Glyzerin, Zucker und Säuren, die im Wein gelöst sind. Je mehr Extrakt, desto voller der Wein.
Frappieren: Kühlen von Weinen, die nicht die gewünschte Serviertemperatur haben.
Fruchtig: Wein, der im Geschmack und Geruch an die Traube oder eine Obstart erinnert.
Füllig: extrakt- und alkoholreich.
Gehaltvoll: Wein mit Extrakt.
Gemischter Satz: Trauben verschiedener Rebsorten aus einem Weingarten werden gemeinsam geerntet und gepresst.
Grün: Unreifer Wein.
Harmonisch: Die Bestandteile des Weines stehen zueinander im richtigen Verhältnis.
Jungfernwein: Erster Ertrag einer Neupflanzung.
Komplexität: subtiles Zusammenspiel von Duft und Geschmack.
Körperarm: dünn, leicht.
Körperreich: extraktreich, voll.
Mild: Säurearmer Wein.
Mousseux: Das auf der Zunge spürbare CO_2.
Moussierend: stark kohlensäurehaltig.
Oxydativ: Flacher, verbrauchter Geruch und Geschmack durch zu große Lufteinwirkung.
Perlage: Sichtbares CO_2 beim Schaumwein.
Pfeffrig: Geruch und Geschmack, der oft bei hochwertigem Grünem Veltliner auftritt.
Reduktiv: Weine, die kaum mit Luft in Berührung kommen und daher ohne Nebengeschmack (reintönig) sind.
Reif: Höhepunkt in der Entwicklung des Weines.
Reintönig: Wein ohne Nebengeschmack.
Resch: Säurereicher Wein ohne Zuckerrest.
Rund: Voller, abgerundeter Geschmack.
Samtig: Tannin- und säurearmer Rotwein.
Schwer: Alkoholreicher Wein mit viel Extrakt.
Sortenbukett: Im Wein ist die Traubensorte typisch zu erkennen.
Spritzig: wie moussierend.
Staubig: Wein mit leichter Trübung.
Struktur: Weine mit einer Ausgewogenheit von Körper und Finesse.
Süffig: harmonischer, leichter Wein, der zum Trinken anregt.
Tannin: während der Gärung aus Beerenhäuten und Kernen extrahierter Gerbstoff, der in der Flasche langsam abbaut; wichtig bei Rotwein.
Terroir: Gegend (Zusammenspiel von Boden und Klima).
Toasting: Barriquefässer werden vor der Verwendung ausgebrannt und geben dem Wein damit Aroma.
Trocken: Durchgegorener Wein; geringer Restzuckergehalt.
Verschlossen: Sehr junger Wein, der im Geruch und Geschmack nur andeutungsweise seine Entwicklungsmöglichkeiten zeigt.
Verschnitt (Verschneiden): Kellertechnischer Ausdruck für geschicktes Vermischen von Wein, Most oder Trauben, um die Qualität zu verbessern oder um eine bestimmte, möglichst gleich bleibende Geschmacksrichtung zu erhalten.
Vinifizierung: Verarbeitung der Trauben.
Würzig: intensiv fruchtig, aromatisch.
Zart: nicht sehr kräftiger, aber feiner, eleganter Wein.

> **Glyzerin** = Alkohol
>
> **subtil** = zart, fein
>
> **extrahieren** = einen Auszug machen.

7 Weinfehler und Weinkrankheiten

7.1 Weinfehler

Weinfehler sind unerwünschte Veränderungen des Geruchs, des Geschmacks und des Aussehens des Weines. Die so veränderten Weine sind zwar nicht gesundheitsschädlich, können aber im Restaurant nicht mehr ausgeschenkt werden.

Böckser: Durch Zersetzen des Schwefels und der Hefe verursacht. Der Wein riecht und schmeckt nach faulen Eiern (Schwefelwasserstoff).
Eiweißtrübung: Entsteht durch Eiweißausfall. Der Wein ist schleimartig getrübt.
Fassgeschmack: Durch ein schlecht gepflegtes Fass verursacht. Schmeckt nach modrigem Holz.

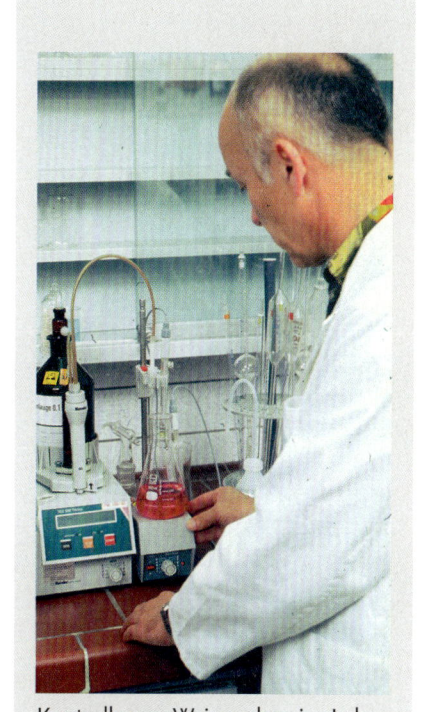

Kontrolle von Weinproben im Labor

Korkgeschmack: Widerlicher Geschmack, dessen Herkunft umstritten ist. Daneben gibt es den Schimmelgeschmack, der von verschimmelten Korken stammt.
Weinkristalle: Kristalline Ablagerungen am Korken und am Flaschenboden, die fälschlicherweise als **Weinstein** bezeichnet werden. Es ist ein rein optischer Fehler, der die Weinqualität nicht beeinträchtigt.

7.2 Weinkrankheiten

Weinkrankheiten werden durch Pilze oder Bakterien verursacht. Weine mit Weinkrankheiten sind nicht mehr verkehrsfähig.

Essigstich: Durch Essigbakterien verursacht, die sich im Herbst auf den Beeren entwickeln und beim Keltern in den Most gelangen. Bei Luftzutritt wandeln sie den Alkohol des Weines in Essigsäure um.
Zähwerden: Durch Lindbakterien (Kokken) und Schleimbakterien verursacht, die aus Zuckerresten Schleim erzeugen. Der Wein wird trüb und ölig bis schleimig.

8 Weinbeurteilung

Um Wein verkaufen und den Gast richtig beraten zu können, ist es notwendig, Weine selbst beurteilen zu können. Bei der Weinbeurteilung durch Degustation bedarf es verschiedener Voraussetzungen:

Degustation = Verkostung

- **Wasser bzw. Weißbrot** zum Neutralisieren des Geschmacks.
- **Raum:** Gute Lichtverhältnisse; der Raum darf keine grünen oder roten Wände haben, soll rauchfrei und gut gelüftet sein.
- **Tische:** Sollten weiß gedeckt sein.
- **Weinkoster:** Vor und beim Kosten nicht rauchen, keine scharf gewürzten, salzigen oder sehr süßen Speisen einnehmen. Keine Deodorants oder Parfums verwenden. Absolute Konzentration und keine Kommentare.
- **Weinglas:** Ideal ist ein dünnwandiges, farbloses, unverziertes, glattes und tulpenförmiges Stielglas.
- **Richtige Trinktemperatur**
- **Richtige Reihenfolge der Verkostung:** Als Grundregel gilt: Kein Wein darf den nächsten geschmacklich behindern. Daher verkostet man Weißweine vor Rotweinen, Roséweine vor Rotweinen, leichte vor schweren, zarte vor intensiven, trockene vor süßen, junge vor alten Weinen.

Man prüft auch heute noch wie bei der alten römischen Weinprüfung nach der Formel **COS** (color, odor, sapor), dh Farbe, Geruch und Geschmack. In der Weinsprache spricht man von einem Bogen, dh es können die Charaktereigenschaften des Weines, die man im Geruch erkannte, auch auf dem Gaumen wiedergefunden werden.

8.1 Aussehen

Man betrachtet das Glas (höchstens zu einem Drittel gefüllt) zuerst direkt von oben und beurteilt die **Klarheit** und die **Kohlensäure** (Bläschen am Rand bzw. auf der Weinoberfläche). Dann hält man das geneigte Glas gegen das Licht oder gegen einen weißen Hintergrund (Tischtuch, Serviette etc.) und beurteilt den **Farbton** und die **Farbtiefe.** Schließlich schwenkt man leicht das Glas und wirft einen Blick auf den Glasrand. Anhand der Bögen (Schlieren) kann die Konsistenz (Viskosität) beurteilt werden.

Bei den folgenden Tabellen werden verschiedene Ausprägungen von Wein aufgezählt. Die roten Alternativen sind erwünscht, die anderen hingegen unerwünscht.

Klarheit	strahlend, spiegelblank, kristallklar, transparent, matt, trüb
Kohlensäure	kann bei jungen Weißweinen auftreten bei Rotweinen ein Fehler (Nachgärung)
Farbton bzw. Farbtiefe	**Weißwein:** blass, grüngelb, hellgelb, gelb, strohgelb, goldgelb, bernstein, braun
	Rotwein: blassrot, hellrot, ziegelrot, rubinrot, feurig rot, violettrot, dunkelrot, braunrot, schwarzrot
	Roséwein: blassrosa, hellrosa, orange, zwiebelschalenfarbig, braunrot
Konsistenz (Viskosität)	wässrig, dünn, ölig, dick, zähflüssig

Beispiel
Dieser Wein ist spiegelblank, transparent und hat einen grüngelben Farbton. Die Bläschen zeigen etwas Kohlensäure an. Die ausgeprägten Schlieren am Glasrand weisen auf einen gehaltvollen Wein hin.

8.2 Geruch

Der Wein wird vorerst in ruhendem Zustand geprüft. Anschließend schwenkt man das Glas mehrmals, um die flüchtigen Duftstoffe freizusetzen. Nun kann man feststellen, ob der Wein sortentypisch und reintönig riecht bzw. wie intensiv und harmonisch der Geruch ist. Den Weinaromen wird heute große Aufmerksamkeit geschenkt.

Geruchsrichtung	blumig, fruchtig, würzig, süßlich, nussig, holzig, erdig, mineralisch, chemisch Sortenbukett, Lagerbukett, Altersbukett, Gärbukett
Reintönigkeit	reintönig, sauber, unrein, fremd, dumpf, muffig
Intensität	bukettarm, verschlossen, zart, dezent, ausgeprägt, intensiv

Sortentypische Buketts	Rebsorten
Apfelton	Welschriesling, Rotgipfler
Pfirsich und Marille	Rheinriesling
Weißer Pfeffer	Grüner Veltliner
Weichselton	Zweigelt
Cassiston (schwarze Ribiseln)	Cabernet Sauvignon

Beispiel
Dieser Wein ist im Geruch reintönig und sehr ausgeprägt. Ich rieche sehr fruchtig-würzige Aromen nach Grapefruit und Pfeffer.

8.3 Geschmack

Nach der Geruchsbeurteilung nimmt man einen kräftigen Schluck und beißt den Wein wie eine feste Speise. Man darf sogar schlürfen. Dabei wird Luft eingesogen, die flüchtigen Bestandteile können sich somit entfalten. Diesen Vorgang wiederholt man so oft, bis man sich ein Urteil über den Wein gebildet hat.
Beispiel

Süße	trocken, halbtrocken, lieblich, süß, edelsüß
Säure	mild, frisch, rassig, säurereich, stahlig, aggressiv, schal, hart
Tannin (bei Rotweinen)	mild, samtig, weich, zartherb, herb, gut eingebunden, rau, bitter, aufdringlich

> **Wussten Sie, dass ...**
> Schlieren am Glasrand auf einen höheren Extraktgehalt hinweisen?

Besorgen Sie bei der ÖWM (Österreichische Weinmarketingservice GmbH) in Wien das Aromarad.
www.weinausoesterreich.at

💡 Unsere Zunge kann vier Geschmackskomponenten unterscheiden.

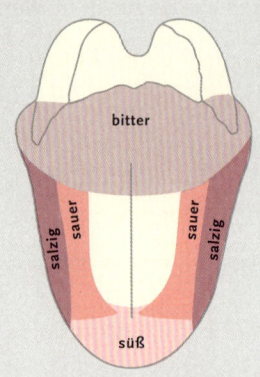

Neben den klassischen Geschmacksrichtungen wurde 2002 **umami** als fünfte Komponente „erfunden". Der japanische Wissenschaftler Kikunae Ikeda entdeckte schon 1908, dass Glutamat den Geschmack eiweißreicher Speisen verstärkt und nannte die Geschmacksrichtung „umami" (=Wohlgeschmack).

www.wein-plus.de
www.weinimwww.de

💡 Bioweine eignen sich für Veganer, da viele Erzeuger auf eine Weinschönung verzichten bzw. keine Präparate aus tierischem Eiweiß (Albumin, Hausenblase) verwenden.

Alter	unreif (grün), jung, ausgebaut, reif, edelreif, alt, abgebaut, überlagert
Geschmacksrichtung	fruchtig, blumig, würzig, pflanzlich, nussig, holzig, erdig, chemisch
Alkohol	mager, leicht, mittel, kräftig, schwer, brandig
Geschmacksintensität (Körper)	dünn, schlank, gehaltvoll, rund, füllig, wuchtig, voll, plump
Abgang	sehr kurz, kurz, mittel, lang anhaltend
Harmonie	unharmonisch, gefällig, harmonisch, süffig, elegant, edel, hochfein (vornehm)

Dieser Wein ist trocken ausgebaut und angenehm säurereich. Es handelt sich um einen fülligen Wein, der nussig schmeckt und einen lang anhaltenden Abgang hat. Struktur, Körper und Aroma harmonieren elegant.

9 Gesundheit und Wirkung

Mäßiger Weingenuss führt zu einer Anregung des Blutkreislaufes (bessere Gehirndurchblutung). In Ländern, in denen viel Rotwein getrunken wird (zB Frankreich, Italien), sind Herz-Kreislauf-Erkrankungen seltener als in anderen Ländern. Untersuchungen ergaben, dass das Tannin im Rotwein dafür verantwortlich ist. Weiters kommt es zu einer Förderung der Verdauung. Die Weinsäure (besonders bei Weißwein) kann bei magenempfindlichen Menschen Probleme verursachen.

Trends

Der Trend zu qualitativ hochwertigem Wein ist ungebrochen. Exquisite Weine zu einem guten Essen gehören zur Lebensqualität vieler Menschen. Der glasweise Ausschank von hochwertigen Weinen findet großen Anklang. Die Information, dass ein Betrieb hochwertigen Wein auch glasweise anbietet, macht bei Weinliebhabern schnell die Runde. Dieser Gästetyp, der gerne verschiedenste Weine verkostet, ist häufig auch kulinarischen Genüssen sehr zugetan, was wiederum dem Betrieb und seinem Umsatz zugute kommt.

Immer mehr Weinliebhaber entdecken die Bioweine:
In **ökologisch bewirtschafteten Weingärten** wachsen die Reben in einem intakten Ökosystem, bestehend aus einem lebendigen Boden, mit gezielter Begrünung und einer großen Anzahl von Nützlingen. Entscheidend ist auch der Einsatz von vielfältigen natürlichen Maßnahmen zur Stärkung von Rebe, Blatt und Frucht. Im **biodynamischen Weinbau** werden für die Herstellung und Anwendung der Präparate für Boden und Pflanze der richtige Zeitpunkt nach dem solaren und lunaren Kalender mit einbezogen.

Bekannte Produzenten in Österreich
Biodynamische Bewirtschaftung:
Weingut Nikolaihof, Mautern, Wachau
Weingut Wimmer Czerny, Fels am Wagram, Donauland
Weingut Söllner, Gösing, Weinviertel
Weingut Muster, Schlossberg, Südsteiermark
Weingut Schönberger, Mörbisch, Neusiedler See-Hügelland
Weingut Meinklang, Pamhagen, Neusiedler See
Weingut Sepp Moser, Rohrendorf/Kremstal, Apetlon/Neusiedler See

Organisch-biologische Bewirtschaftung:
Weingut Diwald, Groß Riedental, Weinviertel
Weingut Mehofer, Neudegg, Weinviertel
Arkadenhof Hausdorf, Neudegg, Weinviertel
Weingut Zillinger, Velm Götzendorf, Weinviertel
Weingut Hofer, Auerstal, Weinviertel
Weingut Geyerhof, Oberfucha, Kremstal

❓ Fragen und Arbeitsaufgaben

1. Nennen Sie die vier Erziehungsformen des Weinstockes. Beschreiben Sie zwei näher.
2. Zählen sie die spezifisch österreichischen Rebsorten auf.
3. Welche Faktoren gelten als Voraussetzungen für den Weinbau?
4. Welche Weinlesearten gibt es und zu welchem Zeitpunkt setzen sie ein?
5. Zählen Sie die Hauptpunkte der Weinerzeugung auf. Beschreiben Sie einige Schritte näher.
6. Der frisch gepresste Saft von weißen und blauen Trauben hat die gleiche Farbe (hell, trüb). Wie kommen Rotweine zu ihrer roten Farbe?
7. Worauf ist beim Einkauf und bei der Lagerung von Wein zu achten?
8. Mit welcher Trinktemperatur sollen folgende Weine serviert werden?
   - Junge, frische Weiß- und Roséweine
   - Gereifte Weißweine
   - Prädikatsweine
   - Leichte, junge Rotweine
   - Körperreiche Rotweine
   - Schwere, alte, körperreiche Rotweine
9. Nennen Sie vier Grundregeln für die Korrespondenz von Wein und Speisen.
10. Ein Gast behauptet, dass sich auf dem Weinflaschenboden Kristallzucker befindet. Was könnte er damit meinen?
11. Ein Gast beschwert sich, dass sein Wein modrig schmeckt. Wie gehen Sie vor? Spielen Sie diese Situation mit Ihrem Banknachbarn/Ihrer Banknachbarin durch.
12. Nach welchen Kriterien beurteilt man Wein?

Weinbau in Österreich

Österreich ist ein Weißweinland. Die Rotweinerzeugung wird jedoch von Jahr zu Jahr mehr. Die österreichischen Weine zeichnen sich durch ein ausgeprägtes Sortenbukett aus. Sie werden meist sortenrein ausgebaut, wobei ein ständig steigender Trend zu Weiß- und Rotweincuvées zu verzeichnen ist.

Rund 30.000 Betriebe sind in Österreich direkt und indirekt mit dem Weinbau beschäftigt. Die Gesamtanbaufläche beträgt zirka 51.000 Hektar, die Gesamtproduktion rund 2,5 Mio. hl. Aus klimatischen und geologischen Gründen liegen die Weinanbauflächen eher im Nordosten und Südosten unseres Landes. So wird in den Bundesländern Niederösterreich, Burgenland, Steiermark und Wien Weinbau betrieben. Der Pro-Kopf-Verbrauch an Wein liegt in Österreich bei jährlich zirka 31 Litern.

Unsere Ziele

Nach Bearbeitung dieses Kapitels werden Sie

- erläutern können, welche Angaben laut österreichischem Weingesetz auf den Etiketten österreichischer Weine zu machen sind,
- die Anforderungen an Tafelweine, Landweine, Qualitätsweine und Prädikatsweine erklären können,
- die wichtigsten österreichischen Rebsorten und ihre Charakteristik nennen können,
- die österreichischen Weinbauregionen und Weinbaugebiete sowie ihre Besonderheiten erklären können,
- über bedeutende Weinerzeuger und Qualitätsgemeinschaften der Weinbaugebiete informieren können.

1 Das österreichische Weingesetz

Seit 1985 hat Österreich eines der strengsten Weingesetze der Welt. Mit dem Beitritt zur EU wurde das Gesetz an die gültigen Gemeinschaftsbedingungen angeglichen. Wein im Sinne des österreichischen Weingesetzes ist das durch alkoholische Gärung aus dem Saft frischer und für die Weinbereitung geeigneter Weintrauben hergestellte Getränk.

1.1 Bezeichnungsvorschriften

Sorten- und Jahrgangsbezeichnung
Im Falle einer Sorten- bzw. Jahrgangsbezeichnung auf dem Etikett muss der Wein zu mindestens 85 % aus der genannten Sorte bzw. dem genannten Jahrgang stammen.

Name und Standort des Weingutes
Auf jedem Etikett müssen Name und Standort des Erzeugers, Abfüllers oder des Verkäufers angegeben sein.

Herkunftsbezeichnungen
Jeder österreichische Wein muss die Bezeichnung „österreichischer Wein" oder „Wein aus Österreich" tragen. Er darf nur aus Trauben erzeugt werden, die ausschließlich aus Österreich stammen. Es dürfen folgende örtliche Herkunftsbezeichnungen verwendet werden, sofern die Trauben zu 100 Prozent aus dem bezeichneten Bereich stammen:
- Weinbauregionen
- Weinbaugebiete
- Großlagen (mehrere Gemeinden)
- Gemeinden
- Rieden, Einzellagen oder Weinbaufluren in Verbindung mit dem Namen der Gemeinde, in der sie liegen

Restzuckergehalt
Auf jedem Etikett muss der Gehalt an unvergorenem Zucker im Wein angegeben sein, und zwar mit den Worten:
- **Trocken:** bis 4 g Zucker pro Liter oder höchstens 9 g pro Liter, wenn der in Weinsäure ausgedrückte Gesamtsäuregehalt höchstens 2 g pro Liter niedriger ist als der Restzuckergehalt.
- **Halbtrocken:** bis 12 g Zucker pro Liter oder höchstens 18 g pro Liter, wenn der in Weinsäure ausgedrückte Gesamtsäuregehalt höchstens 10 g pro Liter niedriger ist als der Restzuckergehalt. Das bedeutet, dass ein Wein mit mindestens 8 g Säuregehalt pro Liter bis zu 18 g Restzucker pro Liter aufweisen darf, um noch als halbtrocken bezeichnet zu werden.
- **Lieblich:** höchstens 45 g Restzucker pro Liter.
- **Süß:** über 45 g Restzucker pro Liter.

Aufgebesserter Land- und Qualitätswein darf max. 15 g Restzucker pro Liter enthalten.

Alkoholgehalt
Das Etikett muss über den Gehalt an Alkohol in ganzen oder halben Volumsprozenten (zB 11 %vol oder 11,5 %vol) informieren. Dabei gibt es folgende Einteilung:
Leichter Wein = bis 10 Vol.-%.
Mittelschwerer bzw. gehaltvoller Wein = 10 bis 12 Vol.-%.
Schwerer Wein = über 13 Vol.-%.

Nenninhalt
Das Inhaltsvolumen (zB 0,75 l) ist in Litern anzugeben.

Qualitätswein mit staatlicher Prüfnummer bzw. Weingüteklasse
Alle Qualitätsweine müssen auf dem Etikett die Bezeichnung „Qualitätswein" bzw. „Prädikatswein" oder „Qualitätswein mit staatlicher Prüfnummer" sowie die verliehene Prüfnummer selbst tragen.
Zur Erlangung der staatlichen Prüfnummer muss eine Probe des Weines diversen Untersuchungen unterzogen werden.

---

① Banderole (in der Flaschenkapsel oder im Verschluss)
②③ Herkunftsbezeichnungen
④ Bezeichnung „Qualitätswein" und die verliehene Prüfnummer
⑤ Nenninhalt: Inhaltsmenge in Liter (e = EU-Norm)
⑥ Jahrgangs- und Sortenbezeichnung
⑦ Restzuckergehalt
⑧ Name und Standort des Weingutes
⑨ Alkoholgehalt
⑩ Bezeichnung „enthält Sulfite" muss verzeichnet sein; ab 2011 ist eine Kennzeichnung bezüglich Allergenen obligat.

Der Name des Weines bezieht sich bei obigem Beispiel auf die Rebsorte. Der Wein kann jedoch auch durch einen Markennamen (zB „Servus") oder durch einen Fantasienamen (zB Excalibur) bezeichnet werden.

Weinbau in Österreich

💡 Seit der Weingesetznovelle 2002 besteht die Möglichkeit regionaltypische Qualitätsweine unter der Bezeichnung DAC (Districtus Austria Controllatus) zu vermarkten. Regionale Komitees legen bestimmte Produktionskriterien fest. Blättern Sie zu den Weinbauländern Italien und Frankreich. Gibt es Parallelitäten?

💡 Nicht alle guten österreichischen Weine tragen derartige Auszeichnungen, da manche Erzeuger ihre Produkte prinzipiell nicht zu Prämierungen einreichen.

Banderole, Kontrollzeichen

Qualitäts-, Kabinett- und Prädikatsweine, die in Österreich in Flaschen abgefüllt wurden, dürfen nur mit einer Banderole in den Verkehr gebracht werden. Die Banderole ist als rotweißrotes Zeichen in die Flaschenkapsel eingefügt.
Sie ist mit einer Betriebsnummer, einem Kennbuchstaben der Druckerei sowie mit dem Staatswappen versehen.

Sonstige Bezeichnungen

Staubiger: Unfiltrierter (leicht trüber), österreichischer Jungwein.

Heuriger: Österreichischer Jungwein. Diese Bezeichnung gilt bis 31. Dezember des auf die Ernte folgenden Jahres.

Schilcher: Wein (meist roséfarben) aus der Rebsorte Blauer Wildbacher. Er muss aus der Steiermark stammen.

Bergwein: Wein, der ausschließlich aus Weingärten in Terrassenlagen oder Steillagen mit einer Hangneigung von über 26 Prozent gewonnen wurde (unterschiedliche landesgesetzliche Bestimmungen).

Hauerabfüllung, Gutsabfüllung, Erzeugerabfüllung: Weine aus Trauben, die ausschließlich aus Weingärten eines Betriebes stammen und in diesem verarbeitet und abgefüllt wurden.

Classic: Traditioneller Weinanbau, nicht im Barrique.

Reserve oder **Premium:** Rotwein, der eine mindestens 12-monatige Reifelagerung aufweist; bei Weißweinen mindestens 4 Monate.

Regionale Herkunftszeichen

In den letzten Jahren wurden einige Qualitätsgemeinschaften gegründet. Ziel ist ua eine gemeinsame Vermarktung (Werbung, Messen etc.).
Bekannte Beispiele sind: Vinea Wachau Nobilis Districtus (in der Wachau), Thermenwinzer (in der Thermenregion), Renommierte Weingüter Burgenland (im gesamten Burgenland), Steirischer Junker (Südsteiermark).

Weinauszeichnungen

Bei Fachmessen und Ausstellungen (zB Kremser Weinmesse) werden Plaketten, Medaillen und andere Auszeichnungen vergeben.
Die Österreichische Weinmarketingservice GmbH präsentiert alljährlich die 260 besten Weine Österreichs, die mit der **Salonschleife (Salonwein)** gekennzeichnet werden.

1.2 Weingüteklassen

Nachfolgende Tabelle gibt einen Überblick über die Qualitätsbezeichnungen von österreichischem Wein sowie über die Voraussetzungen, die ein Wein erfüllen muss, um diese Qualitätsbezeichnungen zu erlangen.

Wein – Herkunft Österreich (mit Sorten- und Jahrgangsangabe)	▪ Sorten- und jahrgangstypisch, frei von Fehlern. ▪ Sorten für Wein mit geschütztem Ursprung oder geschützter geografischer Angabe sind nicht erlaubt. ▪ Mindestmostgewicht 11,2° KMW = Mindestalkoholgehalt 6,5 Vol.-%. ▪ Mindestalkoholgehalt bei Anreicherung des Mostes: 8,5 Vol.-%.
Wein – Herkunft Österreich (ohne Sorten- und Jahrgangsangabe)	▪ Kein Hektarhöchstertrag vorgegeben. ▪ Mindestalkoholgehalt bei Anreicherung: 8,5 Vol.%. ▪ Die Trauben bzw. die Weine müssen aus Österreich stammen.
Wein (Wein aus EU-Ländern)	▪ Auf dem Etikett muss „Wein/Weinverschnitt aus EU-Ländern" vermerkt sein.
Landwein (Wein mit geschützter geografischer Angabe)	▪ Muss aus einer Weinbauregion stammen und frei von Fehlern sein. ▪ Sortentypischer Wein aus einer Qualitätsrebsorte. ▪ Mindestmostgewicht: 14° KMW. ▪ Mindestalkoholgehalt: 8,5 Vol.-%. ▪ Anreicherung des Mostes ist erlaubt. Süßen des Weines ist erlaubt.

Österreichische Qualitätsrebsorten

Qualitätswein (Wein mit geschützter Ursprungsbezeichnung)	■ Muss aus einem Weinbaugebiet stammen und frei von Fehlern sein. ■ Sortentypischer Wein aus einer Qualitätsrebsorte. ■ Mindestmostgewicht: 15° KMW. Mindestalkoholgehalt: 9 Vol.-%. ■ Anreicherung des Mostes ist erlaubt. Süßen des Weines ist erlaubt. ■ Amtlich geprüft, mit staatlicher Prüfnummer. ■ Abfüllung auch in Tetrapaks oder Bag-in-Boxes möglich.
Kabinettwein	■ Muss aus einem Weinbaugebiet stammen und frei von Fehlern sein. ■ Sortentypischer Wein aus einer Qualitätsrebsorte. ■ Mindestmostgewicht: 17° KMW. Alkoholgehalt max. 13 Vol.-%. ■ Darf nicht aufgebessert werden. ■ Restsüße max. 9 g pro Liter (nur durch Gärungsunterbrechung möglich). ■ Amtlich geprüft, mit staatlicher Prüfnummer.

DAC
(Districtus Austriae Controllatus = österreichische kontrollierte Herkunftsbezeichnung)
	■ DAC ist eine Qualitätsbezeichnung für einen gebietstypischen und ursprungskontrollierten Wein aus Österreich.
	■ Muss den Anforderungen eines Qualitätsweines entsprechen (die Bezeichnung Qualitätswein wird jedoch nicht auf dem Etikett angeführt).
	■ Qualitätswein aus einem genau definierten DAC-Gebiet.
	■ Gebietstypischer Wein aus genau definierten Rebsorten.
	■ Der Ausbau erfolgt in zwei Stilen:
	  ▸ Klassik: bis 12,5 Vol.-% Alkohol, trocken.
	  ▸ Reserve: ab 13 Vol.-% Alkohol, trocken.

Prädikatswein (Qualitätswein besonderer Reife und Leseart)	■ Muss den Anforderungen eines Qualitätsweines entsprechen. ■ Mindestmostgewicht 19° KMW. Mindestalkoholgehalt 5 Vol.-%. ■ Trauben werden zu einem späteren Lesetermin geerntet (ab 19° KMW). ■ Darf nicht aufgebessert werden (Bestätigung des Mostwägers ist erforderlich). ■ Restsüße nur durch Gärungsunterbrechung möglich. ■ Amtlich geprüft, mit staatlicher Prüfnummer. ■ Spätlesen dürften ab 1. Jänner des auf die Ernte folgenden Jahres vermarktet werden, alle anderen Prädikatsweine ab dem 1. Mai.
Bezeichnungen für Prädikatsweine sind:	
Spätlese	■ vollreifer Zustand bei der Ernte ■ mindestens 19° KMW ■ goldgelbe Farbe, reifer Geschmack, Rebsortencharakteristik
Auslese	■ Positivlese ■ Mostgewicht mindestens 21° KMW ■ goldgelb, oft mild ■ hat einen natürlichen Zuckerrest und oft einen edelfaulen Geschmack (Edelfäule, vgl. Weinfachausdrücke Seite 66)
Eiswein	■ aus Trauben, die bei Lese und Kelterung gefroren waren (Mindesttemperatur minus 7 °C) ■ Mostgewicht mindestens 25° KMW ■ extraktreich, feinfruchtig, vollmundig, harmonische Süße
Strohwein, Schilfwein	■ aus vollreifen, zuckerreichen Beeren, die vor der Schilfweinkelterung mindestens drei Monate auf Stroh oder Schilf gelagert oder an Schnüren aufgehängt wurden ■ Mostgewicht mindestens 25° KMW ■ darf keine anderen Prädikatsbezeichnungen tragen
Beerenauslese (BE)	■ aus überreifen und edelfaulen Beeren ■ Mostgewicht mindestens 25° KMW ■ tief goldgelbe Farbe
Ausbruch	■ aus überreifen und edelfaulen Beeren ■ Mostgewicht mindestens 27° KMW ■ goldgelbe bis bernsteinartige Farbe ■ hoher Alkoholgehalt, sehr extraktreich; ölig im Aussehen ■ sehr lange lagerfähig
Trockenbeerenauslese (TBA)	■ aus edelfaulen, rosinenartig getrockneten Beeren ■ Mostgewicht mindestens 30° KMW ■ Geschmack und Aussehen ähnlich wie beim Ausbruch

Weinbau in Österreich

2 Österreichische Qualitätsrebsorten

Weißweinsorten	Charakteristik	Anbaugebiete
Grüner Veltliner (Weißgipfler)	gelbgrün bis hellgelb, fruchtig, spritzig, feinwürzig, pfeffrig; die österreichische Spezialität	Niederösterreich, Burgenland, Wien
Welschriesling	grüngelb, säurebetont, trocken, Mandelaroma	Burgenland, Steiermark, östliches Weinviertel
Rivaner (Müller-Thurgau = Riesling x Madeleine Royale = Chasselas/Gutedel)	hellgelb, spritzig, feine Säure; soll jung getrunken werden	in allen Weinbaugebieten
Weißburgunder (Pinot blanc)	gelbgrün, gehaltvoll,	in allen Weinbaugebieten
Riesling (Rheinriesling)	hellgelb, trocken bis leicht süßlich, spritzig, fruchtig	Donau (Wachau, Wien und andere Flusstäler)
Neuburger	goldgelb, kräftig feinwürzig; österreichische Spezialität	Thermenregion, Wachau, Neusiedler See und Neusiedler See-Hügelland, Wien
Muskat Ottonel	goldgelb, lieblich edelsüß; prägnantes Muskatbukett	Neusiedler See, Neusiedler See-Hügelland
Chardonnay	trocken, fruchtig, körperreich; gute Lagerfähigkeit	in der Steiermark Morillon in allen Weinbaugebieten
Traminer (Gewürztraminer, Roter Traminer)	gelb bis goldgelb, intensiv traubig, körperreich	in allen Weinbaugebieten
Ruländer (Grauer Burgunder, Pinot gris)	gelb bis braungelb (mit Kupferschimmer), kräftig, vollmundig; gute Lagerfähigkeit	Steiermark, Neusiedler See
Zierfandler (Spätrot) und Rotgipfler	goldgelb, würzig, extraktreich; österreichische Spezialitäten	Thermenregion
Sauvignon blanc	hellgrüngelb, frisch-fruchtig, grasig, würzig; gute Lagerfähigkeit	Südsteiermark, Neusiedler See

Rotweinsorten	Charakteristik	Anbaugebiete
Zweigelt (Blauer Zweigelt, Rotburger)	hell- bis dunkelrot, fruchtig, rassig, mit zunehmender Reife milder; österreichische Spezialität	in allen Weinbaugebieten
Blaufränkisch	rubin- bis bläulich rot, gehaltvoll, rassig, würzig	in Deutschland Lemberger Burgenland, Carnuntum
Blauer Portugieser	hell- bis dunkelrot; ergibt leichte Tischweine, die jung zu trinken sind	Niederösterreich

Grüner Veltliner

Rivaner

Riesling

Weißburgunder

Chardonnay

Zierfandler

Blauer Zweigelt

Blaufränkisch

Rotweinsorten	Charakteristik	Anbaugebiete
St. Laurent	samtrot, trocken, bei zunehmender Reife vollmundig; gute Lagerfähigkeit	Niederösterreich, Burgenland, Steiermark
Blauer Wildbacher	hell- bis rubinrot oder zwiebelfarben, kräftige Säure; die frischen Roséweine werden Schilcher genannt	Spezialität der Weststeiermark
Blauer Burgunder (Pinot noir)	rubinrot, extrakt- und alkoholreich, vollmundig, samtig, würzig; die Weine bauen sich in der Flasche noch weiter aus	Niederösterreich, Burgenland
Cabernet Sauvignon	rubinrot, gerbstoffreich, trocken, fruchtig-aromatisch mit Cassisduft; gute Lagerfähigkeit	in allen Weinbaugebieten

Blauer Portugieser

Blauer Wildbacher

Blauburgunder

Weitere Rebsorten mit flächenmäßig geringem Anteil sind die weißen Sorten Bouvier, Goldburger, Frühroter Veltliner, Roter Veltliner, Muskateller und Sylvaner. Bei den roten Rebsorten sind Cabernet Franc, Merlot, Blauburger, Shiraz, Rathay und Roesler zu nennen.

3 Weinbauregionen und -gebiete in Österreich

Aus klimatischen und geologischen Gründen liegen die Weinanbauflächen eher im Nordosten und Südosten unseres Landes. Es gibt vier Weinbauregionen, die sich in Weinbaugebiete und Großlagen unterteilen. Die durchschnittliche Ernte pro Jahr beträgt rund 2,5 Millionen Hektoliter.

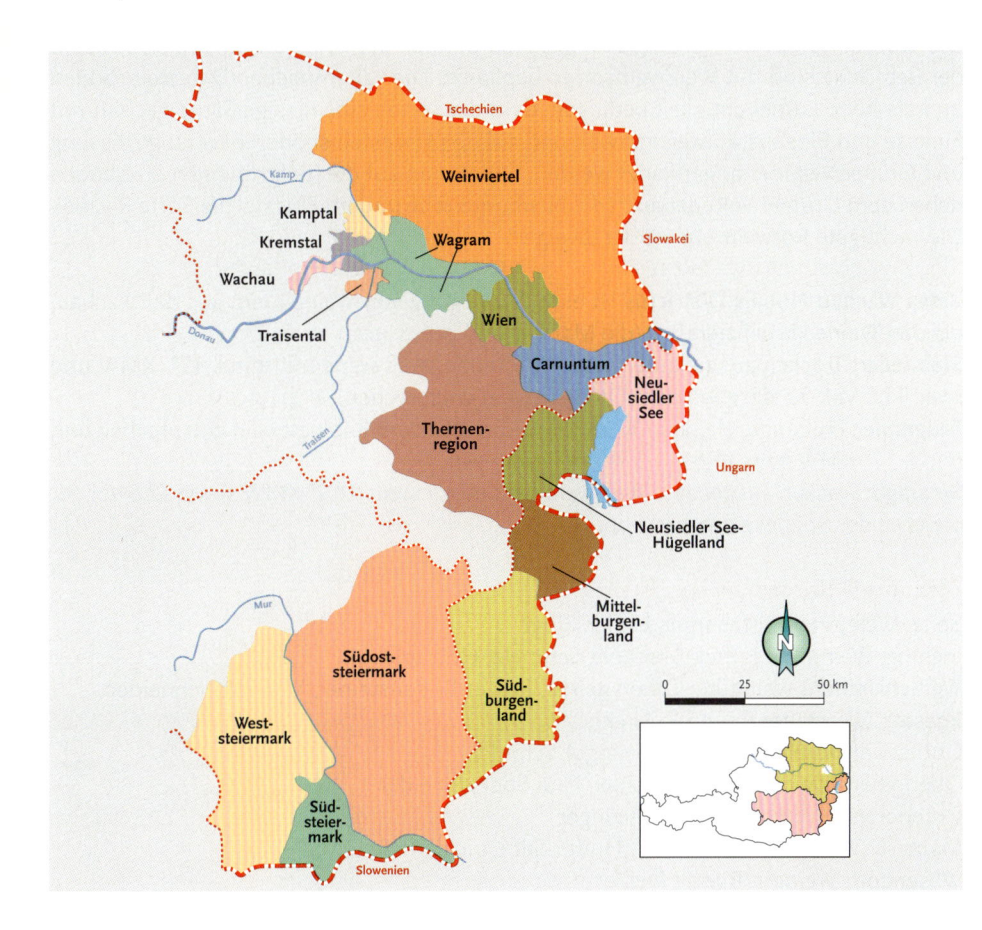

Weinbauregion Weinland Österreich ca. 46.200 ha

Weinbaugebiet Niederösterreich ca. 31.000 ha
Weinbaugebiete Wachau, Kremstal, Kamptal, Traisental, Wagram, Weinviertel, Carnuntum, Thermenregion

Weinbaugebiet Burgenland ca. 14.500 ha
Weinbaugebiete Neusiedler See, Neusiedler See-Hügelland, Mittelburgenland, Südburgenland

Weinbaugebiet Wien ca. 700 ha

Weinbauregion Steierland ca. 4.400 ha
Weinbaugebiete Südoststeiermark, Südsteiermark, Weststeiermark und (die gesamte) Steiermark

Weinbauregion Bergland Österreich ca. 40 ha
In dieser Region sind die Weinbaugebiete Vorarlberg, Tirol, Kärnten, Oberösterreich und Salzburg zusammengefasst. Meist frühreife Sorten werden hier von Hobbywinzern gepflegt und dienen großteils der Eigenversorgung.

Weinbau in Österreich

www.weinausoesterreich.at
www.weinserver.at
www.agrarverlag.at/wein/

3.1 Niederösterreich

Durch verschiedenste Bodenarten, Lagen (Weinbau in flachwelligem Hügelland bis zum Terrassenweinbau an steilen Berghängen) sowie bedeutende kleinklimatische Unterschiede (pannonisches Klima stößt mit dem des Voralpenlandes zusammen) ergibt sich eine große Mannigfaltigkeit an Weinen.

In erster Linie wird in Niederösterreich Weißwein angebaut. Eine typische Spezialität ist der Grüne Veltliner, der 48 Prozent der niederösterreichischen Weinernte ausmacht. Daneben gibt es aber auch Rotweingebiete von bemerkenswertem Ruf, vor allem in den Gegenden um Tattendorf und Baden, ferner um Haugsdorf, Retz, Matzen und Göttlesbrunn.

Niederösterreich und seine Weinbaugebiete

Wachau
Kremstal
Kamptal
Traisental
Wagram
Weinviertel
Carnuntum
Thermenregion

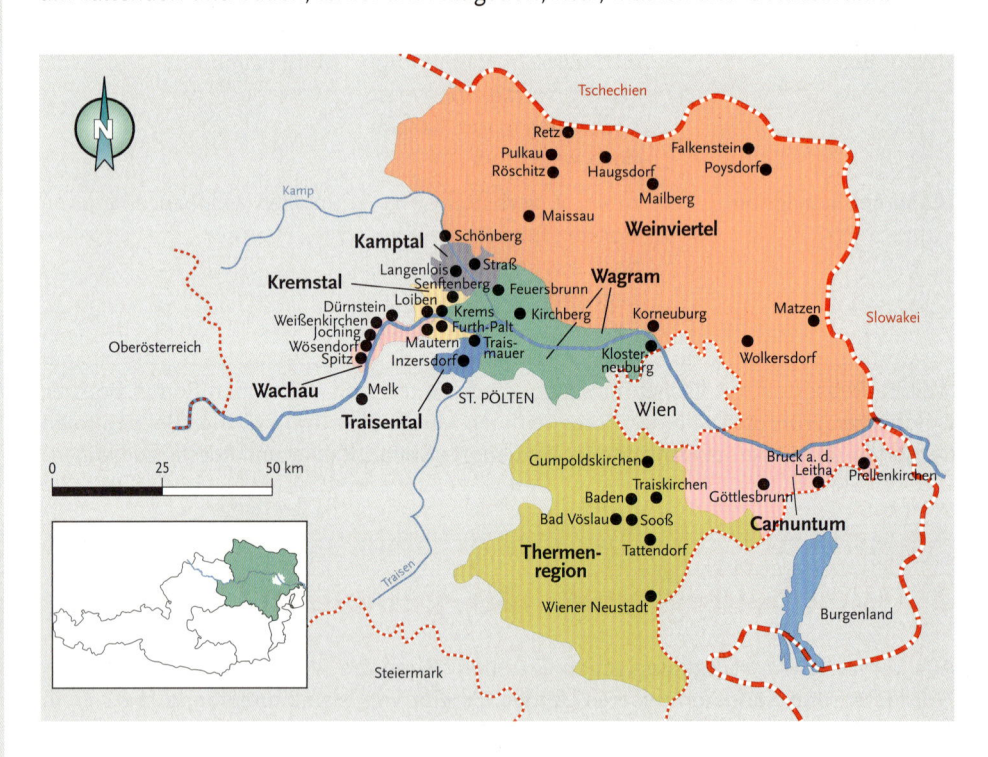

Weil die natürlichen Hänge für die Rebkulturen meist zu steil sind, wurden Terrassen in den Fels gehauen und Steinmauern errichtet, um die Erde vor dem Abschwemmen zu schützen. Diese Terrassenanlagen prägen das Landschaftsbild der Wachau.

3.1.1 Wachau

Die Wachau ist Österreichs Aushängeschild bei den Weißweinen. Knapp 90 Prozent der Rebfläche sind mit Weißweinsorten bepflanzt. Die kaliumreichen Urgesteinsböden und die hohe Luftfeuchtigkeit bedingen, dass die Sorten eine rassige Säure gepaart mit Finesse und Eleganz aufweisen. Während auf den Urgesteinsböden bevorzugt Riesling und Grüner Veltliner angepflanzt werden, findet man auf den tiefgründigen Lössböden neben dem Grünen Veltliner auch die Neuburgerrebe und im Flusstal die Sorte Rivaner. Die wichtigste Rotweinrebe ist der Zweigelt.

Vinea Wachau Nobilis Districtus ist eine Vereinigung von Weinbauern aus der Wachau, die drei Weine klassifiziert hat (die Marken sind geschützt):

Steinfeder: Trocken ausgebaute, leichte, duftende Weißweine mit mind. 15° KMW und max. 11,5 Vol.-%, die etwa dem Qualitätswein entsprechen.
Federspiel: Fruchtige, elegante Weißweine, die etwa dem Kabinettwein entsprechen und mind. 17° KMW bzw. 11,5–12,5 Vol.-% aufweisen.
Smaragd: Trocken ausgebaute Weißweine mit mindestens 18,2° KMW sowie 12,5 Vol.-%, die etwa der Spätlese entsprechen.

Bekannte Weinerzeuger der Wachau

Spitz: Weingüter Hirtzberger, Lagler, Högl
Joching: Weingüter Jamek-Altmann, Schmelz, Holzapfel
Weißenkirchen: Weingüter Lehensteiner, Prager-Bodensteiner, Karl Stierschneider
Rossatz: Weingüter F. und R. Hick
Dürnstein: Domäne Wachau, Weingut Schmidl
Oberloiben: Weingüter F. X. Pichler, Paul Stierschneider
Unterloiben: Weingüter Knoll, Alzinger
Mautern: Weingüter Nikolaihof, Hutter-Silberbichlerhof
Wösendorf: Weingut Rudolf Pichler

3.1.2 Kremstal

Charakteristisch für den Kremser Raum sind die starken klimatischen Unterschiede. Starke Temperaturschwankungen zwischen Tag und Nacht sind eine Besonderheit dieses Gebietes. Sie bewirken die hervorragende Fruchtigkeit und Bukettbildung der Weine. Krems im Zentrum des Weinbaugebietes ist eine der ältesten Weinstädte Österreichs. Im Norden des Gebietes findet man überwiegend Urgesteinsböden, ansonsten dominiert der Löss. Die stufenartigen Lössterrassen im Osten des Kremstales schaffen ideale Wachstumsbedingungen für die Hauptrebsorte, den Grünen Veltliner. Weitere Weißweinsorten sind Rivaner und Riesling. Bei den Rotweinsorten ist der Zweigelt und der Blaue Burgunder am stärksten verbreitet.

Kremstal-DAC-Weine werden ausschließlich aus den Sorten Grüner Veltliner und Riesling gekeltert, und zwar in den Kategorien Klassik und Reserve.

Bekannte Weinerzeuger des Kremstales
Krems: Weingut Salomon (Undhof) in Krems-Stein, Winzer Krems, Weingut Stadt Krems
Brunn im Felde: Weingut Mantlerhof
Palt/Krems: Weingut Malat
Furth/Göttweig: Weingut Dr. Unger
Gedersdorf: Weingut Buchegger
Senftenberg: Weingüter Nigl, Proidl
Rohrendorf: Weinkellerei Lenz Moser, Weingut Sepp Moser
Markengemeinschaften: Kremstaler Convent, Vinum Circum Montem

3.1.3 Kamptal

Zentrum dieses Gebietes ist der Ort Langenlois. Die Hauptrebsorte ist der Grüne Veltliner. Weiters werden die weißen Sorten Riesling, Rivaner, Welschriesling, Frühroter Veltliner, Neuburger und Chardonnay sowie Weißburgunder angepflanzt. Bei den Rotweinsorten sind der Zweigelt und der Blaue Portugieser am stärksten vertreten.
Klimatisch gesehen ist das Kamptal mit dem Donauraum vergleichbar. Die Weine zeichnen sich durch Frucht, Spritzigkeit und Würze aus. Verwittertes Urgestein auf den Berglagen, das auf den Osthängen von Löss und Lehm abgelöst wird, bildet den Boden. Er kommt vor allem dem Grünen Veltliner entgegen. Zu den besten und bekanntesten Weinen des Kamptales zählen der Riesling und der Grüne Veltliner aus der Lage Heiligenstein bis hin zum Straßer Gaisberg.

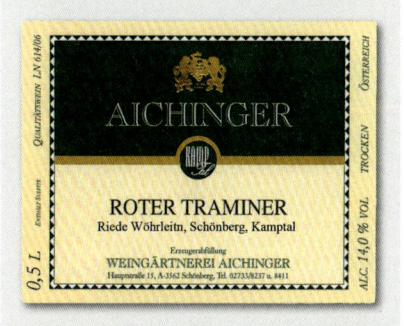

Einen Kamptal DAC gibt es für Rieslinge und Grüne Veltliner, ebenfalls in den Kategorien Klassik und Reserve.

Bekannte Weinerzeuger des Kamptales
Langenlois: Weingüter Bründlmayer, Deibl-Schachhuber, Klingelhuber, Hiedler, Jurtschitsch (Sonnhof), Loimer, Steininger, Summerer, Leithner
Zöbing: Weingüter Retzl, Brandl
Schönberg: Weingüter Aichinger, Deim, Zillner
Strass: Weingüter Dolle, Topf
Gobelsburg: Schloss Gobelsburg
Kammern bei Langenlois: Weingut Hirsch
Markengemeinschaften: Kamptal Klassik, Österreichische Traditionsweingüter

3.1.4 Wagram

In der Zone entlang des Wagramflusses gedeiht der Grüne Veltliner besonders gut. Weitere Sorten sind Weißburgunder, Riesling, Frühroter Veltliner und Roter Veltliner sowie Zweigelt und Blauburgunder.
Im Raum Klosterneuburg werden vor allem die Sorten Weißburgunder, Rivaner, Riesling, Grüner Veltliner und Zweigelt angepflanzt. Das Stift Klosterneuburg, dem unzählige Weingärten auch in anderen Weinbaugebieten gehören, zählt zu den größten Weinproduzenten Österreichs.

In Klosterneuburg befindet sich das Schul- und Forschungszentrum des österreichischen Weinbaues – eine Anstalt, die zu den ältesten und angesehensten Europas zählt.

Bekannte Weinerzeuger am Wagram
Fels am Wagram: Weingüter Wimmer-Czerny, Leth
Kirchberg am Wagram: Weinberghof Fritsch, Weingut Mantler
Klosterneuburg: Kelleramt Chorherrenstift, Weingut Zimmermann
Großriedenthal: Weingut Alfred Holzer
Feuersbrunn: Winzerhaus Ott und Weingut Bauer
Markengemeinschaften: Weingüter Wagram, Wagramer Selektion

Auch im Traisental gibt es die Qualitätsbezeichnung DAC: Traisental DAC Grüner Veltliner und Traisental DAC Riesling. Die Stufen sind Klassik und Reserve.

Kellergasse bei Falkenstein

💡 Blättern Sie zum Kapitel über das österreichische Weingesetz: Was bedeutet Weinviertel DAC?

Ab dem Jahrgang 2002 gibt es den Weinviertel DAC. Es ist dies ein besonders sortentypischer Grüner Veltliner mit mind. 12 Vol.-%, trocken, würzig-pfeffrig, hell- bis grüngelb, kein Barrique.
Der Weinviertel DAC Reserve ist ab dem Jahrgang 2009 im Handel.

www.weinvierteldac.at

3.1.5 Traisental

Die Weingärten entlang des Traisenflusses weisen Lössböden auf. Die vorherrschende Rebsorte ist der Grüne Veltliner, aus dem meist frische und rassige Weine produziert werden. Fast ein Drittel der Ernte wird von den Winzern Krems übernommen.

Bekannte Weinerzeuger des Traisentales
Inzersdorf ob der Traisen: Weingut Ludwig Neumayer
Nussdorf: Weingüter Pernikl, Herzinger
Reichersdorf: Weingut Huber

3.1.6 Carnuntum

Der Weinbau ist durch den Klimaeinfluss des Neusiedler Sees und der Donau äußerst begünstigt. Rund ein Drittel der Rebfläche ist mit den roten Sorten Blaufränkisch und Blauer Portugieser bepflanzt. Das hohe Qualitätsniveau der Rotweine aus den Sorten Zweigelt und Blaufränkisch ist seit einigen Jahren weit über die Grenzen des Weinbaugebietes bekannt. Merlot, St. Laurent, Cabernet Sauvignon und Syrah werden meist als Cuvéepartner eingesetzt. Bei den weißen Sorten dominieren der Grüne Veltliner und der Weißburgunder. Welschriesling und Chardonnay spielen eine immer wichtigere Rolle.

Bekannte Weinerzeuger Carnuntums
Göttlesbrunn: Weingüter Glatzer, Ing. Franz und Christine Netzl, Pitnauer, Gerhard Markowitsch, Johann Edelmann, Taferner, Philipp und Hans Grassl, Graßl
Höflein: Weingüter Zwickelstorfer, Artner, Payr
Prellenkirchen: Weingut Sandriester
Bruck an der Leitha: Weingut Seidl
Markengemeinschaft: Rubin Carnuntum, Primus Carnuntum (Junger Grüner Veltliner)

3.1.7 Weinviertel

Das Weinviertel ist das größte Weinbaugebiet Österreichs. Es wird daher gerne in drei Teilgebiete gegliedert:

- Weinviertel West (Retzer Land)
- Weinviertel Ost (Veltlinerland)
- Weinviertel Süd

Das Klima ist sehr gemäßigt, wobei sich vor allem die Gemeinden Retz und Wolkersdorf durch wenig Niederschlag abheben.
Mit einem Anteil von 50 Prozent an der Gesamtproduktion dominiert die Sorte Grüner Veltliner. Es folgen Rivaner, Welschriesling, der hauptsächlich im östlichen Weinviertel zur Sekterzeugung angepflanzt wird, Weißburgunder und Riesling.
Rotwein wird vor allem im westlichen Weinviertel gekeltert. Es herrschen die Sorten Blauer Portugieser und Blauer Zweigelt vor. Auch der Blauburger hat eine gewisse Bedeutung.

Bekannte Weinerzeuger des Weinviertels
Röschitz: Weingüter Maurer und Ewald Gruber
Retz: Weingüter Ladentrog, Franz Gruber
Haugsdorf: Weingut Lust
Mailberg: Schlossweingut Malteser-Ritterorden, Weingut Fürnkranz
Maissau: Weingut Hogl
Obermarkersdorf: Weingüter Manfred Bannert und Herbert Studeny
Falkenstein: Weingut Jauk
Poysdorf: Weingüter Taubenschuss, Haimer
Wolkersdorf: Weingüter Haindl, Leberwurst, Pleil
Schrattenthal: Weingut Zull
Stetten: Weingut Pfaffl
Seefeld-Kadolz: Schlossweingut Graf Hardegg
Zellerndorf: Weingut Prechtl

Burgenland

3.1.8 Thermenregion

Im nördlichen Teil liegt das Weißweinzentrum. Auf den heißen Kalk-Schotter-Böden der nach Süden und Südosten geneigten Abhänge der Wienerwaldberge erreichen die Trauben einen sehr hohen Reifegrad. Sie bringen goldgelbe Weine mit feiner Würze hervor. Weltbekannte Spezialitäten sind Weine der Sorten Zierfandler und Rotgipfler, aber auch Neuburger und Weißburgunder. Die Prädikatsweine sind von besonderer Qualität. In Baden und südlich davon liegt ein Rotweingebiet. Für den Weinkenner klingende Namen wie Gumpoldskirchen, Tattendorf, Sooß und Traiskirchen finden sich in diesem Teil der Thermenregion. Die bevorzugten Sorten sind Blauer Portugieser, St. Laurent, Blauer Burgunder, Zweigelt sowie Cabernet Sauvignon und Merlot. Die dunklen, samtigen Rotweine von Tattendorf und Umgebung haben seit Langem einen ausgezeichneten Ruf.

Bekannte Weinerzeuger der Thermenregion
Gumpoldskirchen: Weingüter Biegler, Schellmann, Krug, Thiel, Zierer
Baden: Weingüter Bernhard Ceidl, Märzweiler, Waldmayer
Traiskirchen: Weingüter Johann Stadlmann, Dipl.-Ing. Karl Alphart, Schaflerhof, Piriwe.
Sooß: Weingüter Fischer, Grabner-Schierer, Hecher, Johann Schwertführer, Gaby Schlager
Tribuswinkel: Weingut Aumann
Bad Vöslau: Weingüter Schlumberger, Wertek, Richard Fischer
Tattendorf: Weingüter Auer, Dopler, Reinisch-Johanneshof, Schödinger-Lerchenfelderhof, Rebhof Schneider, Landauer-Gisperg
Reisenberg: Toni Hartl
Markengemeinschaft: Thermenwinzer, Die Burgundermacher

3.2 Burgenland

Das Burgenland liegt im Einflussbereich des pannonischen Klimas und hat mit 10 °C die höchste Durchschnittstemperatur Österreichs.
Die wichtigsten Anbaugebiete liegen an den Ufern und in der näheren Umgebung des Neusiedler Sees. Der See spielt als Klimaregulator eine große Rolle. Auf Grund seiner Größe und seines Charakters als Steppensee bildet er einen riesigen Wärmespeicher, der seine Wärme im Herbst langsam abgibt. Außerdem sorgt er im Sommer und Herbst für eine hohe Luftfeuchtigkeit, was den Reifeprozess und den Edelschimmelbefall günstig beeinflusst.
Im Burgenland gedeihen sowohl Rot- als auch Weißweine von hervorragender Quali-

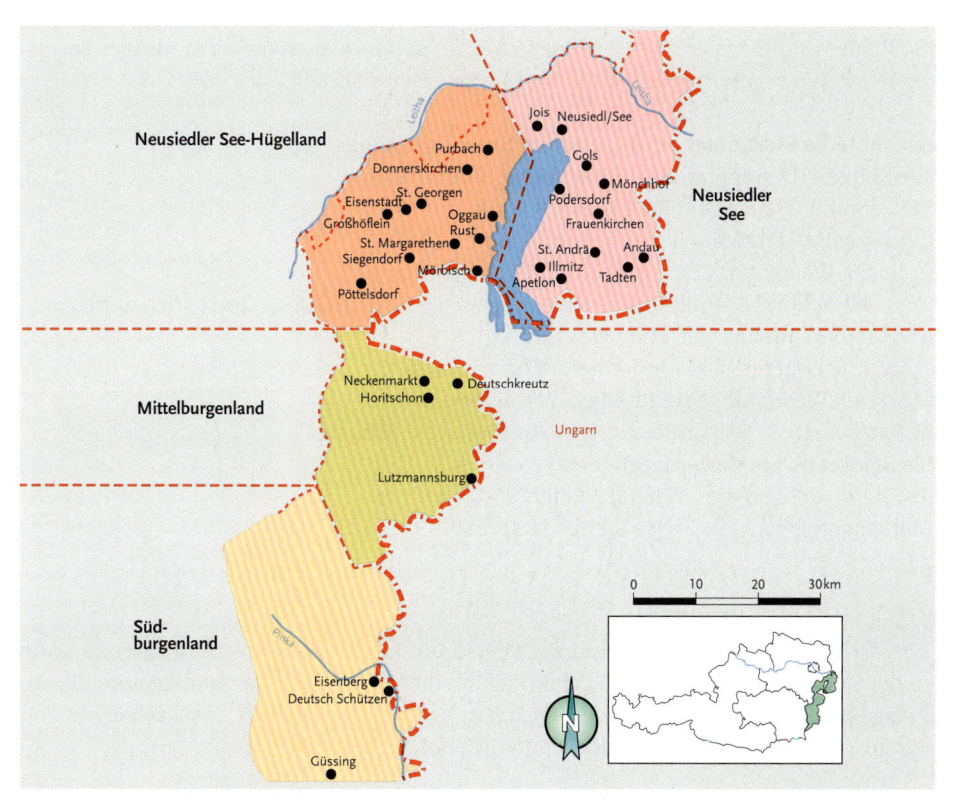

Burgenland und seine Weinbaugebiete

Neusiedler See
Neusiedler See-Hügelland
Mittelburgenland
Südburgenland

www.weinburgenland.at

tät. Die Weine zeichnen sich durch besondere Milde aus, sie sind gehaltvoll, bekömmlich und haben einen differenzierten Sortengeschmack. Aber auch säurebetonte und trockene Weine sind zu finden. Der Anteil der Prädikatsweine ist auf Grund des günstigen Klimas besonders hoch.
Von den Rotweinsorten ist es vor allem der Blaufränkische, der das Feld beherrscht. Er ist die Spezialität des Mittel- und Südburgenlandes.
Von den Weißweinreben sind Welschriesling, Grüner Veltliner, Müller-Thurgau, Bouvier, Neuburger, Muskat Ottonel, Weißburgunder, Traminer und Riesling sowie Chardonnay und Sauvignon blanc verbreitet.

3.2.1   Neusiedler See
Neben Neusiedl am See sind vor allem die Orte Illmitz und Gols zu nennen, die zu den größten Weinbaugemeinden Österreichs zählen. Das flache, am Ostufer des Sees befindliche Gebiet wird als Seewinkel bezeichnet. Gute, meist sandige Böden, ein hoher Grundwasserstand und das feuchtwarme Treibhausklima lassen meist milde Weine mit vollem, kräftigem Geschmack reifen. Der Anteil an Prädikatswein ist besonders hoch.
Rund 80 Prozent der Fläche sind mit Weißweinsorten bestockt. Es sind dies vor allem Welschriesling und Grüner Veltliner sowie Rivaner, Muskat-Ottonel, Neuburger, Bouvier und Traminer. Bei den Rotweinen dominieren Zweigelt und Blaufränkisch. St. Laurent und Blauer Burgunder liefern ebenfalls ausgezeichnete Qualitäten. Es werden hervorragende Roteincuvées erzeugt.

Bekannte Weinerzeuger des Neusiedler Sees
Gols: Weingüter Juris/Stieglmar, Gernot Heinrich, Gsellmann & Gsellmann, Renner, Hans Nittnaus, Paul Achs, Matthias Beck, Gerhard Pitnauer, Preisinger, Rommer
Mönchhof: Weingüter Pöckl, Hafner, Handler
Podersdorf: Weingüter Julius Steiner, Fuhrmann, Lentsch
Illmitz: Weingüter Opitz, Weinlaubenhof Kracher, Lang, Heiss, Nekowitsch, Tschida/Stölzerhof
Apetlon: Weingüter Preiner, Velich
Andau: Weingüter Scheiblhofer, Schwarz
Frauenkirchen: Weingut Umathum
Markengemeinschaft: Pannobile

3.2.2   Neusiedler See-Hügelland
Rund 25 Prozent der Gesamtrebfläche sind mit Rotweinreben bepflanzt. Das Westufer des Neusiedler Sees wird vom Ruster Hügelland begleitet, an dessen Hängen nicht nur die Ruster und Oggauer Weine (Blaufränkisch), sondern auch die nicht minder hervorragenden Weine aus Mörbisch und St. Margarethen wachsen.

Bekannte Weinerzeuger des Neusiedler See-Hügellandes
Großhöflein: Weingüter Leberl, Kollwentz/Römerhof
St. Georgen: Weingüter Hans Moser
Eisenstadt: Weingüter Nehrer, Erwin Tinhof
Purbach: Weingüter Kloster am Spitz, Gmeiner, Braunstein
Rust: Weingüter Schandl, Feiler-Artinger, Friedrich Seiler, Schröck, Ernst Triebaumer, Paul und Herbert Triebaumer, Hammer, Giefing
Oggau: Weingüter Mad-Marienberg, Thometitsch
Mörbisch: Weingüter Schönberger, Schindler, Sommer
St. Margarethen: Weingüter Artner, Moorhof, Rosi Schuster
Siegendorf: Klosterkeller Siegendorf
Schützen am Gebirge: Weingut Prieler
Markengemeinschaft: Cercle Ruster Ausbruch

3.2.3   Mittelburgenland
Zwei Drittel des Gebietes sind mit Rotweinsorten bepflanzt. Die vorherrschende Sorte ist der Blaufränkische (vor allem in Horitschon und Deutschkreutz), gefolgt vom Blauen Zweigelt. Sehr bekannt sind die Roteincuvées mit Blaufränkisch als Basis sowie mit den Sorten Zweigelt, Cabernet Sauvignon und Merlot.

Die Stadt Rust ist der berühmteste Weinort des Burgenlandes. Hier wird die Tradition des Ausbruchweines besonders gepflegt.

Ab dem 1. September 2010 dürfen regionaltypische Qualitätsweine aus dem politischen Bezirk Eisenstadt-Umgebung, der Freistadt Eisenstadt und den politischen Gemeinden Jois und Winden (das Gebiet erstreckt sich über die Weinbaugebiete Neusiedler See und Neusiedler-See-Hügelland) unter der Bezeichnung Leithaberg DAC vermarktet werden. Die Gemeinde Rust ist ausgenommen.

Beim Weißwein dominiert der Grüne Veltliner, aber auch Rivaner und Welschriesling sind verbreitet.

Bekannte Weinerzeuger des Mittelburgenlandes
Deutschkreutz: Weingüter Gesellmann, Igler, Gager, Johann Heinrich, Kirnbauer
Horitschon: Weingüter Franz Weninger, Paul Kerschbaum, Rotweingut Iby, Paul Lehrner, Vereinte Winzer, Tibor Szemes
Neckenmarkt: Weingüter Juliana Wieder, Wellanschitz-Donatus, Heribert Bayer, Winzerkeller Neckenmarkt, Tesch, Hundsdorfer, Lang
Lutzmannburg: Weingut R. Weber
Markengemeinschaften: Verband Blaufränkischland (Neckenmarkt), Vereinte Winzer Blaufränkischland (Horitschon)

> **Mittelburgenland DAC:**
> Die Blaufränkischtrauben für diesen Wein dürfen ausschließlich im Weinbaugebiet Mittelburgenland geerntet werden.
>
> Es sind die drei Zusatzbezeichnungen
> – Klassik (sortentypisch, fruchtig, würzig),
> – Riede oder Marke (kräftiger, evtl. leichter Holzton) sowie
> – Reserve (merkbarer Holzton) möglich.

3.2.4 Südburgenland
Rund 60 Prozent des Südburgenlandes sind mit Rotweinsorten bepflanzt. Bei den Rotweinen herrscht der Blaufränkische vor, beim Weißwein der Welschriesling. Der „Uhudler" ist eine seltene Weinsorte aus Direktträgern mit einem eigenen Geschmack nach Waldbeeren (Foxton). Er gedeiht nur im Südburgenland und darf auch nur hier als Uhudler verkauft werden.

Bekannte Weinerzeuger des Südburgenlandes
Deutsch Schützen: Weingüter Körper-Faulhammer (Schützenhof), Kopfensteiner, Krutzler, Wachter-Wiesler
Markengemeinschaften: Vinum Ferrum Eisenberg, Weinidylle Südburgenland

> Unter dem Namen **Eisenberg DAC** sind ab 2010 fruchtig, mineralisch würzige Blaufränkischweine in zwei Kategorien (Klassik und Reserve) auf dem Markt.

3.3 Steirerland (Steiermark)

Die steirischen Anbaugebiete befinden sich im südöstlichen Teil Österreichs, also bereits im Klimaeinflussbereich des südlichen Europas. Dieses Klima mit relativ viel Niederschlägen wirkt sich auf Ertrag und Qualität günstig aus. Im Gegensatz zu den anderen Bundesländern wird hier der Wein vorwiegend auf steilen, steinigen, trockenen und heißen Südhängen hoch über der Spät- und Frühfrostgrenze gezogen.
In der Steiermark gibt es vor allem Weißweine, immer öfter Lagenweine im Barriqueausbau. Eine Ausnahme bildet der **Schilcher**, ein meist roséfarbener Wein aus der Blauen-Wildbacher-Traube. Bei den Rotweinen dominieren die Sorten Zweigelt und St. Laurent. Markenweine mit dem Namen Steirische Klassik werden in der Südost- und Südsteiermark erzeugt.

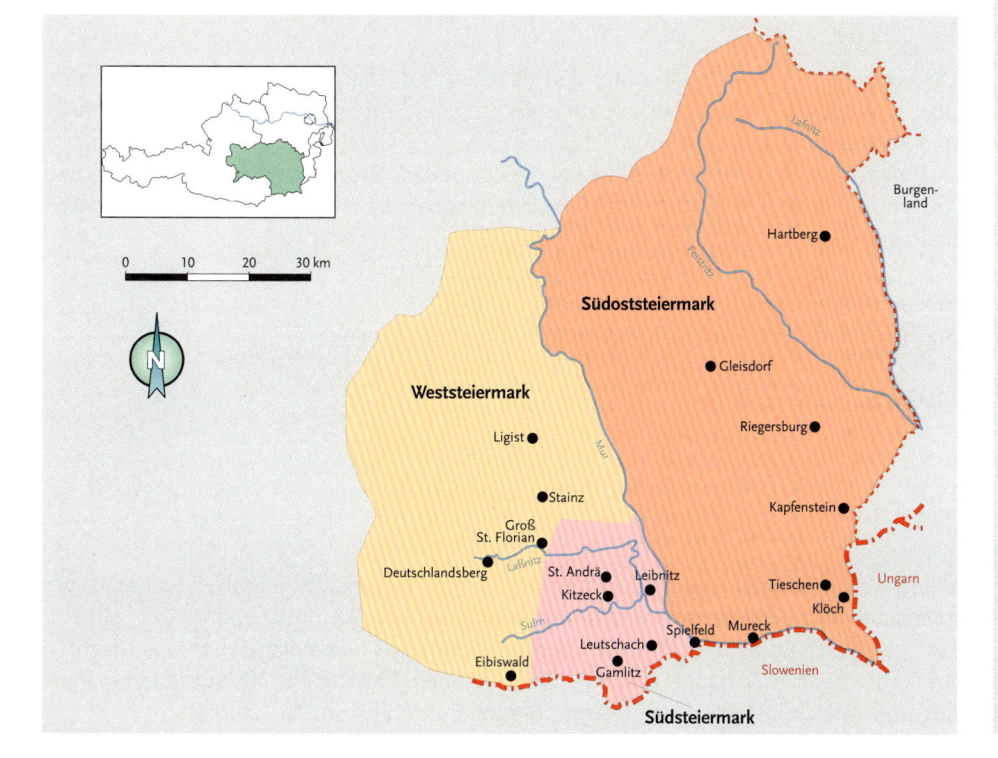

> **Weinbaugebiete**
> Südsteiermark
> Südoststeiermark
> Weststeiermark
> (gesamte) Steiermark
>
> Eine gesamtsteirische Markengemeinschaft heißt Steirischer Junker.

Weinbau in Österreich

Typisch für die Südsteiermark sind die aufgestellten Windräder, genannt Klapotetz

3.3.1 Südsteiermark

Dieses Weinbaugebiet gliedert sich in das Grenzweinbaugebiet und das Sausalgebiet (westlich von Leibnitz). Im Grenzweingebiet führt die schöne Weinstraße an der Grenze zu Slowenien durch bekannte Weinbauorte, wie zB Spielfeld, Ehrenhausen, Gamlitz und Leutschach. Die Hauptrebsorten sind Welschriesling, Sauvignon blanc und Morillon (Chardonnay). Besonderer Beliebtheit erfreut sich auch der Gelbe Muskateller. Die südsteirischen Sauvignon blancs genießen internationales Ansehen. Schwere Ton-Lehm-Böden bringen kräftige und bukettreiche Weine hervor.
Die steilen Lagen des Sausalgebietes bestehen aus steinigen, trockenen Tonschieferböden.

Bekannte Weinerzeuger der Südsteiermark
Spielfeld/Grassnitzberg: Weingüter Strablegg, Polz
Ehrenhausen-Berghausen: Weingut Tement, Maitz/Rebenburg
Gamlitz: Weingüter Lackner-Tinnacher, Sattler/Sattlerhof, Riegelnegg, Walter und Evelyn Skoff
Leibnitz/Silberberg: Landesweingut Silberberg
Leutschach: Weingüter Adam, Tscheppe, Erwin Sabathi
Kitzeck: Weingut Albert, Weinhof Kappel
Flamberg bei St. Nikolai im Sausal: Weingut Harkamp
Markengemeinschaft: Steirische Terroir- und Klassikweingüter

3.3.2 Südoststeiermark

Besonders charakteristisch sind die vulkanischen Böden um Klöch mit dem darauf besonders gut gedeihenden Traminer als Hauptrebsorte. Daneben sind noch Welschriesling, Riesling, Sauvignon blanc und Weißburgunder sehr verbreitet.
An dieses Gebiet schließt das oststeirische Weinbaugebiet an. Vorherrschend ist die Sorte Welschriesling, in jüngerer Zeit auch Weißburgunder, Chardonnay, Ruländer und Rivaner, dessen Weine hier ein ausgeprägtes Sortenbukett erreichen.

Bekannte Weinerzeuger der Südoststeiermark
Klöch: Gräflich Stürgkh'sches Weingut, Weingüter Frühwirth, Müller
Tieschen: Weingut Platzer, Kolleritsch
Kapfenstein: Weingut Winkler-Hermaden
Straden: Weingüter Neumeister, Frauwallner, Krispel
Reiting bei Feldbach: Weingut Hutter
Markengemeinschaften: Klöcher Traminer, Eruption

? Für welche Betriebe trifft diese Form der Vermarktung noch zu? Wie heißen sie?

3.3.3 Weststeiermark

Die Weststeiermark ist auch unter dem Namen Schilchergebiet bekannt. Neben dem Blauen Wildbacher (Schilcher) als meistverbreiteter Sorte gibt es noch Weißburgunder und Rivaner.
Das Weinbaugebiet liegt südlich der Landeshauptstadt Graz und verfügt über eine große Anzahl von Buschenschenken. Die Weinbauern haben die Erlaubnis, alle selbst erzeugten bäuerlichen Produkte zu verkaufen.

Bekannte Weinerzeuger der Weststeiermark
St. Stefan ob Stainz: Weingüter Lazarus, Langmann, Oswald
Groß St. Florian: Domäne Müller
Markengemeinschaft: Weißes Pferd

3.4 Wien

Wiens Weine werden heute sehr erfolgreich in Bouteillen verkauft. Eine alte Tradition ist der **gemischte Satz** (verschiedene Rebsorten stehen in einem Weinberg und werden gemeinsam gekeltert). Es werden aber auch Qualitätsweine aus Spitzenlagen hervorgebracht. An Sorten findet man hauptsächlich Grünen Veltliner, Chardonnay, Weißburgunder, Riesling und Welschriesling sowie Zweigelt, Blauen Burgunder und St. Laurent.

Bekannte Weinerzeuger Wiens

Heiligenstadt (mit Döbling, Grinzing, Sievering und Nussdorf): Weingüter Mayer am Pfarrplatz, Reinprecht, Weingut Wien Cobenzl, Fuhrgassl-Huber, Hengl-Haselbrunner, Kierlinger

Jedlersdorf: Weingüter Bernreiter, Breyer, Christ

Strebersdorf: Weingut Schilling

Stammersdorf: Weingüter Wieninger, Gstaltner, Helm, Klager, Peritsch, Reichl

Mauer: Weingüter Zahel und Michael Edlmoser

Markengemeinschaften: Vienna Classic, Wien Wein

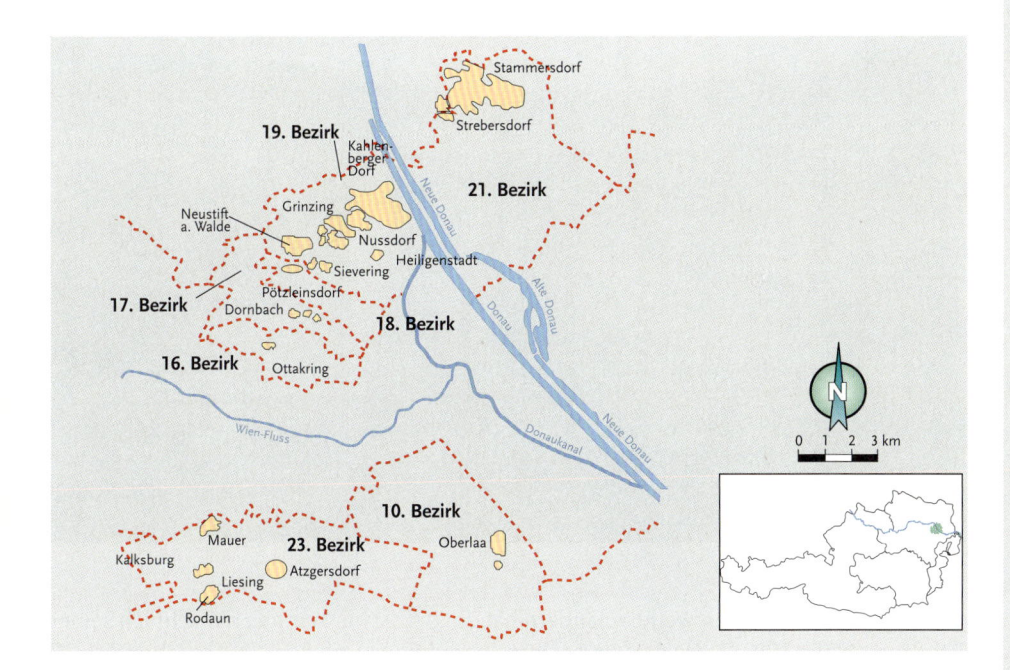

Wussten Sie, dass ...

Wien weltweit die einzige Hauptstadt eines Landes ist, in der Weinbau und Weinerzeugung im Stadtgebiet durchgeführt werden?

Die Erhaltung der Wiener Weingärten ist gesetzlich geschützt.

Fragen und Arbeitsaufgaben

1. Welche Angaben müssen laut österreichischem Weingesetz auf den Etiketten österreichischer Weine stehen?
2. Auf österreichischen Weinetiketten muss eine Qualitätsbezeichnung angegeben sein. Ein Gast fragt danach. Erklären Sie die Begriffe Tafelwein, Landwein und Qualitätswein.
3. Welche weiteren Qualitätsstufen gibt es bei österreichischem Wein? Welche Anforderungen müssen sie erfüllen?
4. Nennen Sie fünf weiße und fünf rote österreichische Qualitätsrebsorten und erklären Sie ihre Charakteristik.
5. Ein Gast verlangt nach einem typisch österreichischen Wein. Welche Sorten bieten Sie ihm an?
6. Wie heißen die österreichischen Weinbauregionen? Nennen Sie ihre Gebiete.
7. Welches Weinbaugebiet wird als Veltlinerland bezeichnet, welches als Schilcherland?
8. Nennen Sie bekannte Weinerzeuger aus folgenden Weinbaugebieten: Kremstal, Wachau, Wagram, Weinviertel, Kamptal, Neusiedler See-Hügelland, Mittelburgenland, Südsteiermark, Wien.
9. Welche Qualitätsgemeinschaften bzw. Winzervereinigungen kennen Sie? Unter welchen Namen sind ihre Produkte im Handel?
10. Ein Tourist fragt Sie, was ein Heuriger ist. Was antworten Sie?

Weinbau in Deutschland

Weißweine aus dem Rhein- und Moselgebiet werden in den USA und in Großbritannien als „Hock" bezeichnet (nach der Stadt Hochheim).

Im Vergleich mit anderen Weinbauländern hat der deutsche Weinbau hinsichtlich seiner Rebfläche (zirka 100.000 Hektar) und seines Produktionsumfanges (durchschnittlich 10 Millionen Hektoliter) mengenmäßig nur eine geringe Bedeutung. Sein Prestige verdankt es aber der Qualität seiner Weißweine.

Es werden zwei bis drei Millionen Hektoliter Wein exportiert. Die wichtigsten Exportländer sind die USA, Großbritannien, Holland, Kanada und Dänemark.

Unsere Ziele

Nach Bearbeitung dieses Kapitels werden Sie

- die deutschen Weingüteklassen nennen können,
- über die Weinauszeichnungen in Deutschland Bescheid geben können,
- über die landestypischen Rebsorten informieren können,
- die Weinbaugebiete Deutschlands sowie bekannte Weinbauorte und ihre Weine nennen können.

1 Weingüteklassen

Auch das Deutsche Weingesetz klassifiziert den Wein nach dem Zuckergehalt des Mostes. Das Mostgewicht wird mit der **Öchsle**-Mostwaage gemessen. Die Formel für die Umrechnung von Öchslegraden (Oe) auf die österreichischen Klosterneuburger Mostgrade ist:

$$\text{Klosterneuburger Mostgrade} \approx \frac{\text{Öchslegrade}}{4} - 3$$

Weingüteklassen	
Deutscher Wein (mit Sorten- und Jahrgangsangabe, ohne Herkunftsbezeichnung)	■ Ersetzt seit der EU-Weinrechtsänderung vom 1. August 2009 den Begriff Tafelwein. ■ Dieser Wein darf eine Rebsorten- und Jahrgangsbezeichnung tragen, wenn er aus deutschem Lesegut von zugelassenen Rebflächen und Rebsorten stammt. ■ Es darf kein Orts- oder Lagename angeführt sein. ■ Mostgewicht mindestens 44° Oe. ■ Alkoholgehalt mindestens 8,5 Vol.-%. ■ Anreicherung ist erlaubt. ■ Unterliegt keinem amtlichen Prüfverfahren.
Landwein	■ Mostgewicht mindestens 47 °Oe. ■ Um mindestens 0,5 Vol.-% mehr Alkohol als „Deutscher Wein". ■ Stets trocken oder halbtrocken. ■ Das Anbaugebiet, aus dem die Trauben stammen, muss auf dem Etikett angegeben sein. ■ Anreicherung ist erlaubt. ■ Unterliegt keinem amtlichen Prüfverfahren.
Qualitätswein bestimmter Anbaugebiete (Q.-b.-A.-Weine)	■ Mostgewicht zwischen 50 und 72° Oe. ■ Alkoholgehalt mindestens 9 Vol.-%; für jeden Qualitätswein ist, nach Rebsorte und Anbaugebiet unterschiedlich, ein Mindestalkoholgehalt festgelegt. ■ Muss aus einem der 13 bestimmten Anbaugebiete stammen. ■ Qualitätskontrolle, amtliche Prüfnummer (A. P.) auf dem Etikett. ■ Traubenmost darf angereichert werden.
Prädikatswein	■ Mindestmostgewicht 73° Oe. ■ Muss die Voraussetzungen der Q.-b.-A.-Weine erfüllen; erhält nach der Prüfung eine Prädikatsnummer. ■ Darf nicht angereichert werden. ■ Es gibt sechs verschiedene Prädikatsweine mit unterschiedlichen Mindestmostgewichten je nach Rebsorte und Anbaugebiet: Kabinett (67–82° Oe), Spätlese (76–90° Oe), Auslese (83–100° Oe), Beerenauslese (110–128° Oe), Trockenbeerenauslese (150–154° Oe) und Eiswein (110–128° Oe).

1.1 Geschmacksrichtungen

Trocken: Der Restzuckergehalt beträgt höchstens 4 Gramm pro Liter oder höchstens 9 Gramm pro Liter, wenn der Gesamtsäuregehalt (ausgedrückt in Gramm/Liter Weinsäure) höchstens 2 Gramm pro Liter niedriger ist als der Restzuckergehalt.
Halbtrocken: Der Restzuckergehalt beträgt höchstens 12 Gramm pro Liter oder höchstens 18 Gramm pro Liter, wenn der Gesamtsäuregehalt (ausgedrückt in Gramm/Liter Weinsäure) höchstens 10 Gramm pro Liter niedriger ist als der Restzuckergehalt.
Lieblich: Der Restzuckergehalt beträgt höchstens 45 Gramm pro Liter, übersteigt aber die Werte von halbtrockenen Weinen.
Süß: Die Angabe süß ist ab 45 Gramm Restzuckergehalt pro Liter zulässig.

> Die Bezeichnungen entsprechen den EU-Regeln. Sie sind seit dem Jahr 2000 für alle EU-Länder verbindlich.

1.2 Weintypen

Liebfrau(en)milch: Lieblicher Qualitätswein aus den Rebsorten Riesling, Rivaner (Müller-Thurgau), Silvaner oder Kerner ohne Sortenangabe. Liebfrau(en)milch wird in den Weinbaugebieten Rheinhessen, Pfalz und Nahe erzeugt.
Moseltaler: Qualitätswein aus den Rebsorten Riesling, Rivaner (Müller-Thurgau), Elbling oder Kerner ohne Sortenangabe.
Riesling-Hochgewächse: Rieslingweine aus allen deutschen Anbaugebieten, deren Mostgewicht um mindestens 7° Öchsle über den vorgeschriebenen Mindestwerten liegt.
Rotling: Blass- bis hellrote Qualitätsweine aus blauen und weißen Trauben oder ihrer Maische, die gemeinsam gekeltert werden; z.B. Badisch Rotgold.
Weißherbst: Roséwein, der mindestens den Anforderungen eines Qualitätsweines b. A. oder Q. m. P. entspricht und aus Trauben einer bestimmten Rebsorte gewonnen wird.

Weinbau in Deutschland

1.3 Weinbezeichnungen

Großes Gewächs: Verbandsinterne Bezeichnung für Spitzenweine des Verbandes der Deutschen Prädikatsweingüter (VDP). Bestimmungen wie Erstes Gewächs (siehe Rheingau), jedoch gesetzlich nicht abgesichert. Geschmack: von trocken bis süß.
Klassifizierte Lage: VDP-interne Bezeichnung, die weinrechtlich nicht erfasst ist. Rebsorten und Lagen sind regional festgelegt.
Classic: Für Weine verschiedenster Rebsorten, herb-fruchtig, bis 15 Gramm Restzucker.
Goldkapsel: betriebsinterner Hinweis auf besondere Qualität, meist edelsüße Weine.
Barriquegereift: im kleinen Eichenfass ausgebaut, wie lange ist gesetzlich nicht geregelt.

2 Weinauszeichnungen

Deutsches Weinsiegel

Es wird von der DLG (Deutschen Landwirtschaftsgesellschaft) für Weine besonderer Qualität verliehen und stellt daher eine zusätzliche Qualitätsinformation dar. Das Weinsiegel gibt es je nach Geschmacksrichtung in drei verschiedenen Farben:
Gelb für trockene Weine, Grün für halbtrockene Weine, Rot für alle anderen Weine.

Prämierungsstreifen

Oft tragen Weinflaschen am Flaschenhals streifenförmige Zusatzetiketten in Gold, Silber oder Bronze.

3 Rebsorten

Trollinger = andere Bezeichnung für Vernatsch (Südtirol).

Die wichtigsten Rebsorten für die **Weißweinerzeugung** sind:
Rivaner (Müller-Thurgau), Riesling, Silvaner, Traminer, Elbling, Gutedel, Gelber Muskateller, Kerner, Scheurebe, Bacchus, Ruländer und Weißburgunder.

Die wichtigsten Rebsorten für die **Rotweinerzeugung** sind:
Blauer Spätburgunder, Blauer Portugieser, Blauer Trollinger, Schwarzriesling (Müllerrebe), Limberger und Dornfelder.

Limberger = auch Lemberger; andere Bezeichnung für die Sorte Blaufränkisch.

4 Weinbaugebiete in Deutschland

💡 Die deutschen Weinreben wachsen sehr hoch im Norden des Landes. Fast alle Weinbaugebiete liegen in den großen Flusstälern. Die Ausrichtung und die Neigung der Weinberglagen sind daher besonders wichtig.

Zu den ursprünglich elf bestimmten Anbaugebieten sind nach der Wiedervereinigung zwei weitere Gebiete dazugekommen: Saale-Unstrut und Sachsen. Seit 2004 gibt es ein vierzehntes Anbaugebiet, nämlich das Stargarder Land. Ein Anbaugebiet setzt sich aus mehreren Bereichen zusammen, ein Bereich aus mehreren Großlagen, eine Großlage wiederum aus verschiedenen Einzellagen.

4.1 Mittelrhein

Es ist das nördlichste Weinbaugebiet am Rhein. Bis auf einige sehr gute Lagen werden hier vor allem Konsumweine produziert.

Rebsorten
Riesling (75 %), Rivaner (Müller-Thurgau), Silvaner, Kerner, Spätburgunder

Weinbauorte
Bacharach, Kaub, St. Goar

Bekannte Weine
Bacharacher Hahn, Kauber Backofen, Schloss Fürstenberg, Bopparder Hamm

Weinbaugebiete

www.wein.de

Schloss Johannisberg

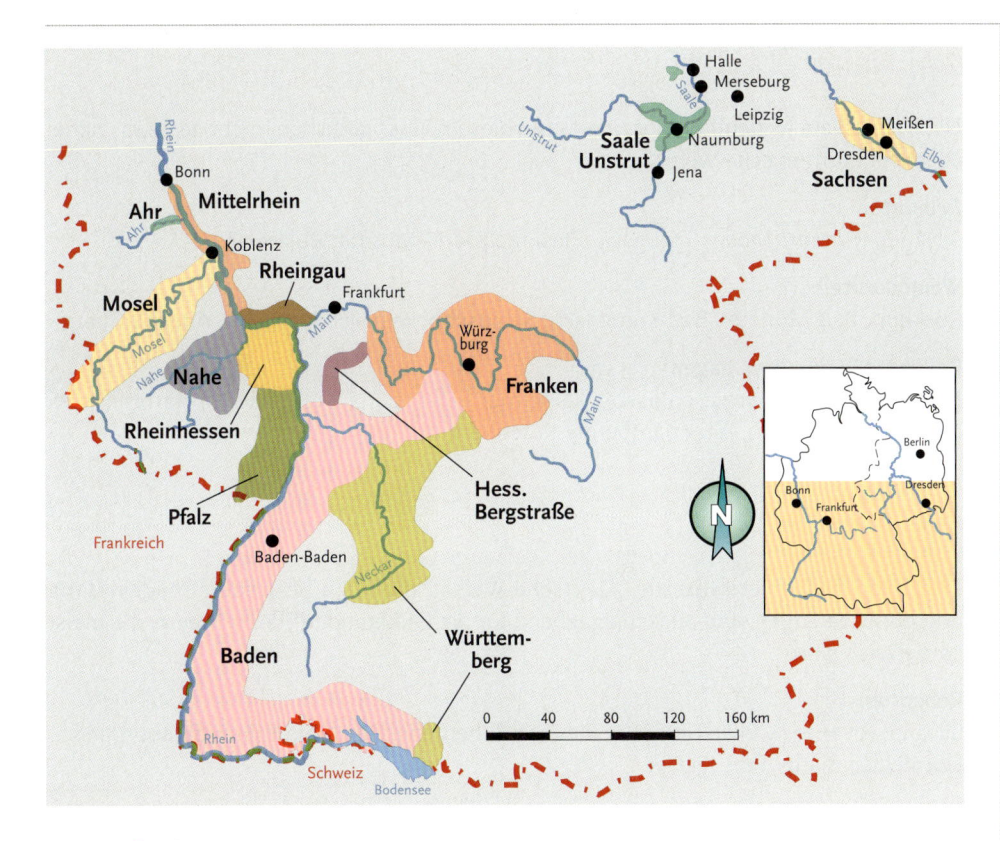

4.2 Rheingau

Der Rheingau ist Deutschlands berühmtestes Weinbaugebiet. International gesehen genießt es seit vielen Jahren durch die Erzeugung bester Rieslingqualitäten höchste Anerkennung. Die Güte hängt vor allem von den hohen Durchschnittstemperaturen und der starken Sonnenbestrahlung ab. Die Weine sind goldfarbig, bukettreich und fruchtig.

Rebsorten
Riesling (80 %), Rivaner (Müller-Thurgau), Silvaner, Kerner, Ruländer, Traminer, Spätburgunder

Weinbauorte
Assmannshausen (Rotweine), Rüdesheim, Johannisberg, Hallgarten, Hochheim, Eltville, Geysenheim

Bekannte Lagen bzw. Weine
Schloss Vollrads, Rüdesheimer Magdalenskreuz, Rüdesheimer Berg Schlossberg, Hochheimer Hölle, Hochheimer Domdechaney, Assmannshäuser Höllenberg, Königin-Victoria-Berg, Johannisberger Hölle, Schloss Johannisberg

4.3 Rheinhessen

Dieses Weinbaugebiet ist flächenmäßig das größte deutsche Weinbaugebiet. Das fruchtbare Hügelland weist hervorragende Weinlagen auf und bringt sowohl Konsumweine als auch beste Qualitäts- und Prädikatsweine hervor.

Rebsorten
Hauptsächlich Rivaner (Müller-Thurgau) und Silvaner, weiters Scheurebe, Riesling, Bacchus, Morio-Muskat, Weißburgunder, Traminer, Blauer Portugieser, Spätburgunder und Dornfelder

Weinbauorte
Worms, Mettenheim, Alsheim, Oppenheim, Nierstein, Bodenheim, Mainz, Ingelheim, Bingen

Bekannte Lagen bzw. Weine
Liebfrauenmilch, Niersteiner Pettenthal, Niersteiner Ölberg, Niersteiner Rosenberg, Bodenheimer Burgweg, Oppenheimer Herrenberg, Oppenheimer Krötenbrunnen

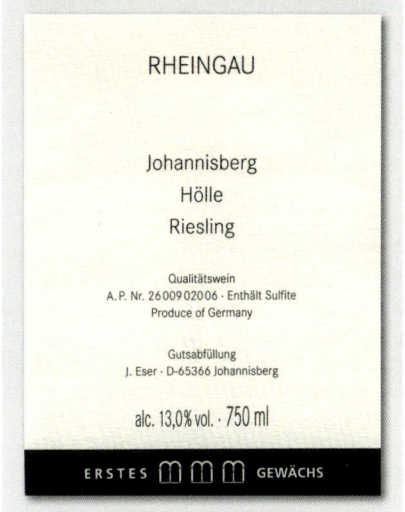

Weinbezeichnungen im Rheingau
Erstes Gewächs: Bezeichnung für Riesling und Spätburgunder aus Spitzenlagen. Das Mostgewicht muss Spätlesequalität haben, eine Anreicherung ist möglich.

Charta-Wein: Begriff für trockenherben Rheingauer Riesling.

Rheinhessen wird nach wie vor stark mit dem Exportschlager Liebfrauenmilch in Verbindung gebracht, obwohl die Nachfrage immer weiter zurückgeht.

Weinbau in Deutschland

4.4 Nahe

Die Nahe ist ein Nebenfluss des Rheins. An diesem Fluss gedeihen fruchtige, etwas harte, aber sehr harmonische Weine.

Rebsorten
Silvaner, Rivaner (Müller-Thurgau), Riesling, Morio-Muskat, Ruländer

Weinbauorte
Roxheim, Bad Münster, Bad Kreuznach, Schlossböckelheim, Norheim, Altenbamberg

Bekannte Weine bzw. Lagen
Münsterer Pittersberg, Schlossböckelheimer Felsenberg, Kreuznacher Narrenkappe, Norheimer Dellchen, Altenbamberger Rotenberg

4.5 Pfalz

Durch dieses Gebiet führt die „Deutsche Weinstraße". Ein besonders mildes Klima und günstige Lagen sind ausschlaggebend für die Qualität der Pfälzer Weine, die meist körperreich sind.

Rebsorten
Silvaner, Rivaner (Müller-Thurgau), Riesling, Scheurebe, Gewürztraminer, Spätburgunder, Dornfelder, Blauer Portugieser

Weinbauorte
Bad Dürkheim, Forst, Deidesheim, Neustadt, Speyer

Bekannte Weine bzw. Lagen
Dürkheimer Feuerberg, Forster Jesuitengarten, Forster Kirchenstück, Forster Ungeheuer, Deidesheimer Kieselberg, Deidesheimer Grainhübel

4.6 Ahr

Das Gebiet der Ahr, eines Nebenflusses des Rheins, ist ein steil abfallendes Felstal mit schwer zu bearbeitenden Weingärten. Es ist das größte geschlossene Rotweingebiet Deutschlands. Zwei Drittel des Anbaugebietes sind mit Spätburgunder-Reben bepflanzt.

Rebsorten
Blauer Spätburgunder, Blauer Portugieser, Dornfelder, Riesling, Rivaner (Müller-Thurgau)

Weinbauorte
Kreuzberg, Neuenahr, Ahrweil, Walporzheim

Bekannte Weine bzw. Lagen
Walporzheimer Gärkammer, Ahrweiler Rosenberg, Recher Herrenberg

4.7 Mosel

Durch die starken Windungen des Moseltales entstehen Kessel, die Treibhäusern gleichkommen und daher ideale Gebiete für den Weinbau darstellen. Der Moselwein ist ein frischer, würziger und harmonischer Wein.
Auch die Täler der beiden Nebenflüsse Saar und Ruwer lassen hochwertige Weine entstehen. Sie weisen eine lebhafte, fruchtige Säure auf und werden gerne von Schaumweinherstellern gekauft.

Rebsorten
Riesling, Rivaner (Müller-Thurgau), Elbling, Kerner, Bacchus

Weinbauorte
An der Mosel: Cochem, Zell, Traben-Trarbach, Ürzig, Zeltlingen, Bernkastel-Kues, Piesport, Trittenheim, Trier
An der Saar: Kanzem, Wiltingen
An der Ruwer: Kasel

DC Pfalz (Districtus Pfalz)
Ein Gütesiegel für regionstypische Weine wie Riesling und Spätburgunder (mind. 75° Öchsle).

Erste Lage: gesetzlich offizielle Bezeichnung. Die Winzer bestimmen aus Erfahrung selbst, welche Fluren sie als Erste Lage auszeichnen.

Bekannte Weine bzw. Lagen
Moselweine: Trittenheimer Apotheke, Piesporter Domherr, Bernkasteler Doctor, Bernkasteler Backstube, Wehlener Sonnenuhr, Ürziger Würzgarten
Saarweine: Scharzhofberg (Wiltingen), Kanzemer Altenberg, Wiltinger Braune Kupp
Ruwerweine: Eitelsbacher Karthäuserhofberg, Kaseler Nies'chen

4.8 Baden

Das badische Anbaugebiet gehört heute zu den angesehensten Weinbaugebieten Deutschlands mit vielen prämierten Weinen. Die Weine sind gehaltvoll, meist trocken bei relativ wenig Säure.

Rebsorten
Rivaner (Müller-Thurgau), Ruländer, Gutedel, Riesling, Blauer Spätburgunder, Gewürztraminer

Weinbauorte
Freiburg, Baden-Baden, Meersburg, Breisach, Heidelberg, Durbach

Bekannte Weine bzw. Lagen
Meersburger Weißherbst, Burkheimer Feuerberg, Durbacher Plauelrain, Neuweirer Schlossberg, Durbacher Schlossberg, Badisch Rotgold

Badisch Rotgold = ein Rotling, der aus mindestens 51 Prozent Ruländermaische sowie Spätburgunder hergestellt wird.

4.9 Württemberg

Das schwäbische Weinbaugebiet am Neckar und an seinen Seitenarmen ist stark aufgesplittert. 60 Prozent der Anbaufläche sind mit Rotweinsorten bestockt. Das Zentrum ist Heilbronn. Eine Spezialität sind die Schillerweine.

Schillerweine = Q.-b.-A.-Roséweine aus roten und weißen Trauben, die ausschließlich aus Württemberg stammen dürfen.

Rebsorten
Trollinger, Lemberger, Riesling, Silvaner, Rivaner (Müller-Thurgau), Ruländer, Schwarzriesling, Blauer Portugieser

Weinbauorte
Heilbronn, Uhlbach, Salzberg

Bekannte Weine bzw. Lagen
Heilbronner Wartberg, Stuttgarter Mönchshalde, Untertürkheimer Herzogenberg

❓ Blättern Sie nach: Was bedeutet Weißherbst?

4.10 Hessische Bergstraße

In diesem sehr kleinen Weinbaugebiet wachsen frische, rassige Weißweine, die nur lokale Bedeutung haben.

Rebsorten
Riesling, Rivaner (Müller-Thurgau), Silvaner, Ruländer, Traminer

Weinbauorte
Heppenheim, Bensheim

Bekannte Weine bzw. Lagen
Heppenheimer Stemmler, Heppenheimer Centgericht, Bensheimer Kalkgasse

4.11 Franken

Rund 90 Prozent der Anbaufläche sind hier mit Weißweinsorten bepflanzt. Die Weine sind rassig, fruchtig und kernig. Bekannt ist die ungewöhnliche Flaschenform der Frankenweine, die Bocksbeutel genannt wird.

Rebsorten
Rivaner (Müller-Thurgau), Silvaner, Bacchus, Kerner, Scheurebe, Riesling

Bocksbeutel

Weinbau in Deutschland

Häufig wird Steinwein bzw. Stein als Synonym für Frankenweine verwendet. Es bezieht sich auf eine Lage, die in der Stadt Würzburg einen Hang bedeckt, der zum Main hinabreicht.	**Weinbauorte** Castell, Iphofen, Würzburg, Escherndorf **Bekannte Weine bzw. Lagen** Würzburger Pfaffenberg, Würzburger Stein, Würzburger Steinweine, Casteller Schlossberg, Würzburger Leisten, Escherndorfer Lump, Bürgstädter Centgrafenberg, Iphöfer Julius-Echter-Berg

4.12 Saale-Unstrut

Der Name des Anbaugebietes leitet sich von den beiden Flüssen Saale und Unstrut ab. Diese beiden Flusstäler gewähren den weit im Nordosten Deutschlands liegenden Weinbergen Schutz. Die Weine sind reintönig, mild und mit geringer Säure. Jung getrunken, schmecken sie am besten.

Rebsorten
Hauptsächlich weiße Sorten wie Rivaner (Müller-Thurgau), Silvaner, Bacchus, Kerner und Gutedel sowie der rote Spätburgunder. Blauer Portugieser und Dornfelder sind nur vereinzelt anzutreffen.

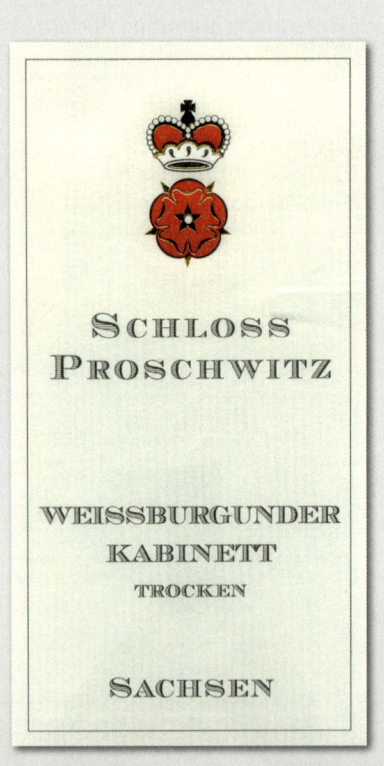

Weinbauorte

Freyburg = hier befindet sich die Rotkäppchen-Sektkellerei, die jährlich rund 92 Mio. Flaschen Qualitätsschaumwein erzeugt. Die Produktion begann im Jahre 1894. Der Sekt mit dem Namen Rotkäppchen ist nach dem roten Flaschenverschluss benannt.	Bad Kösen, Naumburg, Weißenfels, Vitzenburg, Freyburg, Höhnstedt am Süßen See **Bekannte Weine bzw. Lagen** Pfortener Köppelberg, Naumburger Paradies, Freyburger Herrenberg ## 4.13 Sachsen Das Gebiet besteht aus Weinbergen, die im Elbtal um die Städte Dresden und Meißen verstreut liegen. Die Elbweine (auch Meißner Weine genannt) sind trocken mit fruchtiger Säure und sortentypischem Bukett. **Rebsorten** Rivaner (Müller-Thurgau), Weißburgunder, Traminer, Gutedel, Riesling, Blauer Portugieser und Spätburgunder **Weinbauorte** Pirna, Pillnitz, Radebeul, Meißen, Seußlitz-Diesbar, Großenhain **Bekannte Weine bzw. Lagen** Pillnitzer Königlicher Wein, Schloss Proschwitz ## 4.14 Stargarder Land Das Gebiet in Mecklenburg-Vorpommern umfasst auf rund 3,7 Hektar Lagen um Schloss Rattey und Burg Stargard. Ab dem Jahrgang 2005 ist der Mecklenburger Landwein erhältlich. Die jährliche Gesamtproduktion liegt bei 12.000 Litern.

❓ Fragen und Arbeitsaufgaben

1. Nennen Sie die deutschen Weingüteklassen. Welche gesetzlichen Anforderungen müssen die Weine erfüllen?
2. Was ist ein Rotling und unter welchem Namen wird er in Baden hergestellt?
3. Erklären Sie die Weintypen Liebfrau(en)milch und Riesling-Hochgewächs.
4. Was ist unter Schillerwein zu verstehen? Wo wird er erzeugt?
5. Welche Weinauszeichnungen gibt es in Deutschland?
6. Nennen Sie vier weiße und vier rote Rebsorten, die typisch für den Weinanbau in Deutschland sind.
7. Wie viele bestimmte Anbaugebiete gibt es in Deutschland? Zählen Sie sie auf. Beschreiben Sie zwei näher.

Weinbau in Frankreich

Das INAO (Institut National des Appellations d'Origine), das bereits im Jahre 1935 gegründet wurde, kontrolliert die Bestimmungen, die für die Weingüteklassen bindend sind.

Die französische Weinerzeugung weist eine große Vielfalt und eine lange Tradition auf, in der einige bestimmte Anbaugebiete mit ihren Spitzenprodukten herausragen. Es sind dies Bordeaux, Burgund, Loire, Rhône, Champagne und Elsass. Sie sind weltweit als Richtschnur für oberste Qualität anerkannt und gelten als Vorbild für viele Weinproduzenten auf der ganzen Welt. Auf einer Fläche von etwa 1 Mio. Hektar werden jährlich rund 55 Millionen Hektoliter Wein erzeugt.

Unsere Ziele

Nach Bearbeitung dieses Kapitels werden Sie

- die Weingüteklassen in Frankreich nennen können,
- die französischen Weinbauregionen und ihre Gebiete bezeichnen können,
- die Charakteristik der Weine aus den genannten Gebieten erklären können,
- bekannte Weine den einzelnen Gebieten zuordnen können.

Weinbau in Frankreich

1 Weingüteklassen in Frankreich

Auch in Frankreich werden seit 1. August 2009 die Weine in solche mit oder ohne Herkunftsangabe eingeteilt. Eine Übergangsfrist für die Umstellung besteht bis 2011.

Weingüteklassen	
Vin de France bzw. Vin **Vins sans Indication Géographique** (Weine ohne geografische Angabe, früher Vins de Table bzw. Tafelweine)	■ Einfache Weine. Die Bezeichnung „Vin de France" ist nicht zwingend. ■ Es sind keine Hektarhöchsterträge, Produktions- und Anbaurichtlinien vorgeschrieben. ■ Die Rebsorte(n) und der Jahrgang dürfen angegeben werden.
IGP **Vins avec Indication Géographique Protégée** (Weine mit geschützter Herkunftsbezeichnung, früher Vins de Pays bzw. Landweine)	■ Diese Weine haben nicht den Status von AOP-Weinen, unterliegen weniger strengen Produktionsrichtlinien und stammen aus einem regional begrenzten Gebiet. Sie ersetzen die bisherige Kategorie „Vin de Pays". Der Begriff „Vin de Pays" kann jedoch weiter verwendet werden. ■ Neben Rebsorte und Jahrgang erscheinen z. B. „Pays d'Oc" und die Angabe „Indication Géographique Protégée".
AOP **Vins d'Appellation d'Origine Protégée** (Weine mit geschützter Ursprungsbezeichnung)	■ Sie stehen künftig an der Spitze der Qualitätspyramide und entsprechen den bisherigen A.-O.-C.- und V.-D.-Q.-S.-Weinen. ■ Weine höchster Kategorie mit strengen Herkunfts- und Produktionsbestimmungen. ■ Anbau nur derjenigen Rebsorten, die ausdrücklich für den jeweiligen AOP-Wein zugelassen sind. ■ Begrenzung der Erträge pro Hektar Rebfläche. ■ Mindestalkoholgehalt. ■ Genaue Abgrenzung der Anbaufläche; das „O" von AOP wird durch die Region, ein Gebiet, eine Gemeinde oder eine Einzellage ersetzt (z. B. Appellation Gevrey-Chambertin Protégée).

2 Weinbauregionen und -gebiete in Frankreich

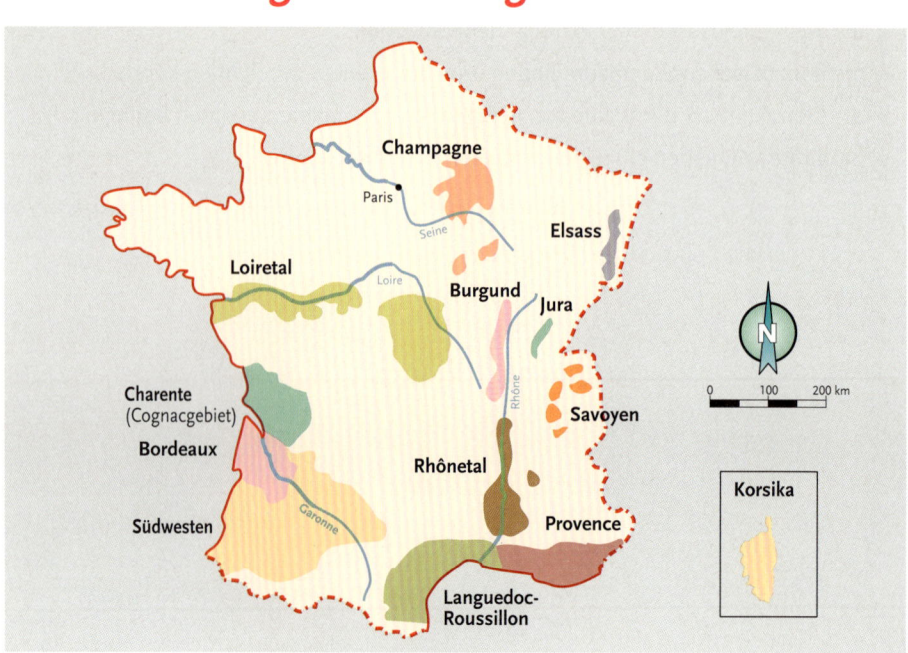

Die meisten Qualitätsweine kommen aus den Regionen Bordeaux, Burgund, Côtes du Rhône, Elsass und Champagne.

Weinbauregionen und -gebiete

2.1 Bordeaux (Bordelais)

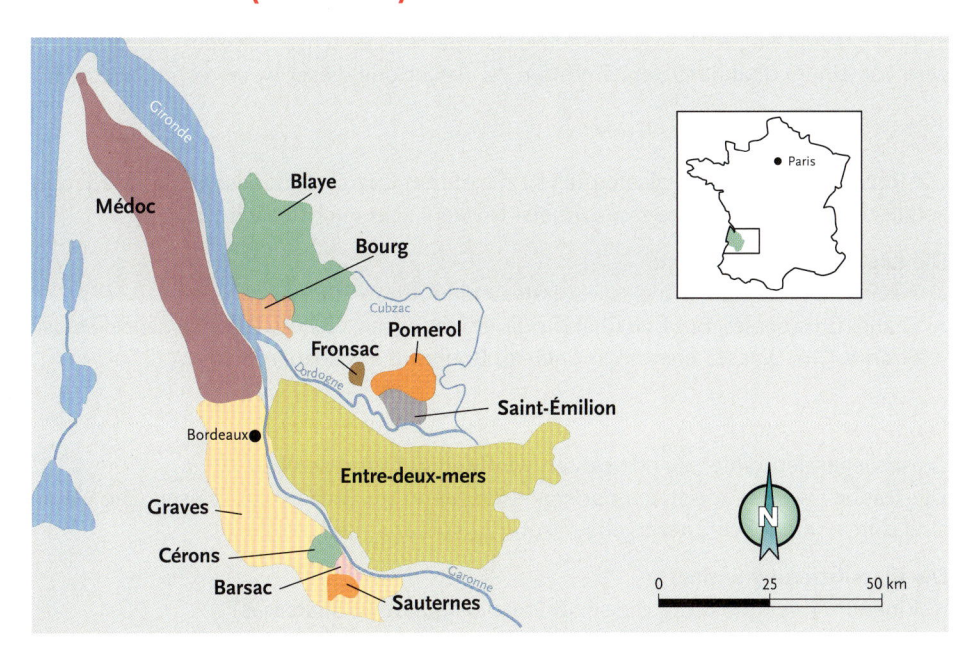

Die kleineren Gebiete Cérons, Fronsac, Bourg und Blaye sind nicht näher beschrieben.

Das Bordelais ist das größte Qualitätsweinanbaugebiet der Welt (zirka 123.000 ha). Im Gegensatz zu anderen Gebieten besteht hier ein Wein zumeist aus drei oder vier verschiedenen Rebsorten, die zu Cuvées verschnitten werden.

Der traditionelle Ausbau und die Reife im kleinen Holzfass (Barrique) prägen den Charakter der Rotweine. Sie können je nach Herkunftsort und Jahrgang fruchtig-herb bis vollmundig, leicht bis sehr gehaltvoll, rund bis elegant und finessenreich sein. Weißweine sind meist trocken, von zartem Duft und mittlerem Gehalt. Süße Weißweine verfügen über ein ausdrucksvolles und doch feines Bukett, einen nachhaltigen, fruchtig-edelsüßen bis likörartigen Geschmack mit langem Nachklang.

Sowohl die körperreichen und feinen Rotweine als auch die süßen Weißweine lassen sich gut lagern, wobei sie sich qualitativ noch verbessern.

Die **Hauptrebsorten** sind Sémillon, Sauvignon blanc und Muscadelle (Weißweinreben) sowie Cabernet Sauvignon, Cabernet Franc, Merlot und Malbec (Rotweinreben).

Allgemeine Klassifizierung der Bordeauxweine
Die Weinbauregion Bordeaux hat eine Weinklassifizierung, die auf das Jahr 1855 zurückgeht. Heute hat fast jedes Weinbaugebiet Bordeaux' eine eigene Klassifizierung.
Allgemeine Herkunftsbezeichnung: Bordeaux A. P., Bordeaux Supérieur A. P. (höherer Alkoholgehalt).
Regionale Herkunftsbezeichnungen: Zum Beispiel Médoc, Graves, St-Émilion, Sauternes.
Lokale Herkunftsbezeichnungen: Sie beziehen sich auf einen Weinbauort, vielfach in Verbindung mit einem Erzeugerbetrieb, zB Pauillac (Ort) – Château Latour (Erzeugerbetrieb). In Bordeaux gibt es mehr als 6.000 Châteaus im Sinne eines Weinbaubetriebes.

Ein Grand Vin ist die Hauptmarke eines Châteaus in Bordeaux. Seit einigen Jahren gibt es die Praxis, dass viele der Spitzen-Châteaus neben ihrem Grand Vin einen preiswerten Zweitwein, manchmal sogar einen Drittwein auf den Markt bringen.

Médoc
Das Médoc liefert besonders herausragende Rotweine – tanninreiche Weine von rubinroter Farbe, großer Rasse und Feinheit und einem besonderen Duft und Aroma. Sie sind sehr gut lagerfähig. Die Hauptrebsorte ist Cabernet Sauvignon die zu mindestens 60 % enthalten ist. Die meisten Weine dieses Gebietes erreichen erst nach längerer Lagerung (15–20 Jahre) ihre Vollendung.

Auf den Etiketten ist mit Ausnahme der ersten Stufe (1er Grand Cru classé) immer nur „Grand Cru classé" vermerkt.

Die Klassifizierung umfasst:
- Vier Premiers grands Crus classés (1ers): Château Lafite-Rothschild, Château Mouton-Rothschild und Château Latour in Pauillac sowie Château Margaux in Margaux
- Deuxièmes grands Crus classés (2émes)
- Troisièmes grands Crus classés (3èmes)
- Quatrièmes grands Crus classés (4èmes)
- Cinquièmes grands Crus classés (5èmes)

Premiers grands Crus classés = am höchsten bewertete erste Gewächse.

Daneben gibt es noch die Klassifizierung „Crus bourgeois", sowie bei älteren Weinen „Crus bourgeois supérieurs" und „Crus bourgeois exceptionnels". Viele dieser Weine übertreffen in ihrer Qualität einige der sogenannten klassifizierten Gewächse. Seit dem Jahrgang 2007 wird von einem unabhängigen Gremium die Bewertung dieser Weine vorgenommen.

Graves

Die Rotweine aus dem nördlichen Teil sind in ihrem Charakter mit denen des Médoc zu vergleichen. Die Weißweine sind zumeist trocken, aber auch lieblich-süß.

Die Klassifizierung umfasst:
- Einen Premier grand Cru classé: Château Haut Brion in Pessac
- Grands Crus classés rouge: zB Château Olivier in Léognan, Château Pape-Clément in Pessac
- Grands Crus classés blancs: zB Château Bouscaut in Cadaujac

Sauternes und Barsac

Diese Gegenden zählen zu den besten Weißweingebieten der Welt.
Die Trauben werden meist erst dann gelesen, wenn sie Edelfäule aufweisen. Die Weine sind durch den hohen Zuckergehalt likörartig süß und mild.

Die Klassifizierung umfasst:
- Einen Premier grand Cru classé: Château d'Yquem (in Sauternes)
- Premiers Crus classés: zB Château La Tour-Blanche (in Bommes), Château Guiraud (in Sauternes)
- Deuxièmes Crus classés

Entre-deux-mers

Im Gebiet Entre-deux-mers werden in erster Linie gute Weißweine und eine geringe Menge Rotweine mittlerer Güte produziert. Die Weißweine sind sehr trocken, fruchtig und frisch.

Entre-deux-mers = übersetzt bedeutet es „zwischen zwei Meeren", im übertragenen Sinn sind damit die zwei Flüsse Garonne und Dordogne gemeint.

Saint-Émilion

Aus diesem Gebiet kommen hauptsächlich Rotweine. Die Hauptrebsorte ist Cabernet Franc. Der Cabernet Sauvignon wird weniger angebaut. Durch ihren höheren Anteil an Merlot reifen die Weine meist schneller, sie sind voll, rund und weisen ein ausgeprägtes Bukett auf.

Die Klassifizierung umfasst:
- Premiers grands Crus classés „A": Château Ausone, Château Cheval Blanc
- Premiers grands Crus classés „B": zB Château Beauséjour, Château Belair, Clos Fourtet, Château Magdelaine, Château Pavie, Château Figeac
- Grands Crus classés
- Grands Crus

Alle anderen Weine werden unter „Appellation St-Émilion Protégée" vermarktet.

Pomerol

Die Pomerol-Weine haben einerseits das feine Bukett der Médoc-Weine und andererseits den Körper der St-Émilion-Weine. Sie sind sehr langlebig und zeigen eine aromatische Vielfalt und Finesse. Im Pomerolgebiet gibt es nur eine geringe Produktion – die Preise der Weine sind daher hoch. Die vorherrschende Rebsorte ist Merlot.
Es gibt keine offizielle Klassifizierung, aber Château Pétrus gilt in Pomerol als bester Wein und wird zu den besten Weinen von Bordeaux gezählt. Weitere bekannte Weine sind Château La Fleur-Pétrus, Château l'Evangile, Château Certan de May, Château Le Pin.

Château in der Appelation Montagne-St.-Émilion-St.-Georges

Jurançon = der bekannte Weißwein hat ein reiches, einer Beerenauslese ähnliches Bukett und ein ganz seltenes Zimt-Nelken-Aroma.

Gascogne = die Weine dieses Gebietes werden zu Armagnac destilliert, der nachweislich älter als Cognac ist.

2.2 Südwesten (Sud-Ouest)

Südwesten ist die Bezeichnung einer Weinbauregion, die sich südlich an das Bordeaux-Gebiet anschließt und bis in die Pyrenäen reicht. Es ist kein in sich geschlossenes Weinbaugebiet, sondern es besteht aus einer Vielzahl verstreuter Anbaugebiete.

Die wichtigsten Weinbaugebiete bzw. Weine
Jurançon, Madiran, Pacherenc-du-Vic-Bilh, Bergerac, Monbazillac, Lot-et-Garonne, Buzet, Cahors, Gaillac, Gascogne

2.3 Languedoc-Roussillon (Midi)

Die aufstrebende Region im Südwesten des Landes hat sich in den letzten Jahren sehr viele Appellations geschaffen. Ständige Verbesserungen beim Weinbau und bei der Vermarktung tragen zum rasanten Aufstieg der **Vins de pays d'Oc** bei. Unter dieser Bezeichnung werden alle I.-G.-P.-Qualitäten aus dem gesamten Midi zusammengefasst, die aus anderen als den für diese Region typischen Rebsorten gekeltert werden. Darüber hinaus stammen mehr als 60 Prozent der einfacheren Weine Frankreichs aus Languedoc-Roussillon.

Klassifizierte Weine sind:
Clairette du Languedoc, St-Chinian (elegante Rotweine), Minervois, Corbières, Fitou (körperreiche, sehr hochwertige Rotweine), Crémant de Limoux (Schaumwein)

2.4 Provence

Diese Region erstreckt sich zwischen den Orten Arles und Nizza entlang der Côte d'Azur. Die Weißweine sind in der Regel trocken und säurearm, es fehlt ihnen eine gewisse Frische. Die Rotweine sind einfach, unkompliziert und kräftig. Die Roséweine machen den Großteil der Weinproduktion dieser Region aus. Sie sind angenehm frisch und kommen unter anderem unter der Bezeichnung „Côtes de Provence" auf den Markt. Bandol ist bekannt für Rotweine.

2.5 Rhonetal (Rhône)

Diese Region erstreckt sich in einer Länge von fast 200 km von der Stadt Lyon im Norden bis zur alten päpstlichen Residenzstadt Avignon im Süden entlang der Rhône. 95 Prozent der Produktion entfallen auf Rotweine, der Rest auf Weiß- und Roséweine. Die Rebsorte Syrah dominiert. Im Norden sind die Rotweine gerbstoffbetont und langlebig. Im Süden werden die Weine zunehmend voller, stärker und kräftiger. Die typischen roten Rhône-Weine sind starke, alkoholreiche, tanninhaltige, langlebige Weine, die eine lange Flaschenlagerung brauchen. Sie haben einen adstringierenden Geschmack.

adstringierend = zusammenziehend

Klassifizierte Weine im Rhônetal:
Châteauneuf-du-Pape (bekanntester Wein des Rhonetales; wird aus bis zu 13 verschiedenen Rebsorten hergestellt), Tavel (bekanntester Roséwein Frankreichs), Côtes du Rhône Villages, Côte Rôtie, Condrieu, Hermitage, Crozes Hermitage, Cornas, Saint-Joseph

2.6 Burgund (Bourgogne)

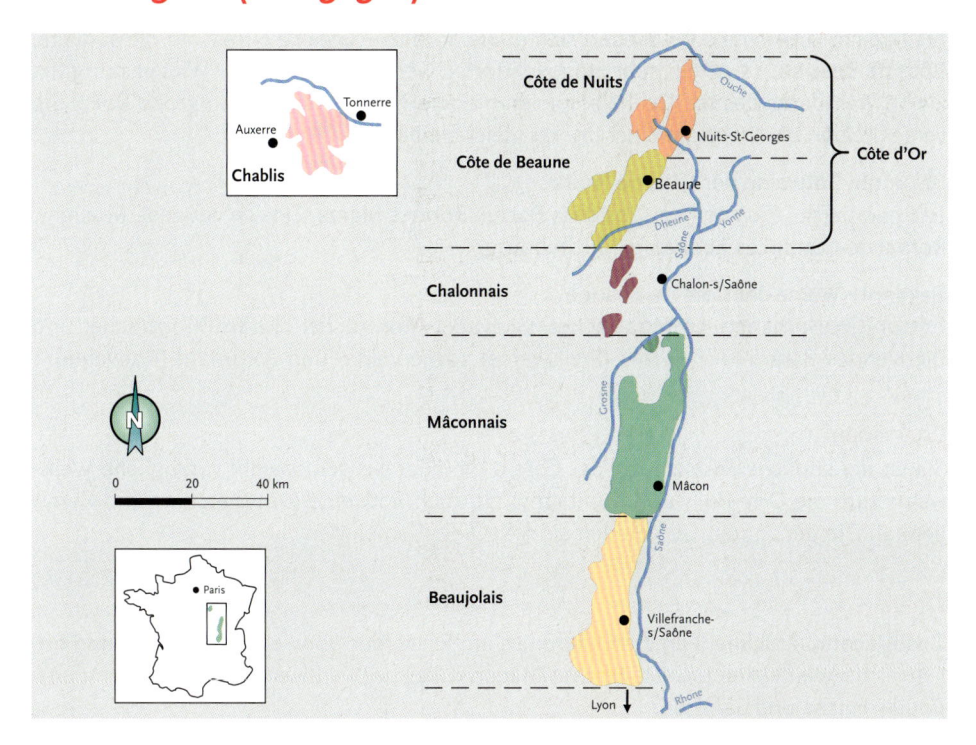

Typisch für das Burgund ist die Vermarktung der Weine durch **Négociants.** Sie kaufen das Lesegut auf, verarbeiten es in ihren Kellern und verkaufen die Weine unter ihrem Namen. Bekannte Négociants sind zB Joseph Drouhin, Georges Dubœuf, Louis Jaboulet, Louis Latour.

Weinbau in Frankreich

Steht auf dem Etikett der Zusatz 1er Cru (zB Appellation Gevrey-Chambertin 1er Cru Protégée), dann stammt der Wein aus mehreren Premier-Cru-Lagen einer Gemeinde.

Crémant = schäumender Wein

Diese Region besteht aus vielen einzelnen charakteristischen Weinbaugebieten. Im Norden mit Chablis beginnend, erstreckt sie sich bis nach Lyon (Beaujolais-Gebiet). Spricht man in Bordeaux von den eleganten Weinen, so ist der Burgunder ein herrlich kräftiger, edler Wein. Im Gegensatz zum übrigen Frankreich sind die Weine im Burgund meist reinsortig. Die Spitzenweine sind langlebig, sehr begehrt und gehören zu den teuersten Weinen der Welt. Die Rotweinerzeugung mit ca. 80 Prozent überwiegt deutlich. Die **Hauptrebsorten** sind Chardonnay und Aligoté (Weißweinreben) sowie Pinot noir und Gamay (Rotweinreben).

Die Klassifizierung umfasst:
- **Grands Crus:** höchste Qualitätsstufe, auf dem Etikett steht nur die Lage, zB Le Chambertin, Musigny, Clos de Vougeot, La Romanée, Corton, Corton-Charlemagne
- **Premiers Crus:** zweite Qualitätsstufe, auf dem Etikett scheint der Gemeindename mit der Lage auf, zB Appellation Gevrey-Chambertin-Varoilles Protégée oder Aloxe-Corton-Fournières Protégée
- **Gemeindeweine** (Appellation communale): dritte Qualitätsstufe, auf dem Etikett steht nur die Gemeinde, zB Aloxe-Corton, Fixin, Vougeot, Vosne-Romanée, Nuits-St-Georges, Gevrey-Chambertin, Puligny-Montrachet
- **Distriktsweine** (Appellation régionale): vierte Qualitätsstufe, zB Bourgogne Côtes de Nuits, Bourgogne Côtes de Beaune
- **Gebietsweine** (Appellation générique): niedrigste Qualitätsstufe, zB Bourgogne, Bourgogne Passe-tout-grains, Bourgogne Aligoté, Crémant de Bourgogne. Die Traubensorten sind vorgeschrieben.

Chablis
Ganz im Norden außerhalb des eigentlichen Burgund liegt das Weißweingebiet Chablis. Chabliswein wird ausschließlich aus Chardonnaytrauben hergestellt und ist einer der bekanntesten Weißweine Frankreichs. Er ist leicht, trocken, sehr körperreich und gut lagerfähig. Die Vorzüge eines Chablis kommen erst nach längerer Lagerzeit zur Geltung.

Chablis hat eine eigene Weinklassifizierung:
- Grands Crus: die Lagenbezeichnungen sind Valmur, Vaudésir, Les Clos, Grenouilles, Les Preuses, Bougros und Blanchots
- Premiers Crus (ca. 30 %)
- Chablis (ca. 60 %)
- Petit Chablis

Bekannte Négociants: Paul Dorin, William Fèvre, Regnard & Fils, Laroche, Joseph Drouhin

Côte d'Or
Dieses Gebiet ist das Herzstück des Burgund, von hier kommen die berühmtesten Weine Frankreichs. Die Côte d'Or gliedert sich in die nördliche **Côte de Nuits** und die südliche **Côte de Beaune**. Es ist ein sehr aufgesplittertes Gebiet, in dem jeder Winzer nur ganz kleine Weinberge besitzt. Deshalb spielen hier die Négociants eine so große Rolle. Sie verschneiden die Weine zu einer immer gleichbleibenden Qualität.

Bekannte Rotweine der Côte de Nuits
Le Chambertin, Clos de Tart, Clos de la Roche, Bonnes Mares, Clos de Vougeot, Musigny, Romanée-Conti, Les Èchézeaux, Richebourg

Bekannte Weine der Côte de Beaune
Corton-Charlemange, Le Montrachet, Chevalier-Montrachet, Bâtard-Montrachet und Bienvenues-Bâtard-Montrachet (Weißweine) sowie Volnay und Pommard (Rotweine)

Clos de Vougeot

Chalonnais
Sie ist die südliche Fortsetzung der Côte d'Or. Hier werden sowohl vorzügliche Weißweine (um die Orte Rully und Montagny) als auch Rotweine (um Mercurey und Givry) gebaut. Die genannten Gemeinden sind A.-O.-P.-Gemeinden.

Mâconnais
Das Mâconnais schließt an die Chalonnais an. Es werden vorwiegend fruchtige und bukettreiche Weißweine produziert, wie Mâcon Villages (Weißwein aus 43 Gemeinden), Pouilly-Fuissé und St-Véran.

Beaujolais

Hier wächst einer der am häufigsten konsumierten Weine der Welt. Er wird früh geerntet, reift rasch und kann bald getrunken werden. Der Beaujolais wird zum Großteil aus der Gamay-Traube erzeugt. Er ist ein leichter, frischer Rotwein.

- **Beaujolais:** Aus dem ganzen Gebiet.
- **Beaujolais-Villages:** Aus 39 ausgesuchten Gemeinden.
- **Beaujolais Nouveau (oder Primeur):** Ganz junger, frischer, leichter Rotwein, der bereits am dritten Donnerstag im November in den Handel kommt. Er ist leicht spritzig.

Wussten Sie, dass ...
Beaujolais leicht gekühlt serviert wird?

Zu diesen allgemeinen Appellationen gibt es zusätzlich Crus, die ihre Gemeinde- bzw. Gebietsbezeichnungen tragen dürfen. Die bekanntesten sind jene aus **Fleurie** und aus **Moulin a Vent**.

2.7 Elsass (Alsace)

Diese Region erstreckt sich zwischen Straßburg im Norden und der Ortschaft Thann im Süden entlang des Rheins. Fast die gesamte Produktion, nämlich 95 Prozent, entfällt auf Weißweine, die meist reinsortig ausgebaut werden.
Die **Hauptrebsorten** sind Pinot blanc, Traminer, Gewürztraminer, Riesling, Sylvaner, Tokay d'Alsace (Pinot gris) und Muscat (Weißweinreben) sowie Pinot noir (Rotweinrebe).

Eine Spezialität des Elsass ist der **Edelzwicker,** der aus mehreren elsässischen Rebsorten hergestellt wird.
In guten Jahren werden aus Riesling, Pinot gris, Muscat und Gewürztraminer ausgezeichnete Spätlesen, sogenannte Vendanges tardives oder Sélections des grains nobles (Auslesen von edelfaulen Beeren) produziert.
Auf den Etiketten der für das Elsass typischen schlanken Flaschenformen (Flûtes) sind neben der Appellation auch die Rebsorten angegeben.

2.8 Loiretal (Val de Loire)

Die Weine dieser Region differieren qualitativ sehr stark, da die Region sehr unterschiedliche geologische und klimatische Bedingungen aufweist. Ein typisches Merkmal der Loire-Weine ist aber ihre feine Fruchtigkeit. Die Weinbauregion gliedert sich in vier Anbauzonen:
- **Nantais:** Heimat und Hauptanbaugebiet der Muscadet-Rebe. Ein bekannter Wein heißt Muscadet de Sèvre et Maine.
- **Anjou-Saumur:** Weinspezialitäten sind sehr trockene, aber auch sehr süße Weißweine sowie hervorragende Roséweine.
- **Touraine.**
- **Zentralzone:** Der Name leitet sich von der Zentrumslage in Frankreich ab. Von hier kommen hervorragende trockene Weißweine aus der Rebsorte Sauvignon blanc wie der Pouilly-Fumé und der Sancerre.

Weitere Weinbauregionen
- Savoyen und Juragebiet (Savoie et Franche-Comté).
- Korsika (Corse).
- Champagnergebiet: Heimat des Champagners (siehe Seite 122 ff.).
- Charente (Cognacgebiet): Die Charente ist das gesetzlich geschützte Produktionsgebiet des Cognacs (siehe Seite 138 ff.).

Die Loire ist mit ca. 1.000 km der längste Fluss Frankreichs. Die Loireschlösser sind Anziehungspunkte für Touristen.

? Fragen und Arbeitsaufgaben

1. Wie lauten die vier Weingüteklassen in Frankreich? Welche gesetzlichen Anforderungen müssen erfüllt werden?
2. Nennen Sie die französischen Weinbauregionen und ihre Gebiete.
3. Wie wird in der Region Bordeaux die Klassifizierung vorgenommen?
4. Was unterscheidet die Burgunderweine von den restlichen Weinen Frankreichs?
5. Welches Gebiet ist mit „Herzstück von Burgund" gemeint? Nennen Sie die zwei Distrikte und einige bekannte Weine.
6. Wie charakterisieren Sie die Weine aus folgenden Gebieten: Chablis, Médoc, Sauternes, Saint-Émilion, Rhonetal, Beaujolais?
7. Aus welchen Anbaugebieten stammen die folgenden Weine: Edelzwicker, Beaujolais, Château Pétrus, Chablis, Château d'Yquem, Château Haut Brion, Château Margaux?

Weinbau in Italien

Italien erzeugt etwa ein Fünftel der Weltweinproduktion. In allen 20 Regionen gibt es günstige Bedingungen für den Weinbau.

Unter den Wein herstellenden Ländern der Welt nimmt Italien neben Frankreich einen führenden Platz ein. Seit über 2.500 Jahren wird in Italien intensiver Weinbau betrieben. Die Gesamtanbaufläche beträgt heute rund 800.000 Hektar. Jährlich werden 50 Millionen Hektoliter Wein erzeugt.

Der Geschmack und die Qualität der italienischen Weine sind sehr unterschiedlich, bedingt durch die verschiedenen Klimazonen. Man findet trockene, herbe und süße Rot- und Weißweine sowie frische Roséweine. Italien erzeugt auch eine Reihe von Schaumweinen (Spumantes) und versetzten Weinen.

In den letzten 25 Jahren hat sich ein Wandel im italienischen Weinbau vollzogen. Die Qualitätsweinproduktion hat, ausgehend von der Toskana, die absolute Oberhand. Die Region Venetien mit den Weinen Soave und Valpolicella führt die Produktion von Spitzenweinen an. Im Piemont werden überproportional viele Qualitätsweine erzeugt. Im Süden des Landes, zB in Kampanien, hat der Wandel etwas länger gedauert.

🎯 Unsere Ziele

Nach Bearbeitung dieses Kapitels werden Sie

- die Weingüteklassen Italiens nennen können,
- über die landestypischen Rebsorten Auskunft geben können,
- die Weinbauregionen bzw. -gebiete Italiens beschreiben und ihre bekanntesten Weine nennen können.

Weinbau in Italien

1 Weingüteklassen

Die im August 2009 geänderte EU-Weinmarktordnung zieht natürlich auch in Italien eine Änderung der Qualitätsstufen nach sich. Die neuen sind:
- **Vino** (für Vino da tavola)
- **I. G. P.** (Indicazione Geografica Protetta (für I. G. T.)
- **D. O. P.** (Denominazione di Origine Protetta (für D. O. C. und D. O. C. G.)

Die Übergangsfrist gilt bis August 2011.

Das italienische Weingesetz legt vier Qualitätsklassen fest:	
Vini da tavola (Tafelweine)	■ keine Mengen- oder Qualitätskontrollen; der gute Ruf des Abfüllers oder Erzeugers bürgt für die Qualität des Weines ■ seit 1996 nur Angabe „rosso" oder „bianco" ohne jegliche Herkunfts-, Sorten- und Jahrgangsbezeichnung; davor waren einige der besten Weine, zB die „Super-Toskaner", in dieser Kategorie
Vini da tavola indicazione geografica typica (Tafelweine mit typischer geografischer Herkunft – I. G. T.)	■ zu 85 % aus einem durch Gesetz bestimmten Anbaugebiet ■ aus Trauben, die für das betreffende Gebiet zugelassen oder empfohlen sind ■ häufig benannt nach der Provinz oder Region
D.-O.-C.-Weine (Denominazione di origine controllata)	■ Qualitätsweine mit kontrollierter Ursprungsbezeichnung ■ genaue Abgrenzung des Anbaugebietes ■ Mindestalkoholgehalt, Qualitätsprüfung ■ vorgeschriebene Rebsorten, Weinbereitungsmethoden und Höchsterträge pro Hektar
D.-O.-C.-G.-Weine (Denominazione di origine controllata e garantita)	■ höchste Qualitätsstufe; Qualitätsweine mit kontrollierter und garantierter Ursprungsbezeichnung ■ müssen neben den Qualifikationen der D.-O.-C.-Weine auch vom Erzeuger abgefüllt werden ■ nur aus erstklassigen Lagen ■ werden zusätzlich mit staatlicher Banderole versehen ■ Die Liste der D.-O.-C.-G.-Weine wird ständig erweitert

Region	D.-O.-C.-G.-Rotweine	D.-O.-C.-G.-Weißweine	D.-O.-C.-G.-Schaumweine
Piemont	Barolo, Barbaresco, Brachetto d'Acqui, Gattinara, Ghemme, Roero, Dolcetto di Dogliano Superiore, Barbera d'Asti, Barbera d'Asti Superiore, Barbera del Monferrato Superiore, Dolcetto di Ovada Superiore	Gavi, Roero Arneis	Moscato d'Asti, Asti spumante, Roero Arneis spumante
Toskana	Carmignano, Chianti, Chianti Classico, Chianti Montespertoli, Brunello di Montalcino, Vino Nobile di Montepulciano, Elba Aleatico Passito	Vernaccia di San Gimignano	
Venetien	Bardolino Superiore und Bardolino Classico Superiore Amarone della Valpolicella, Recioto della Valpolicella	Soave Superiore, Recioto di Soave, Recioto di Gambellara	Conegliano Valdobbiadene Prosecco Superiore, Asolo Prosecco Superiore
Umbrien	Sagrantino di Montefalco, Torgiano Rosso Riserva		
Kampanien	Taurasi	Fiano d'Avellino, Greco di Tufo	
Lombardei	Valtellina Superiore und Sforzato, Moscato di Scanzo		Franciacorta, Oltrepò Pavese Spumante Metodo Classico
Abruzzen	Montepulciano d'Abruzzo delle Colline Teramane		
Sizilien	Cerasuolo di Vittoria		
Marken	Rosso Conero Riserva	Verdicchio di Matelica Riserva, Verdicchio Castelli di Jesi Riserva, Verdicchio Castelli di Jesi Classico Riserva	Vernaccia di Serrapetrona
Latium	Cesanese del Piglio		
Sardinien		Vermentino di Gallura	
Emilien		Albana di Romagna	
Friaul-Julisch Venetien		Verduzzo di Ramandolo, Picolit	
Basilikata	Aglianico del Vulture		

2 Rebsorten

Kein Land auf der Erde weist eine solche Vielzahl an verschiedenen Rebsorten auf wie Italien. Fast 150 Sorten sind heute für die Erzeugung der D.-O.-P.-Weine zugelassen.

Die weißen Rebsorten sind vor allem: Albana, Malvasia, Moscato, Prosecco, Riesling Italico, Riesling Renano (Riesling), Tocai Friulano, Pinot grigio, Trebbiano, Verdicchio, Vernaccia

Die blauen Rebsorten sind vor allem: Barbera, Brunello, Dolcetto, Lambrusco, Nebbiolo, Sangiovese (die meist kultivierte Sorte Italiens), Merlot, Cabernet Sauvignon, Cabernet Franc

Riesling Italico = Welschriesling

Pinot grigio = Ruländer, Grauer Burgunder

3 Weinbauregionen und -gebiete in Italien

Die kleineren Weinbauregionen Aostatal, Abruzzen, Molise, Basilikata und Kalabrien sind nicht näher beschrieben.

www.weinlanditalien.de

3.1 Südtirol (Alto Adige)

Südtirol verfügt über eine hoch spezialisierte Weinwirtschaft – auf einer relativ kleinen Anbaufläche wird ein sehr hoher Anteil an Qualitätsweinen gewonnen.
Im internationalen Vergleich kann Südtirol sehr gut bestehen und ist sogar dabei, seine Position auszubauen. Ein hoher Anteil des erzeugten Weines geht in den Export, wobei vor allem Österreich und Deutschland Hauptabnehmer sind.
Bis auf wenige Ausnahmen wird der Rebbau auf Hang- und Hügellagen betrieben. Typisch ist das Pergolasystem. Vor allem die Weißweine aus Chardonnaytrauben und aus den Burgundersorten haben in der letzten Zeit von sich reden gemacht. Auch die Rotweine Lagrein dunkel, Cabernet Sauvignon und Merlot sind hervorragend.
Die bekanntesten Rebsorten für die Weißweinerzeugung sind Weißburgunder, Chardonnay, Ruländer, Gewürztraminer, Rheinriesling und Welschriesling (in Südtirol Weißfraneler).

Rosen als Abschluss eines im Pergolasystem errichteten Weingartens

Weinbau in Italien

Pinot nero = Blauer Burgunder

Die bekanntesten Rebsorten für die Rotweinerzeugung sind Vernatsch (45 %), Lagrein dunkel (6 %), Pinot nero, Cabernet Sauvignon, Cabernet Franc und Merlot.

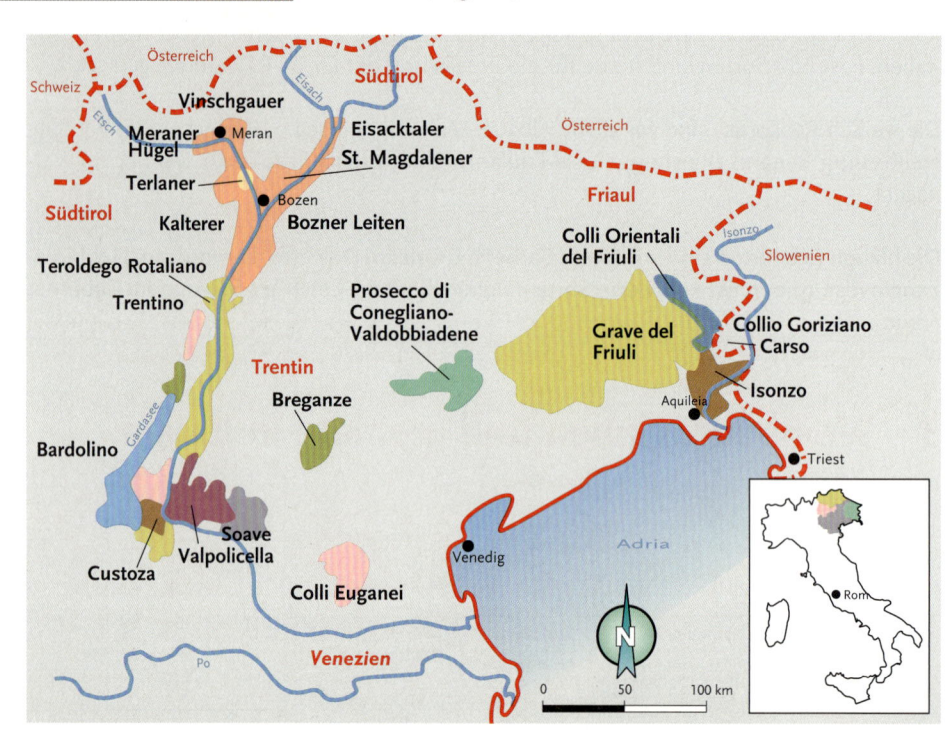

Kellerei St. Michael in Eppan, Lage St. Valentin

Südtirol oder Südtiroler

Es sind Weiß-, Rosé- und Rotweine, die aus einer Vielzahl von Rebsorten (meist reinsortig) erzeugt werden. Sie tragen die Namen der Rebsorten. Bozner Leiten, Meraner Hügel und St. Magdalener werden aus Vernatschtrauben hergestellt. Der Südtiroler weiß ist eine Cuvée aus mindestens 75 Prozent Chardonnay, Grau- und Weißburgunder. Bei den Rotweinen wird die Cuvée Lagrein-Merlot angeboten.

Weitere Weine sind Südtirol mit der Unterbezeichnung **Eisacktaler,** Südtirol mit der Unterbezeichnung **Terlaner** und Südtirol mit der Unterbezeichnung **Vinschgauer.**

Kalterer See oder Kalterer

Rotweine aus bestimmten Gemeinden der Provinz Bozen sowie einigen Gemeinden in der Provinz Trient. Er wird aus Großvernatsch und/oder Edelvernatsch und Grauvernatsch erzeugt.

Bekannte Südtiroler Weinerzeuger sind: J. Hofstätter, Josef Brigl, Elena Walch, Franz Gojer, Alois Lageder, Schloss Schwanburg sowie viele Kellereigenossenschaften, ua Schreckbichl und Laimburg

3.2 Trentin (Trentino)

Die autonome Provinz grenzt im Norden an Südtirol. Auch hier bilden Weine aus der Vernatschrebe („Schiava" genannt) die größte Gruppe. Teroldego (rot), Marzemino (rot) und Nosiola (weiß) sind lokale Rebsorten, die in guten Weinjahren ausgezeichnete Qualitäten hervorbringen. Auch die Schaumweinerzeugung nach der Metodo Classico (dem Flaschengärverfahren) hat hier eine lange Tradition.

3.3 Piemont (Piemonte)

Diese Region mit Grenzen zu Frankreich und zur Schweiz ist eine der namhaftesten italienischen Weinbauregionen mit einer Fülle verschiedenartigster Rotweine, die 90 Prozent der Weinproduktion ausmachen. Die roten Hauptrebsorten sind Barbera, Dolcetto und Nebbiolo. Daneben finden sich einige Weißweine wie Arneis und Gavi (aus der Cortese-Rebe). Gleichzeitig ist die Region das Ursprungsgebiet des Asti spumante sowie des Moscato d'Asti. Beides Schaumweine aus der Moscato-Rebe, die das Prädikat D.-O.-C.-G haben. Berühmt gemacht hat das Piemont auch der Wermut (siehe versetzte Weine), der erstmals im 18. Jahrhundert in Turin produziert wurde.

Bekannte Weine

Die D.-O.-C.-G.-Rotweine **Barolo, Barbaresco, Brachetto d'Acqui, Ghemme, Gattinara, Dolcetto di Dogliani Superiore Barbera d'Asti, Barbera del Monferrato Superiore, Dolcetto di Ovada Superiore** und **Roero** bilden die Spitze der Piemonteser Rotweine. Sie sind sehr gut lagerfähig und haben, bedingt durch Klima und Herkunft, unterschiedliche Charaktere. Weitere bekannte Rotweine sind Barbera d'Alba, Dolcetto d'Alba, Nebbiolo d'Alba.

3.4 Lombardei (Lombardia)

Diese Region liegt im Norden Italiens. Die qualitative Bedeutung der einzelnen Anbaugebiete ist sehr unterschiedlich. Die gegenwärtig besten Weine kommen aus dem Franciacorta (D.-O.-C.-G.-Schaumweine) und vom Gardasee. In der Lombardei sind sortenreine Weine deutlich in der Minderheit, rote und weiße Mischsätze überwiegen.

Bekannte Weine

Ein klassischer Mischsatz ist der Oltrepò Pavese. Der Valtellina ist ein Rotwein aus mindestens 80 Prozent Nebbiolotrauben. Valtellina Superiore, Moscato di Scanzo und Sforzato tragen das D.-O.-C.-G.-Prädikat. Bei Superiore-Weinen handelt es sich um Weine, deren Alkoholgehalt das vorgeschriebene Minimum überschreitet; manchmal auch ein Hinweis auf eine längere Lagerzeit und eine höhere Qualitätsstufe.

3.5 Friaul (Friuli) – Julisch Venetien (Venezia Giulia)

Das Friaul (grenzt an Österreich und Slowenien) gilt als die wichtigste Weißweinregion Italiens. Der Anteil an Weißweinen beträgt 60 Prozent. Sie sind fruchtig und mit guter Säure versehen. In den letzten Jahren hat auch der Ausbau von hochwertigen Rotweinen einen großen Aufschwung genommen. Die weißen Hauptrebsorten sind Chardonnay, Riesling renano, Riesling Italico, Sauvignon blanc, Pinot bianco, Pinot grigio, Friulano, Ribolla, Verduzzo (Verduzzo di Ramandolo mit D.-O.-C.-G.-Prädikat) und Picolit (Colli Orientali del Friuli mit D.-O.-C.-G.-Prädikat). Bei den Rotweinsorten überwiegen Cabernet Franc, Merlot und Pinot nero sowie die wiederentdeckten Sorten Refosco, Schiopettino und Tazzelenghe. Die besten Weine kommen aus dem **Collio** (Hügellandschaft in der Provinz Görz an der Grenze zu Slowenien) und dem **Colli Orientali del Friuli** (östlich von Udine). Der Hauptteil der Friulaner Weine kommt aus dem Grave del Friuli.

3.6 Ligurien (Liguria)

Diese Region bringt die bekannten **Cinque-terre-Weine** hervor. Sie wachsen auf den steil ins Meer fallenden Hängen westlich von La Spezia.
Ein trockener, fruchtiger Rotwein ist der aus dem westlichen Teil stammende Rossese di Dolceacqua. „Dolce acqua", wörtlich süßer Wein, ist eigentlich eine irreführende Bezeichnung.

3.7 Venetien (Veneto)

Die Region zwischen Gardasee und Venedig bringt ausgezeichnete Weine hervor. Venetien ist durch außerordentlich fruchtbare Böden und das gemäßigte Klima sehr begünstigt.

Bekannte Weine

Valpolicella (rubinroter, trockener Wein mit traubigem Aroma), Amarone (Rotwein aus angetrockneten Trauben), Soave (trockener, kräftiger Weißwein mit guter Frucht) und Soave Superiore (D.-O.-C.-G.-Wein), Recioto di Soave (süßer, fruchtiger, weißer D.-O.-C.-G.-Dessertwein aus getrockneten Trauben), Bianco di Custozza (milder Weißwein), Bardolino (trockene, harmonische und fruchtige Rot- und Roséweine vom Gardasee), Bardolino Superiore und Bardolino Classico Superiore (D.-O.-C.-G.-Weine), Colli Euganei (Weiß- und Rotweine aus der Nähe von Padua), Conegliano Valdobbiadene Prosecco Superiore (D.-O.-C.-G.-Schaumwein), Asolo Prosecco Superiore (D.-O.-C.-G.-Schaumwein).

Kleines Abc der Etikettensprache

Abboccato/amabile: lieblich

Annata: Jahrgang; junger Wein des aktuellen Jahrgangs

Cantina: Kellerei

Castello: „Schloss"; häufiger Name für ein Weingut

Classico: noch enger eingegrenzte Gebiete in einem D.-O.-C.-Bereich

Dolce: süß

Passito: Strohwein

Secco: trocken

Vino bianco: Weißwein

Vino liquoroso: Likörwein, aufgespritet (mindestens 16 Vol.-%)

Vino rosato: Roséwein

Vino rosso: Rotwein

Frizzante = italienisch für leicht perlend; Bezeichnung für einen Perlwein, der zumeist aus Norditalien stammt.

Spumante = Bezeichnung für alle schäumenden italienischen Weine

Der Lambrusco ist immer leicht prickelnd

💡 Zwischen Frizzante und Spumante besteht ein Unterschied in der Erzeugung. Schlagen Sie nach im Kapitel „Schaumweine".

Maremma (Toskana)

Riserva = der Wein wurde über einen längeren Zeitraum gelagert.

3.8 Emilien (Emilia-Romagna)

Emilien ist die zweitgrößte Weinbauregion in Norditalien.

Bekannte Weine
Lambrusco (leicht prickelnde Rot- und Roséweine aus mehreren Gebieten Emiliens, wobei ein Teil der erzeugten Menge als D.-O.-C.-Wein eingestuft ist), Sangiovese di Romagna (Rotwein), Trebbiano di Romagna (Weißwein) und vor allem Albana di Romagna (D.-O.-C.-G.-Weißwein)

3.9 Toskana (Toscana)

Die mittelitalienische Region mit ihrer Hauptstadt Florenz ist die Heimat des im Ausland bekanntesten italienischen Weines, des **Chianti**. Die Landschaft Chianti, die dem Wein auch den Namen gegeben hat, erstreckt sich zwischen Florenz und Siena. Das Mischungsverhältnis von roten und weißen Traubensorten für die Herstellung von Chianti ist gesetzlich geschützt. Chianti, Chianti Classico und Chianti Montespertoli sind als D.-O.-C.-G.-Weine klassifiziert. Beim Chianti Classico müssen seit 2006 die weißen Trauben weggelassen werden.
Weitere D.-O.-C.-G.-Weine sind die Rotweine **Brunello di Montalcino** (erhielt als erster italienischer Wein das D.-O.-C.-G.-Prädikat), **Vino Nobile di Montepulciano, Morellino di Scansano, Carmignano, Elba Aleatico Passito** sowie der Weißwein **Vernaccia di San Gimignano.**

Weitere bekannte Weine
Rosso di Montepulciano und Rosso di Montalcino sowie Sassicaia und Ornellaia aus der Maremma, einem küstennahen Landstrich südlich von Livorno.

3.10 Marken (Marche)

Östlich der Toskana an der Adria gelegen, sind die Marken die Heimat der hervorragenden trockenen Verdicchio-Weißweine (mit D.-O.-C.-G.-Prädikat), des Verdicchio dei Castelli di Jesi und des Verdicchio di Matelica. Ein bekannter Rotwein ist der Rosso Conero. Der rote Schaumwein Vernaccia di Serrapetrona trägt das D.-O.-C.-G.-Prädikat.

3.11 Umbrien (Umbria)

Inmitten der italienischen Halbinsel zwischen der Toskana und Rom gelegen, ist Umbrien das grüne Herzstück Italiens. Am Trasimenischen See befinden sich die Colli del Trasimeno, ein D.-O.-C.-Gebiet mit trockenen Weiß- und Rotweinen.

Bekannte Weine
Orvieto (trockener bis süßer Weißwein), Torgiano (Weiß-, Rosé-, Rot- und Schaumweine), Torgiano Rosso Riserva (D.-O.-C.-G.-Rotwein aus der Gemeinde Torgiano bei Perugia), Sagrantino di Montefalco (starke Rot- und Dessertweine mit D.-O.-C.-G.-Prädikat)

3.12 Latium (Lazio)

Diese fruchtbare Weinbauzone liegt östlich von Rom.

Bekannte Weine
Cesanese del Piglio (D.-O.-C.-G.-Rotwein), Frascati (strohgelber, milder Weißwein von den Hügeln um Rom), Est! Est!! Est!!! di Montefiascone (trockener, frischer, fruchtiger Weißwein mit leichtem Mandelgeschmack).

3.13 Kampanien (Campania)

Die Region ist sowohl von ihren heißen und mediterranen klimatischen Bedingungen als auch von den hauptsächlich vulkanischen Böden für den Weinbau hervorragend geeignet.

Bekannte Weine
Taurasi (kräftiger, würziger D.-O.-C.-G.-Rotwein), Vesuvio und Lacryma Christi del Vesuvio (Weiß-, Rosé- und Rotweine von den Hängen des Vesuvs), Fiano di Avellino (trockener D.-O.-C.-G.-Weißwein), Greco di Tufo (trockene, fruchtige D.-O.-C.-G.-Weißweine und Schaumweine)

3.14 Apulien (Puglia)

Die Ferse des italienischen Stiefels ist die zweitgrößte Weinbauregion Italiens. Der Anteil an Qualitätsweinen beträgt jedoch lediglich knapp vier Prozent.

Bekannte Weine
Castel del Monte (aus der Provinz Bari), Primitivo di Manduria und Salice Salentino sowie die aus dem Gebiet Salento stammenden I.-G.-T.-Weine Gratticciaia und Duca d'Aragona

3.15 Sardinien (Sardegna)

Die Insel im Mittelmeer ist die drittgrößte Region, die aufgrund ihrer isolierten Lage und ihres eigenen Volksstammes als eigenwillig gilt. Diese Eigenwilligkeit spiegelt sich auch in den Weinen wider. Die Weine sind kräftig und alkoholreich.

Bekannte Weine
Vermentino di Gallura (kräftiger, fruchtiger D.-O.-C.-G.-Weißwein), Cannonau di Sardegna, Marchese di Villamarina, Vernaccia di Oristano

3.16 Sizilien (Sicilia)

Durch die klimatischen Bedingungen war die Insel Sizilien jahrzehntelang eine Region der Dessertweine (vgl. Marsala). In den letzten Jahren wurden neue Rebsorten kultiviert, aus denen hervorragende Qualitätsweine gekeltert werden. 80 Prozent aller sizilianischen Weine stammen aus Genossenschaftskellereien. Einigen privaten Erzeugern ist es nunmehr gelungen, Weine herzustellen, die sich in die Spitze der italienischen Weinproduktion einreihen.

Bekannte Weine
Nero d'Avola (Rotwein), Cerasuolo di Vittoria (D.-O.-C.-G.-Rotwein), Alcamo (Weißwein), Contessa Entellina (Weißwein), Moscato di Pantelleria (weißer Dessertwein, aber auch Weißwein und Schaumwein), Litra, Duca Enrico, Rosso del Conte, Terre d'Agala, Chardonnay Planeta und Terre di Ginestra

Castel del Monte – das weithin sichtbare Wahrzeichen Apuliens

Zibibbo-Ernte für den Moscato di Pantelleria

? Fragen und Arbeitsaufgaben

1. Wie lauten die Weingüteklassen Italiens? Welche Anforderungen müssen die Weine erfüllen?
2. Wo liegt der Unterschied zwischen D.-O.-C.-Weinen und D.-O.-C.-G.-Weinen?
3. Nennen Sie vier weiße Rebsorten und vier rote Rebsorten, die typisch für den Weinanbau in Italien sind.
4. Wie heißen die Weinbauregionen Italiens?
5. Wie heißt das Ursprungsgebiet des Asti spumante und des Moscato d'Asti?
6. Welche Weine bilden die Spitze der Piemonteser Rotweine?
7. Nennen Sie einige bekannte Weine aus Venetien.
8. In welcher Weinbauregion liegt die Landschaft Chianti?
9. Nennen Sie einige D.-O.-C.-G.-Weine der Toskana.
10. Aus welchen Anbauregionen bzw. -gebieten stammen die folgenden Weine: Barolo, Eisacktaler, Brunello di Montalcino, Ghemme, Oltrepò Pavese, Cinque-terre-Weine, Soave, Bardolino, Conegliano Valdobbiadene Prosecco Superiore, St. Magdalener?

Weinbauländer

Weitere Weinbauländer

In den letzten Jahren haben neue Weinbauländer den etablierten Weinländern Europas Konkurrenz gemacht. Zuerst waren es nur die Kalifornier, die mit hervorragenden Qualitäten aufwarteten. Heute sehen sich die europäischen Winzer einer zunehmenden Anzahl von Mitbewerbern aus Chile, Argentinien, Südafrika, Australien und Neuseeland gegenüber.

Unsere Ziele

Nach Bearbeitung dieses Kapitels werden Sie die bedeutendsten Weinbaugebiete und Weine aus folgenden Ländern nennen können:
- Spanien
- Portugal
- Schweiz
- Ungarn
- Slowenien
- Griechenland

Neue Welt
- Kalifornien
- Chile
- Argentinien
- Südafrika
- Australien
- Neuseeland

Bei Spanien, Portugal, Schweiz, Ungarn, Slowenien und Griechenland spricht man von der **alten Weinwelt.** Alle anderen Länder bezeichnet man als **neue Weinwelt.**

1 Spanien

Flächenmäßig ist Spanien das größte Weinbauland der Welt (1,2 Millionen Hektar), das jedoch aufgrund der geringeren Weinproduktion (40–42 Millionen Hektoliter) nach Frankreich und Italien an dritter Stelle rangiert. Rund ein Drittel der erzeugten Weine sind Rotweine. Weltweite Bedeutung als Weinbauland hat Spanien durch den Sherry (siehe Seite 137 f.). In den letzten Jahren haben Gebiete wie Rioja, Ribera del Duero, Penedès, Priorato, Somontano und Toro ein hohes Qualitätsniveau geschaffen. Der Schaumwein Cava (siehe Seite 133) ist weit über die Grenzen Spaniens bekannt.

La Mancha   Penedès

Priorata   Rioja

Der Consejo Regulador (regionale Kontrollbehörde) vergibt die D.-O.-Siegel

1.1 Weingüteklassen

Wie in Frankreich und Italien wird die Weinqualität in Spanien nach der Herkunft bestimmt.

Vinos de Mesa/VdM (Tischweine) mit den zwei Bezeichnungen:	Es werden einige der besten spanischen Weine unter dieser Bezeichnung abgefüllt. Meist sind sie von Winzern, die am Rande oder außerhalb von D.-O.-Gebieten liegen, zB Bodegas Mauro und Abadia Retuerta in Ribera del Duero.
Vino de Mesa	Gebiet und zugelassene Rebsorten sind angegeben.
Vino de la Tierra	Muss Mindestalkoholgehalt aufweisen; wird einer Prüfung unterzogen; traditionelle Bezeichnung: z. B. Vino de la Tierra de Castilla (Landwein).
Vinos de Calidad Producidos en una Región Determinada mit den Bezeichnungen:	Qualitätsweine mit geografischer Ursprungsbezeichnung.
Vino de Calidad con Indicación Geografica/ VICG	Bestimmte Region (engere geografische Herkunftsbezeichnung); Angabe: Vino de Calidad de ... (Ortsname).
Denominación de Origen/D.O.	Qualitätswein mit kontrollierter Ursprungsbezeichnung; Festlegung der Anbauzonen, Rebsorten, Ertragsgrenzen, Alkoholgrade etc. durch regionale Kontrollbehörden (Consejo Regulador).
Denominación de Origen Calificada/ D.O.Ca.	Qualitätswein mit besonders strengen Bestimmungen; entspricht ungefähr den italienischen D.-O.-C.-G.-Weinen.
Vino de Pago und **Vino de Pago Calificado**	Lagenwein; die maximale Ausdehnung ist durch die zuständige Behörde reglementiert; muss mindestens seit fünf Jahren auf dem Markt sein.

💡 Die im August 2009 geänderte EU-Weinmarktordnung zieht natürlich auch in Spanien eine Änderung der Qualitätsstufen nach sich. Die neuen sind:

- **Wein ohne DOP oder IGT** wird als „Wein aus Spanien", „Produziert in Spanien" oder „Produkt aus Spanien" auf dem Etikett ausgewiesen.
- **IGP (Indicación Geográfica Protegida)** Vino de la Tierra (Landwein) + Region, aus der der Wein stammt.
- **DOP (Denominación de Origen Protegida)** Qualitätsweine mit Herkunftsbezeichnung, wie
Vino de pago,
Vino de pago calificado,
Denominación de Origen (z. B. Penedès),
Denominación de Origen Calificada (z. B. Rioja) und
Vino de calidad de (z. B. Castilla y León),
weiters
Vino dulce natural,
Vino generoso und
Vino generoso de licor.

Die Übergangsfrist gilt bis August 2011.

1.2 Weinbauregionen und Weinbaugebiete in Spanien

Spanien ist in 17 Weinbauregionen eingeteilt. In ihnen befinden sich 73 Qualitätsweinbaugebiete (D.-O.-Gebiete) – Stand 2010.

La Rioja

Von Frankreich über die Pyrenäen kommend erreicht man den Ebro. Am Mittellauf erstreckt sich auf zirka 120 Kilometer Länge die bekannteste Weinregion Spaniens. Bereits 1926 wurde die Region gesetzlich eingegrenzt, seit 1991 hat sie den Status D.O.Ca. Sie wird in die Zonen Rioja Alta, Rioja Alavesa und Rioja Baja eingeteilt. Die Zonen reichen teilweise in das benachbarte Baskenland und nach Navarra.

Weinbauländer

Die meisten Riojaweine haben einen Anteil von mindestens 50 Prozent an der Rebsorte Tempranillo. Manche bestehen auch zu 100 Prozent aus ihr. Sie gibt den Weinen den fruchtigen, duftbetonten Charakter sowie ihr Reifepotenzial.

Die Weine aus der Rioja Alta gelten als die besten. Sie enthalten neben der Tempranillo einen Anteil an Garnacha tinta, Graciano und Mazuelo.

Die Weißweine werden vorwiegend aus Viura und Malvasia mit einem geringen Anteil von Garnacha blanca erzeugt.

Bekannte Erzeuger sind ua Marqués de Riscal, Conde de Valdemar und Remelluri.

www.winesfromspain.com

Die Regionen Baskenland, Extremadura, Kastilien-La Mancha sowie die Kanarischen Inseln und die Balearen sind nicht näher beschrieben.

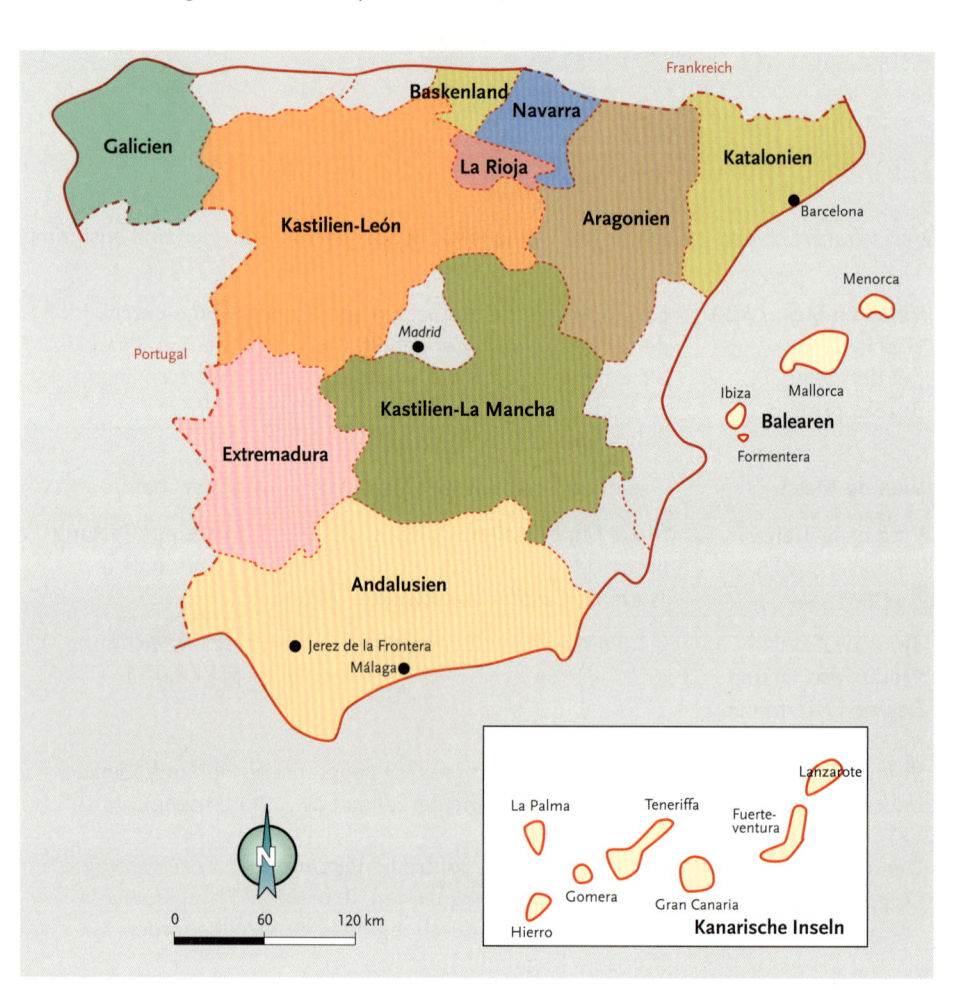

Navarra

Neben der bereits erwähnten Rioja-Baja-Zone umfasst die Region das D.-O.-Gebiet gleichen Namens, also D.O. Navarra. Das Gebiet gilt als eines der dynamischten und erfolgreichsten Weinbaugebiete Spaniens. Am bekanntesten und besten sind die Rosé- und Rotweine, die fast ausschließlich aus Garnachatrauben hergestellt werden.

Galicien

In dieser Region wachsen elegante, leichte und sehr frische Weißweine. Besonders bekannt sind die Weißweine aus dem D.-O.-Gebiet **Rias Baixas.** Sie sind trocken und fruchtig aus der Albariño-Rebe hergestellt.

Kastilien-Leon

Die beiden Flüsse der Region, Ebro und Duero, schwächen die hier herrschenden extremen klimatischen Bedingungen weitgehend ab. In Kastilien-Leon gibt es eine Reihe geschützter Gebiete, das größte Prestige unter ihnen genießt **Ribera del Duero.** Es werden überwiegend Rotweine erzeugt. Hauptrebsorte ist die Tinta del Pais, eine Variante der Riojatraube Tempranillo. Sie ist besonders für den Ausbau im Barrique geeignet. Die Weine sind sehr komplex und gut lagerfähig. Die Anbauzone wurde vor allem durch das Weingut **Vega Sicilia** berühmt. Die Weine sind füllig, fruchtig, alkoholreich und lagern viele Jahre in verschiedenen Holzfässern. Der **Tinto Pesquera** ist schon jung gut zugänglich, dunkel, körperreich, mit viel Beerenfrucht und einem zarten Vanillearoma.

Aragonien

Die Region im nördlichen Teil Spaniens ist sehr trocken. Lediglich in der Nähe des Ebro findet man eine etwas höhere Luftfeuchtigkeit. Der Anteil an Qualitätsweinen ist gering. Hervorzuheben sind die D.-O.-Gebiete Cariñena und Somontano.

Katalonien

Katalonien mit der Hauptstadt Barcelona, eine der größten und vielfältigsten Regionen Spaniens, verfügt über zehn Anbauzonen mit kontrollierter Ursprungsbezeichnung. Die zwei bekanntesten Anbauzonen sind Penedès und Priorato, die den ausgezeichneten Ruf der nordspanischen Weine mitbegründet haben.

Im **Penedés** werden rund 75 Prozent Weißweine hergestellt. Sie sind trocken und fruchtig und für rasche Konsumation bestimmt. Besondere Qualitäten, die reinsortig gekeltert werden, sind auch für längere Lagerzeit geeignet. Im Penedés liegt auch das Zentrum der Cavaproduktion (vgl. Schaumweine).

Im **Priorato** (D.-O.-Ca.-Zone) wird Weinbau in kleinen Parzellen oder auf Terrassen auf den vulkanischen Böden steiler Berghänge betrieben. Diese Bodenverhältnisse bestimmen den Charakter der Weine ganz wesentlich. Die Rotweine sind körperreich, alkoholstark (bis 19 Vol.-%) und von tiefdunkler Farbe. Viele Weine dieses Gebietes tragen die Bezeichnung Clos, für einen bestimmten Weinberg bzw. eine bestimmte Lage, zB der Clos de l'Obac. Er wird aus Garnacha- und Cariñena-Reben hergestellt.

Andalusien

Sie ist die südlichste Weinbauregion des Landes. Die Sommer sind trocken und heiß, die Winter sehr gemäßigt. Neben den versetzten Weinen wie Sherry und Malaga werden unter der Bezeichnung Sierras de Málaga bemerkenswerte Rotweine gekeltert.

2 Portugal

Die Weinanbaufläche Portugals beträgt rund 385.00 Hektar. Es werden jährlich 8 Millionen Hektoliter Wein erzeugt, einschließlich der Dessertweine Portwein und Madeira.

2.1 Weingüteklassen

Historisch betrachtet war Portugal weltweit das erste Weinland, das die Grenzen eines Anbaugebietes (das Portweingebiet am Douro) vom Gesetz festlegen ließ, um Weinfälschungen vorzubeugen.

Heute gibt es in Portugal ein ähnliches Appellationssystem wie in Frankreich mit vier Stufen:
- **Vinhos de Mesa** (Tafelweine; mit der neuen EU Weinmarktordnung „Vinho")
- **Vinhos Regional** (Landweine; neu I. G. P.)
- **I.-P.-R.-Weine** (Weine höherer Qualität aus begrenzten Anbaugebieten; neu D. O. P.)
- **D.-O.-C.-Weine** (Weine mit kontrollierter Ursprungsbezeichnung; neu D. O. P.)

2.2 Weinbaugebiete in Portugal

Es wurden 25 D.-O.-C.-Gebiete und 9 I.-P.-R.-Zonen festgelegt. Das Gesetz sieht vor, dass nach fünf Jahren kontinuierlicher Qualitätsentwicklung einer I.P.R.-Zone der D.-O.-C.-Status verliehen werden kann.

Douro

An diesem Fluss wachsen die Reben für den weltberühmten **Portwein** (siehe versetzte Weine). Einige Portweinerzeuger bereiten aber auch geschmeidige Rotweine, trockene Weißweine sowie Roséweine mit steigendem Erfolg zu. Der Roséwein Mateus Rosé wird weltweit exportiert.

Kleines ABC der Etikettensprache

Abocado: halbsüß

Anejo: mindestens 24 Monate in Eichenfässern oder in Flaschen gelagert.

Blanco: weiß

Bodega: Betrieb, der Wein anbaut, erzeugt oder vertreibt. Wörtliche Übersetzung ist Weinkeller.

Crianza oder **Vino de crianza:** (von span. criar „reifen, großziehen"): Wein, der ab dem dritten Jahr mindestens ein Jahr im Eichenfass (Barriqueausbau) gereift hat.

Dulce: süß

Espumoso: schäumend

Noble: mindestens 18 Monate in Eichenfässern oder in Flaschen gelagert.

Reserva: Wein, der mindestens ein Jahr im Eichenholzfass und insgesamt mindestens drei Jahre in Fass und Flasche gereift hat. Der Wein darf also erst im vierten Jahr nach der Ernte ausgeliefert werden. Weißweine müssen sechs Monate im Fass und insgesamt zwei Jahre gelagert werden. Ein **Gran Reserva** muss zwei Jahre im Holzfass (meist aus Eiche) und mindestens drei Jahre in der Flasche (oder einem Tank) lagern. Es dürfen nur Weine aus guten Jahrgängen verwendet werden. Für Weißweine gilt: sechs Monate im Holzfass und dann vier Jahre in der Flasche.

Rosado: Rosé

Seco: trocken

Tinto: rot

Viejo: mindestens 36 Monate gelagert; oxydativer Ausbau.

Dourotal

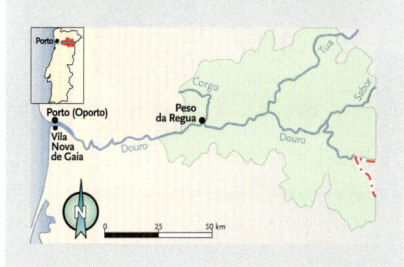

Weinbauländer

Kleines Abc der Etikettensprache
Garrafeira: Spitzenjahrgang eines Rotweines, der mindestens 30 Monate gelagert wurde und zum Besten zählt, womit ein Weinhändler handelt
Maduro: bedeutet reif; gilt für alle Weine, die nach traditioneller Weise lange reifen
Vinho generoso: alkoholreiche Aperitifs bzw. Dessertweine wie Portwein und Madeira

Vinho Verde
Dieses große Gebiet umfasst den gesamten Nordwesten Portugals. Die regenreichen Winde fördern einen intensiven Weinanbau. Der Name „grüner Wein" bezieht sich nicht auf eine grüne Farbe – 55 % der Produktion sind Rotweine –, sondern vielmehr auf die Frische und Spritzigkeit dieses jungen, säurereichen, leichten Weines.

Madeira
Auf der Atlantikinsel wird der bekannte Madeira (siehe versetzte Weine) erzeugt.

3 Schweiz

Auf rund 15.000 Hektar Rebfläche werden zirka 60 Prozent Weißweine, 35 Prozent Rotweine und 5 Prozent Rosé- und Schaumweine erzeugt. Fast alle Weine werden im eigenen Land konsumiert, sodass die Schweizer Weine bei uns kaum bekannt sind.

3.1 Weinbauregionen und Weinbaugebiete in der Schweiz

Die Schweiz umfasst drei Weinbauzonen.

Westschweiz
Die Westschweiz wird unterteilt in die Weinbaugebiete Wallis, Waadt, Genf, Neuenburg, Freiburg und Bern.

Ostschweiz
Die Ostschweiz wird gegliedert in die sechs Gebiete Zürich, Schaffhausen, Aargau, Graubünden, Thurgau und St. Gallen.

Südschweiz
In der Südschweiz zählt der Kanton Tessin als Weinbaugebiet.

3.2 Schweizer Weine und Weinbezeichnungen

Chasselas = schweizer Bezeichnung für Gutedel.

Fendant: Walliser Weißweine aus Chasselas-Trauben.

Johannisberg: Walliser Weißweine der Rebsorte Silvaner.

Pinot noir = Blauer Burgunder oder in der Schweiz üblich für Klevner.

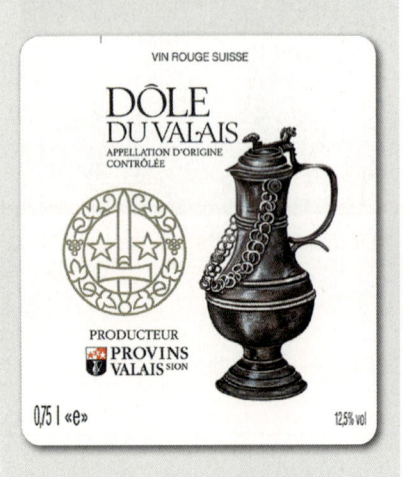

Dôle: Hochwertige Walliser Rotweine aus Pinot-noir-Trauben mit oder ohne Zusatz von Gamay-Trauben.

Dorin: Waadtländer Weißweine aus Chasselas-Trauben.

Perlan: Genfer Weißweine aus Chasselas-Trauben.

Merlot VITI (Vini Ticinesi): Qualitätsmarke für Tessiner Rotweine aus Merlot-Trauben.

Winzer-Wy: Qualitätsmarke für Weine der Ostschweiz.

Œil de Perdrix: Geschützte Bezeichnung für Schweizer Roséwein aus der Blauburgunderrebe.

Süßdruck: Schweizer Bezeichnung für Roséweine.

Schweiz • Ungarn • Slowenien

4   Ungarn

Ungarn hat eine große Weintradition, vor allem durch die berühmten Tokajerweine. Seit dem Ende der kommunistischen Herrschaft wurden viele Weingüter und Kellereien privatisiert. Alte Rebbestände wurden gerodet und durch internationale Sorten ersetzt. Der Anteil der Weißweine liegt bei 70 Prozent. Insgesamt werden auf rund 110.000 Hektar 3–4 Mio. Hektoliter Wein erzeugt.

Weinbaugebiete in Ungarn
Die ungarischen Anbauflächen werden in vier Hauptanbaugebiete eingeteilt.

Alföld
Hier werden vorwiegend Weine für den Inlandsmarkt produziert.

Nordtransdanubien
Im Gebiet nördlich des Plattensees werden vor allem in den Zonen Badacsony, Balatonfüred-Csopak und Balaton-Mellék vollmundige, schwere Weißweine hergestellt. Die verwendeten Rebsorten sind Kéknyelü, Szürkebarat und Olaszrizling.

Südtransdanubien
In diesem Gebiet südlich des Plattensees sind vor allem die Anbauzonen Villány-Siklós und Szekzárd zu nennen. Hier wachsen die besten Rotweine Ungarns. Sie sind dunkel, kraftvoll und würzig. Bevorzugte Rebsorten sind Kékfrankos, Merlot, Blauer Burgunder, Cabernet Franc und Cabernet Sauvignon.

Nordungarn
Eger ist die Heimat des bekannten Rotweines Egri Bikavér (Erlauer Stierblut). Aus der Tokajhegyalja im Nordosten, benannt nach der Stadt Tokaj, kommen die international bekanntesten Qualitätsweine Ungarns, der edelsüße Tokaji aszú und die Tokaji eszencia (siehe Seite 133) sowie der trockene Tokaji Szamorodni.

Kéknyelü = Blaustiel (Weißweinrebe)

Szürkebarat = Pinot gris, Ruländer

Olaszrizling = Welschriesling

Kékfrankos = Blaufränkisch

5   Slowenien

Die drei Weinbauregionen sind **Podravje** (zwischen Mur und Drau), **Posavje** (an der Save) und **Primorska** (an der Adriaküste). Sie sind zwar sehr verschieden, liegen aber alle auf etwa der gleichen geografischen Breite wie Mittelfrankreich und sind daher für den Weinbau besonders gut geeignet. Auf einer Gesamtrebfläche von 21.700 Hektar werden jährlich rund 1 Mio. Hektoliter Wein erzeugt. Mit rund 70 Prozent überwiegt die Weißweinproduktion. Die slowenischen Winzer stellen eine breite Palette von Qualitätsweinen her, die von zarten, frischen und leichten bis zu reichen und gehaltvollen, aromatischen Weinen reicht.
Die Hauptrebsorten für Weißweine sind Laški Rizling (Welschriesling), Chardonnay, Sauvignon blanc, Renski Rizling (Rheinriesling) und Šipon (Furmint). Bei den Rotweinen überwiegen Žametna Črnina, Merlot, Modra Frankinja, Cabernet Sauvignon und Refosko.
Das slowenische Weingesetz unterscheidet die vier Qualitätsstufen Tischweine, Landweine, Qualitätsweine mit geografischer Herkunft sowie Spitzenweine (ähnlich unseren Prädikatsweinen).
In der Regel werden die Weine nach der Rebsorte und dem Namen des Herkunftsgebietes benannt. Sogenannte Gattungsweine werden aus drei bis fünf Sorten eines bestimmten Anbaugebietes hergestellt. Sie werden nur nach ihrer Herkunft benannt, zB Ljutomerčan, Mariborčan oder Vipavec.

In der Region Primorska

Weinbauländer

Das Klima in den griechischen Weinbergen ist großteils sehr heiß.

💡 Auf dem Etikett steht „grown, produced and bottled by" = der Wein stammt garantiert aus dem Weingut
„estate bottled by" = der Wein stammt aus eigenen Weingärten

6 Griechenland

Griechenland ist das älteste europäische Weinbauland. Ein Qualitätsbewusstsein hat sich aber erst in den letzten 20 Jahren entwickelt. Vor allem waren es die EU-Richtlinien, die den Weinbau, die Weinerzeugung und die Weinqualität auf den heutigen Standard brachten. Die bebaute Fläche ist zirka 187.000 Hektar groß. Nur 98.000 Hektar werden für die Weinproduktion genutzt. Der Rest dient der Erzeugung von Tafeltrauben und Rosinen.

Die ureigene Spezialität des Landes ist der **Retsina,** ein einfacher, geharzter Muskatwein, dem von der EU eine eigene traditionelle Bezeichnung zuerkannt wurde. Weiters bekannt ist der **Samos** (vgl. versetzte Weine), ein aromatischer weißer Dessertwein aus Muskatellertrauben von der gleichnamigen Insel.

7 Kalifornien

Im Jahre 1978 wurde nach französischem Vorbild ein Kontrollsystem geschaffen. Das Land wurde in Approved Viticultural Areas (AVAs) eingeteilt. Dabei entscheiden die Weinbaubetriebe selbst – abhängig von Klima, Bodenart, historischen oder politischen Gegebenheiten – über Gebietsmarkierungen und Gebietsgrenzen. Laut amerikanischem Recht muss die Weinfirma und nicht unbedingt das erzeugende Weingut angegeben werden („bottled by").

Weinbauregionen in Kalifornien

Kalifornien ist in fünf Hauptgebiete unterteilt, die North Coast, die Central Coast, die South Coast sowie das Central Valley und die Sierra Foothills.

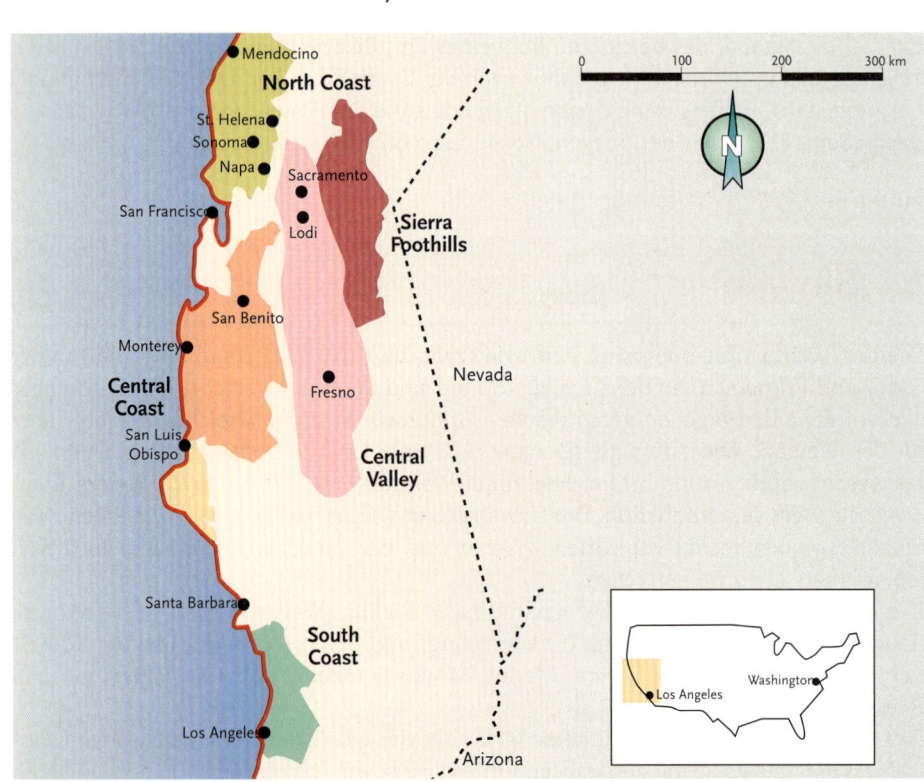

North Coast

Die bekanntesten Weinanbaugebiete Kaliforniens liegen im Bereich der North Coast. Das Klima ist so ähnlich wie das Zwei-Jahreszeiten-Klima des Mittelmeerraumes: kurze, milde Winter und lange, regenlose, warme Sommer. Typisch für die North Coast ist jedoch der anhaltende Nebel im Sommer. Dieser Nebel füllt die Täler oft aus und ist für das kühlere Klima verantwortlich.

Das Herzstück der North Coast ist das **Napa Valley** im Napa County. Hier findet man ein wahres Ballungszentrum des Weinbaus mit klingenden Weinnamen wie Opus One von Mondavi oder den Gütern The Hess Collection und Clos du Val.

Weitere bekannte Weinanbaugebiete der North Coast sind Sonoma mit Sonoma Valley, Russian River Valley, Alexander Valley, Dry Creek Valley, Santa Rosa und Carneros sowie Mendocino und das Lake County.

Die roten Hauptrebsorten sind Cabernet Sauvignon und Merlot sowie Shiraz und Pinot noir. Der rote Zinfandel ist mengenmäßig die führende Sorte. Die Weißweine werden zumeist aus Chardonnay- und Sauvignontrauben hergestellt.

Zinfandel = nicht zu verwechseln mit dem österreichischen Zierfandler; Zinfandel wird für die Erzeugung von Roséweinen, so genannten „Blush-Wines", verwendet; auch als „Kalifornischer Beaujolais" bezeichnet.

Central Coast
Einige der besten und teuersten Pinots noirs und Chardonnays kommen aus den Weingärten der Central Coast (vor allem aus dem Monterey County, dem San Benito County und dem Santa Barbara County).

South Coast
Diese südlichste Anbauregion Kaliforniens erzeugt Weine aus den Sorten Petite Sirah (ergibt dunkle, gerbstoffreiche Rotweine), Cabernet Sauvignon und Chenin blanc, aber auch Botrytis-Weine, die durch die extremen Temperaturschwankungen im Tagesverlauf geprägt sind.

Central Valley
Obwohl nicht alle Trauben zur Weinproduktion verwendet werden, kommen 85 Prozent aller kalifornischen Weine aus diesem Gebiet. Zentren des Weinbaus sind das San Joaquin Valley und das Sacramento Valley.

👉 **Wussten Sie, dass ...**
eine Reihe von amerikanischen Persönlichkeiten Weingüter oder Anteile an Weingütern besitzen? Suchen Sie im Internet: wie heißt der Betrieb des Regisseurs Francis Ford Coppola?

Sierra Foothills
Hier, wo vor 140 Jahren noch Gold gewaschen wurde, wird heute Wein aus Sauvignonblanc-, Riesling- und überwiegend Zinfandel-Trauben erzeugt.

8 Chile

Wie Argentinien gehört Chile zu den wichtigsten Wein produzierenden Ländern Südamerikas. Die Weinindustrie profitiert sehr stark von den unzähligen ausländischen Investoren. Die bebaute Rebfläche wird ständig erweitert und beträgt zurzeit rund 114.500 Hektar. Immer wieder haben in den letzten Jahren einzelne chilenische Rotweine – dunkelrote, dichte, kräftige Gewächse, ganz im Bordeauxstil gehalten – Weinkenner in Erstaunen versetzt. Es sind dies u. a. die Cabernets Don Melchor und Casa Real sowie die Cuvées Seña, Almaviva, Caballo Loco, Clos Apalta und Montes M. An das Niveau der Rotweine konnten die chilenischen Weißweine noch nicht ganz anschließen. Bemerkenswert ist der Chardonnay von Viña Errázuriz.

Die klimatischen Bedingungen für den Weinbau sind im Maipo-Tal bei Santiago und an den westlichen Anden (bis ca. 500 km südlich von Santiago) besonders gut. Insgesamt gibt es kaum ein Land, das günstigere Wachstumsbedingungen für Wein aufweist, als Chile. Es ist mittlerweile der zehntgrößte Weinproduzent der Welt. Die Exportquote ist mit über 55 % sehr hoch.

👉 **Wussten Sie, dass ...**
Chile zu den wenigen Weinbauländern weltweit gehört, die von der Reblausplage verschont wurden?

9 Argentinien

Die für uns in Europa interessanten Weine stammen von einer neuen Winzergeneration, die mit jedem Jahrgang an Kompetenz gewinnt und auf Grund der internationalen Erfolge ab dem Jahrgang 1996 großes Ansehen erreicht. Das Zentrum der Weinproduktion ist die Provinz Mendoza, wo einige vorzügliche Rotweine gekeltert werden.

Bedingt durch die starke Trockenheit – Argentinien verzeichnet mehr als 300 Sonnentage pro Jahr – müssen alle Weinberge künstlich bewässert werden. Dies erfolgt mit Schmelzwasser aus den Anden, das den bereits mineralischen Böden noch weitere Mineralstoffe zuführt. Die Rebsorten, die für das Ansehen der argentinischen Weine sorgen, sind ua die Cabernets, Syrah, Merlot und vor allem Malbec. Bei den Weißweinsorten sind vor allem Chardonnay, Chenin blanc und Sauvignon blanc zu nennen. Argentinien ist das fünftgrößte Wein produzierende und Wein konsumierende Land der Welt.

Mendoza, im Hintergrund die Anden

Weinbauländer

Das **„Wine-of-Origin"-System (WO)** teilt das Land in Regionen, Gebiete, Distrikte und Bezirke (Wards) ein. Jede Angabe über Herkunft, Sorte, Jahrgang, Lage oder höheren Qualitätsstand muss durch ein staatliches Siegel am Flaschenhals nachgewiesen werden.

Das Groot Constantia ist ein bekannter Erzeuger dieses Gebietes

10 Südafrika

Obwohl der Weinbau in Südafrika schon mehr als 300 Jahre alt ist, hat dieses Land erst jüngst den Einzug in die Riege der führenden Weinbaunationen der Welt gehalten. Waren es früher nur Dessertweine aus der Muskatellertraube, die hergestellt wurden (neben Grundweinen für die Brandy-Erzeugung), werden heute viele Weiß- und Rotweine der Spitzenklasse produziert und auch zunehmend exportiert.

Die weißen Hauptrebsorten sind Chenin blanc (Steen), Muscat d'Alexandrie (Hanepoot), Colombar, Sauvignon blanc sowie zunehmend Chardonnay. Bei den roten Sorten sind hauptsächlich Cabernet Sauvignon, Cinsault und Pinotage (Kreuzung aus Pinot und Hermitage-Syrah) zu nennen.
Von den festgelegten Herkunftsbereichen am bedeutendsten ist die Coastal Region mit Constantia, Durbanville, Stellenbosch, Paarl mit Franschhoek, Swartland und Tulbagh.

Bekannte Weinerzeuger sind: Buitenverwachting, Groot Constantia, Delheim, Neethlingshof, Nederburg Estate und die Winzergenossenschaft K. W. V. (Kooperative Wijnbouwers Vereniging).

11 Australien

Lange Zeit waren versetzte Weine vom Sherry- und Portweintyp sowie kräftige Rotweine mit großer Fruchtfülle aus der Shiraz-Rebe in Australien dominierend. Heute werden neben sehr guten und in großen Mengen erzeugten Konsumweinen auch internationale Spitzenweine hergestellt.
Das australische Weingesetz ist sehr liberal, die Kontrollen jedoch sehr genau. Der Gesetzgeber verlangt Angaben über die verwendeten Rebsorten (85 % müssen aus der angegebenen Sorte stammen), die Herkunft der Trauben und den Jahrgang. Angeführt wird weiters der Hersteller (mit Angabe der Adresse). Es werden vorwiegend die Weißweinsorten Riesling, Semillon und Chardonnay angepflanzt. Bei den roten Sorten dominieren Cabernet Sauvignon und Shiraz. Diese beiden Sorten sind es auch, die zu einem nach Eukalyptus duftenden Wein verschnitten werden, den es nur in Australien gibt.
Die australischen Weinbauregionen heißen **Neusüdwales, Victoria, Südaustralien** und **Westaustralien.** Neusüdwales ist klimatisch gesehen der heißeste Staat, in dem Wein erzeugt wird. Bekannte Weinerzeuger sind Southcorp. Wines (Penfolds) und Wyndham Estate sowie das Familienweingut Evans Family. Die Produkte von Rosemount Estate zählen zu den besten Weinen der Welt.
In Südaustralien sind die Weinbaugebiete Barossa Valley, Adelaide Hills und Coonawarra zu nennen. Bekannte Weine sind Grange Hermitage (Shiraz-Cabernet-Verschnitt von Penfolds), Chardonnay Penfolds, Hill of Grace (Shiraz vom Weingut Henschke) und Eileen Hardy.

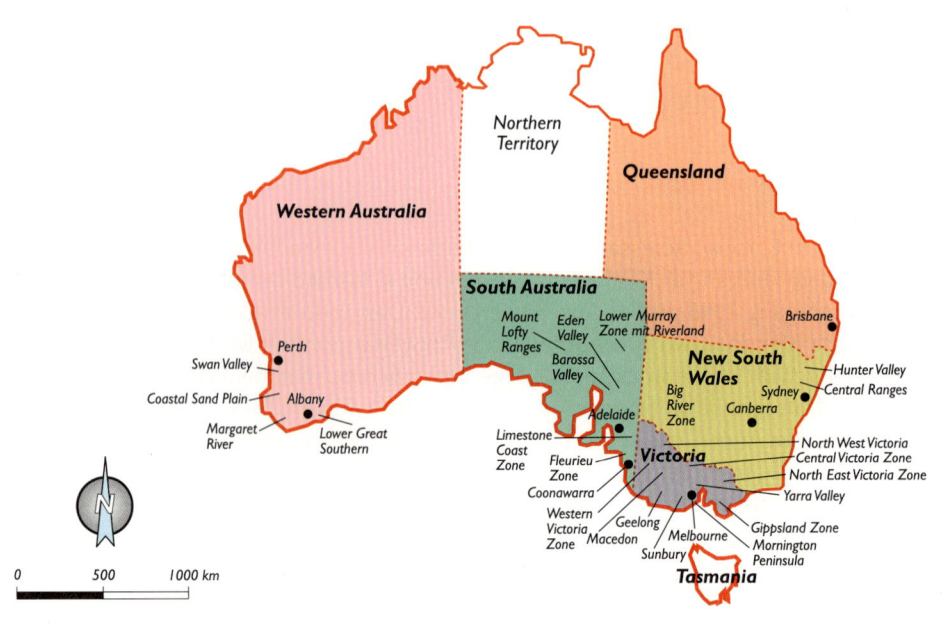

12 Neuseeland

Wie der Inselstaat selbst werden auch die Weinbauzonen in die Nord- und die Südinsel eingeteilt. Der Weinbau des Landes hat sich sprunghaft entwickelt, zuerst auf der Nordinsel, dann auch auf der Südinsel. Vor allem mit den Weißweinen hervorragender Qualität aus den Sorten Chardonnay und Sauvignon blanc hat sich Neuseeland weltweit einen guten Namen gemacht. Die Weißweinproduktion überwiegt mit rund 75 %. Bei den Rotweinen dominieren die Sorten Pinot noir auf der Südinsel sowie Syrah und die Bordeauxsorten auf der Nordinsel.

Sowohl das Klima als auch die Böden schaffen günstige Wachstumsbedingungen, sodass die Weine Kraft und Struktur sowie Frische und Lebendigkeit ausstrahlen.

Bekannte Weinerzeuger: Matua Valley, Cloudy Bay, Vidal; die drei Großunternehmen sind Montana (inklusive Corbans), Villa Maria und Nobilo Vintners.

? Fragen und Arbeitsaufgaben

1. Welche spanischen Weingüteklassen gibt es? Welche Anforderungen müssen die Weine erfüllen?
2. Welche Weinbaugebiete Spaniens haben den Status eines D.O.Ca.?
3. Nennen Sie fünf bekannte Weine aus Spanien sowie ihre Herkunft.
4. Welche portugiesischen Weinbauregionen kennen Sie? Nennen Sie einen bekannten Wein aus jeder Region.
5. Was ist unter folgenden Schweizer Weinbezeichnungen zu verstehen: Fendant, Dôle, Œil de Perdrix, Süßdruck?
6. Nennen Sie drei bekannte Weine aus Ungarn und zwei aus Griechenland. Beschreiben Sie sie näher.
7. Welche Republik südlich von Österreich hat sich als Weinland bestens etabliert?
8. Nennen Sie die fünf Hauptweinbaugebiete Kaliforniens sowie einige bekannte Weine bzw. Hersteller.
9. Welche südamerikanischen Länder werden unter Weinkennern immer mehr als Garanten für gute Rotweine gehandelt?
10. Welche Weine werden in Südafrika erzeugt? Welche Weinbaugebiete kennen Sie?
11. Erklären Sie kurz die Weinbaugebiete Australiens und Neuseelands.

Most (Obstwein)

Das Wort Most stammt aus dem Lateinischen und bedeutete ursprünglich unvergorener Traubensaft. Seit dem 12. Jahrhundert hat sich das Wort Most im süddeutschen Raum als Bezeichnung für ein aus Birnen und Äpfeln gekeltertes Getränk eingebürgert.

Unsere Ziele

Nach Bearbeitung dieses Kapitels werden Sie
- über die verschiedenen Mostgebiete und Mostobstsorten Bescheid wissen,
- die Mostherstellungsschritte erläutern können,
- die wichtigsten Kriterien für den Einkauf und die Lagerung kennen,
- wissen, wie Most richtig serviert wird,
- die Verwendungsmöglichkeiten von Most kennen.

1 Herkunft

Mostgebiete

Die Birnenmostgebiete liegen im Alpenvorland zwischen Salzburg und St. Pölten (Mostviertel) sowie in der Rheinebene Vorarlbergs. Apfelmostgebiete sind die Steiermark, Kärnten und die Bucklige Welt in Niederösterreich.

Mostobstsorten

Für die Mostherstellung wird vornehmlich reifes, unbehandeltes Fallobst aus dem Streuobstbau verwendet. Selten kommt der Rohstoff für den klassischen Most aus dem Erwerbsobstbau (Obstplantagen). Die Erntezeit ist im Oktober.

Mostbirnen sind im Normalfall klein, säuerlich im Geschmack mit einem relativ hohen Gerbstoffgehalt. Die Säure ist im Vergleich zu Mostäpfeln gering.
Typische Mostbirnensorten sind zB Dorschbirnen, Speckbirnen, Knollbirnen, Stilgbirnen, Rosenhofbirnen.
Gängige Mostäpfelsorten sind ua Bohnäpfel, Erbachhofer, Brünnerling, Maschansker, Weinäpfel.

Mostbirnbäume können bis zu 200 Jahre alt werden. Die Ernte eines einzigen Baumes beträgt nicht selten 1000 Kilogramm.

2 Mostherstellung

Most ist kein standardisiertes, industrielles Getränk. Er wird durch die Lage, den Boden, das Klima und den Jahrgang einerseits und die Arbeitsweise des Produzenten andererseits geprägt.

Die Mostherstellung verläuft folgendermaßen:

- Auflesen des Fallobstes.
- Waschen.
- Maischen.
- Pressen.
- Vorklärung und Säureeinstellung.
- Gärung (vier bis sechs Wochen).
- Abstich in andere Fässer oder Abfüllung in Flaschen.

Der klassische Most weist ca. 5 bis 7 Vol.-% Alkohol auf (gesetzlich vorgeschrieben sind 4 bis 8 Vol.-%) und ist trocken ausgebaut.

Most wird in folgenden Geschmacksstufen angeboten:

- Mild
- Halbmild.
- Kräftig.
- Resch.

Eine Grundvoraussetzung für guten Most ist sauberes Obst.

3 Einkauf und Lagerung

Most wird sowohl von bäuerlichen als auch von gewerblichen Produzenten in folgenden Gebinden angeboten: in Flaschen (0,25 l; 0,375 l; 1l), in Containern (18 l; 50 l).

Gelagert wird Most wie Wein. Birnenmost hält sich im Normalfall bis ins darauffolgende späte Frühjahr. Mischmost (der vergorene Saft aus Äpfeln und Birnen) kann bis zur neuen Obsternte getrunken werden. Apfelmost ist mehrjährig lagerungsfähig.

Most (Obstwein)

Woran erkennt man einen guten Most?

Besonderer Wert wird auf die Durchsichtigkeit des Mostes gelegt. Man bezeichnet den Most als blank, wenn er vollkommen transparent ist. Birnenmost ist etwas heller als Apfelmost. Der Geruch ist fruchtig, der Geschmack angenehm säuerlich.

4 Service und Ausschank

Service, Gläser, Verwendung	
Service	Ideale Trinktemperatur ■ 8–10 °C
Gläser	■ Henkelglas, Stielglas
Verwendung	■ Als Aperitif: milde und halbmilde Moste ■ Als Begleiter zu deftigen Gerichten, zur Jause, zu würzigen Käse-sorten: kräftige und resche Moste, zu milden Käsesorten: milde und halbmilde Moste. ■ Zum Mischen: mit Soda, Mostradler (zB 1:1 Most und Zitronenmelissen- oder Hollersaft, Apfelsaft oder Almdudler) ■ Glühmost ■ Zum Kochen

5 Gesundheit und Wirkung

Allein der Kaloriengehalt von Most spricht für sich. Ein Viertelliterglas enthält ca. 380 kJ, die gleiche Menge Weißwein dagegen 650 kJ und Bier 480 kJ.
Most regt den Kreislauf und das Nervensystem an. Der Alkohol wirkt zusammen mit der natürlichen Säure keimtötend. Viele Ärzte behaupten, dass guter Most bestimmten Magen- und Darmleiden vorbeuge. Schließlich soll Most auch die Verdauung und die Flüssigkeitsausscheidung fördern.

? Fragen und Arbeitsaufgaben

1. In welchen Regionen wird verstärkt Birnenmost und in welchen Apfelmost produziert?
2. Wie wird Most hergestellt? Nennen Sie die einzelnen Arbeitsschritte.
3. Welche Lagerdauer haben folgende Mostsorten: Birnenmost, Apfelmost, Mischmost?
4. Nennen Sie einige Verwendungsmöglichkeiten für Most.
5. Mit welcher Temperatur sollte man Most servieren?

Schaumweine

Als Schaumweine werden alle kohlensäurehältigen Weine (Weiß-, Rosé- und Rotweine) bezeichnet, die meist durch eine zweite Gärung natürlich entstanden sind und einen Mindestdruck von 3 bar aufweisen müssen.

Europa ist führend in der Erzeugung von Schaumweinen. Der Champagner, nach der aufwendigen Flaschengärmethode hergestellt, macht nur einen geringen Anteil aus. Die weit größere Menge stammt von der Tankgärung. Eine Besonderheit ist der Naturschaumwein Asti spumante, der nur eine Gärung durchmacht. Weitere Bezeichnungen rund um schäumende Weine sind Vin mousseux, Crémant, Spumante, Prosecco, Cava, Sparkling Wine, Perlwein und Frizzante.

Unsere Ziele

Nach Bearbeitung dieses Kapitels werden Sie

- erklären können, wo Champagner herkommt, aus welchen Rebsorten und wie er erzeugt wird,
- einige bekannte Champagnerfirmen nennen können,
- die unterschiedlichen Herstellungsverfahren von Schaumwein erster Gärung, Sekt und Perlwein erklären können,
- bekannte Sekterzeuger bzw. ihre Produkte nennen können,
- die Begriffe Vin mousseux, Crémant, Spumante, Prosecco, Cava, Sparkling Wine, Perlwein und Frizzante erklären können,
- über Einkauf und Lagerung sowie Service von Schaumweinen Bescheid geben können.

Schaumweine

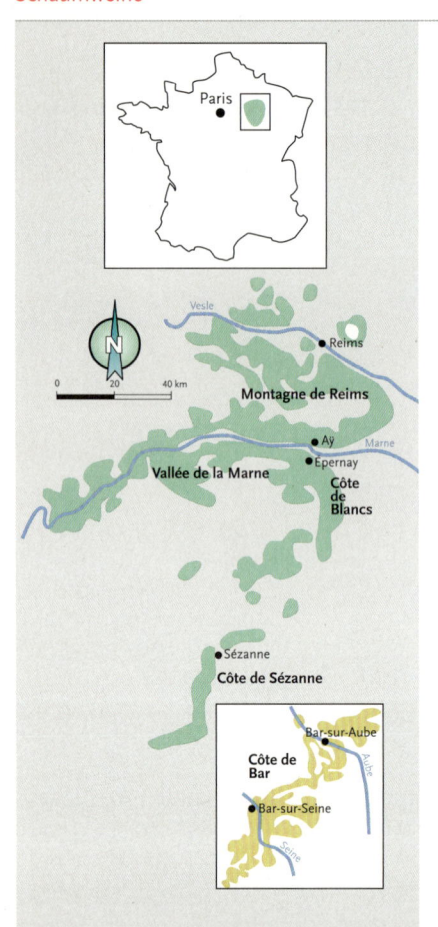

1 Champagner

Champagner ist ein moussierender Weißwein, der aus blauen und weißen Trauben hergestellt wird. Eine Ausnahme ist der Champagner Blanc de Blancs, der nur aus weißen Trauben besteht. Der Champagner-Gesamtverband (CIVC–Comité Interprofessionel du Vin de Champagne) achtet streng auf die Befolgung der Vorschriften und Maßnahmen zur Sicherung der Qualität von Champagner.

Die Schaumweine mit der Bezeichnung Champagner kommen aus einem gesetzlich geschützten Gebiet in Frankreich, der Champagne. Alle nicht aus dieser Weinbauregion stammenden Schaumweine tragen in Frankreich die Bezeichnung „Vin mousseux".

1.1 Champagnergebiet

Die Rebfläche der Champagne umfasst 34.000 Hektar. Etwa 15.000 Weinbaubetriebe sind mit der Champagnererzeugung befasst. Im Champagnergebiet gibt es ca. 130 Champagnererzeugungsfirmen, von denen ungefähr 30 absoluten Weltruf besitzen. Die bekanntesten Champagnerhersteller sind in Épernay und Reims.

Die Champagne gliedert sich in fünf Weinbaugebiete:
- **Montagne de Reims:** Im Reimser Bergland gibt es meist Nordlagen. Es werden hauptsächlich Rotweintrauben angebaut.
- **Vallée de la Marne:** Das Marnetal hat vor allem Süd- und Südostlagen. Auch hier werden Rotweintrauben angebaut.
- **Côte de Blancs:** In den Ostlagen werden weiße Trauben (Chardonnay) angebaut.
- **Côte de Bar:** Die Weine dieses Anbaugebietes verleihen der Cuvée Körper und Kraft.
- **Côte de Sézanne:** Es werden hauptsächlich Chardonnayreben angebaut.

1.2 Champagnererzeugung (Méthode champenoise)

Für die Champagnererzeugung sind drei Traubensorten zugelassen, nämlich Pinot noir (blaue Traube), Pinot Meunier (blaue Traube) und Chardonnay (weiße Traube).

Weinlese

Sie beginnt Ende September. Die Trauben werden von Hand gelesen. Jedes Jahr wird der Höchstertrag pro Hektar gesetzlich festgelegt. Auch die Traubenpreise werden bestimmt. Die besten Gemeinden, die sogenannten Grands Crus, erhalten 100 Prozent, also den vollen Preis. Die Premiers-Crus-Dörfer erzielen 90 bis 99 Prozent des Preises und die übrigen Dörfer (Crus) 80 bis 89 Prozent.

Kelterung

In für die Champagne typischen Pressen (Coquard).

Erste Gärung

Sie geht wie bei der normalen Weinerzeugung vor sich, nach etwa drei Wochen erfolgt der Abstich.

Cuvéebereitung

Die Weine aus den roten Pinot- und die weißen Chardonnaytrauben werden in unterschiedlich großen Weine aus den Mengen, aus verschiedenen Gebieten und Lagen sowie mehreren Jahrgängen vonerfahrenen Fachleuten zur Cuvée verschnitten.

Wenn ein Jahrgang besonders gute Eigenschaften aufweist, werden ausschließlich Weine dieses Jahrganges zur Cuvée verschnitten und man erhält einen Champagne Millésimé (Vintage).

Die Cuvée wird geschönt, filtriert und gelagert.

Millésimé bzw. Vintage = Jahrgangschampagner. Unter non-vintage versteht man einen Normalverschnitt.

Zweite Gärung

Die Cuvée wird mit Zucker und Reinzuchthefe versetzt und so zu einer zweiten Gärung gebracht. Bevor die Gärung beginnt, wird der Wein in Flaschen abgefüllt und verkorkt. Die zweite Gärung dauert etwa drei bis vier Monate. Dann werden die Flaschen in Kellern bei etwa 10 bis 11 °C mindestens 15 Monate gelagert, wovon er die ersten 12 Monate auf der Hefe gelagert werden muss.

Während der Gärung wird Zucker in Alkohol und Kohlensäure umgewandelt. Durch die langsame Gärung und die nachfolgende lange Lagerung verbindet sich die Kohlensäure besonders gut mit dem Wein und ergibt später den feinen Schaum und das lang anhaltende Perlen. Gegen Ende der Lagerzeit kommen die Flaschen einige Wochen auf ein Rüttelpult (händisch) oder in Rüttelkörbe (mechanisch). Hier werden sie täglich gerüttelt, gedreht und ein Stück steiler gestellt. Das Hefedepot wandert so zum Flaschenhals und setzt sich beim Korken ab.

Degorgierung

Das ist die Entfernung des Hefepfropfens, der sich beim Flaschenkorken abgesetzt hat. Diese Arbeit wird dadurch erleichtert, dass man den Flaschenhals in eine Gefrierlösung taucht. Nach Öffnen der Flasche wird der gefrorene Satz herausgeschleudert. Ein geringer Teil des Flascheninhaltes geht verloren.

Dosierung (oder Dosage)

Die Flasche wird mit der Dosage, einer Mischung aus alten Weinen, Rohrzucker und anderen Ingredienzien, aufgefüllt. Die Dosage ist für den Geschmack und die Klassifizierung des Champagners entscheidend. Die Zusammensetzung der Dosage ist das Geheimnis der Champagnerfirmen.

Abhängig vom Restzuckergehalt unterscheidet man folgende Sorten (die Bezeichnungen sind in den EU-Ländern verbindlich):

Restzucker in Gramm pro Liter	Österreich Deutschland	Frankreich Italien	England
0 bis 3	Naturherb	Brut nature, Brut zéro, Brut sauvage	
0 bis 6	Extra herb	Extra brut, Extra bruto	Extra brut
bis 15	Herb	Brut, Bruto	Brut
12 bis 20	Extra trocken	Extra dry, Extra secco	Extra dry
17 bis 35	Trocken	Sec, Secco, Asciutto	Dry
33 bis 50	Halbtrocken	Demi-sec, Semi sec, Abboccato	Medium dry
über 50	Mild	Doux, Dolce, Dulce	Sweet

Verkorkung

Nun wird die Flasche endgültig verschlossen, und zwar mit einem Naturkorken, einer Kapsel mit Drahtkorb, der sogenannten Agraffe.

Lagerung

Dann wird der Champagner nochmals zur Harmonisierung gelagert.

Adjustierung (oder Etikettierung)

Zum Schluss wird die Flasche mit einer Halsschleife und einem Etikett versehen. Bei Jahrgangschampagner (Vintage) ist auf dem Etikett der Jahrgang (Jahreszahl) ersichtlich. Bei den Champagnerflaschen gibt es verschiedene Größen – hauptsächlich Ganze und Doppelte Flaschen. Die anderen Flaschengrößen werden nur in Ausnahmefällen gefüllt.

Jahrgangschampagner wird mindestens drei Jahre gelagert.

Rüttelpulte

Rüttelkörbe, so genannte Gyropalettes

Schaumweine

Kleines Abc der Etikettensprache

Blanc de Blancs: nur aus weißen Trauben erzeugt

Blanc de Noirs: nur aus blauen Trauben erzeugt

C. M.: Champagnerabfüllung einer Winzergenossenschaft, die nur Weine der Mitglieder verwendet

M. A.: Marke eines Handelshauses oder Großabnehmers.

N. M.: Champagner von einem Champagnerhaus, das Weine für die Cuvée zukauft.

Rosé: roséfarbiger Champagner mit Rotweinzusatz (schwierige Erzeugung)

R. M.: Champagner-Winzer, der ausschließlich aus eigenen Weinen seiner Ernte im eigenen Betrieb Champagner herstellt

Tête de Cuvée: Der beim Pressen zuerst abfließende Most hat, weil unter leichtem Druck gewonnen, die höchste Qualität. Er hat ein ausgewogenes Verhältnis von Zucker, Säure und Extrakten.

Inhalt in Litern	Bezeichnung	Deutsche Bezeichnung
0,2	Baby-Quart	Baby, Zwerg, Pikkolo, Knirps
0,375	Split, Demi	Halbe Flasche
0,75	Imperial	Ganze Flasche
1,5	Magnum	Doppelte Flasche
3	Jeroboam	Vierfache Flasche
4,5	Rehoboam	Sechsfache Flasche
6	Methusalem	Achtfache Flasche
9	Salmanasar	Zwölffache Flasche
12	Balthazar	Sechzehnfache Flasche
15	Nebukadnezar	Zwanzigfache Flasche

1.3 Bekannte Champagnerfirmen

Name	Herkunft
Ayala & Montebello	Aÿ
Billecart-Salmon	Mareuil-sur-Aÿ
J. Bollinger	Aÿ
A. Charbaut & Fils (Blanc de Blancs)	Épernay
Charles Heidsieck	Reims
Heidsieck & Co Monopole	Reims
Henriot	Reims
Krug & Co	Reims
Lanson Père & Fils (Black Label)	Reims
Marne & Champagne	Épernay
Mercier	Épernay
Moët & Chandon (mit der Marke Dom Pérignon Vintage)	Épernay
G. H. Mumm & Co	Reims
Laurent-Perrier	Tours-sur-Marne
Perrier-Jouët & Co	Épernay
Piper-Heidsieck	Reims
Pol Roger & Co	Épernay
Pommery	Reims
Louis Roederer (Cristal)	Reims
Ruinart Père & Fils	Reims
Taittinger (Comtes de Champagne)	Reims
Veuve Clicquot Ponsardin	Reims

2 Schaumwein aus erster Gärung

Der auch als **Naturschaumwein** bezeichnete schäumende Wein wird in Italien, vereinzelt auch in Frankreich erzeugt. Der **Asti** bzw. **Asti spumante** sind die bekanntesten Naturschaumweine. Sie sind mit dem D.-O.-C.-G.-Prädikat ausgezeichnet und kommen aus dem Piemont (Italien). Der Asti spumante wurde ein Synonym für Schaumwein mit nur einer Gärung. Die Gärung wird in großen Druckbehältern durch Kälte gestoppt, wenn ein Alkoholgehalt von etwa 8 bis 9 Vol.-% erreicht ist. Ein Teil des Zuckers bleibt unvergoren. Daher hat dieser Schaumwein einen etwas süßlichen, mostigen Geschmack und eine kräftigere Färbung als andere Schaumweine. Nach dem Herausfiltern der Hefe werden die Naturschaumweine abgefüllt.

3 Sekt/Qualitätsschaumwein

Sekt ist die Bezeichnung für alle Schaumweine aus Österreich und der Schweiz sowie für Qualitätsschaumweine aus Deutschland.

3.1 Sekterzeugung

Klassische Flaschengärung – traditionelles Verfahren
Der Sekt wird auf dieselbe Art wie Champagner hergestellt. Die zweite Gärung sowie die Reifung erfolgen in der Flasche.

Transvasierverfahren
Der wesentliche Unterschied zur klassischen Flaschengärung besteht darin, dass nach der zweiten Gärung der erste Teil der Reifung in der Flasche erfolgt. Anschließend wird der Inhalt der Flaschen unter Gegendruck in einen Sammelbehälter entleert. Erst nach dem zweiten Teil der Reifung im Behälter und nach dem Zusatz der Dosage werden die Trubstoffe durch Gegendruckfiltration separiert und der Sekt wieder in Flaschen abgefüllt.

Tankgärverfahren (Charmat-Methode)
Die Erzeugung des Tanksektes ist preiswerter. Zwar unterscheidet sich die Grundweinbereitung nicht von der Champagnermethode, die Zweitgärung findet jedoch in großen Stahltanks statt. Die Gärung dauert zirka vier Wochen. Die entstehende natürliche Kohlensäure ist ebenfalls an den Wein gebunden. Nach der Gärung wird der Rohsekt auf –5 °C abgekühlt, um die verbrauchte Hefe entfernen zu können. Dann kommt die Dosage dazu, der Sekt wird filtriert und mit Hilfe einer Gegendruckfüllanlage in Flaschen gefüllt. Diese wesentlich billigere Erzeugungsmethode bewirkt einen qualitativ nicht so guten Sekt.

Imprägnierverfahren
Bei dieser Methode wird fertigem Wein Kohlensäure unter Druck zugesetzt. Dann wird die Dosage beigegeben und das Produkt unter Gegendruck abgefüllt. Nach diesem Verfahren werden Imprägnierschaumwein, Perlwein und Obstschaumwein erzeugt.

3.2 Bekannte Sektmarken

Österreich	
Firma	Marke
Ferschli	MM
Henkell-Söhnlein	Henkell Trocken, Kardinal, Fürst Metternich, Söhnlein-Brillant, Kupferberg
Inführ	Eigenmarken
Kattus	Hochriegl
Kleinoscheg	Herzogmantel, Admiral Rot, Schilchersekt
Schlumberger	Goldeck, Sparkling, DOM, Mounier
Stift Klosterneuburg	Klostersekt
Szigeti	Eigenmarken
Deutschland	
Firma	Marke
Henkell-Söhnlein	Carstens SC, Deinhard, Henkell Trocken, Fürst Metternich, Rüttgers Club, Söhnlein, Kupferberg
Peter Herres	Faber
Rotkäppchen-Mumm	Rotkäppchen, MM, Mumm, Geldermann

Einige Weinbauern in Österreich erzeugen ihren eigenen Sekt. Der Begriff **Hauersekt/Winzersekt** darf verwendet werden, wenn

- der Weinbaubetrieb die Trauben und den daraus hergestellten Wein im eigenen Betrieb gewonnen hat,
- eine traditionelle Flaschengärung erfolgte,
- die Vermarktung durch den Betrieb, der die Trauben zu Wein verarbeitet hat, erfolgte,
- auf dem Etikett der Weinbaubetrieb, die Sorte und der Jahrgang aufscheinen.

Bekannte Hauersekte stammen u.a. von den Weingütern Bründlmayer und Steininger.
Die Firma Szigeti in Gols stellt Sekte für Weinbaubetriebe her.

www.schlumberger.at
www.szigeti.at

3.3 Andere Bezeichnungen für schäumende Weine

Vin mousseux: Schaumweine aus Frankreich, die außerhalb der Champagne erzeugt werden. Bekannt sind ua der Blanquette de Limoux aus der Region Languedoc-Roussillon und der Clairette de Die aus Südfrankreich. Sie werden nach der Champagnermethode hergestellt.

Crémant: Diese Bezeichnung ist bestimmten Gebieten in Frankreich und Luxemburg vorbehalten. Der Name des Anbaugebietes muss in der Produktbezeichnung aufscheinen, wie zB Loiretal (Crémant de Loire), Elsass (Crémant d'Alsace) und Burgund (Crémant de Bourgogne).

Spumante: Schaumweine aus Italien, zB Ca' del Bosco und Bellavista aus dem lombardischen D.-O.-C.-G.-Gebiet Franciacorta, Riccadonna und Martini & Rossi aus dem Piemont, Prosecco di Conegliano-Valdobbiadene aus Venetien und Ferrari aus dem Trentin.

Prosecco: Mit dem Jahrgang 2009 wurde die Gesetzeslage bei Prosecco geändert. Prosecco ist nun nicht mehr der Name einer Rebsorte, sondern der eines Produktionsgebietes in Norditalien. Die frühere Bezeichnung „Prosecco-Traube" wurde durch „Glera-Traube" abgelöst.

Conegliano Valdobbiadene Prosecco Superiore D. O. C. G. gilt seit 2009 als höchste Qualitätsstufe und kommt aus dem Appellationsdreieck Valdobbiadene – Conegliano – Vittorio Veneto. Die Frizzante- und Stillweinversionen aus diesem Gebiet tragen die Bezeichnung „Conegliano Valdobbiadene Prosecco".
Bekannte Erzeuger sind u. a.: Bisol, Col Vetoraz, Ruggeri und Venegazzù.

Cava: Qualitätsschaumwein aus dem spanischen Gebiet Penedés, der nach der Champagnermethode hergestellt wird. Bekannte Erzeuger sind zB Codorníu und Freixenet.

Sparkling Wine: so heißen in den USA alle Schaumweine, die eine zweite Gärung durchmachen. Zum Unterschied von Europa dürfen in Amerika alle schäumenden Weine als „champagne" bezeichnet werden, bei denen die zweite Gärung in einer Glasflasche stattgefunden hat. Bekannte Erzeuger sind ua Hanns Kornell, Schramsberg und Weibel.

Perlwein: Wird nach dem Imprägnierverfahren hergestellt. Die künstliche Kohlensäure hat keine feste Bindung mit dem Wein und ergibt große Kohlensäurebläschen, die im Glas rasch entweichen. **Frizzante** ist die italienische Bezeichnung für Perlwein.

> 💡 „Champagne" muss die Bezeichnung „méthode champenoise" oder „fermented in this bottle" tragen. „Bottle fermented" oder „fermented in the bottle" entspricht dem Transvasierverfahren. „Bulk process" oder „charmat process" bedeutet Tankgärung.

4 Einkauf und Lagerung

Die meisten Schaumweine sind zum Zeitpunkt des Einkaufs bereits trinkreif und müssen nicht mehr über längere Zeit gelagert werden. Eine Ausnahme bildet der Jahrgangschampagner. Schaumwein wird grundsätzlich kühl und liegend gelagert. Mit Plastikkorken versehene Flaschen können auch stehend gelagert werden.

5 Service und Ausschank

Service, Gläser, Verwendung	
Service	▪ Ideale Trinktemperatur für junge Schaumweine 6–8 °C, für qualitativ höherwertige Schaumweine und Jahrgangschampagner 10 °C.
Gläser	▪ Das ideale Schaumweinglas ist schlank und tulpenförmig. Tulpe (1), Flöte (2), Kelch (3)
Verwendung	▪ Als Aperitif. ▪ Als Begleiter zu Speisen: Sekt und Champagner harmonieren mit nahezu allen Speisen. Bei einem Menü sollte der Verlauf von trockenen bis süßen Qualitäten gegeben sein. ▪ Für Cocktails, Bowlen als Filler (z. B. Kir Royal) etc.

Hinweise zur Gästebetreuung

Eine Auswahl verschiedener Schaumweine wird von den Gästen erwartet. Viele Feinschmecker sind überzeugt, dass Schaumweine die besten Aperitifs sind. Sie machen den Anfang eines Essens nicht alkoholschwer und wirken durch die natürliche Kohlensäure erfrischend und appetitanregend.

💡 Sektschalen bieten eine viel zu große Oberfläche, aus der die Kohlensäure und die Bukettstoffe sehr schnell entweichen.

➡ **Servieren und Gästeberatung**

👉 **Wussten Sie, dass ...**
ein Frizzante keinen sektähnlichen Verschluss aufweisen darf. Diskutieren Sie mögliche Gründe.

❓ Fragen und Arbeitsaufgaben

1. Erklären Sie die Herstellung von Champagner.
2. Welche Geschmacksrichtungen von Champagner gibt es?
3. Was versteht man unter Naturschaumwein? Wie heißt der berühmteste Vertreter dieser Gruppe?
4. Nennen Sie fünf Champagnererzeuger und drei Sekterzeuger in Österreich bzw. Deutschland.
5. Erläutern Sie die verschiedenen Sektherstellungsverfahren.
6. Erklären Sie die Begriffe Crémant, Spumante, Cava und Sparkling Wine.
7. Wie wird Perlwein hergestellt?
8. Bei welcher Temperatur wird Schaumwein serviert? Welches Glas eignet sich für Schaumwein am besten?

Versetzte Weine

Versetzte Weine

Aperitifs und Digestifs, vor bzw. nach dem Essen konsumierte Getränke, sind eine Erfindung der Mittelmeerländer. In Italien trinkt man vor dem Essen einen Wermut oder Campari (Bitter – siehe Seite 145), in Frankreich einen Pernod (Anisée– siehe Seite 145) und in England einen trockenen Sherry oder Portwein. Die süßeren und schwereren Sorten werden nach dem Essen getrunken. Die versetzten Weine werden als „fortified wines" – verstärkte Weine bezeichnet.

Versetzte Weine sind Weine, deren Beschaffenheit neben der durch die Weintraube gegebenen Eigenart auf besondere Behandlungsweisen oder auf Zusätze bei der Erzeugung zurückzuführen ist. So werden zB dem Sherry und dem Portwein Alkohol und Most zugesetzt. In Österreich muss der Alkoholgehalt bei versetzten Weinen mindestens 13 Vol.-% betragen und darf 22,5 Vol.-% nicht überschreiten.

Unsere Ziele

Nach Bearbeitung dieses Kapitels werden Sie

- die Sherryerzeugung erklären können,
- die Sherry-Grundtypen nennen können und wissen, wie sie gelagert werden,
- die verschiedenen Sherrys korrekt servieren können, die Portweinherstellung erläutern können,
- die unterschiedlichen Qualitätsbezeichnungen für Portwein nennen können und wissen, wie und wozu Portwein serviert wird,
- über die korrekte Lagerung von Portwein informieren können,
- Madeira, Samos, Mavrodaphne, Marsala, Málaga, Tokajer und Wermut beschreiben können.

Zusatz von Alkohol und Most	Sherry Portwein Madeira Samos Mavrodaphne
Zusatz von Alkohol, Wein, Most und Mostkonzentraten	Marsala Málaga
Zusatz von Rosinen (Trockenbeeren) und Most	Tokajer (lt. EU-Gesetz kein versetzter Wein)
Zusatz von Alkohol, Zucker und Kräuterauszügen	Wermut
Zusatz von Kohlensäure	Perlwein – siehe Seite 126

1 Sherry

Der Sherry kommt aus dem spanischen Weinbaugebiet Jerez in Andalusien und darf nur in einem genau abgegrenzten Gebiet um die Städte Jerez de la Frontera, Puerto de Santa Maria und Sanlúcar de Barrameda erzeugt werden.

www.sherry.org

1.1 Sherryerzeugung

Sherry wird zu 95 Prozent aus der **Palomino-Traube** hergestellt. Bei den süßen Sherry-Typen werden kleine Mengen Süßwein- bzw. Mostkonzentrat von der Moscatel- und Pedro-Ximénez-Traube verwendet.
Bei der Reifung des Grundweines entwickelt sich die **Florhefe**, die das typische Fino-Aroma hervorbringt. Nach einigen Wochen wird entschieden, welche Weine für die Fino- und welche für die Oloroso-Produktion verwendet werden.

Fino = sehr trocken, sehr hell.

Oloroso = dunkler als Fino, höherer Alkoholgehalt.

Die Sherryproduktion zeichnet sich durch drei wesentliche Prozesse aus:

Zugabe von Weinbrand
Erst durch die Zugabe von Weinbrand entsteht junger Sherry. Bei den Fino-Sherrys wird auf mindestens 15 Vol.-% aufgespritet – die Florhefe bleibt erhalten.
Bei den Olorosos wird auf mindestens 16,5 Vol.-% aufgespritet und die Florentwicklung auf diese Weise unterbunden.

Kontrollierte Oxydation
Sie stimuliert das Wachstum des Flors bei den Finos und fördert die Entwicklung der Amontillados und Manzanillas (trockenen bis halbtrockenen Sherrys). Gleichzeitig erhält der Sherry den typischen oxydativen Geschmack.

Amontillado = trocken, farbintensiver als Fino.

Manzanilla = Fino, der in Sanlúcar de Barrameda ausgebaut wurde.

Solera-Verfahren
Die Fässer werden in drei bis fünf Lagen übereinander gestapelt. Ganz unten lagert der älteste Sherry, in der obersten Reihe der jüngste. Von den untersten Fässern wird maximal die Hälfte in Flaschen abgefüllt. Die fehlende Menge wird durch Sherry der zweiten Reihe wieder aufgefüllt. Die zweite Reihe wiederum mit Sherry der dritten Reihe und so fort. Dadurch wird eine gleichbleibende Qualität garantiert. Bei Sherry gibt es durch das Solera-Verfahren keine Jahrgangsbezeichnung.

1.2 Sherry-Grundtypen

Je nach Geschmacksrichtung unterscheidet man folgende Sherrys:

Fino
Sehr trocken (extra dry), der klassische Sherry; sehr hell mit einem klar definierbaren Mandelaroma. Der Fino gilt im Allgemeinen als der feinste und in der Regel auch der teuerste Sherry.

Solera = Verschneidungsverfahren

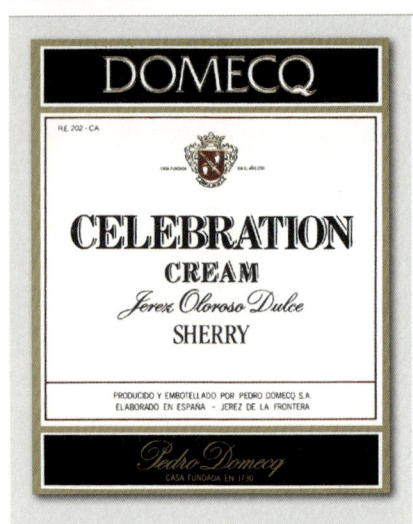

Versetzte Weine

Manzanilla
Fino, der in Sanlúcar de Barrameda ausgebaut wurde (intensivere Florentwicklung, leicht salzig).

Amontillado
Etwas kräftiger in der Farbe als der Fino, hat mehr Körper. Im Duft erinnert er an Walnuss- und Eichenholztöne. Er wird sowohl trocken als auch halbtrocken angeboten.

Oloroso
Dunkler als Finos und auch der Alkoholgehalt ist etwas höher; körperreich, mit mehr oder weniger leichter Süße, markantem Walnussaroma und vollem Bukett.

Cream
Dunkler, süßer Sherry, besteht aus Oloroso und Süßwein aus der Pedro-Ximénez-Traube.

Pale Cream
Süßer, auf der Basis von Fino erzeugter Sherry; hell.

Bekannte Sherrymarken
Don Fino (Sandeman), Tio Pepe (González Byass), Bristol Cream (Harvey's), Dry Sack (Williams & Humbert), La Ina (Domecq), Don Zoilo (Diez-Merito), Tio Mateo (Palomino y Vergara).

1.3 Einkauf und Lagerung

Sherry ist in Österreich zumeist in 0,75-Liter-Flaschen erhältlich. Jeder Sherry ist bei der Flaschenabfüllung fertig ausgebaut, dh, er gewinnt durch Lagerung nicht mehr an Qualität. Finos und Manzanillas sollten möglichst kühl, dunkel und vor allem nur kurze Zeit gelagert werden. Die anderen Sherrytypen sind bei der Flaschenlagerung weniger empfindlich.

1.4 Service und Ausschank

Service, Gläser, Verwendung	
Service	■ Ideale Trinktemperatur für Fino und Manzanilla 10–12 °C, für Amontillado 12–13 °C. ■ Ideale Trinktemperatur für Oloroso und Cream 18 °C; werden, vor allem in den südlichen Ländern, auch leicht gekühlt serviert.
Glas	Am besten geeignet ist die Copita, das klassische Sherryglas. 
Verwendung	■ Als Aperitif: Fino, Amontillado, Manzanilla, Pale-Cream (gut gekühlt). ■ Zu Fisch, Muscheln und Krustentieren: Fino, Manzanilla. ■ Zu Desserts bzw. als Digestif: Oloroso, Cream.

Reifeprüfung durch den Venenciador: In hohem Bogen gießt er zielsicher den Sherry in die Copita (das Sherryglas). Durch den langen Strahl tritt der Wein in intensiven Sauerstoffkontakt und entfaltet sein volles Aroma.

2 Portwein

Porto = Hafenstadt in Portugal. Portwein wird von Porto aus exportiert.

www.portwein.de

Portwein kommt aus Portugal. Die Trauben dürfen nach portugiesischem Gesetz nur aus dem oberen Tal des Douro stammen, der ältesten D.-O.-Region der Welt (1756). Vinho do Porto, so die portugiesische Bezeichnung für Portwein, sagt genau das aus, was er ist – nämlich Wein aus Porto.

2.1 Portweinerzeugung

Die Gärung des Mostes (meist aus blauen Trauben) wird durch **Zusatz von Weinbrand** (1 Teil Weinbrand, 5 Teile Most) gestoppt. Eine Restsüße bleibt erhalten (100 Gramm/Liter). Laut Gesetz darf ein Portwein zwischen 19 und 22 Vol.-% Alkohol aufweisen. Nach dem Ausbau und der zirka einjährigen **Reifung** im Douro werden die Weine zur Lagerung in die Kellereien von Vila Nova de Gaia gebracht, wo auch der Verschnitt verschiedener Grundweine zum endgültigen Produkt führt. Die **Lagerung** des fertigen Produktes kann zwischen 2 und 50 Jahren dauern. Einige Portweine altern im Fass, andere in der Flasche.

2.2 Qualitätsbezeichnungen

Nach der Farbe unterscheidet man zwischen rotem (Ruby) und weißem (White) Port.

Während die roten Portweine durch längere Fasslagerung immer heller werden, verändert sich die Farbe der White Ports mit zunehmender Lagerzeit von hell auf dunkel.

Ruby Port
Der Ruby ist ein Verschnitt von relativ jungen Weinen verschiedener Jahrgänge. Nach zwei bis drei Jahren Fasslagerung wird er in Flaschen gefüllt. Er verbessert sich in der Flasche nicht mehr. Ruby Port ist dunkel- bis hellrubinrot und fruchtig bis süßlich im Geschmack.

Tawny Port
Verschnitt von besonders guten Ruby Ports mit einer längeren Reifezeit in kleinen Eichenfässern (550 Liter/Pipes). Gute Tawny Ports haben ein delikates Aroma nach Nüssen und Mandeln. Tawnys lagern durchschnittlich fünf Jahre. Besondere Qualitäten kommen nach 10 bis 40 Jahren Fasslagerung in den Handel. Sie sind die gängigste Portweinqualität.

Colheita
Tawny mit Jahrgangsangabe, aber (im Gegensatz zu den Vintage Ports) im Fass ausgebaut. Sie dürfen frühestens nach sieben Jahren auf Flaschen gezogen werden. Sowohl das Erntejahr als auch der Zeitpunkt der Abfüllung werden auf dem Etikett vermerkt.

White Port
Wird aus weißen Trauben hergestellt und ist trocken, halbtrocken oder süß. White Ports spielen mengenmäßig eine untergeordnete Rolle.

Vintage Port
Nach zweijähriger Fasslagerung wird der Jahrgangsportwein in Flaschen abgefüllt, wo er Jahre bzw. Jahrzehnte reift. Es sind seltene, sehr teure Portweine aus Spitzenjahrgängen, die aus Weinen eines Jahrgangs, manchmal auch eines Weinguts (Quinta) hergestellt werden.

Late Bottled Vintage (LBV)
Wein eines Jahrganges, der sehr gut ist, aber nicht perfekt genug, um als Vintage deklariert zu werden. Die ausgewählten Weine werden nach vier bis fünf Jahren Fasslagerung abgefüllt (trinkreif).

Vintage Character Port
Verschnitt hochwertiger Ruby Ports mehrerer Jahrgänge, der nach drei- bis vierjähriger Lagerung abgefüllt wird. Er kann noch weitere Jahre in der Flasche reifen.

Bekannte Portweinmarken
Barros, Burmester, Cockburn's, Croft, Delaforce, Dow's, Ferreira, Fonseca, Graham's, Kopke, Niepoort's, Offley, Quinta do Noval, Sandeman, Taylor, Warre.

2.3 Einkauf und Lagerung

Portwein in Standardqualität ist fast überall erhältlich. Spitzenprodukte findet man vorwiegend in Vinotheken und Weinhandelsfirmen. Portweine sollen kühl und dunkel lagern. Jahrgangsportweine werden liegend gelagert, alle Flaschen mit Griffkorken jedoch stehend.

Die geernteten Trauben werden nach alter Tradition von Männern in den „Lagares" (Steinbottichen) mit bloßen Füßen gestampft oder mit moderner Kellertechnik weiter verarbeitet.

Rote und weiße Ports werden aus verschiedenen Rebsorten hergestellt.

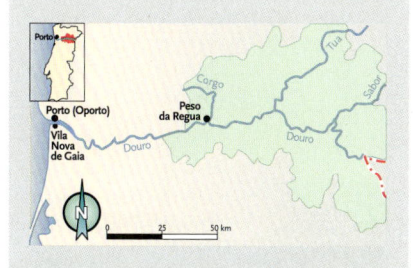

Quinta = Portwein, dessen Trauben zu 100 Prozent aus einem Weingut stammen, nennt man Single Quinta Port.

Versetzte Weine

Der Portwein wird in eine Dekantierkaraffe umgefüllt. Das Depot (Bodensatz) bleibt in der Flasche.

2.4 Service und Ausschank

Service, Gläser, Verwendung	
Service	■ Ideale Trinktemperatur für White Port 10–12 °C. ■ deale Trinktemperatur für Vintage Port, Vintage Character Port und Late Bottled Vintage 16–18 °C. ■ Vintage Ports müssen dekantiert werden.
Glas	Die ideale Glasform ist tulpenförmig. Im sogenannten Portweinglas können sich die Duftstoffe richtig entfalten.
Verwendung	■ Als Aperitif: White Port. ■ Zu Käse: Vintage Port, Tawny Port. ■ Zu Schokoladedesserts bzw. als Digestif: Ruby, Tawny, Vintage Ports.

3 Madeira

Der Wein kommt von der portugiesischen Insel Madeira und wird vorwiegend aus Weißweinen hergestellt. Auf Grund des Herstellungsverfahrens zählt Madeira zu den lagerfähigsten Weinen. Die Jungweine werden gefiltert, mit Weindestillat auf 18 – 20 Vol.-% aufgespritet und über Monate in Holzbehältern mit Heizschlangen erwärmt (Estufagem) und dadurch konzentriert. Durch die weitere Reifung nach dem Solera-Verfahren und die Beigabe von Mostkonzentrat erhält der Wein seinen charakteristischen Karamellgeschmack.

Nach der Rebsorte unterscheidet man: **Sercial** (trocken), **Verdelho** (halbtrocken), **Bual** (süß) und **Malmsey** (Malvasia, sehr süß)

Klassifizierung nach dem Alter:
Reserve 5 Jahre alt
Spezial Reserve 10 Jahre alt
Extra Reserve 15 Jahre alt
Vintage Madeira wird nur aus einer Rebsorte und Weinen aus einem Jahrgang hergestellt. Reifung: 20 Jahre im Holzfass (ohne Estufa-Verfahren) und 2 Jahre in der Flasche

Madeira hat 2.200 ha Rebfläche, oft auf Klippen hoch über dem Meer

Bekannte Madeira-Erzeuger sind:
Madeira Wine Company (mit Blandy's, Cossart Gordon, Leacock's und Miles) sowie Barbeito, Borges, Henriques&Henriques, Justino Henriques

4 Samos, Mavrodaphne

Samos ist ein weißer Dessertwein von der gleichnamigen griechischen Insel. Dem noch nicht voll vergorenen Most wird Branntwein zugesetzt und so die Gärung gestoppt. Nach einer fünfjährigen Reifezeit in Eichenholzfässern besitzt der Samos einen natürlichen Alkoholgehalt von zirka 14 Vol.-%. Er wird mit Branntwein auf 15 Vol.-% aufgespritet.
Mavrodaphne ist ein schwerer roter Dessertwein vom Peloponnes. Er wird mit Weingeist versetzt, um die Gärung zu stoppen. Der Alkoholgehalt liegt bei 15 Vol.-%. Er braucht mehrere Jahre zur Reifung.

5 Marsala

Er kommt aus dem Nordwesten Siziliens und wird aus Weißwein unter Zusatz von Traubendestillat und konzentriertem Traubenmost hergestellt. Der Marsala ist dunkelrot bis braun, sein Alkoholgehalt liegt zwischen 17 und 18 Vol.-%. Es gibt die Sorten **Vergine** (trocken), **Fine** (trocken bis süß) und **Superiore** (halbtrocken bis süß).

6 Málaga

Er kommt wie der Sherry aus dem spanischen Weinbaugebiet Andalusien. Die Trauben wachsen in der Umgebung der Stadt Málaga. Den weißen Grundweinen werden Mostkonzentrate und eine karamellisierte Zuckerlösung sowie Alkohol und alte Málagaweine beigemischt. Die guten Sorten werden nach dem Solera-System (wie Sherry) veredelt.

7 Tokajer

Der Name stammt von dem ungarischen Städtchen Tokaj. Das Anbaugebiet umfasst rund 5.200 Hektar. Nach dem EU-Gesetz ist der Tokajer kein versetzter Wein. Neben dem süßen Tokajer gibt es den trockenen Weißwein **Tokaji Száraz Szamorodni** und den süßen **Édes Szamorodni.**

Tokaji eszencia (Tokajeressenz)

Die ausgelesenen edelfaulen Trauben kommen auf Keltertische, wo ihre Haut platzt und der Saft ohne Druck von Pressen abfließt. Dieser extrem zuckerreiche Most kommt in Fässer, in denen er sehr langsam vergärt. Die Tokajeressenz ist sehr süß und weist einen Alkoholgehalt von 6 bis 10 Vol.-% auf. Sie wird nur in Ausnahmejahren erzeugt und selten im Handel angeboten.

Tokaji aszú

Wenn der Saft für die Tokajeressenz abgeflossen ist, bereitet man aus dem Rest der rosinenartig eingeschrumpften Beeren in kleinen Butten eine Maische. Diese Maische wird dem Wein, der aus den nicht edelfaulen Trauben gekeltert wurde (Tokaji Szamorodni), zugesetzt. Je nachdem, wie viele Butten (Puttonyos) zu einem Fass Wein gegeben werden, unterscheidet man dreibuttige bis höchstens sechsbuttige Aszú-Weine. Die Maische wird 12 bis 36 Stunden ausgelaugt, dann wird abgepresst und der Wein beginnt zu gären. Die Aszú-Weine weisen einen Alkoholgehalt von rund 15,5 Vol.-% auf und brauchen mindestens vier Jahre zur Reifung.
In den modernen Betrieben von heute wird der Wein nicht mehr im Holzfass, sondern in Edelstahltanks vergoren. Der Tokaji aszú (Tokajer-Trockenbeerenauslese) ist dem österreichischen Ausbruchwein vergleichbar.

István Szepsy, einer der besten Tokajerproduzenten.

8 Wermut

Wermut ist ein aromatisierter Wein. Er kommt ursprünglich aus Italien (süßer, roter Wermut) und aus Frankreich (sehr trockener, heller Wermut). Heute gibt es, abhängig von Geschmack und Farbe, eine Reihe von Sorten. Wermut besteht zu 70 bis 75 % aus Wein mit einem Zusatz von Branntwein, Zucker und verschiedenen Kräutern, wie Wermutkraut, Wacholder, Ysop, Orangen- und Zitronenschalen, Zimt und Koriander. Die Zusammensetzung ist das Geheimnis der Hersteller. Der Mindestalkoholgehalt beträgt 16 Vol.-%.

Bekannte Wermutmarken

Martini, Cinzano, Punt e Més (alle Italien), Noilly Prat (Frankreich).

Einkauf und Lagerung

Meist ist Wermut in Einliterflaschen erhältlich. Wermut wird stehend und kühl gelagert.

Andere aromatisierte Weine

Während im Wermut das Wermutkraut die wichtigste Zutat ist, überwiegt bei den anderen aromatisierten Weinen die Chinarinde. Bekannte Marken sind ua Byrrh, St-Raphaël, Dubonnet (weiß, rot) und Rosso Antico.

Kleines Abc der Etikettensprache

Secco bzw. Extra dry: hellgelb, sehr trocken
Bianco: dunkleres Gelb, süß
Rosé: rosa, halbsüß
Rosso: rotbraun, süß
Amaro: rotbraun, bittersüß

Versetzte Weine

Servieren und Gästeberatung

Service und Ausschank

Service, Gläser, Verwendung	
Service	■ Ideale Trinktemperatur 10–12 °C. ■ Auf Eis mit Zitronenzeste.
Glas	Südweinglas (1), kleiner Tumbler (2), Wermutglas (3) 1 2 3
Verwendung	■ Als Aperitif. ■ Als Bestandteil eines Mixgetränkes.

❓ Fragen und Arbeitsaufgaben

1. Welche drei Arbeitsprozesse sind für die Sherryerzeugung maßgeblich? Erklären Sie sie.
2. Nennen Sie die verschiedenen Sherry-Grundtypen und beschreiben Sie ihre Charakteristik. Zu welchen Gerichten kann man sie anbieten?
3. Wie serviert man Sherry?
4. Erklären Sie die Herstellung von Portwein.
5. Wie lauten die unterschiedlichen Qualitätsbezeichnungen für Portwein?
6. Wie serviert man Portwein? Welche Portweinarten würden Sie zu einem Dessert bzw. als Digestif empfehlen?
7. Wie wird Portwein richtig gelagert?
8. Welche versetzten Weine außer Sherry reifen noch nach dem Solera-System?
9. Erklären Sie folgende Produkte: Madeira, Samos, Mavrodaphne, Marsala, Málaga, Tokajer und Wermut.

Spirituosen

Wir unterscheiden Destillate aus Wein (zB Cognac, Weinbrand), Destillate aus Getreide (zB Whisky), Obstdestillate (zB Marillenbrand) sowie sonstige Destillate (zB Tequila aus Agaven, Rum aus Zuckerrohr).

Spirituosen ist ein Sammelbegriff für alle gebrannten Getränke. Sie lassen sich aus jedem Material destillieren, das vergoren werden kann und genügend Zucker enthält, der sich in Alkohol umwandeln lässt. Den Vorgang, der notwendig ist, um trinkfertigen Alkohol zu gewinnen, nennt man Destillation.

🎯 Unsere Ziele

Nach Bearbeitung dieses Kapitels werden Sie

- die Herstellung von Spirituosen und ihre zwei Verfahren erklären können,
- die Qualitätsbezeichnungen für Destillate nennen können,
- die verschiedenen Weindestillate nennen und erklären können,
- die verschiedenen Getreidedestillate nennen und erläutern können,
- über Rum, Tequila sowie Anisées und Bitters Bescheid geben können,
- die verschiedenen Obstdestillate nennen und erklären können,
- die Likörerzeugung erklären sowie die Qualitätsbezeichnungen bei den Likören nennen können,
- die verschiedenen Likörarten nennen und erläutern können,
- über Einkauf und Lagerung sowie Service aller Spirituosengruppen Bescheid geben können.

1 Herstellung

1.1 Maischen und Gären

Die Rohstoffe (Getreide, Obst, Beeren, Wurzeln und Kräuter, Zuckerrohr oder Reis) werden gereinigt, zerkleinert und eingemaischt. Die zuckerhältige Maische wird mit Hilfe von Hefe in Alkohol und Kohlensäure umgewandelt.

1.2 Destillation

Will man hochprozentige Spirituosen erzeugen, muss man dem Ausgangsprodukt (Wein, Obstmaische oder anderen vergorenen Säften) den Alkohol entziehen.

Da Alkohol schon bei 78,3 °C zu verdampfen beginnt, Wasser aber erst bei 100 °C, muss man die Alkoholdämpfe auffangen und durch Kühlung wieder verflüssigen. Diesen Vorgang nennt man destillieren. Je öfter destilliert wird, desto höher ist der Alkoholgehalt.

- **Erste Destillation:** Es entsteht der Raubrand mit einem Alkoholgehalt von 30 Vol.-%.
- **Zweite Destillation:** Vor- und Nachlauf werden ausgeschieden. Verwendet wird der Mittellauf **(Feinbrand)** mit einem Alkoholgehalt von 60 bis 70 Vol.-%.

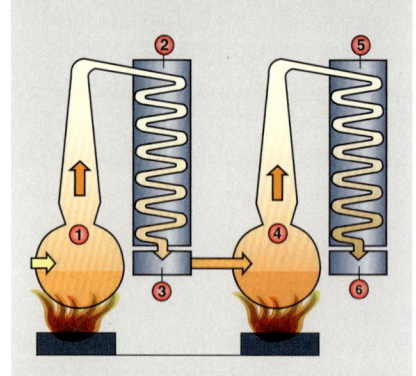

Die zwei wichtigsten Destillationsverfahren sind:

Brennblasenverfahren oder Rau- und Feinbrandverfahren (Pot-still-Verfahren)

- Destillation in zwei voneinander unabhängigen Brennvorgängen.
- Kondensieren (Verflüssigen) und Ausscheiden des Vor- und Nachlaufes beim zweiten Brennvorgang. Nur der Mittellauf wird zum weiteren Veredeln genommen.
- Ergebnis: beste Alkoholqualität, Alkoholgehalt von 60 bis 70 Vol.-%.
- Anwendung: zB für Obst- und Edelbrände.

Kontinuierliches Verfahren oder Kolonnenbrennverfahren (Patent-still-Verfahren)

- Einmalige Destillation, sehr hoch gebrannt.
- Kondensieren des Mittellaufes.
- Ergebnis: hohe Alkoholausbeute, Alkoholgehalt 80 bis 85 Vol.-%.
- Anwendung: zB bei Armagnac, Grain Whisky.
- Ist wirtschaftlicher als das Pot-still-Verfahren. Die in sich geschlossene Patent-still-Anlage wiederholt in gleicher Zeit zirka 20-mal den Destillationsvorgang des Pot-still-Verfahrens.

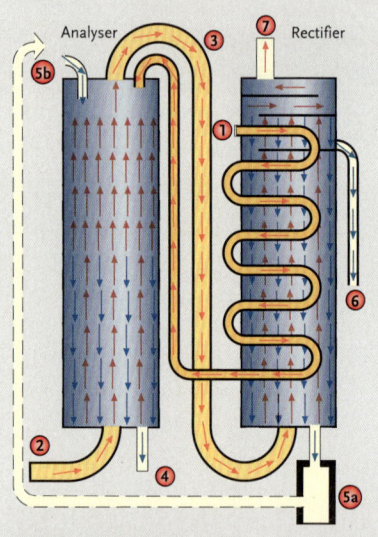

1.3 Lagern und Reifen

Ebenso wichtig wie das Brennen ist das Lagern und Reifen. Meist werden Holzfässer oder Edelstahltanks bzw. Glasballons verwendet. Durch das Lagern wird die Schärfe des Alkohols gemildert und es bildet sich das charakteristische Aroma der einzelnen Spirituosen.

1.4 Verschneiden

Das Verschneiden ist eine besondere Kunst. Nicht alle Spirituosen werden verschnitten.

1.5 Abfüllen

Die meisten Spirituosen werden erst kurz vor dem Versand abgefüllt, da sie in der Flasche nicht mehr reifen.

Pot-still-Verfahren

1. Würzblase
2. Kondensator
3. Raubrandbehälter
4. Alkoholblase
5. Kondensator
6. Sammelbehälter

Patent-still-Verfahren

1. heiße Würze
2. Wasserdampf
3. Dampfleitung
4. Ausscheiden der übrigen Flüssigkeit
5. Ausscheiden von Vor- und Nachlauf
6. Sammelbehälter für Mittellauf
7. Ablassventil für überschüssigen Wasserdampf

2 Qualitätsbezeichnungen

Nach dem österreichischen Lebensmittelcodex (Codex Alimentarius Austriacus).

Edelbrände	
	■ Alkohol stammt ausschließlich aus der namengebenden Frucht ■ müssen das ihren Ausgangsstoffen eigene Aroma (charakteristischer Geruch und Geschmack) aufweisen ■ werden nur mit Wasser auf den gewünschten Alkoholgehalt herabgesetzt
Weinbrände	■ entweder 100%ige Weindestillate oder Verschnitte mit hochgradigem Weindestillat, wobei dessen Anteil im Fertigprodukt höchstens 50 % betragen darf ■ Reifungszeit mindestens ein Jahr, bei Fässern mit einem Fassungsvermögen unter 1.000 Litern mindestens sechs Monate ■ Alkoholgehalt mindestens 36 Vol.-%
Österreichische Qualitätsweinbrände	■ 100%ige, hochwertige Weindestillate aus österreichischen Grundweinen ■ Verschneiden mit Weinalkohol nicht erlaubt ■ Alkoholgehalt mindestens 36 Vol.-%
Branntweine („gebrannter Wein")	■ sind 100%ige, Weindestillate ■ Branntweine sind farblos, die Lagerung in Eichenfässern ist nicht erwünscht ■ sind keine Obstbrände ■ zusätzliche Hinweise wie Veltliner-, Schilcher-, Muskatellerbrand sind handelsüblich (zB Dürnsteiner Veltlinerbrand)
Obstbrände	■ 100%ige Destillate ■ werden mit keinem anderen Alkohol verschnitten ■ meist sortenrein; entweder aus der fleischigen Frucht (einschließlich Weintrauben) oder aus dem frischen Most (auch Traubenmost) hergestellt ■ Alkoholgehalt mindestens 37,5 Vol.-%
Beerenbrände	■ beim Einmaischen Fremdalkohol im Verhältnis 20 Liter reiner Alkohol zu mind. 100 kg Früchte verwenden ■ Alkoholgehalt mindestens 37,5 Vol.-%
Österreichische Qualitätsbrände	■ 100%ige Destillate ■ nicht aromatisiert
Spirituosen aus Obst	
Obstschnäpse	■ handelsübliche Bezeichnung: Spirituosen mit dem Zusatz Schnaps (zB Spirituose Marillenschnaps) ■ mindestens Drittelverschnitt eines österreichischen Qualitätsobstbrandes mit Fremdalkohol ■ Destillatanteil der namengebenden Frucht am Gesamtalkohol beträgt mindestens 33 %
Obstspirituosen	■ durch Einmaischen einer Frucht in Fremdalkohol; es werden mindestens 5 kg Früchte je 20 Liter reiner Alkohol verwendet
Spirituosen nach besonderen oder traditionellen Verfahren	
	■ aus schwer vergärbaren oder zuckerarmen Rohstoffen ■ Produkte, die nach traditionellen Verfahren hergestellt werden und sich seit über 30 Jahren am Weltmarkt behaupten (z. B. Whisk(e)y, Aquavit, Wodka)
Geiste	■ Spirituosen aus Früchten (zB Himbeeren), die nicht so zuckerhaltig sind, dass sich bei ihrer natürlichen Gärung genug Alkohol bildet; die Früchte (meist Beerenobst; nicht Stein- oder Kernobst) werden in Alkohol gelegt, der die Aromastoffe auslaugt; nach einer angemessenen Einwirkungszeit wird dieser Auszug destilliert ■ Alkoholgehalt mindestens 35 Vol.-%

Fassherstellung durch einen Küfer (Fassbinder)

Fremdalkohol = Ethylalkohol landwirtschaftlichen Ursprungs (früher als Monopolalkohol bzw. Weingeist bezeichnet). Er wird aus agrarischen Grundstoffen hergestellt und ist geruchs- und geschmacksneutral.

www.schnapsmuseum.com
www.schnapsnase.at
www.edelbrandforum.at

Spirituosen

Destillate aus Wein sind Cognac, Armagnac, Eau de Vie de Vin, Acquavite d'Uva, Weinbrand, Brandy, Weinhefebranntweine und Tresterbrände.

www.cognac.fr

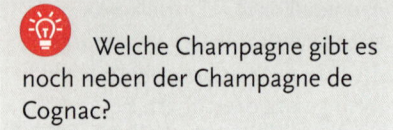

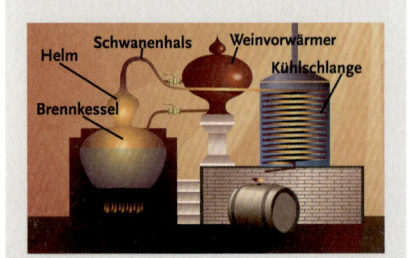

Welche Champagne gibt es noch neben der Champagne de Cognac?

Alambic-Verfahren

3 Weindestillate

3.1 Cognac

Cognac ist ein Destillationsprodukt aus Weißweinen, die ausschließlich aus dem in Frankreich gesetzlich geschützten Gebiet der **Charente** kommen. Die Hauptstadt dieses Gebietes ist **Cognac,** das dem weltbekannten Weinbrand seinen Namen gegeben hat. Unter allen Weindestillaten der Welt gilt Cognac als das vornehmste mit Eleganz und Finesse.

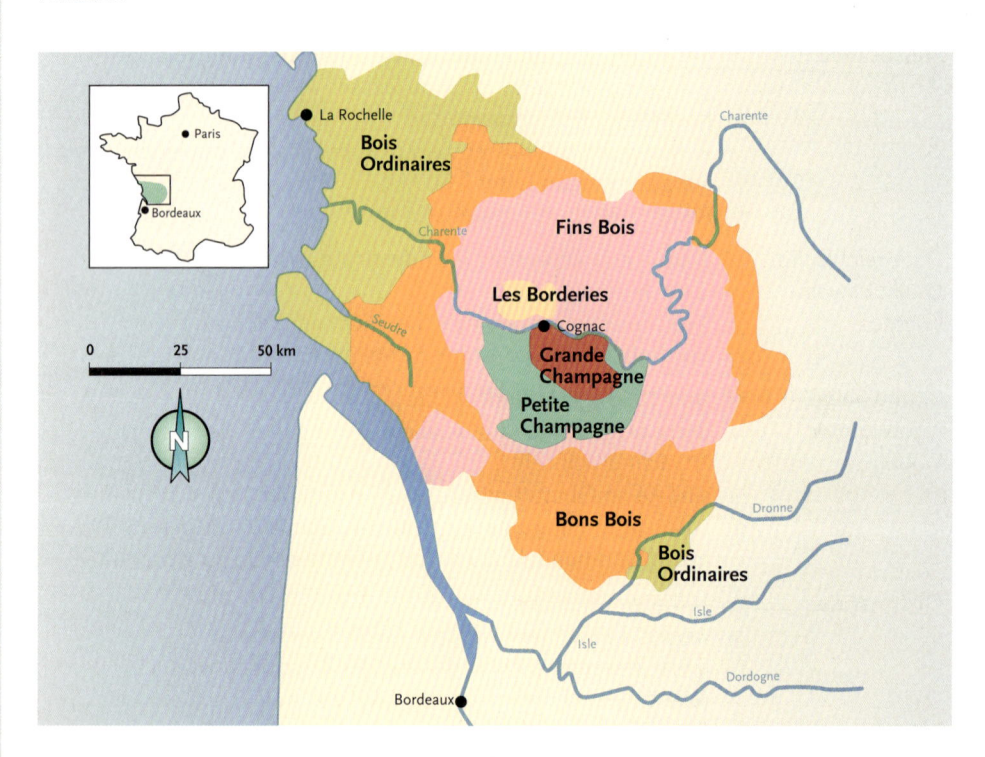

Die Charente ist in sechs Produktionszonen eingeteilt:

Grande Champagne, Petite Champagne, Les Borderies, Fins Bois, Bons Bois, Bois Ordinaires

Diese Reihung ist gleichzeitig eine Qualitätsbeurteilung. Der beste Cognac kommt aus der **Grande Champagne** (Grande Fine Champagne). Produkte, die von dort und aus der Petite Champagne kommen, dürfen die Bezeichnung **Fine Champagne** tragen. Cognacs, die nur aus Feinbränden einer Destillerie stammen, bezeichnet man als **Single Distillery Cognacs.**

Cognacerzeugung

Die für die Cognacerzeugung verwendeten Rebsorten sind Ugni blanc, Folle blanche und Colombard.

- **Brennen:** Das Destillieren der jungen, hefehaltigen Weine geschieht in den für die Charente typischen Kupferbrennblasen (Alambics charentais). Es wird zweimal destilliert (Raubrand, Feinbrand). Der Mittellauf hat etwa 60 bis 70 Vol.-% Alkohol.
- **Lagern und Reifen:** Ebenso wichtig wie das Brennen ist für Cognac das Lagern in Eichenfässern aus Limousin-Eiche. Der ursprünglich farblose Brand nimmt aus den Eichenfässern die Gerbsäure Tannin und die goldgelbe Farbe auf. Die Schärfe des Alkohols wird gemildert, es bildet sich das charakteristische Aroma. Cognac muss mindestens zwei Jahre reifen, gute Cognacs lagern aber wesentlich länger.
- **Verschneiden:** Diese besondere Kunst des Mischens der Destillate wird nur von erfahrenen Kellermeistern durchgeführt.
- **Verdünnen:** Im Laufe der Lagerzeit wird der Cognac einige Male mit destilliertem Wasser verdünnt und so auf die Trinkstärke von mindestens 40 Vol.-% Alkohol gebracht.
- **Abfüllen:** Cognac wird erst kurz vor dem Versand abgefüllt. In der Flasche reift er nicht mehr.

Weindestillate

Cognacbezeichnungen	
Mindestens zwei- bis dreijährige Fasslagerung *** Trois Étoiles (Sterne) bis ******* Sept Étoiles	**Réserve** Grande Fine
Dreijährige Fasslagerung Sélection Cuvée Spéciale Fine De Luxe V.S. (Very Special)	**Sechsjährige Fasslagerung und älter** Extra Vieux Vieille Réserve Napoléon V.V.S.O.P. (Very Very Superior Old Pale) Hors d'Age Age Inconnu Trés Rare Fine Champagne X.O. Extremly Old
Vierjährige Fasslagerung Superior Premiér Choix Grande Sélection	
Fünfjährige Fasslagerung V.O. (Very Old) V.S.O.P. (Very Superior Old Product)	

Napoléon = Der Name ist nicht geschützt. Manche Firmen halten sich nicht an die mindestens sechsjährige Fasslagerung.

Bekannte Marken
Bisquit, Camus, Courvoisier, Leopold Gourmel, Hennessy, Hine, Rémy Martin, Martell, Delamain, Larsen, Monnet, Otard, Louis Royer

3.2 Armagnac

Armagnac ist ein Weindestillat aus Südfrankreich aus dem Gebiet der Gascogne und wird ausschließlich aus Weinen dieses Gebietes hergestellt. Zusätze wie Veilchenwurzel-, Dörrpflaumen- oder Nussextrakt sind möglich. Armagnac ist nachweislich älter als Cognac. Er darf in Jahrgängen, die bis ins 19. Jahrhundert zurückreichen, verkauft werden. Armagnac wird nach dem kontinuierlichen Verfahren hergestellt. Der Alkoholgehalt liegt bei 38 bis 43 Vol.-%.

Bekannte Marken
Larresingle, Clés des Ducs, Janneau, Marquis de Montesquiou, Gerland, Sempé, Goudoulin.

3.3 Eau de Vie de Vin

Bezeichnung für einen französischen Weinbrand, der außerhalb der Gascogne und der Charente erzeugt wird. Der Alkoholgehalt beträgt 40 Vol.-%.

Bekannte Marke
De Ville V.S.O.P.

3.4 Acquavite d'Uva

Italienisches Traubendestillat mit meist 40 Vol.-%. Es schmeckt besonders fein, da ihm der herbe Auszug aus den Kernen fehlt.

Bekannte Marke
Nonino

3.5 Weinbrand

Wird in vielen Ländern erzeugt. In Österreich ist er laut Gesetz ein Edelbrand aus Wein.

Bekannte Marken
Österreich: Bouchet, Stock, Spitz
Deutschland: Asbach, Dujardin, Eckes, Scharlachberg, Mariacron, Chantré

www.asbach.de

3.6 Brandy

Brandy ist ein sehr allgemeiner Begriff, der weltweit für verschiedenartigste Spirituosen verwendet wird. In erster Linie sind damit jedoch Weinbrände gemeint, vor allem aus südeuropäischen Ländern, insbesondere Spanien.
Generell ist Brandy milder und weicher als Weinbrand.

Bekannte Marken
Spanien: Miguel Torres Imperial, Cardenal Mendoza, Carlos I, Osborne (Veterano), Gonzalez Byass (Soberano), Lustau
Italien: Stock 84, 84 Originale, 84 V.S.O.P., Stock X.O., Vecchia Romagna Etichetta Nera
Griechenland: Metaxa 3*** bis 7*******
Portugal: Antiqua V.S.O.P.

3.7 Weinhefebrand

Nach dem „Abstechen des Weines vom Geläger" (vgl. Weinerzeugung) werden diese Rückstände nochmals gepresst. Sie enthalten noch eine beträchtliche Menge Wein. Daraus wird der Hefebranntwein (Gelägerbrand, Glöger) destilliert.

Bekannte Marke
Dürnsteiner Glöger-Reserve.

3.8 Tresterbrände

Dies sind Edelbrände, die aus den Pressrückständen der Weinmaische (Weintrestern) hergestellt werden. In Frankreich werden sie als **Marc,** in Italien als **Grappa** und in der Schweiz als **Träsch** oder bezeichnet. Der Alkoholgehalt muss mindestens 37,5 Vol.-% betragen. Es gibt glasklare Grappas und solche mit einer Gelbtönung (sie wurden einige Zeit im Holzfass gelagert). In Italien, hauptsächlich Norditalien, gibt es große Grappahersteller. In Österreich sind es meist die Winzer, die einen Tresterbrand erzeugen oder erzeugen lassen.

Bekannte Marken
Österreich: Jurtschitsch, Böckl, Bründlmayer, Kollwentz, Gölles, Kracher, Lagler, Stadlmann
Italien: Grappa Julia, Vite d'oro, Piave, Nonino, Ceretto, Jacopo Poli
Frankreich: Marc de Champagne, Marc de Bourgogne und Marc d'Alsace von verschiedenen Herstellern

3.9 Einkauf und Lagerung

Die Flaschengrößen reichen von ganz kleinen Flaschen (Miniaturen; zB für eine Minibar) bis 0,75-Liter-Flaschen und vereinzelt größeren Flaschen. Sie werden stehend gelagert und müssen stets gut verschlossen sein.

3.10 Service und Ausschank

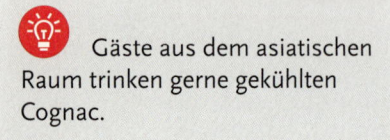

Service, Gläser, Verwendung	
Service	**Cognac, Weinbrand** ■ Ideale Trinktemperatur liegt bei 18 °C. Eine Unsitte ist es, die Cognacgläser anzuwärmen. Die feinen Aromen werden dadurch zerstört. ■ Ausschankmaß 2 bzw. 4 cl; Cognacs werden gerne unmittelbar vor dem Gast eingeschenkt; sehr alte Cognacs werden auch in besonderen Dekantern angeboten. **Grappa** ■ Ideale Trinktemperatur für klaren Grappa 8–10 °C; für besondere Qualitäten 18 °C. ■ Ausschankmaß: 2 bzw. 4 cl.

Gäste aus dem asiatischen Raum trinken gerne gekühlten Cognac.

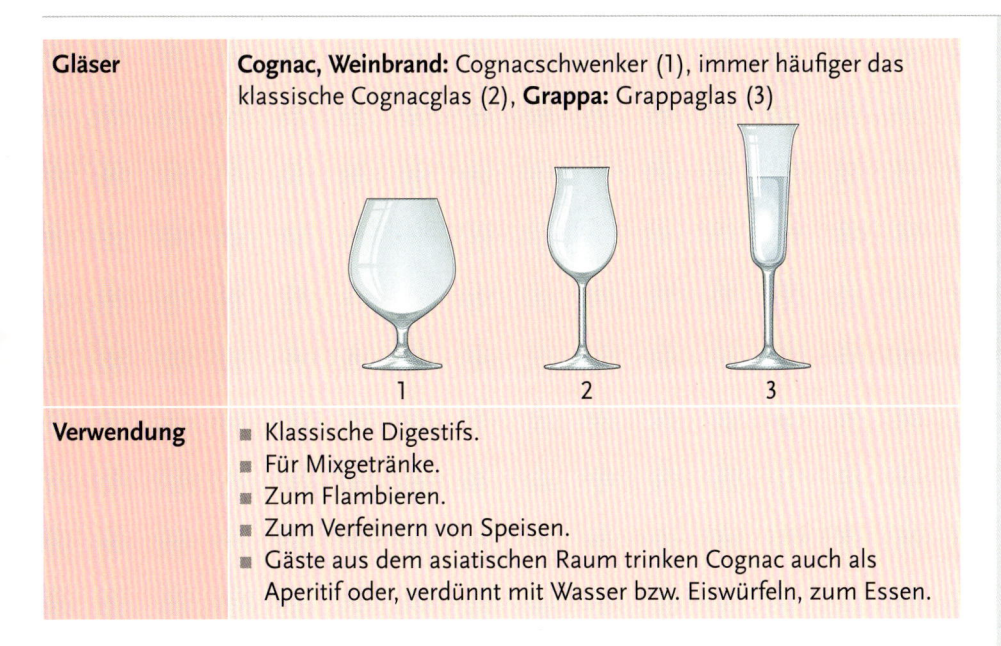

Gläser	**Cognac, Weinbrand:** Cognacschwenker (1), immer häufiger das klassische Cognacglas (2), **Grappa:** Grappaglas (3)
Verwendung	■ Klassische Digestifs. ■ Für Mixgetränke. ■ Zum Flambieren. ■ Zum Verfeinern von Speisen. ■ Gäste aus dem asiatischen Raum trinken Cognac auch als Aperitif oder, verdünnt mit Wasser bzw. Eiswürfeln, zum Essen.

4 Getreidedestillate

4.1 Whisky & Whiskey

Whisk(e)y ist der bedeutendste aller Getreidebrände und kommt ursprünglich aus Schottland und Irland. Whisk(e)y wird heute auch in den USA, Kanada, Japan, Deutschland etc. erzeugt. In Österreich stellen zB der Waldviertler Roggenhof sowie der Schnapsbrenner Reisetbauer (in Kirchberg-Thening) verschiedene Whiskysorten her.

Ein Whisk(e)y muss aus Getreidemaische destilliert werden, weniger als 94,8 Vol.-% in der letzten Destillierphase erreichen, mindestens drei Jahre in Holzfässern gelagert werden und mindestens 40 Vol.-% aufweisen. Produkte, die diese Punkte nicht erfüllen, dürfen im EU-Raum nicht als Whisk(e)y verkauft werden.

Scotch Whisky
Schottischer Whisky hat als einziger Whisky den typischen Rauchgeschmack. Aber auch das weiche, klare Berg- und Moorwasser Schottlands ist für die Güte von größter Bedeutung.

Malt Whisky
Ursprünglichste Form des Whiskys. Er besteht aus reiner Gerste, die man zum Keimen bringt **(Malz).** Die gekeimten Körner werden über einem gleichmäßigen Torffeuer gedarrt. Dadurch entwickelt sich der Rauchgeschmack und die Stärke wird in vergärbaren Zucker umgewandelt. Dann wird das getrocknete Malz geschrotet, mit heißem Wasser vermischt, abgekühlt und durch Hefezusatz zum Gären gebracht.

Diese vergorene Würze wird nun in Kupferkesseln zweimal destilliert (Pot-still-Verfahren). Danach wird das Destillat mindestens drei Jahre in Eichenfässern oder alten Sherry- oder Portweinfässern gelagert. Spitzenprodukte lagern 12 und mehr Jahre.

Man unterscheidet:
Single Malt: Malt Whisky aus einer einzigen Destillerie.
Blended Malt: aus verschiedenen Malt Whiskys unterschiedlicher Destillerien.

Bekannte Marken: The Glenlivet, Glenfiddich, Knockando, The Macallan, Rosebank, Glenkinchie, Bowmore, Laphroaig, Lagavulin, Springbank

Grain Whisky
Er besteht aus Mais, Weizen, ungemälzter Gerste und anderen Getreidesorten. Er wird nach dem Patent-still-Verfahren hergestellt. Grain Whisky ist mild, leicht und hat wenig Farbe. Er wird hauptsächlich zum Blenden (Verschneiden) verwendet.

➡ **Servieren und Gästeberatung**

Destillate aus Getreide sind Whisky & Whiskey, Genever, Gin, Aquavit, Wodka, Korn & Kümmel.

💡 Die Brauerei Weutz in St. Nikolai im Sausal stellt den Single Malt Hot Stone (gedarrt über heißem Lavastein) her. Gibt es auch in Ihrem Bundesland Whiskyerzeugung?

Die Schreibweisen Whisky und Whiskey sollten ursprünglich den schottischen Whis**ky** vom irischen Whisk**ey** unterscheiden.

gedarrt = getrocknet

Spirituosen

Ab einem Maltanteil von 35 Prozent spricht man von einem **De-Luxe-Blend.**

www.potstill.org

Beim **Sour-Mash-Verfahren** wird der Maische ein Teil der Flüssigkeit, die sich nach der ersten Destillation als Rückstand gebildet hat, wieder zugesetzt.

Blended Scotch Whisky
Wird aus Grain Whiskys und Malt Whiskys unterschiedlicher Jahrgänge und Herkunft so zusammengestellt, dass stets der gleiche markentypische Geschmack gegeben ist.

Bekannte Scotch Blends: Johnnie Walker Red Label, White Horse, J & B Rare, Cutty Sark, Black & White, Ballantine's, Grant's, Bell's
Bekannte De-Luxe-Scotch-Blends: Johnnie Walker Black Lable, Chivas Regal, Ballantine's Brown Label, Grant's Royal, Dimple Haig

Irish Whiskey
Der klassische Irish Whiskey wird ebenfalls aus Gerstenmalz bereitet, das jedoch im Heißluftofen gedarrt wurde. Deshalb ist der typische Irish Whiskey ohne Rauchgeschmack. Außerdem enthält er Anteile ungemälzter Gerste.
Irish Whiskey wird dreimal destilliert und mit neutralem Kornsprit versetzt.

Bekannte Marken: Paddy, Jameson, Tullamore Dew, Old Bushmills

American Whiskey
Die amerikanischen Whiskeys sind schwer, körperreich und ein wenig süßlich. Die drei wichtigsten Arten sind Bourbon, Tennessee Bourbon und Rye Whiskey.

Bourbon Whiskey
Er hat seinen Ursprung im amerikanischen Bundesstaat Kentucky. Er muss zumindest aus 51 % Mais hergestellt werden. Zusätze sind Roggen und Gerste. Er wird im Patentstill-Verfahren hergestellt und mindestens zwei Jahre in innen ausgekohlten Eichenfässern gelagert.

Man unterscheidet:
Straight Bourbon: aus einer Destillerie.
Blended Straight Bourbon: Verschnitt mehrerer Straight-Bourbons.
Blended Bourbon: Verschnitt verschiedener Bourbon Whiskeys mit einem Mindestanteil von 51 % Straight Bourbon.

Bekannte Marken: Jim Beam, Wild Turkey, Old Crow, Old Forester, Four Roses

Tennessee Bourbon Whisk(e)y
Er entsteht auf ähnliche Weise wie Bourbon. Hervorzuheben ist der ungewöhnlich milde Charakter, den er durch ein aufwendiges Filtrationsverfahren durch Holzkohle bekommt.

Bekannte Marken: Jack Daniel's, George Dickel

Rye Whiskey
Er besteht zu mindestens 51 % aus Roggen und wird mindestens zwei Jahre in neuen ausgekohlten Eichenfässern gelagert.

Canadian Whisky
Ist immer ein Verschnitt von Whiskys aus Roggen und anderen Getreidesorten mit Neutralalkohol. Kanadische Whiskys sind leicht und relativ geschmacksneutral. Die Mindestlagerzeit beträgt drei Jahre, die Lagerung erfolgt in Sherryfässern.

Bekannte Marken: Black Velvet, Canadian Club (C.C.), Seagram's (VO und Crown Royal)

Japanischer Whisky
Japanischer Whisky wird mit den gleichen Grundmaterialien in der gleichen Art und Weise hergestellt wie das große Vorbild Scotch Whisky. Der japanische Student Masataka Taketsuru kam nach Glasgow und erlernte die Destillaton von Whisky. Wieder in der Heimat, gründete er 1923 die erste Brennerei. Neben Blended Whiskys werden Blended Malts und seit kurzem auch Single Malts erzeugt.

Getreidedestillate

4.2 Genever

Gebrannt wurde die auch als Jenever bezeichnete Spirituose erstmals Ende des 15. Jahrhunderts im holländischen Ort Schiedam bei Rotterdam. Genever wird heute in vielen Ländern hergestellt.
Seine Bestandteile sind Gerste, Roggen und Mais unter Verwendung von Darrmalz, Wacholderbeeren und Gewürzen. Er durchläuft drei Brennvorgänge und hat einen Alkoholgehalt zwischen 35 und 43 Vol.-%.

Bekannte Marken
Bokma, Bols, De Kuyper Holland

4.3 Gin

Gin stammt aus England und wird aus Gerste und Roggen unter Verwendung von Wacholderbeeren und Gewürzen hergestellt. Er hat einen Alkoholgehalt von 38 bis 45 Vol.-% und ist wasserklar.

Es gibt verschiedene Sorten:
- Dry Gin und London Dry Gin sind ungesüßt.
- Old Tom Gin und Plymouth Gin sind leicht gesüßt.
- Versetzte Gins unterscheiden sich in der Farbe; es gibt Sloe Gin (mit Schlehen), Almond Gin (mit Bittermandeln), Apple Gin (mit Äpfeln), Lemon Gin (mit Zitronen) und Orange Gin (mit Bitterorangen).

Bekannte Marken
Beefeater, Bols Silver Top, Seagram's, Gilbey's, Gordon's, Tanqueray, Bombay Saphir

4.4 Aquavit (Akvavit)

Die Heimat des Aquavits sind die skandinavischen Länder und Norddeutschland. Er wird aus Korn und Neutralalkohol unter Verwendung von Kräutern und Gewürzen (vorwiegend Kümmel und Wacholderbeeren) hergestellt. Er hat einen Alkoholgehalt von 38 bis 45 Vol.-%.

Bekannte Marken
Aalborg, Holger Danske Line Aquavit, Malteserkreuz, Bommerlunder

Line Aquavit = mildere Sorte. Zur Reifung werden die Flaschen auf Schiffen über den Äquator und wieder zurück gefahren.

4.5 Wodka

Die Heimat des Wodkas liegt in Polen und Russland. Die Grundmaterialien für Wodka sind in der Regel Getreidemischungen, aber auch Kartoffeln. Wodkas werden mit Ingredienzien aus Kräutern und Gewürzen (zB Vanille-Wodka), mit Büffelgrasextrakt (Grasovka) und auch mit Zitrusfrüchten sowie Beerenfrüchten (Himbeeren) versetzt. Wodka hat zwischen 38 und 55 Vol.-% Alkohol.

Bekannte Marken
Stolitschnaya, Moskovskaya, Sibirskaya (GUS), Wyborowa, Zyntia Extra, Zubrovka (Polen), Puschkin, Stroganoff, Smirnoff, Samovar (Österreich), Absolut (Schweden), Finlandia (Finnland), Popov (USA), Gorbatschow, Eristoff, Nikita (Deutschland)

4.6 Korn & Kümmel

Ein Kornbranntwein ist ein Branntwein, der ausschließlich aus Gerste, Hafer, Weizen, Buchweizen und Roggen hergestellt wird. Sein Mindestalkoholgehalt muss 32 Vol.-% betragen. Ist der Korn mit Kümmel aromatisiert, wird er als Kümmel oder Kornkümmel bezeichnet.

Bekannte Marken
Berentzen, Berliner Kümmel, Doornkaat Der Ostfriesische, Gilka Kümmel, Steinhäger, Schinkenhäger

Spirituosen

💡 Amerikaner trinken Whisk(e)y gern sehr kalt (4–6 °C) oder mit Limonaden (zB Cola, Ginger Ale, Seven up) aufgespritzt.

Sehr oft werden die Gläser für Getreidebrände und auch die Flaschen im Tiefkühlfach des Kühlschranks aufbewahrt.

➡ Servieren und Gästeberatung

Zuckercouleur = Karamellzucker

Inländer-Rum: Ein Produkt mit alter österreichischer Tradition; hergestellt aus Melassesprit aus Zuckerrohr; mindestens 38 Vol.-%; ausschließlich in Österreich erzeugt.

4.7 Service und Ausschank

Service, Gläser, Verwendung	
Service	**Whisk(e)y** ■ Ausschankmaß: 2 bzw. 4 cl. ■ Ideale Trinktemperatur = Raumtemperatur. ■ Auf Wunsch des Gastes wird Whisk(e)y mit Eiswürfeln, Wasser bzw. Sodawasser serviert. **Gin und Wodka** ■ Ausschankmaß: 4 cl. ■ Pur trinkt man Wodka eisgekühlt. Gin wird selten pur getrunken. Er ist Bestandteil von Mixgetränken. **Weitere Getreidebrände** ■ Ideale Trinktemperatur: stark gekühlt.
Gläser	■ Whisk(e)y: Old-fashioned-Glas (1); sehr alte Single Malts im Cognacschwenker (2) oder Single Malt Whisky Glas (3) ■ Für alle Getreidedestillate gibt es eigene Glasformen: Aquavitglas (4), Doornkaatglas (5), Wodkaglas (6), Schnapsglas (7; nur mehr vereinzelt zu finden).
Verwendung	■ Als Digestif. ■ Getreidebrände sind beliebte Begleiter zu Bier. ■ Whisk(e)y, Gin und Wodka als Bestandteil von Mixgetränken.

5 Rum

Originalrum ist ein Destillat aus dem Saft des Zuckerrohr oder aus Zuckerrohrmelasse. Der berühmteste Rum kommt aus **Jamaika.** Auch in Kuba, Guadeloupe, Martinique, Trinidad, Haiti, Barbados, Puerto Rico und Mexiko werden hervorragende Rumarten erzeugt, die alle ihre eigene Charakteristik haben.
Während auf den Inseln mit britischer Tradition im Allgemeinen nach dem Whiskyverfahren gebrannt wird, bevorzugt man in den französisch beeinflussten Gebieten eine dreifache Cognacdestillation.

In die Maische kommen vor der Gärung je nach Gebiet verschiedene Würzen (Rosinen, Ananas, Fruchtsäfte, Vanille, Bataya-Akazien). Nach der Destillation wird der Rum gelagert. Die Art und Dauer der Lagerung sind entscheidend für die Qualität und das Bukett des Rums. **Weißer Rum** lagert in vorbehandelten Fässern, die keine Farbe abgeben, oder in Stahltanks, während **brauner Rum** seine Farbe aus den Eichenholzfässern, in denen er lagert, bekommt. Reicht der Farbton nicht aus, darf im Ursprungsland auch mit Zuckercouleur nachgeholfen werden.
Unterschiedlich ist der Alkoholgehalt des Rums. Er wird mit einem Alkoholgehalt von 62 bis 81 Vol.-% hergestellt (Originalrum). „Echter Rum" ist ein auf Trinkstärke (38–54 Vol.-%) herabgesetzter Originalrum. Die Bezeichnung „echt" darf ebenso wie die Bezeichnung „original" nur im Zusammenhang mit dem Herstellungsgebiet genannt werden, zB Echter Jamaika-Rum.

Bekannte Marken
Puerto Rico: Bacardi (weiß, dunkel), Ronrico
Jamaika: Coruba (weiß und dunkel sowie „overproofed" mit 74 Vol.-%), Myers's, Lemon Heart
Martinique: Old Nick (weiß), Saint James (weiß und dunkel)
Haiti: Barbancourt
Kuba: Havana Club
Guyana: Demerara (dunkel)
Guatemala: Zacapa

Ebenso aus dem Saft des Zuckerrohrs destilliert wird der **Cachaça**. Seine Heimat ist Brasilien. Er wird nicht gereift und weist einen Alkoholgehalt ab 40 Vol.-% auf. Eine der bekanntesten Marken ist der Pitú. Er ist Hauptbestandteil des Mixgetränkes Caipirinha.

Flavoured Rum ist ein Original-Rum mit starken Würzstoffen (z. B. Ananas, Kokos).

Spiced Rum ist mit Gewürzextrakten aromatisiert (z. B. mit Koriander, Muskat, Vanille oder Zimt).

5.1 Service und Ausschank

Service, Gläser, Verwendung	
Service	■ Ideale Trinktemperatur von besten Qualitäten ist Raumteperatur. ■ Die besten Qualitäten werden pur serviert. ■ Ausschankmaß: 4 cl.
Glas	Tumbler, beste Qualitäten auch im Cognacglas.
Verwendung	■ Zum Mixen. ■ Zu Tee und Grog.

6 Tequila

Tequila stammt aus Mexiko und wird aus Agavensaft durch zweimalige Destillation gewonnen. Der Alkoholgehalt liegt zwischen 40 und 50 Vol.-%.
Die weißen und die braunen Sorten unterscheiden sich erheblich. Während die weißen Sorten nach der Destillation sofort abgefüllt werden und dadurch ihr helles Aussehen sowie den frischen Geschmack behalten, entsteht bei den bräunlichen Solo-Tequilas durch die ein- bis dreijährige Fasslagerung ein schweres, fast rauchiges Aroma.
Tequila eignet sich hervorragend zum Mixen (zB Margerita, Tequila Sunrise). Die altgelagerten dunklen Sorten werden auch pur getrunken.

Bekannte Marken
Tequila Silla, Tequila Mariachi, Olmeca, José Cuervo, Sauza, Don Emilio

Agave

7 Anisées

Anisées sind alkoholische Getränke mit Anisgeschmack. Der französische Anisée heißt **Pastis**. Es gibt mehrere Marken, zB Berger Pastis, Pastis 51 (von Pernod Ricard). Der **Pernod** ist ebenfalls eine französische Anisspirituose, bei dem Sternanis und Fenchel den Geschmack bestimmen. Auch der **Ricard** kommt aus Frankreich. Er ist etwas dunkler. Der griechische Anisée heißt **Ouzo**, der türkische **Raki**. Die Anisées werden mit Wasser verdünnt getrunken.

8 Bitters

Eine hochprozentige Bitterspirituose auf Wermutbasis ist der **Absinth**.
Bitters werden auf Eis im Tumbler serviert, sehr oft mit Sodawasser oder Orangensaft gemischt. Der bekannteste Bitteraperitif ist der **Campari**. Die rubinrote, herbsüße Spirituose aus Italien wird aus Kräutern und Gewürzen mit Neutralalkohol, Zucker und destilliertem Wasser hergestellt. Weitere bekannte Marken sind **Aperol,** Ramazzotti und Cynar.

Spirituosen

9 Obstdestillate

Obstbrände
- Obstbrände werden durch alkoholische Gärung und Destillieren gewonnen. Sie sind also aus 100 Prozent Früchten; mind. 37,5 Vol.-%.
- Werden die Maischen zweier oder mehrerer Obstarten gemeinsam destilliert, heißt das Erzeugnis **Obstler.**

Beerenbrände
- Beerenbrände werden durch Einmaischen von Beerenfrüchten, z. B. Himbeeren in Alkohol und anschließendem Destillieren gewonnen; mind. 100 Kilogramm Früchte auf 20 Liter Alkohol.
- Auf dem Etikett steht „durch Einmaischen und Destillieren gewonnen".
- Es gibt auch Beerenbrände, bei deren Herstellung kein Alkohol beim Einmaischen zugesetzt wird. Sie dürfen dann **als Österreichische Qualitätsbeerenbrände** bezeichnet werden.

Geiste
- Geiste werden aus zuckerarmen Früchten, hauptsächlich Beerenfrüchten gewonnen. Diese haben bei der Vergärung eine geringe Alkoholausbeute.
- Sie werden mit Alkohol versetzt und erst nach einer Einwirkzeit destilliert.

> „Wasser" ist ein synonymer Begriff für Brand. Die Bezeichnung wird in Österreich jedoch sehr selten verwendet. In Deutschland hingegen ist z. B. Kirschwasser (aus dem Schwarzwald) häufig auf Etiketten zu finden.

Im Brennkessel

Herkunft	Name	Sorte
Steiermark	Gölles	Apfel, Birne, Zwetschke, Kirsche, Kriecherl, Pfirsich, Brombeere, Himbeere, Holunder, Vogelbeere
	Jöbstl	Apfel, Birne, Pfirsich, Johannisbeere, Himbeere, Waldheidelbeere, Holunder, Stachelbeere
	Retter	Apfel, Birne, Quitte, Kirsche, Weichsel, Marille, Pfirsich, Schlehe, Brombeere, Erdbeere, Holunder, Hagebutte, Moosbeere, Vogelbeere
Burgenland	Lagler	Zwetschke, Apfel, Tafelbirne, Williamsbirne, Kirsche, Quitte, Marille, Pfirsich, Kriecherl, Johannisbeere, Holunder, Himbeere, Vogelbeere, Schlehe
Oberösterreich	Destillerie Schosser	Asperl (Mispel), Quitte, Dirndl, Weichsel, Kirsche, Zwetschke, Schlehdorn, Himbeere, Hagebutte, Preiselbeere, Heidelbeere, Stachelbeere, Brombeere, Mehl-beere, Johannisbeere
	Reisetbauer	Apfel, Birne, Quitte, Zwetschke, Weichsel, Himbeere, Johannisbeere
	Hochmair	Elsbeere, Traubenkirsche, Wildkirsche
Niederösterreich	Böckl	Apfel, Birne, Quitte, Marille, Kirsche, Pfirsich, Johannisbeere, Hagebutte, Himbeere, Heidelbeere
	Holzapfel	Apfel, Birne, Quitte, Marille, Johannisbeere
	Wetter	Apfel, Birne, Marille, Pfirsich, Holunder, Ribisel, Himbeere, Vogelbeere
Salzburg	Guglhof	Apfel, Quitte, Zwetschke, Marille, Weichsel, Holunder, Vogelbeere
Kärnten	Birkenhof (WOB) Wolfram Ortner	Apfel, Birne, Quitte, Zwetschke, Marille, Johannisbeere, Brombeere, Himbeere, Schwarzbeere
	Pfau Valentin Latschen	Apfel, Birne, Quitte, Pfirsich, Weichsel, Zwetschke, Himbeere, Johannisbeere

Herkunft	Name	Sorte
Tirol	Erber	Apfel, Birne, Pflaume, Heidelbeere, Holunder, Vogelbeere
	Rochelt	Apfel, Birne, Quitte, Marille, Weichsel, Holunder, Vogelbeere
Voralberg	Freihof	Apfel, Birne, Quitte, Kirsche, Marille, Kriecherl, Holunder, Vogelbeere, Himbeere
Deutschland	Schladerer	Apfel, Birne, Kirsche, Sauerkirsche, Mirabelle, Zibärtle (Wildpflaume), Schlehe, Himbeere, Brombeere, Heidelbeere
	Ziegler	Birne, Kirsche, Sauermorelle (Sauerkirsche)
Schweiz	Dettling	Kirsche, Birne
	Etter	Zuger Kirsch, Pflümli (Zwetschke)
urspr. Ungarn	Barack Pálinka	Marille
Frankreich	Morand	Birne, Marille, Pflaume, Kirsche, Mirabelle, Himbeere
	Nusbaumer	Birne, Mirabelle, Kirsche, Himbeere

Slibowitz

Bekannter Zwetschkenbranntwein, der original aus den bosnischen Pocegacapflaumen hergestellt wird und dann Sljivovica heißt. Die Markenbezeichnung ist nicht geschützt und kann daher für jeden Pflaumenbranntwein verwendet werden.
Andere Schreibweisen sind: Sliwowitz, Slivowitz und Slivova.

Calvados

In Eichenfässern gelagertes Destillat aus französischem Apfelwein (Cidre) mit bis zu 10 % Birnenwein (Poiré). Er stammt aus einer Region in der Normandie. Die Spitzenqualität kommt aus der „Appellation Pays d'Auge" an der Atlantikküste. Die meisten Calvados-Produkte sind Verschnitte von Destillaten verschiedener Jahrgänge. Die Altersangabe bezieht sich immer auf das jüngste im Verschnitt verwendete Destillat.

Bekannte Marken
Boulard, Busnel, Gilbert, Père Magloire, Roger Groult

Einkauf und Lagerung

Bezugsquelle für die verschiedenen Destillate sind zumeist Großhandelsfirmen. Besondere Qualitäten werden häufig direkt vom Produzenten bezogen.
Die Flaschen sollen kühl, dunkel und stehend gelagert werden.

Service und Ausschank

Wussten Sie, dass ...
die Calvadosäpfel für den normalen Verzehr kaum geeignet sind? Sie sind reich an Gerbstoffen.

Digestifs werden gerne im sogenannten Digestifwagen angeboten

Service, Gläser, Verwendung	
Service	■ Ideale Trinktemperatur für klare Obstbrände 15–18 °C, für fassgelagerte Brände ca. 18 °C. Für Obstler und einfache Destillate wird eine kühlere Temperatur empfohlen, und zwar 8–10 °C. ■ Ausschankmaß: in der Regel 2 cl, jedoch auch 4 cl möglich.
Gläser	**Calvados:** im Cognacschwenker. **Obstbrände:** auf die Frucht abgestimmte Gläser; Beerenobst (1), Kernobst (2), Steinobst (3). Das traditionelle Schnapsglas ist vereinzelt zu finden.
Verwendung	■ Als Digestif.

→ **Servieren und Gästeberatung**

10 Liköre

Liköre sind gesüßte Spirituosen. Der Mindestzuckergehalt beträgt 100 g Zucker pro Liter. Sie werden mit Farbstoffen, Duftstoffen und Geschmacksstoffen versetzt.
Zur Aromatisierung des sogenannten Grundlikörs, einer Mischung aus Alkohol und Zucker, werden die folgenden Methoden angewendet.

Infusions- oder Destillationsmethode
Früchte, Blätter oder Kräuter werden mit Alkohol getränkt, bis dieser die Aromastoffe vollkommen aufgenommen hat. Danach wird der aromatisierte Alkohol nochmals destilliert, damit sich der Duft und der Geschmack noch verstärken.

Perkolations- oder Filtriermethode
Diese Methode ähnelt dem Filtern von Kaffee. Die aufsteigenden Alkoholdämpfe dringen von unten durch den Filter, auf dem die zerkleinerten Früchte, Gewürze, Blätter und Kräuter liegen, und nehmen dabei die Duft- und Geschmacksstoffe auf. Danach wird der Alkoholdampf kondensiert und tropft wieder in den unteren Teil des Filters.

Emulsionsmethode
Die Ingredienzien werden homogenisiert. Grundbestandteile der Emulsionsliköre sind in der Regel Milch, Obers, Ei und/oder Schokolade.

Kompositionsmethode
Ethylalkohol wird mit künstlichen Essenzen oder Kompositionen daraus versetzt.

Man geht davon aus, dass die Liköre aus mittelalterlichen Heilgetränken hervorgegangen sind. Man wollte die Medizin versüßen und erfand so indirekt die Kräuterliköre.

Komposition = Zusammensetzung

Essenz = konzentrierter Auszug

www.bolscocktail.de

10.1 Likörarten

Edelliköre bestehen aus hochwertigem Alkohol, zB Cognac, Rum, Whisky, und natürlichen Geschmacksstoffen. Diese werden durch die Infusions- oder Perkolationsmethode gewonnen. Künstliche Farbstoffe sind nicht erlaubt. Die Basis von **Tafellikören (Konsumlikören)** ist meist Neutralalkohol. Künstliche Essenzen und künstliche Farbstoffe sind erlaubt.

Bitterliköre
Sammelbezeichnung für Stark- oder Vollbitterliköre (meist über 45 Vol.-%) und Halbbitterliköre sowie Magenbitter (Stark- oder Halbbitter).

Marke	Herkunft	Vol.-%	Charakteristik
Averna	Italien	34	Magenbitter; dunkelbraun
Boonekamp	Deutschland	40	Magenbitter; dunkelbraun
Fernet-Branca	Italien	42	Magenbitter; dunkelbraun
Rossbacher	Österreich	32	Magenbitter; dunkelbraun
Underberg	Deutschland	49	Magenbitter; dunkelbraun
Unicum	Ungarn	42	Magenbitter; dunkelbraun

Die **Würzbitter** (Angosturabitter, Orange Bitter) werden nur zum Mixen verwendet.

Es gibt Aperitifbitter, z. B. Campari siehe Seite 145.

Fruchtsaftliköre und Fruchtliköre
In den Fruchtsaftlikören ist Fruchtsaft als geschmacksbestimmender Bestandteil enthalten. Fruchtliköre werden auf Basis von alkoholischen Ansätzen von Früchten sowie der daraus gewonnenen Destillate hergestellt.

Marke	Herkunft	Vol.-%	Charakteristik
Cherry Heering	Dänemark	25	Kirsch-Edellikör; kirschrot
Cointreau	Frankreich	40	Orangen-Edellikör aus Curaçao-Orangen; wasserklar
Marie Brizard Crème de Cassis	Frankreich	21	Johannisbeer-Edellikör; dunkelrot
Bols Curaçao Triple sec	Holland	40	Orangenlikör aus Curaçao-Pomeranzen; wasserklar, orange, rot und blau
Grand Marnier Cordon Jaune	Frankreich	38	Fruchtlikör auf Feinspritbasis mit Orangen sowie einer Kräuter-Gewürz-Mischung; gelblich
Grand Marnier Cordon Rouge	Frankreich	40	Fruchtlikör auf Basis von Cognac und Curaçao-Orangen mit einer Kräuter-Gewürz-Mischung
Limoncino, Limoncello	Italien	28–32	Zitronenlikör; klar und als Creme
Maraschino	Kroatien	22,5–40	Sauerkirschenlikör aus Dalmatien; wasserklar; zum Abrunden und Verfeinern
Sambuca	Italien	40	Holunderbeerlikör mit Anisgeschmack; wasserklar
Southern Comfort	USA	40	Pfirsich-Orangen-Kräuterlikör auf Bourbon-Whiskey-Basis

Curaçao = Insel in der Karibik

Marie Brizard, Bols = Namen der Erzeugerfirmen

Honigliköre
Sie enthalten 25 Kilogramm Honig je 100 Liter Fertigprodukt.

Marke	Herkunft	Vol.-%	Charakteristik
Drambuie	Schottland	40	Edellikör aus Malt Whisky, Honig und Heidekräutern
Irish Mist	Irland	35–40	Edellikör aus Whiskey, Honig und Kräutern

Spirituosen

Kräuter- und Gewürzliköre

Sie werden aus Kräutern und/oder Gewürzen hergestellt. Leicht bitter-aromatischer oder stark würziger Geschmack.

Marke	Herkunft	Vol.-%	Charakteristik
Bénédictine D.O.M.	Frankreich	43	Edellikör aus Kräutern und Gewürzen; bernsteinfarben
Chartreuse	Frankreich	40 bzw. 55	Edellikör aus Kräutern, Gewürzen sowie Orangenschalen; Chartreuse jaune (gelb) und Chartreuse verte (grün)
Crème de Menthe	Frankreich	30	Kräuterlikör (Pfefferminze); meist dunkelgrün
Galliano	Italien	mind. 35	Kräuter-und-Gewürz-Likör mit ausgeprägtem Vanillegeschmack; gelb
Liquore Strega	Italien	40	Kräuterlikör; leicht bitter und goldgelb
Jägermeister	Deutschland	35	Kräuterlikör; herb-würzig, braun
Marie Brizard Anisette	Frankreich	25	Gewürzlikör; wasserklar
Gilka-Kaiser-Kümmel	Deutschland	38	Gewürzlikör; wasserklar

Emulsionsliköre

Emulsion = feinste Verteilung einer Flüssigkeit in einer anderen, nicht mit ihr mischbaren Flüssigkeit.

Sie werden aus Rohstoffen wie Eiern, Kaffee, Kakao, Haselnüssen oder Schokolade, die mit Wasser, Milch oder Obers und Zucker emulgiert werden, hergestellt.

Marke	Herkunft	Vol.-%	Charakteristik
Advokaat	Holland	20	Eierlikör; gelb
Bailey's Irish Cream	Irland	17	Emulsionslikör aus Schokolade, Obers und irischem Whiskey; cremefarben
Droste Bittersweet Chocolate Liqueur	Holland	27	Schokoladelikör; bittersüß, schokoladefarben
Batida de Coco	Brasilien	20	Aus Kokosnüssen, Kokosmilch und Nüssen

Kakao- und Kaffeeliköre

Sie werden als Destillatliköre oder als Extraktliköre aus Kakao- oder Kaffeebohnen hergestellt.

Marke	Herkunft	Vol.-%	Charakteristik
Crème de Cacao	Holland	25	Kakaolikör mit Vanille; sehr süß, farblos oder braun
Crème de Mocca	Holland	25	Kaffeelikör; braun
Kahlúa	Mexiko	26,5	Kaffee-Edellikör aus Tequila und Kaffeebohnen; dunkelbraun
Tia Maria	Jamaika	31,5	Kaffee-Edellikör aus Jamaika-Rum und Kaffee; dunkelbraun

Sonstige Liköre

Marke	Herkunft	Vol.-%	Charakteristik
Amaretto di Saronno	Italien	28	Mandeledellikör; mittelbraun
Danziger Goldwasser	Deutschland, Polen	38	Kräuterlikör mit Goldplättchen; blank
Malibu	England	24	Klarer Kokosnusssaftlikör mit weißem Jamaikarum

10.2 Einkauf und Lagerung

Liköre lassen sich ihres hohen Zuckergehalts wegen im Allgemeinen gut aufbewahren. Einige kristallisieren aus, wenn sie zu kalt gelagert werden. Das ist aber bei Zimmertemperatur schnell zu beheben. Andere, besonders Fruchtsaftliköre, verlieren bei Luftzutritt mit der Zeit ihr frisches Aroma und werden braun. Fruchtsaft- und Eierliköre sollte man daher nicht allzu lange stehen lassen, wenn sie geöffnet sind.

10.3 Service und Ausschank

Service, Gläser, Verwendung	
Service	▪ Ideale Trinktemperatur in Österreich in der Regel Raumtemperatur, in anderen Ländern auch gerne auf gestoßenem Eis oder mit Eiswürfeln. Emulsionsliköre leicht gekühlt. ▪ Ausschankmaß: 2 bzw. 4 cl. ▪ Bitterliköre, wie Underberg oder Fernet-Branca, werden mit einem Glas Soda- oder Leitungswasser angeboten.
Gläser	Likörglas (1), Likörschale (2) für dickflüssige Liköre, Cognacschwenker (3) für besonders edle Liköre 1 2 3
Verwendung	▪ Zum Mixen. ▪ Als Digestif. ▪ Zum Aromatisieren von Süßspeisen, Obstdesserts etc.

💡 Angebrochene Flaschen sind häufig außen klebrig. Sie müssen mit einem Tuch mit lauwarmem Wasser abgewaschen werden.

Eierlikör wird in einer Likörschale auf passendem Unterteller mit Serviette und einem Mokkalöffel serviert.

➡ **Servieren und Gästeberatung**

? Fragen und Arbeitsaufgaben

1. Erklären Sie die Erzeugungsschritte folgender Spirituosen: Cognac, Tresterbrand, Obstdestillat.
2. Worin liegen die Unterschiede zwischen Pot-still-Verfahren und Patent-still-Verfahren?
3. Was ist der Unterschied zwischen Edelbrand und Geist?
4. Nennen Sie die Schritte der Cognacerzeugung und erklären Sie sie.
5. Nennen Sie drei bekannte Cognac- und drei Armagnacmarken.
6. Erklären Sie die folgenden Begriffe: Grappa, Weinbrand, Brandy, Weinhefebranntwein.
7. In welchen Ländern wird Whisk(e)y erzeugt? Beschreiben Sie die Gruppen.
8. Welche Getreidedestillate außer Whisk(e)y kennen Sie noch? Beschreiben Sie ihre Charakteristik.
9. Aus welchen Rohstoffen werden Rum und Tequila erzeugt?
10. Was sind Anisées? Erklären Sie kurz die Gruppe der Bitters.
11. Welche Anforderungen müssen Obstbrände erfüllen?
12. Beschreiben Sie die vier Likörherstellungsmethoden.
13. Zählen Sie die Likörarten auf und ordnen Sie jeder Gruppe mindestens ein Markenprodukt zu.
14. Mit welcher Trinktemperatur und in welchem Glas servieren Sie folgende Spirituosen: Cognac, Whiskey, Obstler, Bacardi, Pastis, Wodka, Calvados, Bitterlikör?

Bargetränke

In der Umgangssprache werden Mixgetränke meist Cocktails genannt. Cocktail bedeutet wörtlich übersetzt „Hahnenschwanz". Über die Herkunft dieses Namens herrscht bis heute Unklarheit.

Die üblicherweise in einer Bar angebotenen Mixgetränke werden unter dem Sammelbegriff „American drinks" zusammengefasst, weil ein Großteil von ihnen wie die Bar selbst aus den USA kommt. Englisch ist daher die internationale Fachsprache in der Bar. Grundsätzlich unterscheidet man bei den Bargetränken Shortdrinks und Longdrinks. Die ersten Cocktails wurden vor rund 200 Jahren in Amerika gemixt. Erst nach dem Ersten Weltkrieg wurden die ersten Bars in Europa eingerichtet.

🎯 Unsere Ziele

Nach Bearbeitung dieses Kapitels werden Sie

- wissen, was ein Barstock ist,
- über die Gliederung eines Barstocks Bescheid geben können,
- die unterschiedlichen Zubereitungsarten von Bargetränken nennen können.

Bargetränke

Barstock = Getränkesortiment

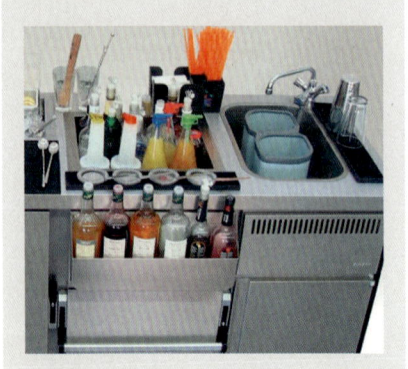

1 Barstock

Der Barstock ist abhängig von der Größe der Bar und vom Gästekreis, dh., eine Bar mit internationalem Gästekreis wird zwangsläufig einen größeren Barstock haben als eine Bar, die nur regionale Bedeutung hat.
Aber auch mit einem kleinen, aber gut sortierten Angebot an Getränken kann ein Fachmann eine Fülle von gängigen Mixgetränken erstellen.

Gliederung eines Barstocks

- **Cognac** bzw. **Weinbrand:** zB Martell, Camus, Asbach Uralt
- **Whisk(e)y**
  Malt Scotch Whisky: zB Glenlivet
  Blended Scotch Whisky: zB Black & White, Ballantine's
  Irish Whiskey: zB John Jameson, Old Bushmills
  American Bourbon Whiskey: zB Four Roses
  Canadian Whisky: zB Canadian Club
- **Wodka:** zB Moskovskaya
- **Rum** (dunkler oder weißer): zB Bacardi, Myers's Planters Punch
- **Gin:** zB Gordon's Dry Gin
- **Tequila:** zB Olmeca
- **Wermut:** trocken, süß, rot; zB Martini, Cinzano
- **Dessertweine:** Sherry, Portwein; zB Sandeman
- **Bitters:** zB Fernet, Campari, Rossbacher
- **Würzbitters:** Angostura-, Orange- und Peach-Bitter
- **Anisées:** zB Pernod, Ricard, Ouzo
- **Obstbrände:** aus Stein-, Kern- und Beerenobst
- **Liköre:** zB Grand Marnier, Kahlúa, Curaçao, Crème de Cacao, Crème de Menthe, Crème de Mocca, Apricot Brandy, Advokaat, D.O.M. Bénédictine
- Schaumweine: Champagner, Sekt, Asti spumante, Prosecco
- Weine: offene Weiß- und Rotweine, Flaschenweine
- Biere: Flaschenbiere, auch alkoholarme und alkoholfreie
- **Alkoholfreie Getränke und Sirupe:** Frucht- und Gemüsesäfte, aber auch Fillers wie Tonic Water, Bitter Lemon, Ginger Ale, Coca-Cola usw. Weiters Zuckersirup (Läuterzucker), Grenadine-Sirup, Orgeat-Syrup, Papaya- und Maracujasirup ua.
- **Garnituren:** frische Früchte wie Orangen, Zitronen, Limetten, Früchte und Beeren der Saison, Cocktailkirschen, Perlzwiebeln, Oliven
- **Zucker:** Würfel-, Feinkristall-, Staub-, Rohzucker
- **Milch** und **Obers**

www.barmagazin.de

Grenadine-Sirup = Granatapfelsirup
Orgeat-Syrup = Mandelmilchsirup

➡ Servieren und Gästeberatung

2 Methoden der Zubereitung von Bargetränken

Bargetränke können auf verschiedene Arten zubereitet werden:
- **Direkt im Gästeglas (build):** Viele Bargetränke, wie Highballs, Collinses, Slings oder Champagnercocktails, werden im Gästeglas mit dem Barlöffel vermengt.
- **Im Rührglas (stir):** klare Cocktails, die sich leicht vermengen lassen.
- **Im Shaker (shake):** Getränke mit schwer vermengbaren Ingredienzien (Sirupen, Likören, Milch, Obers, Eiern).
- **Mit dem Stabmixer:** auch Hamiltonbeach oder Blender genannt.
- **Im Aufsatzmixer (mix)**

Durch das Schütteln entsteht eine Emulsion. Im Shaker bzw. Rührglas muss immer Eis sein, um die Geräte vorzukühlen bzw. das Rührglas bei den großen Temperaturunterschieden vor Haarrissen und Sprüngen zu schützen.

❓ Fragen und Arbeitsaufgaben

1. Welche Getränke und Zutaten gehören zu einem vollständigem Barstock?
2. Auf welche Arten kann man Bargetränke herstellen? Welche Bargetränke werden mit welcher Methode zubereitet?

MENÜKUNDE

Speisen- und Menükunde

Menüs sind aufeinander abgestimmte Zusammenstellungen verschiedener Speisen, aufgebaut nach der Menüreihenfolge.

Die Menükunde beinhaltet einerseits die Menüplanung und andererseits die Gestaltung der Speisen- und Menükarten. Im Inhalt eines Menüs sollen sich der individuelle Charakter und die Leistungsfähigkeit des Betriebes widerspiegeln. Der Restaurantfachmann/die Restaurantfachfrau muss in der Lage sein, dem Gast die Speisen zu erklären.
Wichtig für die richtige Menüzusammenstellung sind Kenntnisse über die allgemeine Marktlage, die Saisonwaren, den Anlass, die Gästewünsche und ernährungsphysiologische Grundsätze sowie die Kenntnis des Kilojoule- bzw. Kilokaloriengehalts der Lebensmittel (kJ bzw. kcal).

🎯 Unsere Ziele

Nach Bearbeitung dieses Kapitels werden Sie

- über die grundlegenden Garmethoden und Garstufen Bescheid wissen,
- die klassische und die moderne Menüreihenfolge nennen können,
- die verschiedenen Speisengruppen und ihre bekannten Vertreter erklären können,
- wissen, welche traditionellen Speisen in verschiedenen Ländern angeboten werden,
- die Grundsätze der Menüerstellung sowie die Menüarten nennen können,
- eine Speisenfolge anhand der zeitgemäßen Menüreihenfolge erstellen können,
- die Grundlagen zur Erstellung von Speisen- und Menükarten sowie von Getränkekarten erläutern können,
- anhand einer Liste mit Speisen Menüübungsbeispiele zusammenstellen und passende Getränke dazu empfehlen können,
- anhand des Kapitels „Fachliches Rechnen" einfache Mengenberechnungen lösen können,
- den Wareneinsatz sowie den Verkaufspreis von Getränken berechnen können.

Speisen- und Menükunde

1 Garmethoden

Das Geheimnis der perfekten Zubereitung von warmen Gerichten liegt in der Wahl und der fachgerechten Anwendung der Garmethode.

1.1 Klassische Garmethoden

Im Wesentlichen unterscheidet man folgende Grundgarmethoden:
- Kochen
- Dünsten
- Schmoren
- Braten
- Grillen
- Frittieren
- Backen

Übersicht über die klassischen Garmethoden im Detail

Garmethode	Beschreibung	Klassische Beispiele
Vorbereitende Garmethoden		
Blanchieren	Überkochen und rasch abschrecken.	Blattspinat
Kochen	Garen in kochender Flüssigkeit.	Erbsenschoten
Sieden	Sanftes Köcheln des Garguts.	Gekochter Tafelspitz
Garmethoden für die Zubereitung		
Pochieren	Garziehen unter dem Siedepunkt.	Hühnerbrüstchen
Dämpfen	Garen durch Dampf mit Siebeinsatz.	Lachsforelle
Braundünsten, Schmoren	Starkes Anbraten; in wenig Flüssigkeit zugedeckt dünsten.	Gespickter Rinderbraten
Hellbraundünsten	Leichtes Anbräunen mit anschließendem Dünsten.	Truthahnbrust
Naturdünsten	Fleisch, ohne es anzubraten, in wenig Flüssigkeit zugedeckt dünsten.	Wiener Rindsgulasch
Braten im Ganzen	Garen mit Fett in trockener Hitze.	Kalbsnuss
Braten von Portionsstücken, Kurzbraten	Beidseitiges kurzes Anbraten in wenig heißem Fett.	Naturschnitzel
Frittieren, Backen in heißem Fett	In heißem Fett schwimmend ausbacken.	Wiener Schnitzel
Backen im Rohr	Backen in trockener, heißer Luft.	Strudel, Kuchen
Vollendende Garmethoden		
Glacieren	Überglänzen verschiedenster Garprodukte.	Karotten
Gratinieren	Überbacken, überkrusten.	Fisch, Gemüse, Aufläufe

Neben den klassischen gibt es noch schonende Garmethoden, z. B. Garen in Folie, im Steamer und im Niedertemperaturofen. Weiters gibt es kombinierte Systeme, z. B. Cook & Chill.

Kochen

Dämpfen

Frittieren

💡 Cook & Chill heißt Kochen und Kühlen. Dieses System ermöglicht das Planen und Vorbereiten im Voraus. Die Speisen werden erhitzt, wenn sie gebraucht werden.

1.2 Schonende Garmethoden

Besonders schonend sind jene Garmethoden, bei denen im Backrohr mit wenig oder ganz ohne Fett gegart wird. Ob in der Diätküche oder im gehobenen Küchenbereich, diese Form des Garens entspricht dem Trend zu einer gesunden Lebensweise.

Garen in Backtrenn- oder Pergamentpapier (Garen „en papillote")
Das Gargut wird in Backtrennpapier oder in mit wenig Fett bestrichenem Pergament gegart.
Geeignet für Portionsstücke von zartem, magerem Fleisch oder Fisch.

Garen in der Alufolie
Das Gargut wird in leicht befetteter Alufolie ohne Bräunung gedünstet.
Geeignet für zartes, mageres Fleisch, Fisch, Gemüse, Kartoffeln, Fleischstücke im Ganzen oder Portionsstücke und Geflügel.

Garen in der Bratfolie
Je nach Hitze wird in der Folie entweder gebraten (200 °C) oder gedünstet (160–180 °C). Wichtig ist, die Bratfolie richtig zu verschließen und die Oberseite zwei- bis dreimal mit einer Nadel anzustechen.
Geeignet für Fleischstücke im Ganzen, Geflügel und ganze Fische.

In der Salzkruste wird der Fisch im eigenen Saft schonend gegart.

1.3 Garstufen

Für die Garmethoden Braten im Ganzen, Braten in der Pfanne, auf dem Grill oder Rost sind folgende Garstufen möglich:

Garproben für Portionsstücke am Beispiel Rindersteak

Garstufe	Kerntemperatur	Garzeit	Druckprobe
Blau, stark blutig, bleu, rare: Das Steak hat eine dünne braune Kruste, innen aber ist es noch roh; an der Oberfläche erscheinen Blutstropfen.	45–47 °C	2–3 min	fühlt sich elastisch an
Blutig, stark rosa, saignant, medium rare: Unter der braunen Kruste des Steaks ist das Fleisch im Kern noch fast blutig; der Fleischsaft ist ebenfalls noch blutig.	52 °C	4–6 min	leichter Widerstand spürbar
À point („auf den Punkt gebraten"), medium: Das Steak hat eine schöne braune Kruste und der Kern ist zartrosa; der Fleischsaft ist ebenfalls rosa.	56–58 °C	8–12 min	Widerstand ist deutlich spürbar
Durchgebraten, bien cuit, well done: Das Steak ist gleichmäßig durchgebraten; der austretende Fleischsaft ist klar und hell.	über 72 °C	länger als 12 min	fühlt sich fest an

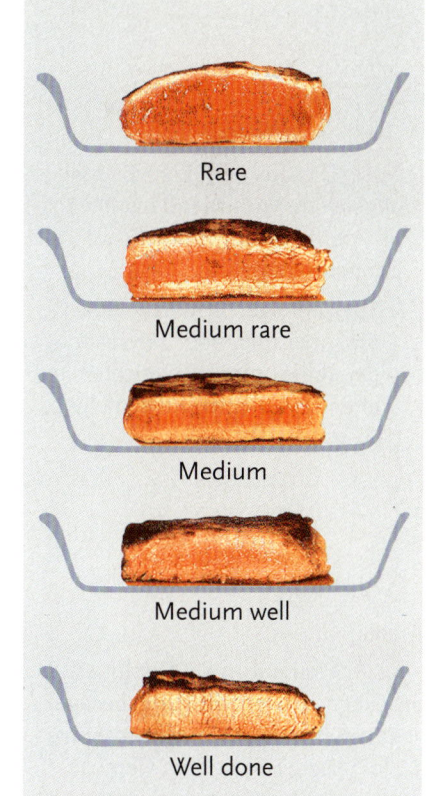

Rare

Medium rare

Medium

Medium well

Well done

💡 In den USA, der „Heimat der Steaks" gibt es fünf Garstufen, und zwar zwischen Medium und Well done noch Medium well.

Speisen- und Menükunde

Französischer Menüaufbau in Italienisch

Antipasti freddi
Minestre
Antipasti caldi
Pesce, crostacei, molluschi
Piatto principale
Piatto di mezzo freddo
Piatto di mezzo caldo
Sorbetto
Arrosto, contorni, verdure
Dolci caldi
Dolci freddi
Stuzzichini

Gliederung italienischer Speisenkarten

- Antipasti
- Primi piatti
- Uova
- Crostacei
- Pesci
- Carni
- Contorni (verdure e insalate)
- Formaggi
- Dolci e gelati
- Frutta

💡 Das aus dem Französischen abgeleitete Wort Menü hat in unserem Sprachgebrauch zwei Bedeutungen:
- **Speisenfolge,** bestehend aus drei oder mehreren aufeinander abgestimmten Gerichten in einer festgelegten Reihenfolge,
- **Speisenkarte.**

💡 Heute wird die Gemüsebeilage vor der Sättigungsbeilage angeführt, da aus ernährungsphysiologischer Sicht dem Gemüse (auch in Portionsgröße) der Vorzug gegeben wird.

2 Menüreihenfolge

2.1 Klassischer französischer Menüaufbau

Die klassische Menüreihenfolge stammt aus dem 19. Jahrhundert und ist heute aus ernährungsphysiologischer Sicht nicht mehr zu vertreten. Sie bildet jedoch nach wie vor die fachliche Grundlage für die Zusammensetzung von zeitgemäßen Menüs.

Deutsch	Französisch	Englisch
Kalte Vorspeise	Hors-d'œuvre froid	Cold starter
Suppe	Potage	Soup
Warme Vorspeise	Hors-d'œuvre chaud	Hot starter
Fisch, Meeresfrüchte	Poisson, fruits de mer	Fish, Sea food
Hauptplatte	Grosse Pièce	Main course
Warmes Zwischengericht	Entrée chaud	Warm entre
Kaltes Zwischengericht	Entrée froid	Cold entre
Eisgetränk	Sorbet	Sherbet
Braten	Rôti	Roast
Salat	Salade	Salad
Gemüse	Légumes	Vegetables
Warme Süßspeise	Entremet chaud	Warm sweet dish
Kalte Süßspeise	Entremet froid	Cold sweet dish
Nachtisch	Dessert/Entremet sucrée	Dessert
Würzbissen	Savouries	Savouries

2.2 Zeitgemäßer Menüaufbau

Einfaches Menü	Erweitertes Menü	Degustations- oder Gourmetmenü
		Gaumenfreude (Amuse-Bouche, Amuse-Gueule)
Kalte Vorspeise oder Suppe	Kalte Vorspeise	Kalte Vorspeise
	Suppe oder warme Vorspeise	Suppe
		Warme Vorspeise
	Fisch	Fisch
		Eisgetränk (Sorbet)
Hauptgericht (Fisch oder Fleisch)	Hauptgericht	Hauptgericht
Sauce	Sauce	Sauce
Gemüsebeilage	Gemüsebeilage	Gemüsebeilage
Sättigungsbeilage (Salatbeilage)	Sättigungsbeilage (Salatbeilage)	Sättigungsbeilage (Salatbeilage)
	Käse	Käse
Dessert (Käse, Süßspeise oder Obst)	Süßspeise (warm oder kalt)	Süßspeise (warm oder kalt)

- Die sogenannte Gaumenfreude (Amuse-Bouche) soll die Wartezeit auf den ersten Gang überbrücken und wird in der Regel mit den Worten „Eine kleine Aufmerksamkeit der Küche" oder „Ein Gruß aus der Küche" serviert.
- Ein Salat kann die kalte Vorspeise sein oder er wird als Beilage zum Fisch bzw. zum Hauptgericht serviert. Oft wird der Salat unmittelbar vor dem Hauptgericht angeboten. Manche Gäste bevorzugen es aber, den Salat nach dem Hauptgericht zu essen.
- Kein Salat als Beilage, wenn das Gericht in viel Sauce zubereitet und serviert wird (z. B. Gulasch).
- Das Eisgetränk (Sorbet) als Neutralisierung im Gaumen wird nicht gleich nach der Suppe serviert, sondern zwischen zwei warmen Gängen, also zwischen warmer Vorspeise und Hauptgericht oder zwischen Fisch- und Hauptgericht.
- Käse wird in der Regel nach dem Hauptgericht (vor dem Dessert) gegessen. Er kann aber auch nach der kalten Süßspeise gereicht werden (nach geraumer Zeit).
- Kaffee wird nicht mehr in die Menüreihenfolge einbezogen, bildet aber bei jeder Speisenfolge den Abschluss. Dazu werden kleine Leckerbissen (Friandises) und/oder Kleingebäck (Konfekt, Petits Fours) gereicht.

> Suchen Sie Menüvorschläge auf den Internetseiten verschiedener Restaurants und Gaststätten.

3 Speisengruppen

3.1 Gaumenfreuden (Amuse-Bouches/Amuse-Gueules, Appetizers)

Das sind appetitanregende, kleine und somit mundgerechte Häppchen. Sie werden auf Kosten des Hauses im Rahmen eines Menüs vor dem ersten Gang serviert. Angerichtet werden sie auf einem kleinen Teller oder oft auch auf einem Löffel (Partylöffel).

Beispiele
- Tatar vom Räucherlachs
- Mousse von der Tomate mit Basilikumgelee
- Geräucherte Entenbrust mit marinierter Dörrzwetschke
- Frischkäsemousse mit jungen Karotten

3.2 Kalte Vorspeisen (Hors-d'œuvres froids, Cold starters)

Das sind kleine Gerichte, die die Mahlzeit einleiten und durch ihren pikanten Geschmack den Appetit erhöhen sollen. Dazu werden Butter und Jourgebäck oder Toast bzw. verschiedene Brotsorten serviert.

Die Vielfalt der kalten Vorspeisen

Vorspeisensalate	Verschiedene Blattsalate mit Käse, Rohkost, gekochtem Gemüse, Pilzen, sautierten oder pochierten Fischfilets, Krusten-, Schal- und Weichtieren sowie mit gebratenem oder frittiertem Geflügel oder gebratener Geflügelleber. Mariniert werden die Salate mit passenden Marinaden, Dressings oder Mayonnaise.
Cocktails	Vorspeisencocktails werden in einer Cocktailschale angerichtet; sie werden pikant abgeschmeckt und optisch variiert. Die Zubereitung eignet sich für Avocados, Melonen, Geflügel, Pilze, Thunfisch, Krevetten, Muscheln, Garnelen, Hummer, Krabben und Flusskrebse.

Speisen- und Menükunde

	Gemüse-vorspeisen	Fast alle Gemüsesorten, ob roh, gekocht, gegrillt oder gedünstet eignen sich für Vorspeisen, wie z. B. französischer Salat für Roastbeef-, Frischkäse- oder Schinkenrolle, gegrillte oder gefüllte Melanzani, Zucchini, Tomaten, Artischocken oder Paprikaschoten, gedünsteter Fenchel, Römersalat oder Chicorée sowie verschiedene Kombinationen von Rohkostsalaten – eventuell mit Früchten oder Nüssen.
	Eiervorspeisen	Eier werden gekocht oder pochiert und entsprechend der Zubereitungsart mit Gemüse, Fleisch oder Fisch kombiniert. Beispiele sind russisches Ei, gefülltes Ei, pochiertes Ei mit Artischocken, Spinat oder geräuchertem Fisch sowie Wachteleier mit gebeiztem oder pochiertem Fisch oder Krustentieren.
	Vorspeisen von Meeresfrüchten und Fisch	Die Produkte werden roh, gekocht, pochiert, sautiert, mariniert oder geräuchert angeboten. Dazu zählen geräucherter Aal, Makrele, Forelle, Heilbutt, Lachs etc., marinierter Lachs, Hering, Thunfisch oder Sardinen, sowie Sushi und Maki. Gekochte und pochierte Meeresfrüchte, Fischfilets oder Medaillons von Fisch und verschiedene Austernarten. Serviert werden die Speisen mit entsprechender Garnitur und Marinade.
	Kalte Fleischvorspeisen	Geräuchertes Fleisch: gekochter Schinken, Rohschinken, Beinschinken, Lachsschinken oder Wildschinken. Luftgetrocknetes Fleisch: Parmaschinken, Prosciutto, Serranoschinken oder Bündner Fleisch. Gebratenes oder mariniertes Fleisch sowie Pökelfleisch: Roastbeef, Huhn, Braten von Schlachtfleisch, Wild und Wildgeflügel sowie Carpaccio, Beef tartare, Ochsenmaulsalat, Hartwürste, Pökelfleisch oder -zunge. Die Vorspeisen werden mit attraktiven Garnituren und passenden kalten Saucen serviert.
	Sulzen, Parfaits, Terrinen, Pasteten und Galantinen	Sie werden aus Fleisch, Fisch, Meersfrüchten, Innereien, Gemüse und Pilzen zubereitet. Ausgangspunkt ist immer eine Farce oder Mousse. Als Garnitur werden kalte Saucen (Sauce Cumberland, Preiselbeersauce, Ableitungen der Mayonnaise), Früchte, Obstpürees sowie Gemüse wie Spargel, Artischocken, Pilze, Oliven und verschiedene kombinierte Salate gereicht.
	Kalte Suppen und Kalt-schalen	Kalte Suppen und Kaltschalen eignen sich besonders für warme Sommertage – als Vorspeise in der Menüfolge und vor allem für Buffets. Für kalte Suppen werden pürierte Gemüsesuppen oder Consommés verwendet. Die Kaltschalen sind süße, kalte Suppen von Früchten und Beeren. Das Obst wird mit Wein, Zucker und Zitronensaft püriert und mit Einlage serviert.
	Delikatessvorspeisen	Dazu zählen nicht alltägliche, delikate und teure Vorspeisen wie Kaviar (Beluga-, Sevruga- oder Ossetrakaviar), Austern (Rund- und Felsenaustern), Gänseleberpastete (foie gras), Hummer, Languste und Flusskrebs.

? Erklären Sie einem Gast (mit verkaufsfördernden Worten) fünf kalte Vorspeisen (z. B. von den Menüübungsbeispielen auf Seite 187ff.) und empfehlen Sie ein passendes Getränk (vorzugsweise einen Wein) dazu.

Canapés sind kleine, fein belegte Weißbrotschnitten. Meist werden sie rund oder dreieckig aus entrindetem Brot geschnitten.

Farcen werden aus rohen, fein faschierten Fleisch-, Geflügel- oder Fischteilen hergestellt. Sie sind mit Schlagobers, Weißbrotbröseln und/oder geschlagenem Eiklar gebunden. Im Gegensatz dazu werden Mousses aus gegarten Zutaten hergestellt und mit verschiedenen Bindemitteln versetzt.

✏️ Recherchieren Sie:

Sulz
Parfait
Galantine
Terrine
Pastete

Passende Getränke: im Allgemeinen trockene Weiß-, Rosé- und Schaumweine, Lager- und Pilsbiere.

> **Beispiel: Carpaccio vom Rind mit Rucola und Parmesan**
>
> Feingeschnittene Scheiben vom Rinderfilet, die auf einem Teller aufgelegt werden. Mit Olivenöl bepinselt und mit Salz und Pfeffer gewürzt sowie mit Pesto, Parmesanspänen und Tomatenwürfeln serviert.
> Pesto ist eine italienische Basilikumpaste.
> Dazu servieren wir Weißbrot.
> Sehr gut passt ein trockener, gehaltvoller Weißwein, z. B. ein Weißburgunder aus dem Weinbaugebiet ... (Name) vom Weingut ... (Name) in ... (Ort, Bundesland).

3.3 Suppen (Potages, Soups)

Das sind gewöhnlich warme, flüssige bis dünnbreiige Speisen, die in der Regel aus Wasser, Gemüse, Fleisch, Fleischextrakten, Fetten, Gewürzen, Kochsalz und weiteren Zutaten hergestellt werden. Meist werden zusätzliche Bestandteile wie Suppeneinlagen beigefügt.

Übersicht über die Suppen

Klare Suppen (potages clairs/broths)	Rindsuppe (Bouillon)	Herzhafte Suppeneinlagen, wie Knödel, Nockerl, Teigwaren, Schnitten, Strudel, Schöberl.	
	Kraftsuppe (Consommé)	Feine, fettarme Einlagen, wie Gemüsejulienne.	
	Doppelte Kraftsuppe (Consommé double)	Meist klar gereicht. Wenn Einlage, dann Brunoise von feinem Gemüse, Kräuter, Eierstich.	
	Essenz	Meist klar gereicht. Mit Morcheln, Trüffeln, Sherry oder Portwein verfeinert.	
Gebundene Suppen (potages liés/thick soups)	Cremesuppen: püriert und mit Schlagobers oder Sauerrahm verfeinert	■ Champignoncremesuppe ■ Spargelcremesuppe ■ Fischcremesuppe	
	Einmachsuppen: mit Einmach gebunden, mit Liaison verfeinert	■ Kalbseinmachsuppe ■ Hühnereinmachsuppe	
	Püreesuppen: püriert; evtl. mit Schlagobers oder Sauerrahm verfeinert	■ Kürbispüreesuppe ■ Erbsenpüreesuppe ■ Wildpüreesuppe	
	Ragoutsuppen: gebundene Suppen mit erhöhtem Einlagenanteil	■ Kalbsragoutsuppe ■ Wildragoutsuppe	
	Schaumsuppen: püriert und montiert oder mit geschäumtem Schlagobers verfeinert	■ Kresseschaumsuppe ■ Kräuterschaumsuppe ■ Fenchelschaumsuppe ■ Sellerieschaumsuppe	
Spezialsuppen (potages spéciaux/ special soups)	■ Bisque (Hummerbisque) ■ Clear Oxtail-soup		
Nationalsuppen (potages nationaux/ national soups)	■ Gulaschsuppe ■ Bouillabaisse ■ Minestrone		
Regionalsuppen (potages régionales/ regional soups)	■ Alt-Wiener Erdäpfelsuppe ■ Steirische Klachelsuppe ■ Kärntner Kirchtagssuppe		

Grießnockerlsuppe

Bärlauchschaumsuppe

Minestrone

Klare Suppen

- Fonds oder Brühen werden hauptsächlich aus Knochen, Wurzelgemüse und Aromaten zubereitet. Sie dienen als Aufgussmittel für Suppen.
- Bouillons sind servierbereit. Meist wird der Hauptbestandteil, wie Fleisch, Geflügel oder Fisch, in passendem Fond mitgekocht, z. B. Rindsuppe, Fischsuppe, klare Wildsuppe.
- Für Consommés wird das Fleisch mit Wurzelgemüse grob faschiert und mit Aromaten geklärt.

💡 Es gibt auch kalte Suppen. Was ist das? Recherchieren Sie im Internet oder in der einschlägigen Fachliteratur, z. B. unter Gazpacho bzw. Vichysoise.

Klare Suppen sollen den Appetit und die Verdauung anregen. Die Menge und die Art der Suppeneinlage müssen mit dem anschließenden Hauptgericht harmonieren.

Speisen- und Menükunde

Roux: Mehlröstung mit Fett.
Velouté: weiße Grundsauce.
Beurre manié: Mehlbutter.
Liaison: mit Obers und Eidotter legiert.

💡 Unter Bouillon bzw. Consommé versteht man immer eine aus Rindfleisch angesetzte klare Suppe. Aus Geflügel, Fisch oder Wild zubereitete Suppen müssen den Namen des Grundmaterials in der Bezeichnung führen, z. B. Hühnerbouillon.

💡 Knusprige Suppeneinlagen können auch à part serviert werden (z. B. geröstete Weißbrotwürfel = Croûtons).

- Consommés doubles und Essenzen werden ein zweites Mal mit Fleisch und Aromaten versetzt und geklärt.
- Klare Suppen werden gerne mit passenden Kräutern, hauptsächlich Schnittlauch, vollendet.

Gebundene Suppen

Zu dieser Gruppe zählen alle Suppen, die mit Bindemitteln wie Roux, Velouté, püriertem Gemüse, Beurre manié, Schlagobers, Eidotter, Butter, Mehl oder Liaison gebunden werden.

Passende Getränke: Zur Verkaufsförderung kann ein eigener Wein zur Suppe empfohlen werden, obwohl die Regel heißt: Zur Suppe im Menü kein eigenes korrespondierendes Getränk, sondern der Wein, der vorher zur kalten Vorspeise serviert wurde, wird weitergetrunken.
Wenn das Menü mit einer Suppe beginnt, sollte sowieso vorher ein Getränk (z. B. Wein) serviert werden.
Wir empfehlen:
- zu Gulasch-, Bohnen- und Currysuppen helles Bier (Lager, Pils)
- zu Fisch-, Zwiebel- und Knoblauchsuppen sowie Suppentöpfen trockene Weißweine

> **Beispiel: Champignoncremesuppe**
>
> Eine Champignoncremesuppe ist eine mit Schlagobers gebundene Suppe mit blättrig geschnittenen Champignons und Petersilie.
> Dazu passt ein trockener, gehaltvoller Weißwein, z. B. ein Rotgipfler aus dem Weinbaugebiet ... (Name) vom Weingut ... (Name) in ... (Ort, Bundesland).

3.4 Warme Vorspeisen (Hors-d'œuvres chauds, Hot starters)

Warme Vorspeisen sind kleine, appetitanregende, pikante Gerichte. Sie stellen in der Menüreihenfolge einen leichten Übergang nach der Suppe zum Fisch oder zum Hauptgericht dar.

Übersicht über die warmen Vorspeisen

Gericht	Kurzbeschreibung	Anwendungsbeispiele
Gefüllte Palatschinken oder Crêpes (pannequets farcis/ stuffed pancakes)	Palatschinken bzw. Crêpes, mit Gemüse, Meeresfrüchten, Wildragout u. Ä. gefüllt, mit passender Sauce angerichtet.	Palatschinke mit Spargelragout, Crêpes mit Meeresfrüchten
Teigtaschen	Aus Nudelteig mit Füllungen aus Gemüse, Käse, Pilzen, Fleisch, Fisch u. Ä.; halbmondförmig oder rund ausgestochen.	Kärntner Kasnudeln, Schlutzkrapfen
Knödel (quenelles/ dumplings)	Aus Grieß- oder Polentamasse, Kartoffel- oder Mehlteig mit Füllungen von Fleisch, Fisch etc. oder mit in die Grundmasse eingearbeitetem Gemüse und Kräutern.	Spinatknödel auf Kürbisgemüse
Strudel (stroudels/ strudels)	Mit Füllungen von Gemüse, Lamm, Fisch, Pilzen; mit passender Sauce angerichtet.	Gemüsestrudel mit Kräutersauce, Krautstrudel mit Paprikasauce

Kärntner Kasnudeln

Speisengruppen

Speise	Beschreibung	Beispiel
Gemüse ■ à l'anglais ■ à la hollandaise ■ à la polonaise	Gekochtes Gemüse wie Spargel, Artischocken oder Brokkoli, mit ■ Sauce hollandaise oder ■ Bröselbutter angerichtet.	Weißer Spargel mit Sauce hollandaise
Gratiniertes Gemüse (légumes au gratin/gratinated vegetables)	Gegartes Gemüse, mit Sauce Mornay oder mit Käse und Butter gratiniert.	Mit Sauce Mornay überbackener Karfiol
Gemüse in Backteig (légumes en fritot/vegetable fritters)	Brokkoli, Karfiol u. Ä., bissfest gegart, durch Backteig gezogen, frittiert, mit passender Sauce angerichtet.	Schwarzwurzeln in Backteig mit Remouladensauce
Paniertes Gemüse (légumes panées/breadcrumbed vegetables)	Pilze, Zucchini etc., in Mehl, Ei und Bröseln paniert, frittiert, mit Kräuterdip oder Sauce tartare serviert.	Gebackene Champignons mit Sauce tartare
Gefülltes Gemüse (légumes farcis/stuffed vegetables)	Zucchini, Kartoffeln, Tomaten, Weißkraut, Kohl, Kohlrabi etc., mit Ragout oder Haschee von Fisch, Gemüse, Käse oder Fleisch gefüllt; passende Sauce dazu reichen	Gefüllte Melanzani mit Tomatensauce
Aufläufe (soufflés/soufflés)	Grundzutaten wie Spargel, Brokkoli oder anderes Gemüse mit Sauce Béchamel und Eidotter vermischen, Eischnee untermengen, in Auflaufformen backen.	Spinatauflauf mit Kressesauce
Flans (feine Aufläufe/flans)	Feinere Form von Gemüseaufläufen mit Schlagobers und Ei.	Karfiolflan mit Kerbelsauce
Italienische Teigwaren/Pasta:	Werden als kleine Portion in vielen Variationen als Vorspeise gereicht.	
■ Spaghetti	Werden wie jede Pasta al dente gekocht.	Spaghetti mit Pesto
■ Tagliatelle	Dünne Bandnudeln.	Tagliatelle verde mit Steinpilzrahm
■ Penne	Schräg geschnittene Nudelröllchen, hohl.	Penne mit Rohschinken und Tomaten
■ Tortellini	Quadrate aus Nudelteig, gefüllt, zu einem Dreieck gefaltet.	Tortellini mit Ricotta und Oliven
■ Lasagne	Schichtenaufbau von Nudelteigblättern mit Faschiertem, Gemüse, Fisch u. Ä.; anschließend gratiniert oder glaciert.	Gemüselasagne mit Kräuterobers
■ Ravioli	Kleine Nudelteigtaschen mit Füllungen aus Spinat, Ricotta oder Fleisch.	Ravioli mit Ricottafüllung
■ Cannelloni	Nudelteigrollen, gefüllt mit Fleisch- oder Fischhaschee, Käse- oder Gemüsefüllung; mit Sauce gratiniert.	Cannelloni mit Schafskäse-Spinat-Füllung

💡 Erklären Sie einem Gast (mit verkaufsfördernden Worten) fünf warme Vorspeisen (z. B. von den Menüübungsbeispielen auf Seite 187ff.) und empfehlen Sie ein passendes Getränk (vorzugsweise Wein) dazu.

Eine französische Spezialität sind Weinbergschnecken. Sie werden in Schneckengärten gezüchtet und gefroren oder gekocht als Konserve angeboten. Sie sind zum Backen oder Dünsten geeignet, mit oder ohne Gehäuse, z. B. Schnecken in Kräuterbutter.

Spaghetti mit Pesto

Speisen- und Menükunde

Gnocchi

Blätterteigpastetchen

Pochiertes Ei

Nockerln/Gnocchi	Aus Kartoffel-, Nudel- oder Brandteigmasse, in unterschiedlicher Form; mit passender Sauce serviert.	Gnocchi mit Garnelen und Tomaten
Schupfnudeln	Aus Kartoffelteig werden mit der Hand kleine, an den Enden spitze Nudeln geformt.	Schupfnudeln mit Sauerampfersauce
Risotto	Risottoreis (Arborio, Vialone) wird mit Fond und Geschmackszutat (Spargel, Shrimps, Artischocken etc.) cremig, aber bissfest gekocht. Vollendung mit Butterstückchen und geriebenem Parmesan.	Risotto mit Steinpilzen
Blätterteigpastetchen (bouchées/ puff pastry patties)	Kleine Blätterteigpastetchen mit Füllung aus Meeresfrüchte-, Spargel-, Bries- oder Hühnerragout etc.	Bouchés mit Ragout von Scampi und Seeteufel mit Mangold
Käsekuchen (quiche au fromage/cheese tarte)	Quicheform mit gesalzenem Mürbteig auslegen, mit Mischung aus gebratenem Schinken, Speck, Zwiebeln und Lauch füllen, mit Royale ausgießen, backen.	Lothringer Zwiebelkuchen
Eiergerichte		Pochiertes Ei auf Blattspinat mit Sauce hollandaise

Passende Getränke: Im Allgemeinen passen etwas gehaltvollere, kräftigere, manchmal sogar würzige Weißweine oder leichte Rosé- und Rotweine sowie Lager- und Pilsbiere.

> **Beispiel**
> **Tagliatelle in Rahmsauce mit Edelpilzen**
> Tagliatelle sind feine, kernig gekochte Nudeln (Teigwaren) mit einer Rahmsauce und Edelpilzen, wie Eierschwammerln/Pfifferlingen, Steinpilzen oder Morcheln (je nach Jahreszeit). Dazu passt ein trockener, gehaltvoller Weißwein, z. B. ein Grauburgunder aus dem Weinbaugebiet ... (Name) vom Weingut ... (Name) in ... (Ort, Bundesland).

💡 Erklären Sie einem Gast (mit verkaufsfördernden Worten) fünf Fischgerichte bzw. Gerichte aus Meeresfrüchten (z. B. von den Menüübungsbeispielen auf Seite 187ff.) und empfehlen Sie einen passenden Wein dazu.

3.5 Fische und Meeresfrüchte (Poissons, Fish, Fruits de mer, Sea food)

Grundsätzlich unterscheidet man Süßwasserfische, Meeresfische und Meeresfrüchte.
- **Süßwasserfische** sind z. B. Aal, Flussbarsch, Felchen, Forelle, Hecht, Karpfen, Lachs, Pangasius, Saibling, Wels, Zander.
- **Meeresfische** sind z. B. Barsch, Brasse, Dorsch, Kabeljau, Hering, Makrele, Plattfische (Steinbutt, Heilbutt, Seezunge, Scholle, Rotzunge), Thunfisch, Red Snapper, Seeteufel.
- **Meeresfrüchte (Schaltiere, Krustentiere)** sind z. B. Garnelen (Krevetten), Hummer, Languste, Kaisergranat (Scampo, Langoustine), Krabbe, Taschenkrebs, Muscheln (Austern, Miesmuscheln, Jakobsmuscheln, Venusmuscheln bzw. Vongole), Weichtiere (Meeresschnecke, Kalmar/Sepia, Tintenfisch, Krake).

Passende Getränke: Im Allgemeinen passen trockene, (je nach Zubereitungsart) leichte, mittelschwere bis schwere Weißweine.

Speisengruppen

> **Beispiel: Saiblingsfilet nach Müllerinart**
>
> Der Saibling ist ein Süßwasserfisch, der filetiert wird. Die zwei Seiten werden mit Zitrone beträufelt, gesalzen, in Mehl gewendet und beiderseits goldgelb gebraten sowie mit brauner Butter und Petersilie ergänzt.
> Dazu passt ein trockener, mittelschwerer Weißwein, z. B. ein Welschriesling aus dem Weinbaugebiet ... (Name) vom Weingut ... (Name) in ... (Ort, Bundesland).

3.6 Eisgetränke (Sorbets, Sherbets)

Eisgetränk, auch Sorbet, ist die Bezeichnung für ein eiskaltes Getränk bzw. eine halbfeste Speise aus Fruchtsaft, Fruchtpüree und Zucker. Es gibt auch Sorbets, die Champagner oder Wein enthalten. Klassisch ist das Zitronensorbet.

Eisgetränke werden im großen Menü vor dem Hauptgang bzw. nach dem warmen Zwischengericht als erfrischende Abwechslung oder als Dessert mit Früchten und Beeren garniert nicht zu kalt serviert.

> **Beispiel: Zitronensorbet**
>
> Ein Zitronensorbet ist ein erfrischendes halbfestes Eis aus Wasser, Zucker, Weißwein und Zitronensaft.

Mangosorbet

3.7 Hauptgerichte, Saucen, Gemüse-, Sättigungs- und Salatbeilagen

Als Hauptgericht oder auch Hauptspeise (im Unterschied zu Vor- und Nachspeise) bezeichnet man das Gericht, das in einer Reihe von Gängen die zentrale und dominierende Stelle einnimmt. In der Regel ist das Hauptgericht warm zubereitet.

Die Fleischhauptgerichte können eingeteilt werden:
- nach dem klassischen Menüaufbau in Hauptplatten (Grosses-Pièces), warme Zwischengerichte und Braten,
- nach der Tierart in Rinds-, Kalbs-, Schweins-, Lamm-, Geflügel- und Wildgerichte.

Rind

Englischer – Aufteilung und Verwendung

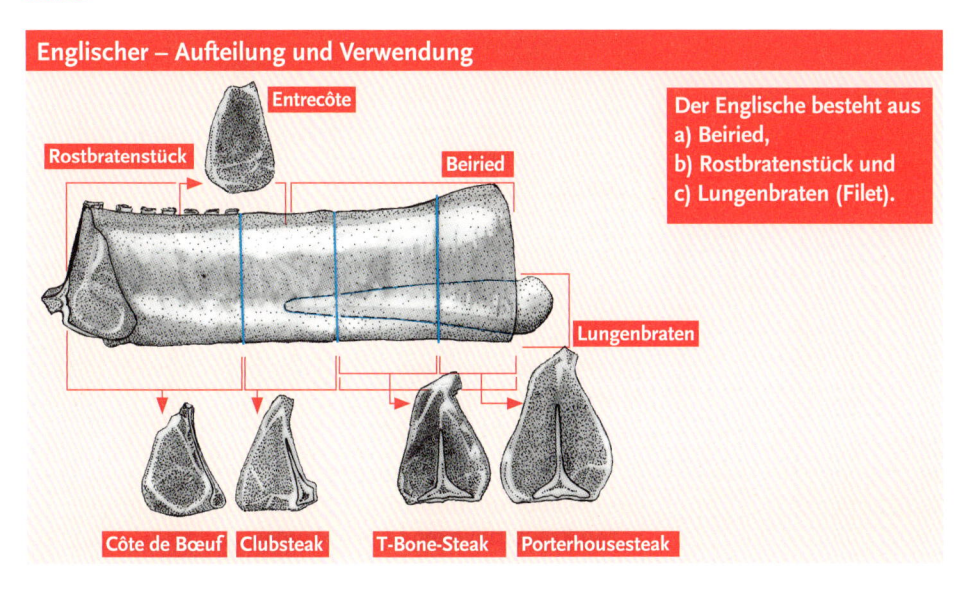

Entrecôte
Rostbratenstück
Beiried
Lungenbraten

Der Englische besteht aus
a) Beiried,
b) Rostbratenstück und
c) Lungenbraten (Filet).

Côte de Bœuf | Clubsteak | T-Bone-Steak | Porterhousesteak

Rind
vorderes Viertel | hinteres Viertel
Englischer, Knöpfel, Lungenbraten, Schulter, Platte, Schlepp

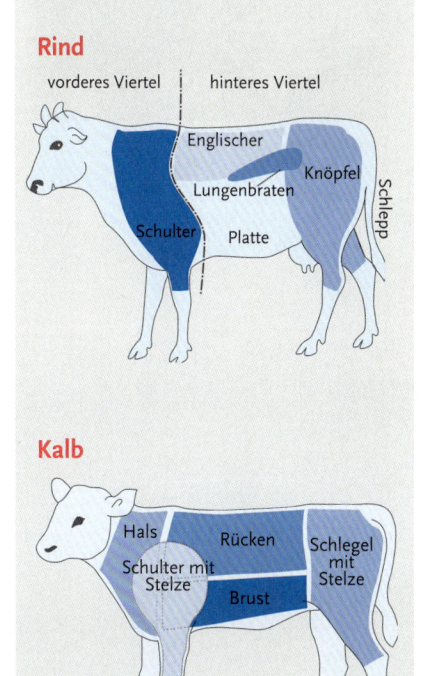

Kalb
Hals, Rücken, Schlegel mit Stelze, Schulter mit Stelze, Brust

Speisen- und Menükunde

Schwein

(Schopf, Langes Karree, Kurzes Karree, Schulter, Schlegel, Bauch, Brust, Stelze)

Lamm

(Langes Karree, Hals, Kurzes Karree, Schulter, Schlegel, Brust, Bauch)

Lungenbraten – Aufteilung und Verwendung

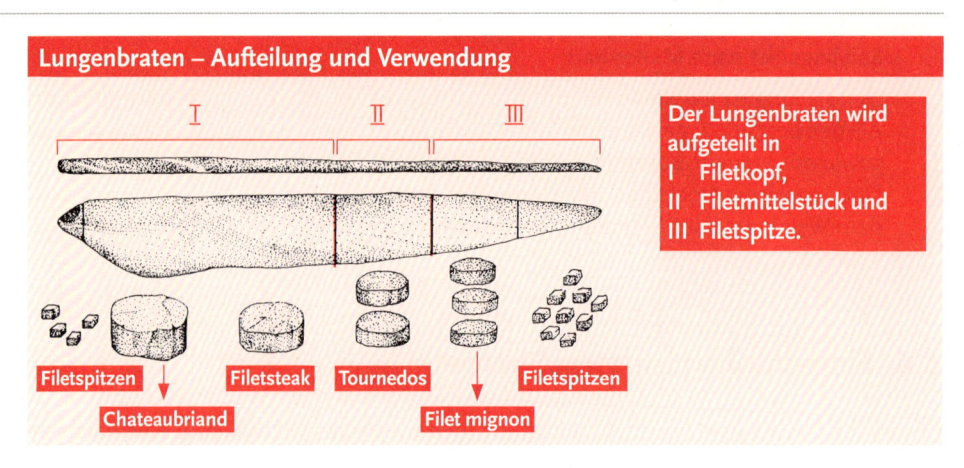

I Filetkopf, II Filetmittelstück, III Filetspitze

Filetspitzen → Chateaubriand
Filetsteak
Tournedos → Filet mignon
Filetspitzen

Der Lungenbraten wird aufgeteilt in
I Filetkopf,
II Filetmittelstück und
III Filetspitze.

Hauptplatten (Grosses-Pièces)
Hauptplatten (Grosses-Pièces) sind gedünstete oder gekochte große Stücke von Schlachtfleisch, Wild und Geflügel. Sie werden im Ganzen nach verschiedenen Variationen zubereitet.

Warme Zwischengerichte (Entrées chaudes)
Als warme Zwischengerichte werden alle Fleischgerichte bezeichnet, die vor der Zubereitung roh portioniert oder in kleine Stücke geschnitten werden. Es sind dies z. B. Steaks, Koteletts, Medaillons, Schnitzel, Sautés, Grilladen, Ragouts, Gulasch, Faschiertes und Innereien. Meist werden sie als À-la-minute-Gerichte oder frisch gemachte Speisen auf die Karte gesetzt.

Braten (Rôts)
Rôtis sind alle im Ganzen gebratenen Stücke von Schlachtfleisch, Geflügel und Wild, also Hauptplatten mit Garnituren, Beilagen und Salaten. In der klassischen Menüreihenfolge wird der Braten nach dem Sorbet serviert.

Saucen
Saucen (Soßen) sind flüssige bis sämig gebundene, würzende Beigaben zu verschiedenen warmen und kalten Speisen, Salaten und Desserts.
Als Basis einer guten Grundsauce dienen Fonds, auch Aufgussflüssigkeit, Sud oder Brühe genannt.
Die Grundzutaten (Knochen, Geflügel- oder Fischkarkassen oder Gemüse) werden blanchiert, angeschwitzt oder geröstet und anschließend in kaltem Wasser zugestellt und gekocht.

Kalte Zwischengerichte (Entrées froides) nach dem klassischen Menüaufbau sind Pasteten, Galantinen, Terrinen, Parfaits, Mousses und Krustentiere, die heute oft als kalte Vorspeise angeboten werden.

Parfait

Weiße Saucen		
Cremesauce (Velouté)	Basissauce. Mehlschwitze wird mit Kalbsfond aufgegossen, gewürzt und mit Obers vollendet.	
Geflügelcremesauce	Mehlschwitze wird mit Geflügelfond aufgegossen, gewürzt und mit Obers vollendet.	Passt zu Geflügelgerichten.
Weißweinsauce	Mehlschwitze wird mit Fischfond aufgegossen, gewürzt und mit Obers vollendet.	Passt zu pochiertem Fisch.
Kräuterrahmsauce	Cremesauce wird mit frischen Kräutern vollendet.	Passt z. B. zum Gemüsestrudel.

Champignoncremesauce	Cremesauce mit blättrig geschnittenen Champignons und Kräutern.	Passt z. B. zu Kalbsmedaillons.
Béchamelsauce	Mehlschwitze mit Milch aufgegossen und gewürzt.	Für Lasagne.
Käsesauce (Sauce Mornay)	Béchamel mit Obers, mit geriebenem Hartkäse verfeinert.	Zum Gratinieren.
Dillsauce	Béchamel mit Obers, mit Dillspitzen vollendet.	Passt zu Fisch.

Braune Saucen

Braune Fleischsauce (Demi-glace)	Basissauce. Eingekochter brauner Rinds- und Kalbsknochenfond, mit Stärke gebunden.	
Burgundersauce	Angeschwitzte Schalotten, mit rotem Burgunder eingekocht, mit brauner Fleischsauce aufgegossen und gewürzt.	Passt z. B. zu gedünstetem Rinderbraten.
Pfeffersauce	Angeschwitzte Schalotten und grüner Pfeffer, mit Rotwein abgelöscht, mit brauner Fleischsauce aufgegossen und mit Schlagobers vollendet.	Passt zu Steaks.
Madeirasauce	Braune Fleischsauce, mit Madeira vollendet.	Passt z. B. zu Tournedos Rossini.
Wildsauce	Eingekochter brauner Wildfond, mit Stärke gebunden.	Passt zu Wildgerichten.
Wacholderrahmsauce	Wildsauce, mit zerstoßenen Wacholderbeeren, Schlagobers oder Crème fraîche oder Sauerrahm aufgekocht und gewürzt.	Passt zu Wildgerichten.
Wildpfefferrahmsauce	Angeschwitzte Zwiebeln, mit Rotwein, Pfefferkörnern und Wildsauce aufgekocht und mit Sauerrahm oder Butter gebunden.	Passt zu Wildgerichten.

Warm aufgeschlagene Buttersaucen

Holländische Sauce (Sauce hollandaise)	Eidotter, mit Weißweinreduktion warm aufgeschlagen, flüssige Butter wird langsam eingerührt.	Passt z. B. zu Spargel.
Schaumsauce (Sauce chantilly)	Zwei Teile holländische Sauce, mit einem Teil geschlagenem Obers und etwas Zitronensaft vollendet.	Passt zu pochiertem Fisch.
Malteser Sauce (Sauce maltaise)	Holländische Sauce mit Orangensaft und Orangenzesten.	Passt zu Artischocken.

Helle Sauce (À-la-minute-Sauce): Weißer Fond, mit Weißwein und Schlagobers oder Crème fraîche und kalten Butterflocken vollendet.

Dunkle Sauce (À-la-minute-Sauce): Brauner Fond, mit Rotwein und Butter vollendet.

Cremesauce (À-la-minute-Sauce): Brauner Fond, mit Rotwein, Schlagobers oder Crème fraîche vollendet.

Bratensaft (Jus) = Natursaft der beim Braten entstanden ist.

Rinderbraten mit Burgundersauce

Spargel mit Sauce hollandaise

Speisen- und Menükunde

Bearner Sauce mit Fleischglace = Sauce Foyot

Bearner Sauce

Mayonnaise

Pesto

Bearner Sauce (Sauce béarnaise)	Holländische Sauce mit Estragon.	Passt zu Rinderfilet.
Tomatisierte Bearner Sauce (Sauce Choron)	Bearner Sauce mit Tomatenmark oder geschälten Tomatenwürfeln.	Passt zu Rinderfilet.

Kalt gerührte Ölsaucen

Mayonnaise	Pasteurisierte Eidotter werden mit Gewürzen und Zitronensaft glatt gerührt und das Öl wird eingerührt.	
Schlagobersmayonnaise	Zwei Teile Mayonnaise, mit einem Teil geschlagenem Obers vollendet. (Bei Vollendung mit Joghurt = Joghurtmayonnaise.)	Passt zu gebackenem Gemüse.
Cocktailsauce	Zwei Teile Schlagobersmayonnaise, mit einem Teil Ketchup sowie Kren und Cognac vollendet.	Passt zu Shrimpcocktail.
Tatarensauce	Mayonnaise mit Essiggurkerln, Petersilie, Kapern, evtl. hart gekochten Eiern.	Passt z. B. zu gebackenen Champignons.
Remouladensauce	Mayonnaise mit Kapern, Sardellenfilets, Essiggurken, Kräutern.	Passt zu gebackenem Fisch.
Knoblauchmayonnaise (Sauce aioli)	Mayonnaise mit Knoblauch.	Passt zu gebackenen Meeresfrüchten.

Spezielle eigenständige Saucen

Semmelkren	Warme Sauce aus in Rindsuppe gekochten Semmeln, Kren und Gewürzen.	Passt zu gekochtem Rindfleisch.
Tomatensauce	Warme Sauce aus geschälten Tomaten und Gewürzen.	Passt z. B. zu gefüllten Paprika.
Provenzalische Sauce	Warme Sauce aus Schalotten, Knoblauch, geschälten Tomaten und Gewürzen.	Passt zu gegrilltem Fisch.
Wiener Schnittlauchsauce	Kalte Sauce aus Semmeln, Eidotter, Öl, Gewürzen und Schnittlauch.	Passt zu gekochtem Rindfleisch.
Apfelkren	Kalte Sauce aus Äpfeln, Zitronensaft und Kren.	Passt zu gekochtem Rindfleisch.
Cumberlandsauce	Kalte Sauce aus Ribisel- und Preiselbeermarmelade, Orangen- und Zitronensaft und Zesten sowie Rotwein und Gewürzen.	Passt z. B. zu Wildpastete.
Vinaigrette	Kalte Sauce aus Essig, Öl, Kräutern und Gewürzen. Mit gehackten Eiern kann sie verfeinert werden.	Passt zu Salaten.
Tomaten-Vinaigrette	Vinaigrette mit Tomatenwürfeln.	Passt z. B. zu kaltem Spargel.

Pesto	Kalte Sauce aus Basilikum, Pinienkernen, Knoblauch, Parmesan und Olivenöl.	Passt zu Nudelgerichten.
Barbecuesauce	Kalte Sauce aus Öl, Zwiebeln, Speck, Ketchup, Tomatensaft und Gewürzen.	Passt zu Grilladen.
Dill-Senf-Sauce	Kalte Sauce mit Senf, Honig, Weißwein, Gewürzen, Öl und Dill.	Passt zu gebeiztem Lachs.
Oberskren	Kalte Sauce mit Schlagobers, Kren und Gewürzen.	Passt zu geräucherten Fischen.
Salatsaucen	Essig-Öl-Marinade, Italian Dressing, French Dressing, etc.	

Weitere Saucen	
Coulis	Püreesaucen aus Tomaten, Paprika oder Spargel.
Espumas	Geschäumte Püreesaucen, im Sahnesiphon (Sahneboy) hergestellt.
Dips	Zum Eintauchen von kleinen Stücken Rohkost, Garnelen, Tortillas oder Salzgebäck, z. B. Sauerrahm-Schnittlauch-Dip, Sardellendip und kalte Ölsaucen.

➡ Rezepte von Salatsaucen finden Sie im Kapitel Marinieren im Buch „Servieren und Gästeberatung".

💡 Anstelle von Saucen werden auch Buttermischungen verwendet, z. B. Kräuterbutter zu Steaks, Knoblauchbutter zu Fisch.

Dips

Beilagen

Die Beilagen sollen das Gericht passend ergänzen. Entsprechend der heutigen Ernährungsauffassung wird den Gemüse- und Salatbeilagen der Vorrang vor den Sättigungsbeilagen gegeben. Der Umfang der Sättigungsbeilagen wird kleiner gehalten.

Gemüse- und Salatbeilagen

Blattsalate und -gemüse	Salatsorten, z. B. Chinakohl, Chicorée, Eichblattsalat, Eisbergsalat, Endiviensalat, Grüner Salat, Lollo rosso, Radicchio, Rucola, Vogerlsalat. Bärlauch, Brennesseln, Mangold, Spinat.
Kohl- und Krautgemüse	Wirsingkohl, Kohlrabi, Sprossenkohl, Blaukraut, Brokkoli, Karfiol.
Fruchtgemüse	Grüne Bohnen, Erbsen, Gurken, Kürbisse, Melanzani, Zucchini, Paprika, Pfefferoni, Tomaten, Oliven, Mais.
Stängelgemüse	Fenchel, Spargel, Stangensellerie.
Wurzelgemüse	Gelbe Rüben, Karotten, Sellerie, Rote Rüben, Radieschen, Rettich, Pastinaken, Schwarzwurzeln, Kren.
Zwiebelgemüse	Lauch, Knoblauch, Zwiebeln.
Blüten- und Sprossengemüse	Artischocken, Bambussprossen, Keimlinge.
Hülsenfrüchte	Kichererbsen, Rote Bohnen, Käferbohnen, Schwarze und Weiße Bohnen, Linsen.
Pilze	Champignons, Eierschwammerln, Stein- und Herrenpilze, Morcheln, Austernpilze, Trüffeln, Shiitakepilze, Trompetenpilze.

Blattsalate

Speisen- und Menükunde

Serviettenknödel

💡 Erklären Sie einem Gast (mit verkaufsfördernden Worten) fünf Hauptgerichte mit Beilagen (z. B. von den Menüübungsbeispielen auf Seite 187ff.) und empfehlen Sie ein passendes Getränk (vorzugsweise Wein) dazu.

Tafelspitz

Sättigungsbeilagen

Kartoffeln	
■ gekocht oder gedämpft	Salzkartoffeln, Petersilienkartoffeln, Kartoffelpüree.
■ in der Pfanne gebraten	Bratkartoffeln, sautierte Kartoffeln, Zwiebelkartoffeln, Röstkartoffeln, Rösti, Würfelkartoffeln, Pariser Kartoffeln, Kartoffelpuffer, Kartoffelplätzchen.
■ frittiert	Pommes frites, Kartoffelstäbe, Strohkartoffeln, Kartoffelchips, Waffelkartoffeln, Kartoffelnester.
■ im Rohr gebacken	Folienkartoffeln, Ofenkartoffeln, Kartoffelgratin, Bäckerinkartoffeln, Annakartoffeln, Schlosskartoffeln.
■ Kartoffelmassen und Kartoffelteige	Duchessekartoffeln, Kartoffelkroketten, Williamskartoffeln, Mandelkartoffeln, Kartoffelkrapfen, frittierte Kartoffelnockerln, Kartoffelnudeln, Schupfnudeln, Kartoffelroulade, Kartoffelknödel, Kartoffelgnocchi.
Knödel	Semmelknödel, Serviettenknödel, Grießknödel.
Nockerln und Spätzle	Spinatnockerln, Eiernockerln, Käsespätzle.
Getreideprodukte	Gekochter und gedünsteter Reis, Pilaw, Wildreis, Risotto, Polenta, Perlweizen oder Bulgur, Buchweizenblinis, Couscous, Grießgnocchi.
Teigwaren	Bandnudeln (Tagliatelle), schmale Nudeln (Linguine), Teigfleckerln, Makkaroni, Penne, Spaghetti, Hörnchen.

Passende Getränke: Zu gekochtem oder gedünstetem hellem Fleisch passen trockene, leichte bis mittelschwere Weißweine, zu dunklem Fleisch mittelschwere Weißweine. Zu gebratenem hellem Fleisch passen trockene, mittelschwere bis schwere Weißweine und mittelschwere Rotweine, zu dunklem Fleisch mittelschwere bis schwere Rotweine. Wenn als Beilagen Feingemüse wie Spargel, Karfiol oder Zuckererbsen dominieren, eher keinen Rotwein anbieten.
Zu gebackenen Gerichten kräftige Weine, zu Gulasch und Currygerichten Bier empfehlen.

Beispiele

Wiener Tafelspitz

Ein Tafelspitz ist ein Rindfleischstück, das in einer Suppe mit Wurzelgemüse und Gewürzen langsam gekocht wird und mit feinem Cremespinat und Röstkartoffeln sowie mit einer kalten Schnittlauchsauce und frischem Apfelkren serviert wird.
Dazu passt ein trockener, gehaltvoller Weißwein, z. B. ein Grüner Veltliner aus dem Weinbaugebiet … (Name) vom Weingut … (Name) in … (Ort, Bundesland) oder, wenn ein Rotwein gewünscht wird, ein Blauburgunder aus dem Weinbaugebiet … (Name) vom Weingut … (Name) in … (Ort, Bundesland).

Gebratene Medaillons vom Kalbsfilet

Medaillons sind kleine aus dem Kalbsfilet geschnittene Fleischstücke, die gewürzt und gebraten werden. Sie werden mit einer Morchelrahmsauce und mit hausgemachten Nudeln serviert.
Dazu passt ein trockener, schwerer Weißwein, z. B. ein Riesling Smaragd aus dem Weinbaugebiet … (Name) vom Weingut … (Name) in … (Ort, Bundesland) oder ein trockener, mittelschwerer Rotwein, z. B. ein Merlot aus dem Weinbaugebiet … (Name) vom Weingut … (Name) in …. (Ort, Bundesland).

Gebratener Hirschrücken

Der ausgelöste Rücken wird gewürzt und rosa gebraten. Als Beilagen werden Apfelrotkraut und Kartoffelkroketten serviert.
Dazu passt ein trockener, mittelschwerer bis kräftiger Rotwein, z. B. ein Blaufränkisch aus dem Weinbaugebiet … (Name) vom Weingut … (Name) in … (Ort, Bundesland).

3.8 Käse (Fromage, Cheese)

Käse ist ein festes Milcherzeugnis, das – bis auf wenige Ausnahmen – durch Gerinnen aus dem Eiweißanteil der Milch gewonnen wird.
Die Käsesorten sind abhängig von:
- der Milchart (Kuh, Schaf, Ziege oder Büffel) – roh, pasteurisiert bzw. mit Lab vorbehandelt,
- dem Herstellungsprozess (Temperatur, Käsebruchgröße usw.),
- Zusätzen, wie Salz, Gewürzen, Bakterien- und Pilzkulturen,
- der Nachbehandlung mit Salzlake oder Schimmel,
- den Reifebedingungen (Temperatur, Feuchtigkeit, Folienreifung usw.),
- der Reifedauer.

Einteilung des Käses nach seiner Beschaffenheit

Frischkäse	Topfen, Gervais, Ziegenfrischkäse, Rollino.
Sauermilchkäse	Quargel, Kochkäse, Graukäse, Surkäse.
Weichkäse	
▪ mit Weißschimmel	Brie, Camembert.
▪ mit Rotkulturreifung	Romadur, St. Severin, Bachsteiner, Münster.
▪ mit Doppelschimmel (innen blau, außen weiß)	Dolce Bianca.
▪ mit Innenschimmel (blau oder grün)	Österkron, Gorgonzola, Roquefort, Stilton.
Schnittkäse	Edamer, Emmentaler, Gouda, Tilsiter, Weinkäse, Mostkäse.
▪ mit Rotkulturreifung	St. Patron, Raclette, Dachsteiner.
Hartkäse	Parmesan, Bergkäse, Alpkäse, Gruyere.
Schmelzkäse	

Käseauswahl

Passende Getränke
- Zu Frischkäse: fruchtig-leichte Weißweine.
- Zu Weichkäse mit Weißschimmel: gehaltvolle, mittelschwere Weißweine, evtl. mit Restzucker.
- Zu Weichkäse mit Rotkulturreifung: kräftige Weißweine mit Restzuckergehalt sowie fruchtige Rotweine.
- Zu Weichkäse mit Doppel-, Blau- oder Grünschimmel und Sauermilchkäse: Prädikatsweine mit höherem Restzuckergehalt.
- Zu Schnittkäse: fruchtbetonte, mittelschwere Weißweine.
- Zu Hartkäse: fruchtbetonte, kräftige Weißweine sowie mittelschwere Rotweine mit gut eingebundener Tanninstruktur.

💡 Die Gruppe der Fruchtgetränke bietet für jeden Geschmack etwas und überrascht mit so mancher Korrespondenz zu Käse.

❓ Welchen Wein empfehlen Sie zu einem gemischten Käseteller?

> **Beispiel: Erlesene Käseauswahl vom Wagen**
> „Was würden Sie zu einer schönen Käseauswahl als Dessert sagen?"
> „Darf ich Sie mit einer Käsegenussreise verwöhnen?"
> „Möchten Sie gerne als Beilage ein Kürbischutney oder lieber Feigensenf?"
> Zur Käsevariation passt ein fruchtiger, mittelschwerer Rotwein, z. B. ein Blauer Zweigelt aus dem Weinbaugebiet ... (Name) vom Weingut ... (Name) in ... (Ort, Bundesland).

Käsewagen

3.9 Süßspeisen (Entremets, Sweets)

Als Süßspeisen bezeichnet man gesüßte Gerichte der warmen und kalten Küche. Sie werden meist als Nachspeise zubereitet, können aber ebenso als Hauptgerichte in veränderten Portionsgrößen serviert werden.

Warme Süßspeisen

Palatschinkenteig-Süßspeisen (Mehl, Milch, Eier, Salz, Zucker, Aromen)	Topfenpalatschinken, Crêpes.
Schmarren (Mehl, Milch, Eidotter, Zucker, Eischnee, Aromen)	Kaiserschmarren, Grießschmarren, Topfenschmarren.
Backteig-Süßspeisen (Mehl, Wein oder Milch, Eier, Öl, Salz)	Gebackene Apfelspalten, Schlosserbuben (Zwetschken in Backteig).
Strudelteig-Süßspeisen (Mehl, Öl, Salz, Wasser, Eier)	Apfelstrudel, Marillenstrudel, Topfenstrudel, Milchrahmstrudel.
Germteig- oder Hefeteig-Süßspeisen (Mehl, Milch, Germ, Butter, Zucker, Eier, Salz, Vanille, Zitronenaroma, Rum)	Buchteln, Germknödel, gebackene Mäuse.
Kartoffelteig-Süßspeisen (gekochte, passierte Kartoffeln, Butter, Mehl, Salz, Eier)	Marillen- oder Zwetschkenknödel, Powidltascherln, Kartoffelnudeln, Schupfnudeln.
Topfenteig-Süßspeisen (Butter, Eier, Salz, Topfen, Mehl)	Topfennudeln, Tascherln, Fruchtknödel.
Aufläufe (Soufflés) (Milch, Zucker, Butter, Mehl, Eier – gebacken oder im Wasserbad im Rohr gegart)	Früchteauflauf, Reisauflauf, Salzburger Nockerln, Schokoladensoufflé, Mohr im Hemd, Topfenauflauf mit Früchten.

Kalte Süßspeisen

Brandteig-Süßspeisen (Wasser, Butter, Salz, Mehl, Eier, Rum – backen)	Eclairs, Krapfen, Profiterolen.
Mürbteig-Süßspeisen (Mehl, Butter, Zucker, Salz, Eidotter, Vanille, Zitronenaroma)	Linzer Schnitten, Mürbteigtartelettes oder -schiffchen.
Germteig- oder Hefeteig-Süßspeisen (Mehl, Milch, Germ, Butter, Zucker, Eier, Salz, Vanille, Zitronenaroma, Rum)	Mohn- oder Nussstrudel, Marillen- oder Zwetschkenfleck, Krapfen, Germgugelhupf, Savarin.
Blätterteig-Süßspeisen (Mehl, Wasser, Salz, Essig oder Rum, Butter, Fettziegel)	Früchte auf Blätterteig, Topfentascherln.
Biskuitmassen-Süßspeisen (Eier, Zucker, Zitronenaroma, Vanille, Salz, Mehl)	Biskuitroulade mit Füllcremen, Biskuittortenböden für Obsttorten.
Torten (aus Biskuit- oder Sandmasseböden hergestellt, mit Creme, Marmelade, Früchten u. Ä. gefüllt und vollendet)	Erdbeerjoghurtcreme-, Nuss-, Topfen-, Schokolade-, Kaffee-, Fruchtgeleetorte.

Crêpes sind kleinere, dünnere Palatschinken. Zum Teig wird weniger Mehl, dafür aber Obers verwendet.

Profiterol

Plunderteig-Süßspeisen, wie Plunderkipferln (Croissants mit süßer Füllung) und Plundergebäck werden im Kaffeehaus serviert.
Süßspeisen, die aus **Sandmassen** zubereitet werden, wie Rosinengugelhupf, Marmorgugelhupf, Marillenkuchen, Teekuchen oder Sachertorte sind klassische Desserts zur Jause oder Kaffeepause.

Dessertcremen (Milch, Eier, Zucker, Obers, Aromen)	Bayerische Creme, Karamellcreme, kalte Puddings, Schokoladenmousse, Grießflammeri.
Kalte Früchtesüßspeisen	Kompotte, Fruchtsalate, frische Feigen, Portweinbirnen.
Speiseeis und Eisspezialitäten	Cremeeis, Milcheis, Fruchteis, Parfait (Halbgefrorenes), Sorbet, Spoom, Granité, Wiener Eiskaffee, Himbeershake, diverse Eisbecher, Eisaufläufe, Cassatas, Eisbiskuit, Eisroulade.

Cassata

Dessertsaucen und Fruchtspiegel

Als Dessertsaucen werden kalte und warme, meist süße Saucen bezeichnet. Dazu zählen die Vanillesauce und die Weinschaumsauce. Als Geschmacksgeber dienen Spirituosen und Liköre, Marmeladen, Fruchtmark und Fruchtsäfte. Sie werden zu Puddings, Flammeris, Mehlspeisen, süßen Aufläufen und pochierten Früchten serviert.
Ein Fruchtspiegel wird aus frisch püriertem, fein abgeschmecktem Obst hergestellt.

Warme süße Saucen	Weinschaumsauce, Vanillesauce.
Kalte süße Saucen	Fruchtsaucen, Karamellsauce, Sauce Melba, Schokoladensauce.

Passende Getränke: Zu Süßspeisen passen Prädikatsweine wie Spätlesen, Auslesen, Eisweine, Beerenauslesen, Ausbruchweine und Trockenbeerenauslesen sowie süße Dessertweine (Portwein, Madeira, Malaga) und halbtrockene Schaumweine.

> **Beispiel**
> **Kaiserschmarren mit Zwetschkenröster**
> Ein Kaiserschmarren ist ein aus Mehl, Milch, Eidottern, Eischnee, Aromen und Rosinen gemachter luftiger Teig, der in der Pfanne goldgelb gebacken und in kleine Stücke zerrissen wird. Ein Zwetschkenröster wird aus karamellisiertem Zucker mit Rotwein, Zimt und geschnittenen Zwetschken zubereitet.
> Dazu passt ein süßer Wein, z. B. eine Beerenauslese aus dem Weinbaugebiet ... (Name) vom Weingut ... (Name) in ... (Ort, Bundesland).

❓ Erklären Sie einem Gast (mit verkaufsfördernden Worten) fünf warme und fünf kalte Süßspeisen (z. B. von den Menüübungsbeispielen auf Seite 187ff.) und empfehlen Sie ein passendes Getränk (vorzugsweise Wein) dazu.

4 Die Welt der Küchen

4.1 Die klassische europäische Küche

Den größten Einfluss auf die Entwicklung der Kochkunst des Abendlandes hatte Frankreich mit Großmeistern wie Georges-Auguste **Escoffier** (1846–1935), der gemeinsam mit César Ritz in Paris und London Hotels gründete und dessen Werk „Le Guide Culinaire" („Kochkunstführer", 1903) noch heute eines der Standardwerke der Kochkunst ist.

Der Begriff „klassische Küche" bezeichnet jene Gerichte, die französischen Originalrezepten jener Zeit entsprechen. Dazu gehören Spezialitäten, die international nach vorgeschriebener Machart – vor allem was Saucen und Garnituren betrifft – zubereitet sind, wie Hummer parisienne, Chateaubriand, Tournedos Rossini, Omelette surprise, Crêpes Suzette etc.

Zur klassischen Küche werden auch alle Gerichte aus den nationalen Küchen gezählt, die über die Grenzen eines Landes hinaus einen hohen Bekanntheitsgrad erworben haben, z. B. Gerichte aus der Wiener Küche: Tafelspitz, Wiener Schnitzel, Apfelstrudel oder Gerichte wie Roastbeef, Carpaccio, Paella, Zürcher Geschnetzeltes.

💡 Gerichte aus der Regionalküche und aus der bürgerlichen Küche werden nicht zur klassischen Küche gezählt, z. B. Krautfleckerln, Frankfurter Würstel, Tiroler Gröstl.

Speisen- und Menükunde

✏️ Welche österreichischen National- bzw. Regionalgerichte kennen Sie?

_____
_____
_____
_____
_____
_____

Die österreichische Küche ist ein Sammelsurium von Gerichten aus allen Bundesländern mit ungarischen und böhmischen Einflüssen.

Die Schnecke ist das Symbol der Slow-food-Bewegung, die 1989 von Carlo Petrini in Bra (Piemont) gegründet wurde. Von Italien ausgehend, hat die Gruppe heute weltweit sehr viele Anhänger gefunden.

Slow Food versucht zu verhindern, dass lokale Esstraditionen in Vergessenheit geraten. Die Umweltverträglichkeit und der Umweltschutz sowie die hohe Qualität der Lebensmittel sind sehr wichtige Anliegen. Die Mitglieder der Organisation setzen sich gegen das schwindende Interesse der Menschen an der Nahrung ein, die sie zu sich nehmen. Sie wollen wieder ein Bewusstsein dafür schaffen, woher die Lebensmittel kommen und wie sie schmecken.

Cuisine du Marché = Marktküche; gemeint ist keine Küche, die aus den besten Produkten, die der Markt zu bieten hat, kreative Speisen zubereitet. Der Begriff geht auf das gleichnamige Buch des bekannten Kochmeisters **Paul Bocuse** zurück.

Nationalküche
Unverwechselbar ist jedem Land eine eigene Küche verbunden, die sich aus der Lebensart und dem vorhandenen Nahrungsangebot entwickelt hat. Selbstverständlich gehören auch Gerichte aus der klassischen Küche zur Nationalküche.

Regionale Küche
Zur regionalen Küche zählen Gerichte aus verschiedenen Regionen oder Provinzen, die teilweise auch der Nationalküche zugeordnet werden. Die regionale Küche hat ihre Wurzeln auf dem Land und ist daher vom bäuerlichen Nahrungsmittelangebot geprägt.

Aus der Regionalküche stammen weiters Speisen, die traditionell zu besonderen Anlässen (Ostern, Weihnachten) mit den üblichen Getränken serviert werden.

Was isst man, wenn man „gutbürgerlich" speist?
Die bürgerliche Küche ist eine gehobene, gepflegte Küche, die vor allem im städtischen, bürgerlichen Raum – z. B. in Wien (Wiener Küche) – entstanden ist. Die Speisen werden auf traditionelle Weise zubereitet und serviert. Diese Esskultur wird auch von Touristen sehr geschätzt, da sie landestypische Gerichte wie Grießnockerlsuppe, Tafelspitz und Sachertorte bietet.

4.2 Trends

Vollwertküche, Bioküche oder Naturküche – die Slow-Food-Bewegung
In der Vollwertküche werden Lebensmittel aus **kontrollierter biologischer Landwirtschaft** verwendet. In den letzten Jahren ist das Wissen über die Zusammenhänge zwischen unseren Essgewohnheiten und unserem Wohlbefinden stark gewachsen. Daher ist eine Küche, die eine ausgewogene, vollwertige, gesunde Ernährung bietet und den **Slow-Food-Gedanken** (der den Genuss in den Mittelpunkt stellt) unterstreicht, sehr gefragt.

Kreative Küche
Diese Kochrichtung wird auch als die **zeitgemäße Küche** oder als Cuisine du Marché bezeichnet. Neue Ideen, Kreationen bzw. Zusammenstellungen von Produkten sind erwünscht und stellen eine Herausforderung für jeden Koch dar. Zwei Grundsätze müssen beachtet werden:
- eine schonende Kochmethode, um den Eigengeschmack und den Nährwert der Speise möglichst zu erhalten,
- die ausnahmslose Verwendung von qualitativ hochwertigen und frischen Lebensmitteln.

Ethnoküche
Zur ethnischen Küche gehören bestimmte Gerichte, die auch aus der Regionalküche stammen können bzw. einem bestimmten Gebiet zuzurechnen sind, wie z. B. Tex-Mex-Küche, Sushi und Maki aus Japan, jüdische Küche.

Fast-Food-Küche
Als Fast-Food-Küche wird jene Küche bezeichnet, die ein begrenztes Sortiment an Gerichten zum schnellen Verzehr anbietet oder bei der auch das Mitnehmen nach Hause möglich ist. Diese Angebotsform wird in der schnell wachsenden Systemgastronomie bevorzugt.

Molekularküche
Bei dieser Forschungsküche geht es um die Berücksichtigung biochemischer, physikalischer und chemischer Prozesse, die bei der Zubereitung von Speisen ablaufen. Dabei wird u. a. darauf geachtet, wie die Lebensmittel auf die Garmethode reagieren (z. B. verändertes Verhalten von Eiweißstrukturen durch Temperaturschwankungen). Auch die Veränderung der Lebensmittel bei mechanischer Einwirkung bzw. bei Verwendung von Stabilisatoren oder Verdickungsmitteln wird untersucht.
Die Molekularküche erforscht also den Ablauf von Garprozessen, um daraus Erkenntnisse für Zubereitungsarten zu gewinnen.

4.3 Nationalküchen der Welt

Nationalgerichte einem eindeutigen Ursprungsland zuzuordnen, ist nur begrenzt möglich. Viele Gerichte haben einen anderen Ursprung oder wurden aus fremden Küchen übernommen und ihre Zubereitung sowie Zusammensetzung wurden abgeändert. Nachfolgend einige Beispiele für bekannte Gerichte in ausgewählten Ländern.

Bekannte Gerichte in Deutschland

Vorspeisen	Heringssalat, Matjesheringe, Westfäler Schinken, Pastetchen auf Königinart (Blätterteigpastetchen mit Geflügel-Champignon-Ragout)
Suppen	Fischsuppe (z. B. Hamburger Aalsuppe)
Hauptgerichte	Eisbein (gepökelte, gekochte Schweinsstelze mit Sauerkraut oder Erbsenpüree und Salzkartoffeln), Kasseler Rippenspeer (gepökeltes und geräuchertes Karree vom Schwein auf Sauerkraut), Sauerbraten (gebeizter, gedünsteter Rindsbraten mit Knödel, Rotkraut und Apfelpüree).
Desserts	Dampfnudeln, Pfannkuchen, rote Grütze (Gelee aus roten Beerenfrüchten mit Schlagobers), bayerische Creme

Matjeshering

Bekannte Gerichte in Frankreich

Vorspeisen	Pâtés (Pasteten mit Fleisch-, Fisch- oder Geflügeleinlage), Salade niçoise (Nizzaer Salat aus Tomaten, Zwiebeln, Fisolen, Thunfisch, Sardellen, Oliven und Kräutern), Quiche lorraine (Lothringer Specktorte; Mürbteigboden mit Speck, Käse und Zwiebeln)
Suppen	Zwiebelsuppe, Bisque (aus Krustentieren), Vichyssoise (geeiste Lauch-Kartoffel-Suppe)
Hauptgerichte	Coq au Vin, Entrecôte, Navarin (Lammragout), Bouillabaisse (Fischeintopf), Coquilles Saint-Jacques (Jakobsmuscheln), Moules marinières (Miesmuscheln in Weißweinsauce)
Desserts	Mousse au Chocolat, Profiteroles (gefüllte Brandteigkrapferln), Tarte tatin (gebackene Apfeltorte), Crêpes Suzette; oft auch Käse als Dessert

Miesmuscheln

Bekannte Gerichte in Italien

Die Italiener bestellen Antipasti (kalte Vorspeisen), Primi Piatti (meist eine Pasta/ein Nudelgericht), Secondi Piatti (Hauptgerichte aus Fleisch oder Fisch; Contorni/Beilagen extra) und Dolci (süßen Nachtisch) oder Käse.

Vorspeisen	Insalata caprese (Mozzarella mit Tomaten), Carpaccio
Suppen	Minestrone
Hauptgerichte	Lasagne, Risotto, Fritto misto di Mare (Meeresfrüchte in Backteig), Ossobuco (geschmorte Kalbshaxe), Saltimbocca (Kalbsschnitzel mit Schinken und Salbei)
Desserts	Tiramisu, Eis (Gelati), Zabaione (Weincreme)

Risotto

Bekannte Gerichte in England

Vorspeisen	Smoked Trout (geräucherte Forelle) oder Mackerel (Makrele)
Suppen	Mulligatawny (Hühner-Curry-Suppe; ursprünglich aus Indien), Mock-Turtle (mit Kalbskopfragout)
Hauptgerichte	Roastbeef and Yorkshirepudding, Lamb-chops, Irish Stew (Lammragout), Haddock (Schellfisch)
Desserts	Apple-pie, Plumpudding

Irish Stew

Bekannte Gerichte in Spanien

Vorspeisen	Tapas (kleine Häppchen); Gambas (Garnelen), Albóndigas en Salsa de tomate (Fleischbällchen mit Tomatensauce)
Suppen	Gazpacho (kalte Gemüsesuppe)

Tapas

Speisen- und Menükunde

Hauptgerichte	Paella (Safranreis mit Meeresfrüchten, Huhn, Gemüse), Tortillas (Omeletts mit verschiedener Füllung), Zarzuela (Meeresfrüchteeintopf), Pollo a la Chilindron (gebratenes Huhn mit Paprikaschoten, Tomaten und Oliven)
Desserts	Torta de Almendras (Mandeltorte)

Bekannte Gerichte in Amerika (USA)

Vorspeisen	Caesar-Salad (Salat mit Sardellen, Parmesan und Croûtons), Waldorf-Salad (Apfel-Sellerie-Salat mit Walnüssen, Mayonnaise)
Suppen	Clam Chowder (Venusmuscheln)
Hauptgerichte	Steaks (T-Bone-Steak, Porterhouse-Steak), Roast Turkey (gefüllter Truthahn; traditionelles Gericht zu Thanksgiving), Soft Shell-crabs, Lobster (Hummer)
Desserts	Pumpkin-Pie (Kürbiskuchen), Brownies (Schokoladekuchen), Muffins (z. B. Blueberry-Muffin – mit Heidelbeeren)

Steak

Bekannte Gerichte in Skandinavien

Vorspeisen	Gravad Lax (marinierter Lachs), Heringe, gräuchtertes Rentierfleisch
Suppen	Aalsuppe
Hauptgerichte	Fleischbällchen, Pfannengerichte, Fisch
Desserts	Apfelkuchen

Das schwedische Smørgasbord ist ein üppiges Buffet mit Herings- und anderen Fischspezialitäten, Roastbeef, Schinken, Salaten, Eingelegtem, warmen Fleischgerichten, Aufläufen und Omeletts.

Fleischbällchen (Köttbullar)

Bekannte Gerichte in Russland

Vorspeisen	Piroggen (warme gefüllte Teigtaschen), Pilaw (Reis mit verschiedenen Zutaten als warme Vorspeise)
Suppen	Borschtsch (aus Roten Rüben, Weißkraut, mit oder ohne Rindfleisch; im Sommer auch gekühlt serviert), Schtschi (Kohlsuppe)
Hauptgerichte	Bœuf Stroganoff, Kotlety po Kiewskomu (gefüllte Hühnerbrust)
Desserts	Erdbeeren Romanow (mit gesüßtem Schlagobers und kandierten Veilchen), Kissel (gelierte Fruchtspeise)

Piroggen

Bekannte Gerichte in China

Vorspeisen	Glasnudelsalat, Hühnerfleischsalat, Tofu
Suppen	Klare Suppen mit verschiedenen Einlagen, z. B. Garnelen, Hühnerbrust, Fleischtäschchen
Hauptgerichte	Süßsaures Schweine-, Rind-, Hühnerfleisch; Pekingente; immer mit Reis serviert
Desserts	Glasierte Äpfel, Reispudding

Glasnudeln

Bekannte Gerichte in Japan

In der japanischen Küche gibt es keine strenge Menüreihenfolge, oft werden sogar alle Gerichte auf einmal serviert. Tofu findet in unzähligen Gerichten Verwendung und kann gleichermaßen als Vorspeise, Suppeneinlage und Hauptgericht gereicht werden.

Suppen	Suppen konsumiert man in Japan zu jeder Mahlzeit, auch zum Frühstück, z. B. klare Suppen mit verschiedenen Einlagen oder Meeresalgensuppe
Fisch	Sashimi (rohes Fischfilet mit Gemüse), Sushi (Röllchen aus Reis, rohem Fisch, Krustentieren, Gemüsen; die Hülle ist aus Seetang oder Meeresalgen), Tempura (Fleisch, Fisch, Meeresfrüchte und Gemüse, mundgerecht portioniert, in Backteig)

Sushi

Hauptgerichte aus Fleisch	Der Verzehr von Fleisch war in Japan von der buddhistischen Religion sehr lange verboten; heutzutage schätzen die Japaner marmorierte Steaks, Schweinefleisch und Geflügel; immer wird Reis serviert
Desserts	Ein klassisches Dessert gibt es nicht; gerne wird Obst, z. B. Nashi, Kaki, Melonen, Erdbeeren oder Clementinen, gegessen.

5 Grundsätze zur Menüerstellung

Ein Menü darf keine Aufzählung von Gerichten sein, sondern man soll versuchen, die Speisen appetitanregend zu beschreiben. Bei der Zusammensetzung von Menüs ist es hilfreich, folgende Kriterien zu beachten:

Anlass des Essens	Es muss berücksichtigt werden, für welchen Anlass ein Menü geplant wird. Grundsätzlich soll zwischen **privaten, gesellschaftlichen und geschäftlichen Anlässen** unterschieden werden. Je nach Anlass und Gästekreis muss auf Essgewohnheiten, Traditionen, Timing und Trends Rücksicht genommen werden. Weiters ist die Frage zu klären, welche Servierart angewendet werden soll.
Gästekreis	Die Speisenfolge ist dem **Gästekreis** (Geschäftsleute, Touristen verschiedener Nationalitäten) und der **Zielgruppe** (Erwachsene, Jugendliche, Senioren) anzupassen, wobei Essgewohnheiten, besondere Wünsche, religiöse Ansprüche, Diäten etc. zu beachten sind.
Tageszeit/Jahreszeit	Die Tageszeit und die dem Gast zur Verfügung stehende Zeit haben Einfluss auf die Erstellung von Menüs. Die Gerichte sollen der Jahreszeit angepasst sein, damit saisonale Lebensmittel gewählt werden können.
Zusammenstellung und Umfang	Guter Sachverstand und fachliches Wissen sind Grundvoraussetzungen für die Erstellung von Menüs. Es soll verhindert werden, dass Speisen aus zu unterschiedlichen Küchenrichtungen (zB regionale, klassische oder kreative Küche) in einem Menü vorkommen. Bei größeren Menüs muss auf den Geschmacksaufbau und auf die Größe der Portionen geachtet werden. Die ersten Gerichte in der Menüfolge sollen mild und appetitanregend sein, um dem Gast Geschmack auf die folgenden Gerichte zu machen.
Ausgewogenheit	Je nach Zielgruppe und Tageszeit ist auf die Ausgewogenheit der Speisen zu achten. Wichtig sind Genuss-, Sättigungs- und Nährwert. Die Auswahl von Lebensmitteln muss nach ernährungsphysiologischen Erkenntnissen erfolgen, um dem Bedarf an Nährstoffen, Vitaminen, Mineralstoffen, Spurenelementen und Geschmacksstoffen gerecht zu werden.
Keine Wiederholungen	Wiederholungen im Menü sind grundsätzlich zu vermeiden. Dies gilt sowohl für Speisenbegriffe als auch für Garmachungsarten und Lebensmittel. Spezialmenüs wie zB Wild-, Fisch- oder Spargelmenüs sowie Degustationsmenüs bilden jedoch eine Ausnahme. Da auch das Auge mitisst, ist bei der Zusammenstellung der Speisen auf eine farbliche Ausgewogenheit zu achten.
Wirtschaftlichkeit	Eine gut durchdachte Organisation und zeitgerechte Planung helfen, keine bösen Überraschungen bei der Abrechnung zu erleben. Die Wirtschaftlichkeit beginnt bereits bei der Mengenberechnung, Kalkulation und Preisgestaltung. Ohne einen Kosten-Nutzen-Vergleich zu erstellen, kann es keine Wirtschaftlichkeit geben.

TAGESMENÜ

Suppe

*

Warme Vorspeise

*

*Hauptspeise
Gemüsebeilage
Sättigungsbeilage*

*

Dessert

---

*Korrespondierender
Weiß- oder Rotwein*

..., den ...

Die **einfache Menükarte** besteht aus einem Blatt, auf dem die Speisen entsprechend der Reihenfolge des Menüs angeführt sind. Die zur Auswahl stehenden Getränke können am Ende der Karte angeführt werden. Ort, Datum und Anlass vervollständigen die Karte.

Für besondere Anlässe verwendet man **gefaltete Menükarten mit Einlageblättern**.

Speisen- und Menükunde

Verkaufspreis	Preislich sind Unterschiede zu machen zwischen Mittags- und Abendmenü, Bankett- oder Cateringmenü, um Gästewünschen zu entsprechen.

6 Menüarten

Durch eine besondere Speisenauswahl wird Menüs eine spezielle Note gegeben. Je nach Jahreszeit und nach der Gästeschicht werden zusätzlich verschiedene Menüarten angeboten.

Wahlmenüs
Bei Wahlmenüs kann der Gast selbst aus vorgegebenen Speisen das Menü zusammenstellen. Der Gast hat eine attraktive Auswahl und man reduziert die Tauschwünsche der Gäste. Ein zusätzlicher Vorteil ist die besonders ökonomische Vorbereitung in der Küche.

🖉 Erstellen Sie ein Kinder- bzw. ein Seniorenmenü und setzen Sie dafür auch ernährungswissenschaftliche Erkenntnisse ein.

Spezialmenüs
Je nach Jahreszeit und zu besonderen Festtagen werden spezielle Menüs angeboten.

Feiertagsmenüs	Bei Festtagen erfolgt die Speisenwahl meist nach landesüblicher Tradition oder regionalem Brauchtum. Beispiele sind Heringsschmaus, Ostermenüs, Martini- oder Weihnachtsmenüs.
Saisonmenüs	In Restaurants werden der Jahreszeit entsprechende Spezialitätenmenüs angeboten, wie Frühlings-, Fisch- oder Spargelmenüs oder Jagdmenüs während Wildwochen etc.
Festmenüs	Festmenüs werden zu besonderen Anlässen angeboten, wobei auf die jeweiligen Wünsche der Gäste besonders Rücksicht zu nehmen ist. Anlässe für Festmenüs sind Hochzeiten, Geburtstage, Jubiläen, Firmenfeiern etc.

Gespickte Rehkeule (Wildwochen)

Kindermenüs
Kinder sind aus unternehmerischer Sicht eine sehr wichtige Gästeschicht, da sie meist mitentscheiden, welche Lokalwahl getroffen wird und sie die Gäste der Zukunft sind.

Für Kinder bis 12 Jahre sind die Nährwerte zu reduzieren und auf die typischen Essgewohnheiten ist zu achten. Daher ist eine eigene Kinderkarte zu empfehlen, die diesen Bedürfnissen gerecht wird. Die Kinderkarte kann mit Comicfiguren oder anderen Motiven als Ausmalbild funktionieren. Die Speisen können nach Märchenfiguren oder anderen lustigen Figuren benannt werden.

Seniorenmenüs
Für ältere Gäste ist auf eine abwechslungsreiche, leicht verdauliche und eiweißreichere Kost besonderes Augenmerk zu richten.

Menüs mit drei Gängen und kleineren Portionen sollen bevorzugt werden. Bei der Speisenauswahl müssen folgende Richtlinien beachtet werden:
- Schwer verdauliche und blähende Gerichte vermeiden.
- Kleinere Portionen und mehrere Gänge servieren.
- Leicht verzehrbare und weich gekochte Speisen ohne Knochen oder Gräten anbieten.
- Kein fettes, bindegewebereiches Fleisch verwenden.
- Eher herkömmliche und bekannte Gerichte anbieten.

Diätmenü – Basisdiät
Die Diätkost wird nach dem Krankheitsbild des Kunden zusammengestellt. Die genaue Anweisung kann nur von Diätassistentin/Diätassistenten oder Ärztin/Arzt gegeben werden. Bei besonderen Diätwünschen muss auf die exakte Erklärung des Gastes genau geachtet werden.

Vegetarische Menüs

Alternativen zu Fleisch oder Fisch werden infolge eines zunehmenden Ernährungs- und Gesundheitsbewusstseins immer populärer, nicht nur in der warmen Jahreszeit. Da der Arten- und Sortenreichtum von Gemüse von keinem anderen Lebensmittel übertroffen wird, stehen zahlreiche Möglichkeiten zur Kreation vegetarischer Gerichte zur Verfügung.

Natur- oder Vollwertmenüs

Wie der Name sagt – für diese Menüarten werden naturbelassene Lebensmittel verarbeitet, wobei besonders Wert auf die Beibehaltung und Ausgewogenheit der vorhandenen Nähr- und Wirkstoffe gelegt wird.

Grundsätze

- Biologisch angebautem Gemüse und Obst sowie Fleisch und Fisch aus artgerechter Tierhaltung wird der Vorzug gegeben.
- Keine raffinierten (bearbeiteten) und gehärteten Öle, Margarine und Fette.
- Keine denaturierten Kohlenhydrate, wie Auszugsmehle und Fabrikzuckerarten.
- Weniger tierisches Eiweiß, vermehrt pflanzliche Eiweißstoffe (zB Hülsenfrüchte).

Menüs für ausländische Gäste

Unterschiedliche Nationalitäten haben unterschiedliche Bedürfnisse und Ansprüche, denen man gerecht werden soll. Bei der Erstellung von Menüs für ausländische Gäste muss auf ihre traditionellen Tischsitten Rücksicht genommen werden. Es ist durchaus angebracht, heimische, landesübliche Gerichte zu empfehlen, allerdings unter Berücksichtigung der Essgewohnheiten.

Leichte Gemüsegerichte sind idealer Bestandteil vegetarischer Menüs.

? Arbeitsaufgaben

1. Zählen Sie die fünfzehn Gänge der klassischen französischen Menüreihenfolge in Deutsch, (in Englisch, in Französisch) auf.
2. Nennen Sie den Menüaufbau eines einfachen, eines erweiterten und eines Degustationsmenüs.
3. Welche Gruppen von kalten Vorspeisen gibt es? Beschreiben Sie zwei Gruppen näher.
4. Erklären Sie einem Gast (mit verkaufsfördernden Worten) fünf Suppen (z. B. von den Menüübungsbeispielen auf Seite 187ff.) und empfehlen Sie ein passendes Getränk dazu.
5. Es gibt eine Reihe von italienischen Teigwaren/Pasta. Zählen Sie diese auf.
6. Erklären Sie folgende Begriffe: Krevetten, Vongole, Sorbet.
7. Die Saucen sind in 6 Gruppen eingeteilt. Wie heißen sie? Geben Sie von 2 Gruppen je 3 Beispiele.
8. Erklären Sie den Unterschied zwischen Sättigungs- und Gemüsebeilage.
9. Welche Getränke empfehlen Sie zu Süßspeisen?
10. Welche Kriterien müssen bei der Zusammenstellung eines Menüs beachtet werden? Erklären Sie zwei näher.
11. Was ist ein Wahlmenü? Welche Vorteile hat es?
12. Worauf sollte man bei Kinder- und Seniorenmenüs besonders achten?
13. Bei der Erstellung von Natur- oder Vollwertmenüs sind verschiedenste Grundsätze zu beachten. Nennen Sie mindestens zwei.

Speisen- und Menükunde

7 Gestaltung von Speisen- und Menükarten

7.1 Arten

> 💡 Die Speisenkarte ist immer der erste Eindruck, den der Gast erhält, sozusagen die Visitenkarte eines gastronomischen Betriebes.

Im Inhalt einer Speisenkarte müssen sich der individuelle Charakter und die Leistungsfähigkeit eines Betriebes widerspiegeln. Als Grundlage für die Erstellung von Speisenkarten sollen die bewährten Grundsätze zur Erstellung eines Menüs herangezogen werden. Nicht der Umfang der Karte ist entscheidend, sondern der fachlich richtige Inhalt, die Form und übersichtliche Gliederung.

Man unterscheidet folgende Arten und Angebote:
- **Standardkarte oder À-la-carte-Karte:** Anzahl und Auswahl der Speisen richten sich nach geplanter Beibehaltung des Angebotes (Dauer des gleichbleibenden Angebotes).
- **Tageskarte:** Es ist zu empfehlen, die Auswahl gering zu halten, damit die Speisen auch täglich frisch zubereitet werden können.
- **Spezialitätenkarte:** Die Spezialitäten des Hauses können in der Standardkarte integriert sein oder extra angeboten werden.
- **Saisonkarte:** Zusatzangebote von Gerichten der Jahreszeit entsprechend.
- **Menüangebote:** Zu Mittag soll kürzeren, bekömmlicheren und leicht zu servierenden Menüs der Vorrang gegeben werden. Am Abend spielt der Zeitfaktor meist keine Rolle, daher werden eher gehobenere und erweiterte Menüs angeboten.
- **Zusätzliche Abendangebote:** Sie können als Empfehlung vom Küchenchef/von der Küchenchefin oder als Spezialitäten des Hauses angeboten werden. Besondere kulinarische Wochen sorgen für ein abwechslungsreiches Speisenangebot.

Alle Überlegungen und die Wahl der Speisen müssen dem betrieblichen Charakter entsprechen. Es ist zu empfehlen, die Angebotspalette niedrig zu halten und den Erfordernissen entsprechend öfter zu wechseln.

7.2 Moderne Gliederung einer Speisenkarte

Gliederung einer Speisenkarte	
Vorspeisen	▪ Kalt
Suppen	▪ Klar ▪ Gebunden ▪ Spezialsuppen
Vorspeisen	▪ Warm
Fischgerichte	▪ Süßwasserfisch ▪ Meeresfisch ▪ Meeresfrüchte
Fleischgerichte	▪ Fertige Speisen ▪ Frisch zubereitete Speisen ▪ Reihenfolge: Schlachtfleisch (Rind, Kalb, Schwein, Lamm), Geflügel (Hausgeflügel, Wildgeflügel), Wild
Vegetarische Gerichte	▪ Getreide ▪ Gemüse ▪ Salate
Beilagen	▪ Vitamin- und Sättigungsbeilagen ▪ Salate
Desserts	▪ Warme Süßspeisen ▪ Kalte Süßspeisen, Eis und Eisspeisen ▪ Käsesortiment

> 💡 Was man besonders verkaufen möchte, muss als **„Eyecatcher"** zentral und deutlich sichtbar platziert werden.

Die Gliederung wird auch bestimmt von **Zusatzangeboten** wie
- Tageskarte,
- Spezialitäten des Hauses und
- Menüangeboten.

7.3 Sprachliche Gestaltung und gastronomische Regeln

Die Formulierung und genaue Beschreibung der Gerichte sind mitentscheidend für den Erfolg des Restaurants. Der Gast erwartet sich eine interessante, informative und eindeutige Produktbeschreibung.

Richtlinien	
Schreibweise	Es muss eine einheitliche Beschreibung der Speisen erfolgen. Sie soll klar, verständlich und interessant sein.
Verwendung einer Sprache	Fremdsprachige Bezeichnungen sollen nicht irreführend sein und nur für klassische Gerichte (zB Bouillabaisse) verwendet werden. Werden Menüs in einer Fremdsprache verfasst, ist besonders auf die Rechtschreibung zu achten.
Genaue und fachlich richtige Bezeichnungen	Der Gast als Konsument hat ein Recht auf ehrliche und fachlich richtige Sachbezeichnungen. Begriffe wie Wiener Schnitzel, Scampi, Weidelamm, Marchfeldspargel und Wörter wie frisch (fangfrisch, marktfrisch, frisch zubereitet) müssen tatsächlich und nachweisbar stimmen.
Klassische Garnituren und Fachbezeichnungen	Sie müssen auf jeden Fall der fachlich vorgeschriebenen Speisenzusammenstellung entsprechen (zB Girardirostbraten, Tournedos Rossini).
Abkürzungen	Sind zu vermeiden, Sie sind dem Gast gegenüber unhöflich und auch irreführend (zB gem. statt gemischt, Sc. statt Sauce, Wr. Schnitzel mit Salat statt Wiener Schnitzel mit gemischtem Salat).

Sprachen nicht vermischen
Es ist falsch
Schnitzel à la viennoise
Richtig ist
Wiener Schnitzel

Eingedeutschte Wörter in Deutsch
Es ist falsch
Croquetten
Richtig ist
Kroketten

Sammelbegriffe vermeiden
Es ist falsch
Knödel
Richtig ist
Semmelknödel
Serviettenknödel
Kartoffelknödel

Layout und Lesbarkeit der Speisenkarte

Die Speisenkarte ist ein **Marketinginstrument** und muss daher verkaufsfördernd gestaltet werden. Die Auswahl des Materials, die Papierqualität und die schriftliche Gestaltung müssen in Einklang mit der Art des Betriebs und der Corporate Identity sein. Die Schriftgröße muss so gewählt werden, dass die ausgewählte Schrift bei herrschenden Lichtverhältnissen im Speisesaal gut leserlich ist. Jeder Gast soll sich in einer Speisenkarte leicht orientieren können, daher ist sie übersichtlich zu gestalten.

7.4 Inhalte der Speisenkarte

Das sollte – neben dem Speisenangebot – in jeder Speisenkarte zu finden sein:
- Name und Adresse des Betriebes.
- Öffnungszeiten, Ruhetage, Betriebsurlaube.
- Telefon- und Faxnummer, E-Mail- und Internetadresse, Ansprechperson und Reservierungsmöglichkeit.
- Verkaufspreise inklusive gesetzlicher Abgaben und Steuern sowie Gedeckpreis (Kuvert); Preisauszeichnungspflicht!
- Zeitangaben für Speisen mit längerer Zubereitungszeit sowie Gewichtsangaben (zB bei Steak oder Fisch).
- Hinweise auf verschiedene Veranstaltungsmöglichkeiten, auf Räumlichkeiten (Ballsaal, Extrazimmer, Jagdstüberl) und Zusatzangebote, zB spezielle Tages- oder Wochenangebote (Erdäpfeltag, spanische Woche).
- Hinweise auf saisonale Spezialitäten (Wildwochen, Spargelzeit) sowie Getränke- und Weinempfehlungen.
- Zusatzinformationen: Weine aus eigenem Anbau, hausgemachte Speisen etc.
- Chronik oder Philosophie des Hauses.
- Vorstellung der Service- bzw. Küchenleitung.

Bezeichnung für Brot, Butter und Stoffserviette. Pro Gast wird ein Kuvertpreis verrechnet.

Speisen- und Menükunde

7.5 Gestaltung von Menükarten

Menükarten werden bei Veranstaltungen wie Banketten, Gesellschaftsessen, Hochzeiten und Firmenfeiern aufgelegt. Sie vermitteln den Eindruck gehobener Tischkultur und werden daher von den Gästen besonders geschätzt.

Die Menükarte ist je nach Betriebsart und Veranstaltung unterschiedlich aufwändig hergestellt bzw. gestaltet.

Nach der Schreibweise unterscheidet man:
- **Klassische Form:** Die Speisen und Getränke werden **zentriert** untereinander geschrieben. Die einzelnen Speisenfolgen sind deutlich durch Zeichen getrennt.
- **Moderne Form:** Die Speisen und Getränke werden **linksbündig** geschrieben und können durch Zeichen getrennt werden.

Für besondere Anlässe verwendet man **gefaltete Menükarten mit Einlageblättern.** Sie bestehen aus einem Umschlag mit Firmen-, Menü- oder Anlassaufdruck (zB Hochzeit) und einem Einlageblatt. Die Speisen sind auf der rechten Seite aufgelistet. Die Getränke, die zu den Gerichten gereicht werden, stehen links. Ort, Datum und evtl. nochmals der Anlass sind angeführt.

Aperitifs (detailliert angeben)	**MENÜ**
Korrespondierender Wein zur Vorspeise	Kalte Vorspeise
Korrespondierender Wein zur Hauptspeise	Hauptspeise Gemüsebeilage Sättigungsbeilage (Salatbeilage)
Süßwein/Schaumwein	Dessert
Digestifs (detailliert angeben)	Kaffee
	Ort, Datum

8 Gestaltung von Getränkekarten

Gute Getränkekarten zeichnen sich durch einen übersichtlichen Aufbau aus. Folgende Karten sind üblich:

8.1 Getränkekarte

In vielen Betrieben gibt es nur eine Getränkekarte, die das gesamte Angebot enthält, angefangen bei den Aperitifs über Wein, Bier, alkoholfreie Getränke, Kaffee und Tee bis hin zu den Digestifs. Die einzelnen Getränkegruppen werden getrennt angeführt.

Folgende **Vermerke** sollen auf einer Getränkekarte vorhanden sein:
- Preisangabe
- Ausschankmenge
- Verweis auf Inklusivpreise

Bei allen Getränken mit Ausnahme von Tee und Kaffee muss hervorgehen, auf welche Menge sich der Preis bezieht.

Bei der Gliederung einer Getränkekarte ist folgende Reihenfolge zu beachten:
- **Aperitifs:** Südweine (Fino Sherry, trockener, weißer Portwein etc.), Wermut, Bitters, Anisées, trockene Cocktails
- **Weine** (Aufbau wie bei der Weinkarte, siehe unten)
- **Bier:** offenes Bier vor Flaschenbier, inländisches Bier vor ausländischem Bier
- **Alkoholfreie Getränke**
- **Heißgetränke:** Kaffee, Tee, Schokolade und Milchmischgetränke
- **Digestifs:** Brände, Liköre, After-Dinner-Cocktails

Die Biere können auch vor den Weinen angeführt werden.

8.2 Weinkarte

Gute Weine sind immer eine harmonische Ergänzung zu einem exquisiten Essen. Nicht die Menge macht eine gute Weinkarte aus, sondern die Qualität der angebotenen Weine. Über den Umfang des Weinangebotes gibt es die unterschiedlichsten Ansichten. Wichtig ist, dass man sich die Wünsche seiner **Gästezielgruppe** überlegt und sein Angebot auf die Nachfrage abstimmt. Natürlich muss sich das Weinangebot auch am **Speisenangebot** orientieren. Den Schwerpunkt sollten inländische Weine bzw. eine persönliche Selektion des Sommeliers bilden.

Weinraritäten erhöhen die Attraktivität, sollen jedoch nicht im Vordergrund stehen. Auf der Weinkarte sollten sie auf einer Seite zusammengefasst werden.

Aufbau und Gliederung einer Weinkarte
- Offene Weine vor Flaschenweinen
- Inländische Weine vor ausländischen Weinen
- Weißweine vor Rosé- und Rotweinen
- Land- und Qualitätsweine vor Prädikatsweinen (Weinen besonderer Reife und Leseart)
- Stillweine vor Schaumweinen

Beispiel für die Gliederung einer Weinkarte

Offene Weine

Inländische Weißweine vor inländischen Roséweinen vor inländischen Rotweinen – gegliedert nach den Weinbauregionen Niederösterreich, Burgenland, Steiermark und Wien (evtl. noch nach Weinbaugebieten innerhalb der Weinbauregion)

Ausländische Weißweine vor ausländischen Roséweinen vor ausländischen Rotweinen – gegliedert nach den Herkunftsländern

Flaschenweine

Inländische Flaschenweine (weiß) vor inländischen Flaschenweinen (rosé) vor inländischen Flaschenweinen (rot) – gegliedert nach den Weinbauregionen (evtl. auch nach den Weinbaugebieten)

Österreichische Weinraritäten

Ausländische Flaschenweine (weiß) vor ausländischen Flaschenweinen (rosé) vor ausländischen Flaschenweinen (rot) – gegliedert nach den Herkunftsländern. In der Regel werden bei den ausländischen Weinen die französischen vor den Weinen anderer Länder gereiht.

Österreichische Schaumweine

Champagner und andere ausländische Schaumweine

Folgende **Vermerke** sollen auf einer Weinkarte vorhanden sein:
- Evtl. Kassa- bzw. Artikelnummer
- Bezeichnung des Weines
- Rebsorte bzw. Cuvée
- Riede
- Jahrgang
- Qualitätsstufe
- Alkoholgehalt in Vol.-%
- Erzeuger
- Ausschankmenge, Flascheninhalt (halbe Flaschen, ganze Flaschen, Magnum)
- Preisangabe
- Verweis auf Inklusivpreise

Es gibt unzählige Varianten von Weinkarten, es sollte darin allerdings immer ein System zu erkennen sein. So ist es auch möglich, die angebotenen Weine nach Weingütern, Regionen oder Rebsorten einzuteilen.

? Wo stehen glasweise angebotene Flaschenweine?

Da das Angebot öfter wechselt und man nicht ständig die Weinkarte ändern kann, stehen die glasweise angebotenen Flaschenweine oft in Kombination mit der Tageskarte. Bei Degustationsmenüs ist es üblich, den passenden Wein auf der Menükarte bei den Speisen zu vermerken.

Was kann zur Unterstützung des Verkaufes noch hervorgehoben werden?
- Herkunftsbezeichnungen (zB DOC, Grand-cru-Lage, DAC)
- Besondere Herstellungsverfahren (zB Méthode champenoise)
- Besondere Weine (zB Wein des Monats) etc.

Speisen- und Menükunde

8.3 Bierspezialitätenkarte

Aufbau und Gliederung einer Bierspezialitätenkarte
- Alkoholfreie Biere vor alkoholarmen Bieren und Starkbieren
- Inländische Biere vor ausländischen Bieren
- Offene Biere vor Flaschenbieren
- Spezialbiere immer am Schluss anführen

Folgende **Vermerke** sollen auf einer Bierspezialitätenkarte vorhanden sein:
- Herkunftsland
- Bezeichnung des Bieres
- Stammwürzgehalt und/oder Alkoholgehalt
- Ausschankmenge
- Preisangabe
- Verweis auf Inklusivpreise

Für den Gast sollen darüber hinaus Erklärungen für spezielle Sorten angegeben werden, zB Dampfbier: obergäriges, sehr fruchtiges, hellrotes Bier mit Vanillenote.

Neben dem ständigen Angebot können besondere Biere (zB Bier der Woche) sowie Spezialitäten (zB Lambic) angeführt werden.

Beispiel für eine Bierspezialitätenkarte
- Alkoholfreie Biere (aus Österreich, Deutschland, der Schweiz)
- Leichtbiere (aus Österreich, Deutschland, Holland, den USA)
- Weizenbiere (aus Österreich, Deutschland, der Schweiz)
- Landbier (aus Österreich)
- Lagerbiere (aus der Schweiz, Dänemark, Tschechien, Irland, den USA)
- Pilsbiere (aus Österreich, Deutschland)
- Altbiere (aus Deutschland, Tschechien)
- Märzenbiere (aus Österreich, Deutschland, der Schweiz)
- Bockbiere (aus Österreich, Deutschland, Dänemark, Holland)
- Malzbiere (aus Österreich, Deutschland)
- Starkbiere (aus Deutschland)
- Ales (aus Großbritannien, den USA, Holland, Dänemark)
- Stouts (aus Irland, den USA, Dänemark)
- Klosterbiere, Gueuze-Biere, Lambic-Biere (Belgien)

8.4 Barkarte

Der Inhalt der Barkarte ist abhängig von der Größe der Bar und vom Gästekreis, der die Bar frequentiert. Eine moderne Barkarte enthält nicht nur Cocktails und Mixgetränke, sondern auch eine Reihe anderer alkoholischer und alkoholfreier Getränke.

Folgende **Vermerke** sind auf einer Barkarte anzuführen:
- Warenbezeichnung
- Ausschankmenge
- Preisangabe
- Verweis auf Inklusivpreise

Aufbau einer Barkarte
- Aperitifs
- Sherrys
- Portweine
- Pre-Dinner-Cocktails
- Champagner- oder Sektcocktails
- Standardcocktails
- Pick-me-ups
- Fancy Drinks
- After-Dinner-Cocktails
- Non-Alcoholic-Drinks (Mixgetränke)
- Whisk(e)ys
- Cognacs, Weinbrände, Armagnac
- Tresterbrände
- Wodka
- Gin
- Rum (weißer Rum – dunkler Rum)
- Tequila
- Obstdestillate (aus Kern-, Stein- und Beerenobst)
- Liköre
- Weiß- und Rotweine
- Sekt und Champagner
- Bier, alkoholfreies Bier
- Alkoholfreie Getränke

8.5 Aperitifkarte

Aperitifs sind appetitanregende Getränke, die vor dem Essen getrunken werden. Sie können trocken, fruchtig, aber auch bitter sein. Immer häufiger werden alkoholfreie Aperitifs (zB Fruchtsäfte) angeboten.

Aufbau und Gliederung einer Aperitifkarte
- Fruchtsäfte
- Gemüsesäfte
- Biere
- Trockene, fruchtige Weiß- und Roséweine
- Trockener Sekt und Champagner
- Versetzte Weine (zB Fino Sherry, trockener, weißer Portwein, trockener Wermut)
- Anisées
- Klassische Bitteraperitifs (zB Campari, Aperol)
- Klassische Aperitifgetränke aus der Bar (zB Kir)
- Pre-Dinner-Cocktails

Neben den üblichen Vermerken ist bei Aperitifkarten besonders auf die Ausschankmenge zu achten:
Frucht- und Gemüsesäfte (1/8 l);
Bier, offen (0,1 l, 0,2 l);
Wein, offen (1/8 l);
Schaumwein, offen (0,1 l);
Versetzte Weine (5 cl);
Anisées und Aperitif-Fertigprodukte (4 cl);
Kir oder Kir Royal (1/8 l);
Cocktails mit Sekt oder Champagner (0,1 l);
Pre-Dinner-Cocktails (6–9 cl).

8.6 Digestifkarte

Digestifs sind verdauungsfördernde Getränke, die nach dem Essen getrunken werden. Bevorzugt werden alle Destillate sowie Edelliköre bzw. Kaffee mit verschiedenen Alkoholika.

Aufbau und Gliederung einer Digestifkarte
- Dessertweine
- Weindestillate, Tresterbrände, Getreide-, Kernobst-, Steinobst- und Beerenobstdestillate
- Liköre
- After-Dinner-Cocktails
- Kaffeegetränke mit Alkohol

Aufbau einer Cocktailkarte
- Pre-Dinner-Cocktails
- Champagner- oder Sektcocktails
- Klassiker
- Pick-me-ups
- Fancy Drinks
- After-Dinner-Cocktails
- Non-Alcoholic-Drinks

Alkoholfreie sind vor alkoholischen Getränken zu reihen. Spezielle bzw. aktuelle Angebote sollen hervorgehoben werden.

Speisen- und Menükunde

> **💡 Der Gast ist König**
> Die Geschmackswahrnehmung kann von Person zu Person sehr unterschiedlich sein. Die oberste Maxime bei der Weinberatung ist daher: Erlaubt ist, was dem Gast schmeckt.
> Sehr oft sind die Gäste jedoch für eine Beratung sehr dankbar.

9 Grundregeln für die Getränkeempfehlung

Richtig ausgewählte Getränke vervollkommnen den Geschmack einer Speise und fördern die Verdauung. Die klassische Getränkereihenfolge lautet: Bier – Weißwein – Roséwein – Rotwein – Dessertwein oder Schaumwein.

Darüber hinaus gibt es Grundregeln, die man beachten sollte:
- Leichte vor schweren Getränken
- Weißweine vor Rosé- und Rotweinen
- Einfache vor qualitativ höherwertigen Weinen
- Körperarme vor körperreichen Weinen
- Junge vor alten Weinen
- Trockene vor süßen Weinen
- Zu hellem Fleisch (Kalb, Schwein, Geflügel) und zu Fischen Weiß- und Roséwein; abhängig von der Zubereitungsart bzw. Sauce kann auch Rotwein serviert werden
- Zu Lamm Rotwein
- Zu dunklem Fleisch (Rind und Wild) Rosé- und Rotweine
- Zu salzigen Speisen trockene Weine
- Zu süßen Speisen süße Weine
- Zu leichten Speisen leichte Weine
- Zu schweren Speisen schwere, alkoholreiche Weine
- Nationale, regionale und traditionelle Trinkgewohnheiten und -gepflogenheiten soll man beachten,
  zu regionalen Spezialitäten jene Getränke servieren, die aus der gleichen Region stammen
- Sind Speisen mit einem speziellen Getränk zubereitet, wird dieses Getränk am vorteilhaftesten auch bei Tisch serviert
- Zu einfachen Gerichten Bier, Tafel- und Landweine
- Zu klassischen Gerichten Qualitäts- oder Prädikatsweine
- Zu Speisen, die stark mit Essig mariniert oder sehr scharf mit Paprika, Cayennepfeffer oder Curry zubereitet sind, Bier
- Zu scharf gewürzten Speisen aus der asiatischen Küche bzw. der Fusion kitchen kräftige, würzige, trockene aber auch halbtrockene bis liebliche Weißweine, auch Rotweine

Die Harmonie von Speisen und Wein ist keine exakte Wissenschaft. Sie hängt von verschiedenen Faktoren ab: von den überlieferten Lebensformen ebenso wie vom persönlichen Geschmack, was bei der Zubereitung neuer Gerichte immer noch Platz für Neuerungen lässt.

❓ Arbeitsaufgaben

1. Wie soll eine Speisenkarte gegliedert werden? Zählen Sie die Begriffe der Reihe nach auf.
2. Was ist bei der sprachlichen Gestaltung von Speisenkarten zu berücksichtigen?
3. Welche Inhalte sollte eine Speisenkarte (neben dem Speisenangebot) noch aufweisen?
4. Wie werden Menükarten gestaltet? Bei welchen Veranstaltungen werden Sie aufgelegt?
5. Welche Reihenfolge ist bei der Gliederung einer Getränkekarte zu beachten?
6. Worauf ist bei der Erstellung einer Weinkarte besonders zu achten?
7. Beschreiben Sie den Aufbau einer Barkarte.

10 Speisen zur Erstellung von Speisenkarten

Die Speisen können für einfache (*), mittlere (**) und gehobene (***) Menü-Übungsbeispiele verwendet werden.

* Kalte Vorspeisen	** Kalte Vorspeisen	*** Kalte Vorspeisen
Geflügelsalat	Tafelspitzsulz mit Kernöl	Carpaccio mit Rucolasalat und Parmesan
Gemüsesulz mit Sojasprossen	Spargel mit Sauce vinaigrette	Geräucherte Truthahnbrust mit Fenchel-Trauben-Salat
Krevettencocktail	Geräuchertes Forellenfilet mit Oberskren	Belugakaviar mit Blinis
Matjesfilet auf Hausfrauenart	Entenleberterrine mit Sauce Cumberland	Gravad Lax mit Dill-Senf-Sauce
Melone mit Rohschinken	Geflügelgalantine mit Waldorfsalat	Wildpastete mit marinierten Steinpilzen
Blattsalat mit gebackenen Hühnerbruststreifen	Meeresfrüchtesalat	Hühnerleberparfait, in Brioche gebacken
Schinkenröllchen mit Gemüsemayonnaise	Geräucherte Gänsebrust mit Linsensalat	Marinierte Perlhuhnbrust mit Artischockenherzen
	Schinkenmousse auf Chicorée	Seezungenröllchen mit Krebsmousse

* Suppen	** Suppen	*** Suppen
Frittatensuppe	Rinderkraftsuppe mit Gemüsestreifen	Fasanessenz mit Sherry
Grießnockerlsuppe	Wildkraftsuppe mit Pistaziennockerln	Ochsenschleppsuppe mit Lauchstreifen
Fleischstrudelsuppe	Spargelcremesuppe	Paradeiskraftsuppe mit Jakobsmuscheln
Rindsuppe mit Champignonnockerln	Fischsuppe mit Safran	Kresseschaumsuppe
Champignoncremesuppe	Zucchinicremesuppe mit gerösteten Mandeln	Hummercremesuppe
Hühnereinmachsuppe	Tomatensuppe mit Obershaube	Wildpüreesuppe mit Croûtons
Wiener Kartoffelsuppe	Lauchcremesuppe mit Rohschinkenstreifen	Gazpacho
Erbsenpüreesuppe	Geeiste Gurkensuppe mit Dille	Vichyssoise
	Melonenkaltschale	

* Warme Vorspeisen	** Warme Vorspeisen	*** Warme Vorspeisen
Überbackene Gemüsepalatschinke	Blätterteigpastetchen mit Hühnerragout	Brokkoliflan mit Schinkenoberssauce
Karfiol mit Butterbröseln	Gemüsestrudel mit Kräutersauce	Gemüselaibchen mit Tomatensauce
Gebackene Melanzane mit Sauce tartare	Spinatravioli mit Gorgonzolasauce	Sepianudeln mit Krebsensauce
Tortellini mit Schinkenoberssauce	Spargel mit Sauce hollandaise	Eierschwammerlrisotto
	Schwammerlragout mit Semmelauflauf	

* Fischgerichte	** Fischgerichte	*** Fischgerichte
Forellenfilet auf Müllerinart mit Petersielkartoffeln, grüner Salat	Zanderauflauf mit Rieslingsabayon, Salatteller	Zanderfilet in der Kartoffelkruste auf Krensauce
Pochiertes Saiblingsfilet mit Dillsauce und Salzkartoffeln	Karpfen im Wurzelsud mit Salzkartoffeln	Pochiertes Lachsfilet auf Safransauce mit Gemüsenudeln
Zanderfilet, mit Kräuterbutter gebraten, Wildreis, Blattsalate	Schollenfilet in Backteig mit Tomatensauce	Scampi in Dillsauce mit Butterreis
	Überbackene Pfahlmuscheln auf Blattspinat	Gratinierter Hummer
	Gebratene Tintenfische auf Sepiarisotto	Jakobsmuscheln in Hummersauce, Pilawreis
		Karpfenpörkölt mit Butternockerln
		Seezunge Colbert mit Petersilkartoffeln, Blattsalate, Kräuter- oder Gewürzbutter

Speisen- und Menükunde

Sorbets/Eisgetränke
hergestellt aus Beeren-, Stein- und Kernobst sowie exotischen Früchten

* Hauptgerichte mit Beilagen	** Hauptgerichte mit Beilagen	*** Hauptgerichte mit Beilage
Geschnetzelte Hühnerbrust mit Pilzen, tourniertes Gemüse, Pilawreis	Gefüllte Kalbsbrust mit glacierten Zuckererbsen	Medaillons vom Kalbsfilet in Morchelrahmsauce mit Serviettenknödel
Kalbsrahmgulasch mit Butternockerln	Gekochtes Selchkarree mit jungem Kraut und Semmelknödel	Ausgelöste, gefüllte Wachtel auf Wirsing mit Trauben
Schweinkotelett in Schwarzbiersauce mit Kroketten	Ossobuco mit Risotto alla milanese	Rosa gebratener Rehrücken mit eingelegter schwarzer Nuss und Selleriepüree
Wiener Schnitzel mit Erdäpfel-Vogerl-Salat	Curryhuhn mit Mangos, Äpfeln und Bananen, orientalischer Reis	Glacierte Truthahnbrust auf Ingwer-Honig-Gemüse mit Polentatalern
Ausgelöstes Wiener Backhuhn mit Kartoffelsalat, gebackene Petersilie	Knusprig gebratene Ente mit Apfelrotkraut und Erdäpfelknödel	Fasan im Speckhemd mit Preiselbeeren und Spritzkartoffeln
Gekochter Tafelspitz, Schulterscherzel, Beinfleisch, Brustkern, Kavaliersspitz, Hüferscherzel, Hüferschwanzel, Mageres Meisel oder Kruspelspitz *wahlweise mit* Röstkartoffeln, Erdäpfelschmarren, Semmelkren, Cremespinat, eingemachtem Gemüse, Schnittlauchsauce, Apfelkren	Wachauer Ente mit Bratapfel-Rotkraut und Erdäpfelknödel	Geschmorte Weidegans mit eingemachten Kohlsprossen und böhmischen Knödeln
Burgunderrindsbraten mit Erdäpfelkroketten und Preiselbeerbirne	Rehragout mit Schwammerln, Erdäpfel-Speck-Roulade und Preiselbeeren	Filet Wellington mit glaciertem Saisongemüse
Schweinspörkölt mit Tarhonya	Rieslingkalbsbeuschel mit Briocheserviettenknödel	Gefülltes Stubenküken mit Calvadosäpfeln
Schweinsbraten mit Semmelknödel und Sauerkraut	Geschmorte Milchlammschulter mit Polentaauflauf und Okragemüse	Rosa gebratener Lammrücken mit Balsamicoschalotten, Bärlauchspinat, Polentagratin
Kalbsschnitzel mit Kapernsauce und Bandnudeln	Lammstrudel auf Thymiansauce mit grünen Bohnen und Rotweinschalotten	Soufflierter Medaillon vom Kalbsrücken mit Petersilie, erlesenem Gemüse, Herzoginkartoffeln
Steirisches Wurzelfleisch mit Salzkartoffeln	Irish-Stew	
Geschmortes Kalbsvögerl mit Eierschwammerln und Serviettenknödel	Pochierte Fasanennockerln auf getrüffeltem Kartoffelpüree	
	Gepökelte Kalbszunge mit Erbsenpüree	
	Gebratene Kalbsleberscheiben mit glacierten Äpfeln und Lauchkartoffeln	
	Gepökelte Schweinsstelze mit eingemachten Rüben und Salzkartoffeln	

* Vegetarische Speisen	** Vegetarische Speisen	*** Vegetarische Speisen
Artischocke mit Sauce hollandaise	Gnocchi alla romana	Kartoffelauflauf in Paprika mit Fisolen
Kürbiskraut mit Röstkartoffeln	Cannelloni mit Kräuterpesto und Tomaten	Graupenrisotto mit Paprika und Artischocken
Gratinierte Zucchini mit Tomatensauce	Spargel mit Sauce maltaise	Knuspriger Gemüsespieß Tempura mit marinierten Sojasprossen und Joghurtkräutersauce
Schwarzwurzelgratin	Spargelspitzen, in Blätterteig gebacken, Joghurtkräutersauce	Feines Gemüseragout im Blätterteigpastetchen
Spinatnockerln mit Tomatensauce	Zucchiniflan mit Olivensauce	Romanescoterrine mit Rieslingsauce
Spinatstrudel mit Schafkäse	Vollkornnudeln mit frischen Paprikaschoten und Jungzwiebeln	Schupfnudeln mit Rahmkohlsprossen

Speisen zur Erstellung von Speisenkarten

* Vegetarische Speisen	** Vegetarische Speisen	*** Vegetarische Speisen
Käsespätzle mit grünem Salat	Gemüseauflauf mit marinierten Blattsalaten	Gefüllte, überbackene Melanzane
Makkaroni mit Gorgonzolasauce	Käseauflauf	Nudelauflauf mit getrockneten Tomaten und Salbei
Gemüsestrudel auf Dillsauce	Gebackene Eier mit Schnittlauch und Rahm	Kärntner Kasnudeln mit frischer Minze und Nussbutter
Gemüselaibchen	Gemüsekroketten mit Joghurtdip	
Gebackenes Gemüse mit Sauce rémoulade	Vollkornpizza mit Pilzen, Artischocken, Spinat und Mozzarella	
Gemüselasagne	Erdäpfelknödel mit warmem Krautsalat und Kernöl	
Cremespinat mit Röstkartoffeln und Spiegelei	Kräuternudeln mit Trompetenpilzen à la crème	
	Speck-Lauch-Kuchen auf Tomaten- Basilikum-Sauce	
	Spinatnudeln mit brauner Butter und Pinienkernen	
	Dinkelnockerln mit Jungzwiebeln und Krenschaum	
	Gemüserisotto	
	Melanzanelasagne	

Käse
Erlesene Käseauswahl vom Wagen mit Brot, Butter, Trauben, Äpfel und Birnen
Passierter Roquefort mit Butter

Käsegerichte
Roquefort-Auflauf mit Anisrosinen
Geschmolzener Ziegenkäse mit Oliven
Lauwarmer Grottin de Chevignol mit Aromaten
Ziegenkäsebällchen im knusprigen Strudelteigblatt
Büffelmozzarella mit Tomatenpesto und frischem Basilikum
Trüffelkäse mit eingelegten geschälten Walnüssen
Radicchio und Fourme d'Ambert mit Kirschtomaten
Eingelegter Schafkäse mit Äpfeln und gechmortem Chicorée
Kracher Grand Cru mit Korinthen und Cox-Orange-Apfel
Vacherin Mont d'Or mit Waldviertler Frühkartoffeln und Sommertrüffeln
Gebackene Käsetascherln auf Apfel-Quitten-Kompott
Hausgemachtes warmes Erdäpfelbrot mit Brimsen, Tilsiter, Emmentaler oder Brie

* Warme Süßspeisen	** Warme Süßspeisen	*** Warme Süßspeisen
Überbackene Topfenpalatschinke	Salzburger Nockerln	Crêpes Suzette
Buchteln mit Vanillesauce	Auflaufomeletten mit Schokolade oder Früchten	Sauerrahmdalken mit Heidelbeeren
Bröselnudeln mit Zwetschkenröster	Nussnudeln mit eingelegtem Winterglockenapfel	Gratiniertes Rhabarbertörtchen mit Minzeschaum
Topfen-Nuss-Schmarren mit Apfelkompott	Gekochter Grießstrudel mit Waldbeeren	Schokoladerisotto mit eingelegten Zwergorangen
Palatschinken mit Schokoladesauce und gerösteten Haselnüssen	Nussauflauf mit Portweinsabayon	Topfensoufflé mit Erdbeermark

Speisen- und Menükunde

* Warme Süßspeisen	** Warme Süßspeisen	*** Warme Süßspeisen
Mohr im Hemd	Kipferlkoch auf Kokosnussmilch	Gratinierte Orangenfilets mit Himbeermark
Schlosserbuben mit Vanillesauce	Fruchtknödel auf Vanilleschaum	Gebackene Feigen auf Cassisspiegel mit Krokantblatt
Wäschermädeln mit Mokkasauce		Limettencrêpe mit Joghurtcreme und Walderdbeeren
Powidltascherln		
Gebackene Apfelspalten mit Preiselbeeren und Mandelsauce		
Germknödel mit zerlassener Butter und Graumohn		
Mandelauflauf auf Amarettospiegel mit Erdbeeren		
Mohnnudeln		

* Kalte Süßspeisen	** Kalte Süßspeisen	*** Kalte Süßspeisen
Grießflammeri mit Erdbeeren und Cointreau	Schokoladenmousse mit marinierten Waldbeeren	Muskattraubentörtchen mit Ruländerschaum und Hippenblatt
Apfelkuchen mit Vanillesauce	Crème Caramel	Orangenparfait mit eingelegten Mokkadatteln
Alt-Wiener Apfelstrudel	Joghurtterrine mit Heidelbeeren und Limettenschaum	Gefüllte Feigen mit Schokolade auf Marzipansauce
Reisauflauf	Baiser mit frischen Früchten und Joghurteis	Erdbeer-Rhabarber-Charlotte mit Holunderblütensabayon
Marillentorte	Eisspaghetti	Krokantparfait mit Beeren
Eclairs mit Mokkacreme	Cassata	Kaffeeeis im Hippenblatt mit frischen Feigen
Pfirsich Melba	Cappuccinobiskotten mit Kapstachelbeeren auf Mokkaschaum	Bratapfeleis mit knusprigen Apfelchips
Savarin mit frischen Früchten	Torten, Kuchen und Schnitten, Obstschnitten	Tarte au citron
Kastanienreis mit Schlagobers	Brandteiggebäck, gefüllt mit Vanillecreme	

? Arbeitsaufgaben

1. Die Gliederung einer Speisekarte ist durcheinander gekommen. Sortieren Sie sie richtig.

    ☐ Vorspeisen ☐ Desserts ☐ Vegetarische Gerichte
    ☐ Suppen ☐ Beilagen ☐ Fischgerichte
    ☐ Fleischgerichte

2. Wann werden Amuse-Bouche und Petits Fours serviert?
3. Stellen Sie folgende Menüs mit korrespondierenden Getränken zusammen:
    a) Tagesmenü mit drei Gängen,
    b) Hochzeitsmenü mit vier Gängen,
    c) Fest- oder Degustationsmenü mit sechs Gängen.

Fachliches Rechnen

Haben Sie gute Erfahrungen mit mathematischen Aufgabenstellungen? Oder gehören Sie zu jener großen Gruppe von Menschen, die ein leichtes Unbehagen verspüren, wenn sie an das Wort Mathematik denken?
Vergessen Sie, was bisher war, und werfen Sie Ihre Bedenken über Bord! Denn: Fachrechnen verläuft nach bestimmten Schemas und ist einfach und logisch nachzuvollziehen.

Haben Sie gute Erfahrungen mit mathematischen Aufgabenstellungen? Oder gehören Sie zu jener großen Gruppe von Menschen, die ein leichtes Unbehagen verspüren, wenn sie an das Wort Mathematik denken? Vergessen Sie, was bisher war, und werfen Sie Ihre Bedenken über Bord! Denn: Fachrechnen verläuft nach bestimmten Schemas und ist einfach und logisch nachzuvollziehen.

Unsere Ziele

Nach Bearbeitung dieses Kapitels werden Sie

- einfache Mengenberechnungen lösen können,
- wissen, wie der Wareneinsatz von Getränken berechnet wird,
- den Verkaufspreis von alkoholfreien und alkoholischen Getränken kalkulieren können,
- Nährwertberechnungen erstellen, dh. den Kilojoule-, Eiweiß-, Kohlenhydrat- und Cholesteringehalt einer Speise anhand von Nährwerttabellen berechnen können.

Fachliches Rechnen

1 Maße und Gewichte

Maße

Abkürzungen: l = Liter, dl = Deziliter, cl = Zentiliter, ml = Milliliter							
1 l	=		=	10 dl	=	100 cl	=	1000 ml
1/2 l	=	0,5 l	=	5 dl	=	50 cl	=	500 ml
1/4 l	=	0,25 l	=	2,5 dl	=	25 cl	=	250 ml
1/8 l	=	0,125 l	=	1,25 dl	=	12,5 cl	=	125 ml
1/16 l	=	0,0625 l	=	0,625 dl	=	6,25 cl	=	62,5 ml
1/32 l	=	0,03125 l	=	0,3125 dl	=	3,125 cl	=	31,2 ml

💡 Von hoch auf nieder –
Multiplizieren zB:
2 Liter = ? cl / 2 x 100 = 200 cl

Von nieder auf hoch –
Dividieren zB:
200 cl = ? Liter / 200 : 100 = 2 Liter

Gewicht

Abkürzungen: kg = Kilogramm, dag = Dekagramm, g = Gramm, mg = Milligramm							
1 kg	=	100 dag	=	1000 g	=	1,000 kg		
1/2 kg	=	50 dag	=	500 g	=	0,500 kg		
1/4 kg	=	25 dag	=	250 g	=	0,250 kg		
1/8 kg	=	12,5 dag	=	125 g	=	0,125 kg		
	=	10 dag	=	100 g	=	0,100 kg		
	=	1 dag	=	10 g	=	0,010 kg		
				1 g	=	0,001 kg	=	1000 mg

Grafische Gegenüberstellung der Maße und Gewichte

Maße			
1 Liter (l)	10 Deziliter (dl)	100 Zentiliter (cl)	1000 Milliliter (ml)

Gewichte			
1 Kilogramm (kg)		100 Dekagramm (dag)	1000 Gramm (g)
	Keine Dezistelle bei Gewichten		Merke: 1 g = 1000 Milligramm (mg)

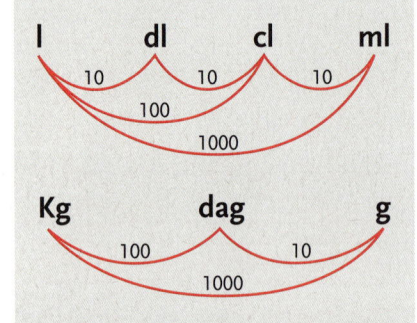

l   dl   cl   ml
10 10 10
100
1000

Kg   dag   g
100 10
1000

Brüche in Maßeinheiten:
1/1 = 1 : 1   zB 1 kg oder 1l
1/2 = 1 : 2   zB 0,5 kg oder 0,5 l
1/3 = 1 : 3   zB 0,33 kg oder 0,33l

Maßeinheiten in Brüche:
1 l   = ?/2   1 x 2   = 2/2
1 l   = ?/8   1 x 8   = 8/8
0,5 l = ?/8   0,5 x 8 = 4/8

Übungsbeispiele

1. Wie viel Dekagramm und wie viel Kilogramm sind 2.750 g?
2. Wie viel Gramm und wie viel Kilogramm sind 175 Dekagramm?
3. Wie viel Gramm sind 1/4 kg, 0,03 kg und 0,125 kg?
4. Rechnen Sie in Litermaße um: 350 cl; 1.250 ml; 75 cl; 34 dl; 4 cl.
5. Rechnen Sie die angegebenen Produkte in 1/8, 1/4 und in cl um: 2 l Orangensaft, 1,5 l Wein, 0,75 l Obstler, 0,5 l Eiswein, 0,25 l Tomatensaft, 1 l Wodka.
6. Der Tagesumsatz bei offenem Riesling beläuft sich auf 42,5 l. Wie viele Viertel bzw. Achtel sind verkauft worden?

Schlussrechnung

Reihenfolge für den Schlussansatz
- In der ersten Zeile werden die zwei bekannten Größen angeführt.
- Der gesuchte Wert wird unter den jeweiligen Wert der oberen Zeile geschrieben (zB kg unter kg, % unter %).

Maße und Gewichte

- Der gesuchte Wert (?) wird unter die jeweilige Menge, den jeweiligen Preis oder Prozentwert geschrieben.
- Dann erfolgt die Berechnung.

Grundregeln zum Berechnen
- Man schreibt zuerst den Wert über der Unbekannten ? an.
- Man multipliziert mit dem Wert schräg darunter.
- Mit dem Wert oberhalb dividiert man das Multiplikationsergebnis.

Auf diese Art kann man alle direkten Schlussrechnungen lösen, ohne sich dabei eine Formel merken zu müssen.

Musterbeispiel

Wie viel kostet ein Lachsfilet mit einem Gewicht von 280 g, wenn 1 kg € 29,– kostet?

1000 g Lachs	€ 29,–
280 g Lachs	?
29 : 1000 x 280 =	€ 8,12

Ein Lachsfilet mit einem Gewicht von 280 g kostet € 8,12.

Übungsbeispiele

1. 1 l Campari kostet e 5,45. Wie viel kosten 4 cl Campari?
2. Wie viel kostet eine Poularde mit einem Gewicht von 3200 g, wenn 1 Kilogramm € 3,12 kostet?
3. Für die Zubereitung eines kleinen Espressos benötigt man 7 g Kaffeepulver. Bei einer Veranstaltung wurden 287 kleine Espresso verkauft. Wie viel Kilogramm Kaffee wurden verbraucht?
4. Bei einer Veranstaltung wird Sekt ausgeschenkt. 300 Personen sind geladen. Man rechnet mit zwei Glas (1 Glas = 0,1 l) pro Person. Wie viele Flaschen werden benötigt?

Musterbeispiel

Frau Penz erwartet ca. 330 Frühstücksgäste. Die Mengen an Frühstücksgetränken werden jedoch für 360 Personen berechnet, pro Gast rechnet man mit 0,25 l. Folgende Erfahrungswerte gibt es: 55 % der Hotelgäste trinken Kaffee, 29 % trinken Tee und 16 % Kakao. Wie viel Liter muss Frau Penz von jedem Getränk zubereiten? 360 x 0,25 = 90 l

100 %	90 Liter
55 %	? Liter
90 : 100 x 55 =	49,5 Liter ~ 50 Liter

100 %	90 Liter
29 %	? Liter
90 : 100 x 29 =	26,1 Liter ~ 26 Liter

100 %	90 Liter
16 %	? Liter
90 : 100 x 16 =	14,4 Liter ~ 14 Liter

Frau Penz bereitet 50 Liter Kaffee, 26 Liter Tee und 14 Liter Kakao zu.

Übungsbeispiel

220 Frühstücksgäste werden erwartet. Die Mengen an Frühstücksgetränken werden jedoch für 240 Personen berechnet, pro Gast rechnet man mit 2,5 dl. Folgende Erfahrungswerte gibt es: 65 % der Hotelgäste trinken Kaffee, 27 % trinken Tee und 8 % Schokolade. Wie viel Liter müssen von den jeweiligen Getränken zubereitet werden?

Fachliches Rechnen

Musterbeispiel

Herr Huber erwartet ca. 220 Frühstücksgäste (mit 240 Personen wird gerechnet, pro Gast 0,25 l eines Frühstücksgetränkes).
Die Erfahrungswerte beim Frühstück besagen, dass 3/6 der Hotelgäste Kaffee, 2/6 Tee und 1/6 Kakao trinken. Wie viel Liter Kaffee, Tee und Kakao sollte Herr Huber zubereiten?
240 x 0,25 = 60 l

60 : 6 = 10 l

10 x 3 = 30 l Kaffee
10 x 2 = 20 l Tee
10 x 1 = 10 l Kakao

Herr Huber bereitet 30 Liter Kaffee, 20 Liter Tee und 10 Liter Kakao zu.

Übungsbeispiele

1. Ein Seminar wird abgehalten. Während einer Pause werden den 55 Teilnehmern Kaffee, Schwarztee und Grüntee angeboten. Folgende Erfahrungswerte gibt es: 4/9 der Gäste trinken Kaffee, 2/9 Schwarztee und 3/9 Grüntee. Man rechnet mit 0,2 l pro Gast. Wie viele Liter müssen von jedem Getränk zubereitet werden?
2. Orangenkonzentrat soll im Verhältnis 1:6 verdünnt werden und für 180 Gäste reichen. Der Durchschnittswert pro Gast beträgt zwei Glas (1 Glas = 0,1 l). Wie viel Konzentrat und wie viel Wasser werden benötigt?

Weitere Übungsbeispiele

Übungsbeispiel		
1 Dash	0,1 cl	zB Angostura-Bitter
1 Zitrone	4 cl Saft	
Kaffee	6–8 g	
1 l	50 Glas à 2 cl	ohne Ausschankverlust
1 l	47 Glas à 2 cl	mit 6 % Ausschankverlust
0,70 l	35 Glas à 2 cl	ohne Ausschankverlust
0,70 l	33 Glas à 2 cl	mit 6 % Ausschankverlust
0,75 l	37 Glas à 2 cl	ohne Ausschankverlust
0,75 l	35 Glas à 2 cl	mit 6 % Ausschankverlust
1 Cocktail	6 cl (international 9 cl)	Mengen lt. Rezeptur: 1/3 = 2 cl 1/6 = 1 cl 1/4 = 1,5 cl 1/2 = 3 cl
1 Esslöffel	1,5 cl	
1 Barlöffel	0,25 cl	
1 Fluid ounce (Unze)	2,9 cl	

1. Bereiten Sie einen Empfang für 25 Personen vor. Der Auftraggeber bestellt je ein Glas Campari (1l/Flasche) und ein Glas Prosecco (0,75 l/Flasche). Wieviele Flaschen müssen Sie bereitstellen?
2. Für ein Degustationsmenü sind 9 Flaschen Wein (0,75 l) sowie 2 Flaschen Edelbrand (0,5 l) zur Verfügung gestellt worden. Wieviele Gläser können Sie von jedem Getränk ausschenken? (mit und ohne Ausschankverlust!)
3. Es sollen 25 Portionen Irish Coffee (4 cl Irish Whiskey, 1 doppelter Espresso, 5 Gramm Zucker, 1/16 l Obers) serviert werden. Was werden Sie für die Mise en place vorbereiten?
4. Pro Monat werden 200 Manhattan-Cocktails hergestellt. Was benötigen Sie als Mise en place? (Whiskey 0,75l-Flasche, Wermut 1 l-Flasche)

Rezeptur: 4 cl Canadian Whiskey, 2 cl roter Wermut, 1 Dash Angostura-Bitter 1 Cocktailkirsche als Garnitur.

5. Wie viele kleine Mokka können aus einem Kilogramm gemahlenen Kaffee hergestellt werden? Sie müssen keinen Schwund berücksichtigen.

Fachliches Rechnen – Der Wein

Rechnen Sie zuerst die jeweiligen Maße um und lösen Sie dann die Rechenaufgaben.

Übungsbeispiel			
Wein	1/4 (.,... l)	1/8 (.,... l)	0,1 l
1 l			
1,5 l			
2 l			
0,75 l			
0,5 l			
0,375 l			
0,25 l			

1. Wie viele Achtel Wein können aus 7 Flaschen (à 0,75 l) ohne Ausschankverlust ausgeschenkt werden? (Zuerst schätzen!)
2. Wie viele Viertel Wein können aus 3 Flaschen (à 1,5 l) ohne Ausschankverlust ausgeschenkt werden? (Zuerst schätzen!)
3. Für die Hausgäste sind jeweils ein Glas Wein (à 0,125 l) im Preis für das Abendessen einkalkuliert. Sie bereiten die Getränke vor. 67 Personen sind derzeit im Haus. Wie viele Flaschen à 0,75 l (halb Rotwein, halb Weißwein) werden Sie bereitstellen.
4. Für ein Degustationsmenü sind 12 Flaschen Wein (à 0,75 l) zur Verfügung gestellt worden. Wie viele Gläser (1/8 oder 0,1 l) können ausgeschenkt werden? (Zuerst schätzen!)
5. Bei einem Bankett mit 40 Teilnehmern sind im Menüpreis pro Gast 1 Glas Weißwein (0,125 l), 1 Glas Rotwein (0,125 l) sowie 0,5 l Mineralwasser enthalten. Wie viele Flaschen Wein sowie Wasser (à 0,75 l) müssen bereitgestellt werden.

Fachliches Rechnen – Das Bier

Welche Ausschankmaße gelten für den offenen Bierausschank? Schlagen Sie nach auf Seite 55.

1. Wie viele Krügel bzw. Seidel Bier können aus einem Fass (50 l) ausgeschenkt werden? Berechnen Sie die Anzahl unter Berücksichtigung eines Ausschankverlustes von 6 %.
2. Die Hausgäste wandern zum Troatkastn. Sie bereiten die Getränke für die Jause vor. 27 Personen haben sich angemeldet. Pro Person wurden in den Jausenpreis 2 Krügel Bier einkalkuliert. Wie viele Fässer à 25 l müssen Sie für den Transport organisieren bzw. vorkühlen? (Ausschankverlust berücksichtigen!)
3. Im Café Trautmann werden zu Mittag zu den Imbissen viele Seidel und Pfiffe Bier verkauft. Das Verhältnis ist 60:40. Berechnen Sie wie viele Seidel und Pfiffe die Mitarbeiter pro 50-l-Fass zapfen können. (Zuerst schätzen; Ausschankverlust berücksichtigen!)

Fachliches Rechnen

Obwohl die Kalkulation so wichtig für den Erfolg eines Betriebes ist, wird sie dennoch in vielen Gastronomiebetrieben vernachlässigt.

☞ **Wie war das doch gleich?**

1 l	=	10 dl
1 l	=	100 cl
1 l	=	1.000 ml
1 dl	=	10 cl
1 cl	=	10 ml

Fluid ounce = international übliches Barmaß

2 Kalkulation von Getränken

Grundlage für die Kalkulation ist die Kostenrechnung eines Betriebes, in der alle Kosten des Betriebes erfasst werden, auch jene, die nicht offen ersichtlich sind. Der Preis wird so festgesetzt, dass in Summe noch ein angemessener Gewinn übrig bleibt.

2.1 Berechnung des Wareneinsatzes

Um eine Kalkulation überhaupt durchführen zu können, müssen zuerst die Materialkosten (der Wareneinsatz) errechnet werden. Dazu ist es notwendig, die üblichen Portionsgrößen der Getränke zu kennen.

Internationale Barmaße:

Whisk(e)ys	4 cl
Spirituosen	2 cl oder 4 cl
Süd- bzw. Dessertweine	5 cl
Cocktails	6–9 cl
Sekt	10 cl
Esslöffel	1,5 cl
Barlöffel (Barspoon)	0,25 cl
Spritzer (Dash)	0,1 cl
Fluid ounce (Unze)	2,9 cl

Ausschankverlust in Gläser

Flascheninhalt	Gläseranzahl bei 2 cl	Schwund	Verkaufbare Menge 2-cl-Gläser
1,00 l	50	3	47
0,75 l	37,5	2,5	35
0,70 l	35	2	33

Ausschankverlust in Prozent

Flascheninhalt	1,00 l	0,750 l	0,700 l
– 6 % Ausschankverlust	0,06 l	0,045 l	0,042 l
Ausschank	0,94 l	0,705 l	0,658 l
	0,94 l = 94 cl : 2 cl = **47 Gläser**	0,705 l = 70,5 cl : 2 cl = **35 Gläser**	0,658 l = 65,8 cl : 2 cl = **33 Gläser**

Musterbeispiel

Eine Flasche Cognac (0,7 l) kostet im Einkauf € 27,– (exkl. USt.). Er wird in 2-cl-Gläsern ausgeschenkt, Ausschankverlust 6 %.

1. Berechnen Sie die verkaufbare Menge!

Flascheninhalt	0,700 l	100 %
– Ausschankverlust	0,042 l	6 %
verkaufbare Menge	**0,658 l**	**94 %**

2. Wie hoch ist der Wareneinsatz pro Glas?
   0,658 l = 65,8 cl = 33 verkaufbare Gläser

   € 27,– : 33 = € 0,82 **Wareneinsatz pro Glas**

Übungsbeispiele

Berechnen Sie die verkaufbare Menge und den Wareneinsatz pro Glas!
1. Eine Flasche Asbach Uralt (0,7 l) kostet im Einkauf € 13,– (exkl. USt.); Ausschankmenge 2 cl; Ausschankverlust 6 %.
2. Eine Flasche Fino Sherry (0,7 l) kostet € 8,– (exkl. USt.); Ausschankmenge 5 cl; Ausschankverlust 3 %.
3. Eine Flasche Tullamore Dew (0,7 l) kostet den Betrieb € 15,– (exkl. USt.); Ausschankmenge 4 cl; Ausschankverlust 6 %.

2.2 Berechnung des Wareneinsatzes von Mixgetränken

Mixgetränke setzen sich aus mehreren Getränken und Zutaten zusammen. Genaue Kenntnisse über die Getränkerezepte und Barmaße sind Vorraussetzung für die Wareneinsatzberechnung.

Musterbeispiel

Wie hoch ist der Wareneinsatz für den Manhattan-Cocktail (6 cl)?

Manhatten-Cocktail	Menge	Einkaufspreis	Wareneinsatz
2/3 Canadian Club*	4 cl	0,75 l à € 12,–	€ 0,69
+ 1/3 Wermut, rot*	2 cl	1 l à € 3,–	€ 0,06
+ 1 Dash Angostura	0,1 cl	0,25 à € 8,60	€ 0,03
+ 1 Kirsche		30 Stück à € 1,80	€ 0,06
Summe			**€ 0,84**

Canadian Club		
Flascheninhalt	0,75 l	100 %
– Ausschankverlust	0,045 l	6 %
verkaufte Menge	**0,705 l**	**94 %**
70,5 cl : 2 = 35 Gläser		

Wermut, rot		
Flascheninhalt	1 l	100 %
– Ausschankverlust	0,06 l	6 %
verkaufte Menge	**0,94 l**	**94 %**
94 cl : 2 = 47 Gläser		

Canadian Club:
4 cl = 2 Gläser à 2 cl

$$\frac{€\ 12,-\ \times\ 2\ \text{Gläser}}{35\ \text{Gläser}} = 0{,}69$$

Wermut, rot:
2 cl = 1 Glas

$$\frac{€\ 3,-\ \times\ 1\ \text{Gläser}}{47\ \text{Gläser}} = 0{,}69$$

Angostura:

$$\frac{€\ 8{,}60}{250\ \text{Dash}} = 0{,}69$$

Übungsbeispiele

Berechnen Sie den Wareneinsatz der Cocktails oder Getränke:
1. Margarita: 4 cl Tequila (0,75 l/€ 9,80), 2 cl Cointreau (0,75 l/€ 15,70), 1 cl Zitronensaft = 1 Zitrone (€ 0,15), 1 Limettenspalte = 1 Limette (€ 0,15); Schankverlust 5 %.
2. Alexander (6 cl): 1/3 Crème de Cacao * (0,7 l/€ 6,90), 1/3 Weinbrand * (0,7 l/€ 10,50), 1/3 Obers (0,25 l/€ 0,65); Schankverlust 6 %

Aus einer Zitrone ergeben sich ca. 4 cl Zitronensaft.

Fachliches Rechnen

2.3 Kalkulation des Verkaufspreises von Getränken

Alkoholfreie Getränke	Alkoholische Getränke

Wareneinsatz
+ Nettorohaufschlag in %
   (Deckungsbeitrag in €)
	Wareneinsatz
	+ Nettorohaufschlag in %
	   (Deckungsbeitrag in €)

Grundpreis + Bedienungsgeld in %	**Grundpreis** + Bedienungsgeld in %
Nettoverkaufspreis + 20 % Umsatzsteuer	**Nettoverkaufspreis** + 20 % Umsatzsteuer
Verkaufspreis (Inklusivpreis)	**Verkaufspreis (Inklusivpreis)**

Musterbeispiel Manhattan-Cocktail

Wareneinsatz: € 0,84 (vergleiche mit Musterbeispiel Wareneinsatz)

Wareneinsatz	€ 0,84
+ 260 % Nettorohaufschlag	€ 2,18
Grundpreis	€ 3,02
+ 15 % Bedienungsgeld	€ 0,45
Nettoverkaufspreis	€ 3,47
+ 20 % Umsatzsteuer	€ 0,69
Verkaufspreis	**€ 4,16**

Der Nettorohaufschlag kann zwischen 150 und 400 % liegen.

Das Bedienungsgeld kann je nach Betrieb auch 10,5 % oder 12,5 % betragen.

Nettorohaufschlag:
100 % .... € 0,84
260 % .... € x

$$x = \frac{0{,}84 \times 260}{100} = 2{,}18$$

Bedienungsgeld:
$$x = \frac{3{,}02 \times 15}{100} = 0{,}45$$

Umsatzsteuer:
$$x = \frac{3{,}47 \times 20}{100} = 0{,}69$$

Übungsbeispiele

Sämtliche Beispiele werden mit einem Nettorohaufschlag von 260 % und einem Bedienungsgeld von 15 % gerechnet.

1. Berechnen Sie den Wareneinsatz und den Verkaufspreis eines Martini-Dry-Cocktails (6 cl): 1/6 Wermut dry (1 l/€ 4,70), 5/6 Gin (0,75 l/€ 7,70), 1 Olive (30 Stück/€ 1,30).
2. Kalkulieren Sie den Wareneinsatz und den Verkaufspreis von „Blue Lady": 4 cl Gin* (0,75 l/€ 7,70), 2 cl Curaçao, blau (0,75 l/€ 7,10), 2 cl Zitronensaft = 1 Zitrone (1 Stück € 0,15).
3. Der Wareneinsatz des alkoholfreien Cocktails „Florida" beträgt € 0,50. Errechnen Sie den Verkaufspreis.
4. Bei einem Empfang für 30 Personen wird der Pre-Dinner-Cocktail „White Lady" angeboten. White Lady (6 cl): 3/6 Gin* (0,75 l/€ 7,90), 2/6 Cointreau* (0,75 l/€ 15,60), 1/6 Zitronensaft = 1 Zitrone (€ 0,15). Errechnen Sie die Menge, die Sie für 30 Personen benötigen. Wie viel werden die Cocktails in Summe kosten? Vergessen Sie nicht, den Schankverlust zu berücksichtigen! Erstellen Sie eine Einkaufsliste.

Bei den mit * bezeichneten Getränken sind die Schankverluste zu berücksichtigen!

3 Nährwertberechnungen

Viele Gäste sind aufgrund gewisser Krankheiten auf spezielle Kostformen angewiesen, bei denen es notwendig ist, den genauen Nährwert einer Speise zu kennen. Häufig können Erkrankungen mit Hilfe dieser Kostformen gelindert bzw. geheilt werden.
Die zur Nährwertberechnung notwendigen Einzelwerte können aus einer Nährwerttabelle (siehe Beiheft zum Buch) entnommen werden.

Mit Hilfe der Nährwerttabelle, in der der Energiegehalt von 100 g des entsprechenden Lebensmittels angegeben ist, lässt sich der Nährwert einer Speise errechnen. In den folgenden Beispielen werden die Kohlenhydrat-, Eiweiß-, Fett-, Joule- und Cholesteringehalte berechnet. Zur Aufrechterhaltung der Lebensfunktionen und für jede körperliche Tätigkeit ist Energie notwendig. Der Gesamtenergiebedarf für männliche Jugendliche beträgt 12.500 kJ, für weibliche Jugendliche 10.000 kJ.

Zutaten für Minestrone für eine Person	kJ/100g	kJ	Eiweiß in mg/100 g	Eiweiß in mg	Fett in mg/100 g	Fett in mg	Kohlenhydrate in mg/100 g	Kohlenhydrate in mg	Colesterin in mg/100g	Colesterin in mg
20 g Zwiebel	117	23,4	1.250	250	250	50	4.910	982	0	0
10 g Schinken	568	56,8	21.200	2.120	5.600	560	0	0	70	7
5 g Margarine	2.970	148,5	200	10	80.000	4.000	400	20	7	0,35
10 g Tomatenmark	733	73,3	9.818	981,8	2.045	204,5	25.281	2.528,1	0	0
200 ml (= 200 g) Hühnerbrühe	16	32	357	714	83	166	388	776	0	0
13 g Karotten	108	14,04	980	127,4	200	26	4.800	624	0	0
13 g Sellerie	81	10,53	1.700	221	300	39	2.250	292,5	0	0
13 g Lauch	107	13,91	2.240	291,2	340	44,2	3.210	417,3	0	0
13 g Weißkraut	104	13,52	1.370	178,1	200	26	4.160	540,8	0	0
10 g Reis	1.460	146	6.830	683	620	62	77.730	7.773	0	0
10 g Spaghetti	1.474	147,4	12.340	1.234	2.780	278	68.290	6.829	94	9,4
		679,4		6.810,5		5.455,7		20.782,7		16,75
Nährwerte pro Person, gerundet		679		6.811		5.456		20.783		17

Kilojoule (kJ)
100 g Zwiebeln ....117 kJ
20 g Zwiebeln ....x kJ

117 : 100 x 20 = 23,4 kJ

Eiweiß
100 g Zwiebeln ....1.250 mg Eiweiß
20 g Zwiebeln ....x mg Eiweiß

1250 : 100 x 20 = 250 mg Eiweiß

Fett
100 g Zwiebeln ....250 mg Fett
20 g Zwiebeln ....x mg Fett

250 : 100 x 20 = 50 mg Fett

Kohlenhydrate
100 g Zwiebeln ....4.910 mg Kohlenhydrate
20 g Zwiebeln ....x mg Kohlenhydrate

4.910 : 100 x 20 = 982 mg Kohlenhydrate

Alle weiteren Zutaten werden nach demselben Schema berechnet.

Immer mehr Gäste ernähren sich sehr kalorienbewusst. Eine Speisenkarte mit Kalorien- bzw. Kilojouleangabe kann diesen Gästen die Auswahl erleichtern.

Bei den Tabellen für die Übungsbeispiele wurden die Spalten für die Angaben „pro 100 g" weggelassen, da diese Werte direkt der Nährwerttabelle entnommen werden können.

Übungsbeispiele
1. Berechnen Sie die Mengen und die Nährwerte pro Portion von folgenden Gerichten. Entnehmen Sie die Inhaltsstoffe aus der Nährwerttabelle (siehe Beiheft zum Buch).
2. Vergleichen Sie die Gerichte und ihre Inhaltsstoffe miteinander.

Fachliches Rechnen

Wurzelkarpfen mit Salzkartoffeln						
Zutaten für eine Person	kcal	kJ	Eiweiß (in g)	Kohlenhydrate (in g)	Fett (in g)	Cholesterin (in mg)
1/4 kg Karpfenfilet						
40 g Zwiebeln						
25 g Karotten						
5 g Butter						
200 g Kartoffeln						

Kletzen = Dörrbirnen.

Schweinsrückenfilet mit Kletzenfülle						
Zutaten für eine Person	kcal	kJ	Eiweiß (in g)	Kohlenhydrate (in g)	Fett (in g)	Cholesterin (in mg)
130 g Schweinsrückenfilet						
13 g Faschiertes, gemischt						
15 g Äpfel, geschält, entkernt						
15 g Dörrbirnen						
13 g Rinderzunge						
1/4 Semmel						
1 Ei						
3 EL Schweineschmalz						

3 EL = 3 Esslöffel = ca. 45 g Schweineschmalz.

Bœuf Stroganoff						
Zutaten für eine Person	kcal	kJ	Eiweiß (in g)	Kohlenhydrate (in g)	Fett (in g)	Cholesterin (in mg)
200 g Lungenbratenspitzen vom Rind (Filet)						
30 g Champignons						
20 g Zwiebeln						
25 g Gewürzgurken						
15 g Sauerrahm						
3 g Mehl, glatt						
2 EL Öl						
50 ml Bouillon						

2 EL = 2 Esslöffel = 24 g Öl.

Angaben für 100 g Rindsbouillon:
kcal: 4, kJ: 17, Eiweiß: 379 mg, Fett: 86 mg, Kohlenhydrate: 449 mg, Cholesterin: 0.

? Arbeitsaufgabe

Nehmen Sie die Nährwerttabelle zur Hand und vergleichen Sie den Fett- und Cholesteringehalt folgender Lebensmittel:

Kalbsleberwurst, Frühstücksspeck, Milchschokolade, weiße Schokolade, Schweineschmalz, Kürbiskernöl, Kuhmilch, Kaffeeobers, Frischkäse (Doppelrahmstufe), Brie und Topfen.

Stichwortverzeichnis

A

Absinth	145
Acquavite d'Uva	139
Adstringierend	66
Afternoon Tea	47
Agraffe	123
Ahr	90
Akvavit	143
Alambic	138
Alcopops	9
Ale	54
Alkohol	8
Alkoholfreies Bier	52
Alkoholreduziertes Bier	52
Alsace	99
Altbier	53
Alto Adige	103
American Whiskey	142
Amontillado	129
Amuse-Bouche	159
Andalusien	111
Anisées	145
Antioxidantien	24
Aperitifkarte	185
Apulien	106
Aquavit	143
Aragonien	111
Argentinien	115
Armagnac	139
Aromatisierte Kaffeemischungen	33
Aromatisierte Tees	46
Aromatisiertes Wasser	12
Ascorbinsäure	19
Assam	43
Assemblage	66
Asti spumante	124
Ausbruch	75
Auslese	75
Ausschankanlagen	25
Australien	116
Avinieren	66

B

Baden	91
Banderole	74
Bargetränke	153
Barkarte	184
Barrique	63, 66
Barsac	96
Barstock	154
Beaujolais	99
Beerenauslese	75
Beilagen	169
Bergwein	74
Berliner Weiße	53
Bier	49
Bierspezialitätenkarte	184
Bioküche	174
Bitterlikör	149
Bitterlimonaden	22
Bitters	145
Blatt-Tee	44
Blended Scotch Whisky	142
Blends	45
Bockbier	52
Böckser	67
Bohnenkaffee	33
Bordeaux	95
Bordelais	95
Botrytis cinerea	66
Bourbon Whiskey	142
Bourgogne	97
Brandy	140
Broken Tea	45
Budweiser	54
Bukett	66
Burgenland	81
Burgund	97

C

Calvados	147
Campania	106
Canadian Whisky	142
Carnuntum	80
Cava	126
Chablis	98
Chalonnais	98
Champagner	122
Champagnererzeugung	122
Chile	115
Cocktailkarte	185
Coffea arabica	31
Coffea canephora	31
Coffeinarmer Kaffee	33
Cognac	138
Colalimonaden	22
Colheita	131
Côte d'Or	98
Cream Sherry	130
Crémant	126
Cru	66
Cuvée	66

D

Darjeeling	43
Degustation	68
Dekantieren	66
Depot	66
Destillation	136
Deutschland, Weinbau	86

Stichwortverzeichnis

Digestifkarte	185
Dinkelbier	51
Doppelbock	53
Douro	111, 131
Drahtrahmenerziehung	60
Dunkles Bier	51
Dust	45

E

Early Morning Tea	47
Eau de Vie de Vin	139
Edelfäule	66
Eisgetränk	165
Eiswein	75
Eiweißtrübung	67
Elsass	99
Emilien	106
Emulsionslikör	150
Energydrinks	23
Entcoffeinierter Kaffee	33
Entre-deux-mers	96
Erfrischungsgetränk mit Fruchtsaft	22
Erfrischungsgetränke	21
Erzeugerabfüllung	74
Essigstich	68
Ethnoküche	174

F

Fachliches Rechnen	191
Fannings	45
Faro	54
Fassgeschmack	67
Fast-Food-Küche	174
Federweißer	62
Fermentieren	32, 44
Fermentierter Tee	44
Fino	129
Fische	164
Flavoured Water	12
Franken	91
Frankreich, Weinbau	93
Frappés	28
Frappieren	67
Friaul	105
Frizzante	105, 126
Früchte- und Kräutertees	46
Fruchtgetränke	16
Fruchtliköre	149
Fruchtnektar	17
Fruchtsaft	17
Fruchtsaft aus Fruchtsaftkonzentrat	17
Fruchtsaft-Erfrischungsgetränk	22
Fruchtsaftgetränk	22
Fruchtsaftkonzentrat	17
Fruchtsaftliköre	149
Fruchtsaftlimonaden	22
Fructose	19

G

Galicien	110
Garmethoden	156
Garstufen	157
Gaumenfreuden	159
Gemischter Satz	67
Gemüsebeilagen	169
Gemüsegetränke	18
Gemüsemischsaft	18
Gemüsenektar	18
Gemüsesaft	18
Gemüsesaftcocktail	18
Gemüsetrunk	18
Genever	143
Gerstenbier	51
Getränkeempfehlung	186
Getränke, isotonische	23
Getränkekalkulation	196
Getränkekarten	182
Getränkekunde	7
Getreidedestillate	141
Gewürzlikör	150
Gin	143
Ginseng	24
Grain Whisky	141
Grappa	140
Graves	96
Griechenland	114
Grüner Tee	45
Guarana	24
Gueuze	54
Gutsabfüllung	74
Gyropalettes	123

H

Handrefraktometer	61
Hauerabfüllung	74
Hauptgerichte	165
Heilwasser	13
Helles Bier	51
Hessische Bergstraße	91
Heuriger	74
Hochkultur	60
Hochlandkaffee	31
Hochlandtee	43
Honigliköre	149

I

Ingwerlimonaden	22
Instantkaffee	33
Irish Whiskey	142
Isotonische Getränke	23
Italien, Weinbau	101

J

Julisch Venetien	105
Jungfernwein	67
Jungwein	62

K

Kabinett	75
Kaffee	30
Kaffee-Ersatzmittel	33
Kaffeegetränke	34
Kaffeelikör	150
Kaffeemaschine	34
Kaffeespezialitäten	34
Kakao	39
Kakaolikör	150
Kakaogranulat	40
Kalifornien	114
Kalkulation von Getränken	196
Kampanien	106
Kamptal	79
Käse	171
Kastilien-Leon	110
Katalonien	111
Kellerbier	53
Klassische europäische Küche	173
Klosterneuburger Mostwaage	61
Kölsch	53
Konzentrierter Fruchtsaft	17
Korkgeschmack	67
Korn & Kümmel	143
Kracherl	23
Kräuterlikör	150
Kräuterlimonaden	22
Kräutertees	46
Kreative Küche	174
Kremstal	79
Kuvert	181

L

Lambic	54
Languedoc-Roussillon	97
Late Bottled Vintage	131
Latium	106
La Rioja	109
LBV	131
Leichtbier	52
Liebfrau(en)milch	87, 89
Ligurien	105
Liköre	148
Limonade	22
Loiretal	99
Lombardei	105
Löskaffee	33
Lyrasystem	60

M

Mâconnais	98
Madeira	112, 132
Magerkakao	40
Málaga	133
Malt Whisky	141
Maltose	24
Malzbier	51
Malzlimonaden	22
Manzanilla	129
Marc	140
Marken	106
Marsala	132
Mavrodaphne	132
Médoc	95
Meeresfrüchte	164
Menüarten	178
Menüaufbau	158
Menüerstellung	177
Menükarten	182
Menükunde	155
Menüreihenfolge	158
Méthode champenoise	122
Midi	97
Milch	27
Milchmischgetränke	27
Milchpunsche	28
Millésimé	122
Mineralwasser, natürliches	11
Mittelburgenland	82
Mittellandtee	43
Mittelrhein	88
Molekularküche	174
Molkelimonaden	22
Mosel	90
Moseltaler	87
Most	118
Mousseux	67
Moussierend	67
Multivitaminsaft	19

N

Nahe	90
Nährwertberechnungen	199
Napa Valley	114
Nationalküche	175
Naturküche	174
Natürliches Mineralwasser	11
Naturschaumwein	124
Navarra	110
Near-Water-Getränke	12
Négociant	97
Neuseeland	117
Neusiedler See	82
Neusiedler See-Hügelland	82
Niederösterreich	78

O

Obergäriges Bier	52
Obstdestillate	146
Obstwein	118
Obstweinerzeugung	64
Oloroso	129
Önologie	59
Oolongtee	45
Österreich, Weinbau	72
Oxydativ	67

Stichwortverzeichnis

P

Pale Cream	130
Patent-still-Verfahren	136
Pergolasystem	60
Perlage	67
Perlwein	126
Pfahlerziehung	59
Pfalz	90
Piemont	104
Pilsbier	52
Pomerol	96
Portugal	111
Portwein	111, 130
Postmixanlage	25
Pot-still-Verfahren	136
Powerdrinks	23
Prädikatsweine	75
Premium	74
Premixanlage	25
Prosecco	126
Provence	97
Puglia	107

Q

Qualitätsschaumwein	125
Quinta	131

R

Rauchbier	53
Rauchtee	45
Rebsorten	60, 76
Regionale Küche	174
Reinzuchthefe	50
Reizarmer Kaffee	33
Reserve	74
Rheingau	89
Rheinhessen	89
Rhonetal	97
Riesling-Hochgewächs	87
Rioja	109
Roggenbier	51
Roséweinerzeugung	62
Rotling	87
Rotweinerzeugung	62
Ruby Port	131
Rum	144
Rüttelkörbe	123
Rüttelpulte	123
Rye Whiskey	142

S

Saale-Unstrut	92
Saccharose	19
Sachsen	92
Saint-Émilion	96
Salatbeilagen	169
Samos	132
Sardinien	106
Sättigungsbeilagen	170
Saucen	166
Säuerling	12
Säurearmer Kaffee	33
Sauser	62
Sauternes	96
Schankbier	52
Schaumwein aus erster Gärung	124
Schaumweine	121
Schilcher	74, 83
Schilfwein	75
Schlussrechnung	192
Schwarztee	47
Schwarzteemischungen	45
Schweiz	112
Scotch Whisky	141
Sekt	125
Shakes	28
Sherry	129
Sirupe	18
Sizilien	106
Slow Food	174
Slowenien	113
Sodawasser	11
Solera	129
Sorbet	165
Spanien	109
Sparkling Wine	126
Spätlese	61, 75
Speisenfolge	158
Speisengruppen	159
Speisenkarten	180
Speisenkunde	155
Spirituosen	135
Spirituosendrinks	21
Sprudel	12
Spumante	105, 126
Stargarder Land	92
Starkbier	52
Staubiger	74
Steiermark	83
Steirerland	83
Stockkultur	59
Stout	54
Strohwein	75
Sturm	62
Sud-Ouest	96
Südafrika	116
Südburgenland	83
Südoststeiermark	84
Südsteiermark	84
Südtirol	103
Südwesten	96
Suppen	161
Surrogate	33
Süßspeisen	172

T

Tafelwasser	13
Tannin	67
Taurin	24
Tawny Port	131
TBA	75
Tee	42
Tee, grüner	45
Tee, weißer	45
Tennessee Bourbon Whiskey	142
Tequila	145
Thermenregion	81
Tieflandkaffee	31
Tieflandtee	43
Toasting	63, 67
Tokajer	133
Toskana	106
Traisental	80
Träsch	140
Trentin	104
Tresterbrand	140
Trinkschokolade	41
Trinkwasser	11
Trockenbeerenauslese	75

U

Umbrien	106
Ungarn	113
Untergäriges Bier	52

V

Val de Loire	99
Venetien	105
Venezia Giulia	105
Versetzte Weine	128
Vinho Verde	112
Vinifizierung	67
Vintage	122
Vintage Character Port	131
Vintage Port	131
Vin mousseux	125
Vollbier	52
Vollwertküche	174
Vorspeisen, kalte	159
–, warme	162

W

Wachau	78
Wagram	79
Wareneinsatz, Berechnung	196
Wasser	10
Wasser, aromatisiertes	12
Wein	58
Weinbau	59
Weinbau in Österreich	72
Weinbeurteilung	68
Weinbrand	139
Weindestillate	138
Weine, versetzte	128
Weinerzeugung	61
Weinfehler	67
Weingesetz, österreichisches	73
Weinhefebranntwein	140
Weinkarte	183
Weinkrankheiten	68
Weinkristalle	68
Weinlese	60
Weinrebe	59
Weinstein	68
Weinviertel	80
Weißbier	51
Weißer Tee	45
Weißherbst	87
Weißweinerzeugung	61
Weizenbier	51
Wellnessdrinks	23
Wermut	133
Weststeiermark	84
Whisky & Whiskey	141
White Port	131
Wien	84
Wodka	143
Württemberg	91

Z

Zähwerden	68
Zuckercouleur	24, 144
Zwicklbier	53

Literaturverzeichnis

Michael Jackson, Bier international, Hallwag Verlag, Bern, 1994

Karl Rudolf, Bier – Der Guide für Kenner und Genießer, Wilhelm Heyne Verlag, München, 1998

Michael Hlatky, Das große österreichische Bierlexikon, austria medien service GmbH, 1999

Hugh Johnson, Der große Johnson, Hallwag Verlag, Bern, 1997

Gutmayer ua., Service. Die Grundlagen, Trauner Verlag, Linz, 1999 und 2009

Gutmayer ua., Service. Die Getränke, Trauner Verlag, Linz, 2000 und 2010

Teekanne (Hrsg.), Tee, Lehrmittelverlag Wilhelm Hagemann, Düsseldorf, 1983

Max Allen ua., Weine der Neuen Welt, Hallwag Verlag, Bern, 1998

Siegel ua., Handlexikon der Getränke, Band 1–3, Trauner Verlag, Linz, 1996, 1990 und 1992

Siegel ua., Weine, Schaumweine, Versetzte Weine, Trauner Verlag, Linz, 2004

Mitsche ua., Küchenmanagement, Speisen-, Menükunde, Kochen, Trauner Verlag, Linz, 2005

Stevancsecz ua., Barlexikon, Trauner Verlag, Linz, 2008

Bildnachweis

Seite 7 und 8:	Trauner Verlag	Seite 24:	Fa. Red Bull, Salzburg
Seite 10:	IDM (Informationszentrale Deutsches Mineralwasser, Bonn)	Seite 25:	Coca-Cola Beverages Austria GmbH, Wien
Seite 11:	MEV Bildarchiv, Augsburg	Seite 27:	Gmundner Milch, Gmunden/ OÖ
Seite 12, 13 und 23:	Fa. Römerquelle (Coca-Cola Beverages Austria Gmbh, Wien)	Seite 28:	fotolia
		Seite 30:	MEV Bildarchiv, Augsburg
Seite 14:	www.gasteiner.at	Seite 31 oben:	Fairtrade, www.fairtrade.at
Seite 15:	www.voeslauer.com	Seite 32:	Kaffee- und Teeverband, Wien
Seite 16:	Fairtrade (Foto von Helmut Adam), www.fairtrade.at	Seite 34:	San Marco (Siebträgermaschine) und Fa. WMF, Innsbruck
Seite 17 und 18:	Fa. Pfanner, Lauterach und Coca-Cola Beverages Austria Gmbh, Wien (Cappy)	Seite 36 oben:	MEV Bildarchiv, Augsburg
		Seite 36 unten, 37 oben und 38:	Trauner Verlag
		Seite 37 unten:	Dir. Leopold Josef Edelbauer, Wien
Seite 19:	Fa. Pago, Klagenfurt (www.pago.cc)	Seite 39:	Fairtrade, www.fairtrade.at
Seite 20:	Fairtrade, www.fairtrade.at und www.spar.at (smoothie)	Seite 40:	Infozentrum Schokolade, www.schokolade.de
Seite 21 und 22:	Trauner Verlag	Seite 41:	Trauner Verlag
Seite 23 oben:	Novartis Nutrition GmbH, Wien	Seite 42:	fotolia und Deutsches Teebüro, Hamburg (kleines Bild)

Literaturverzeichnis, Bildnachweis

Seite 43 und 44:	Kaffee- und Teeverband, Wien
Seite 46:	www.unilever.de (oben) und Fairtrade, www.fairtrade.at (unten)
Seite 47:	Fa. Teekanne, Salzburg
Seite 48:	TeeGschwendner, Meckenheim
Seite 49:	www.bierserver.at
Seite 50, 51, 55 und 56:	Brau Union Österreich AG, Linz
Seite 58, 66, 76, 77, 80 und 84:	Österreichische Weinmarketing Serviceges. mbH, Wien
Seite 59 und 60:	Höhere Bundeslehranstalt für Wein, und Obstbau, Klosterneuburg
Seite 61:	Weingut Johannishof, Familie Reinisch, Tattendorf
Seite 62 und 63:	Trauner Verlag
Seite 67, 68 und 69:	Rechteinhaber unbekannt
Seite 72 und 78:	Dinstlgut Loiben, Unterloiben
Seite 82:	Weinakademie Rust
Seite 86:	Mosel-Saar-Ruwer e. V., Trier (Foto von Ansgar Schmitz)
Seite 89 und 90:	www.henkell-sektkellerei.de
Seite 93 und 98:	B.I.V.B., Beaune
Seite 95:	Burdin S. A., Médoc
Seite 96:	C.I.V.B., Bordeaux
Seite 99:	Rechteinhaber unbekannt
Seite 101:	Consorzio del Vino Brunello di Montalcino, Montalcino
Seite 103:	Rechteinhaber unbekannt
Seite 104:	Weingut St. Michael, Eppan
Seite 106:	Consorzio Franciacorta (oben) und Hans Stickler (unten)
Seite 107:	Weingut Rivera, Andria und Weingut Donnafugata, Marsala
Seite 108 und 116:	Australian Wine Bureau, AWEC Adelaide
Seite 111:	Willy Gutmayer, Krems
Seite 113:	Franz Summer, Wien
Seite 114 oben:	Rechteinhaber unbekannt
Seite 114 unten:	Weingut Opus One, Oakville
Seite 115:	Argentinische Botschaft, Wien
Seite 116:	Weingut Nederburg, Paarl
Seite 117:	Villa Maria, Auckland
Seite 118 und 119:	Ing. Andreas Ennser, Ref. Obstbau Nö-LWK
Seite 121:	www.schlumberger.at und www.henkell-sektkellerei.de
Seite 122:	C.I.V.C., Epernay
Seite 123:	www.schlumberger.at, C.I.V.C. und fotolia
Seite 126:	www.henkell-sektkellerei.de
Seite 128:	Trauner Verlag
Seite 130:	www.osborne.ch
Seite 131, 132 und 133:	Weine aus Portugal, Familie Kuranda, Kronsdorf
Seite 135:	Destillerie Jacopo Poli – www.poligrappa.com
Seite 137:	Rechteinhaber unbekannt
Seite 138:	BNIC, Cognac
Seite 145:	Google-Bildarchiv
Seite 146:	Erber GMBH, Brixen im Thale
Seite 147, 153, 155 und 156:	Trauner Verlag
Seite 154:	RKT GmbH, Trebbin
Seite 157 unten:	www.askthemeatman.com
Seite 161:	Fotolia; Trauner Verlag
Seite 162:	Günter Walder, TBS Oberwollanig
Seite 163 und 164:	Fotolia
Seite 165 und 166:	Trauner Verlag
Seite 167–169:	Fotolia
Seite 170–173:	Trauner Verlag
Seite 172 unten und 175:	Fotolia
Seite 175 (Irish Stew):	Matthias Haupt, Essen und Trinken.de
Seite 176:	Steak (Fotolia), Fleischbällchen (Wikimedia), Piroggen (TLC Fotostudio, Ich koche.at), Glasnudeln (www.propatient.info)
Seite 178:	MEV; Teubner: Gut kochen
Seite 179:	MEV
Seite 182:	Scampolo Design, Speisekartenherstellung, Edt
Seite 183–186:	Trauner Verlag
Seite 191:	Micros Fidelio

Alle Karten, Grafiken und Etiketten sowie Flaschenaufnahmen wurden für den Trauner Verlag hergestellt.